Monitoring mit Zabbix

Thorsten Kramm beschäftigt sich seit 1999 mit IT-Systemen im Unternehmenseinsatz. In verschiedenen Firmen leitete er die IT-Abteilungen. Frustriert über die mangelnde Benutzerfreundlichkeit vieler Monitoring-Lösungen kam er 2006 zu Zabbix. Als Berater hat er in vielen Firmen Zabbix eingeführt und große Setups aufgebaut.

Thorsten Kramm beschäftigt sich nicht nur mit den technischen Details von IT-Systemen. Sein Augenmerk gilt auch den Soft Skills und der menschlichen Komponente. Ein System funktioniert nur so gut, wie die Menschen, die es betreiben. Thorsten Kramm gibt Trainings zu den Themen Monitoring, IT-Automatisierung und Kanban in der IT. Er lebt und arbeitet in Berlin. Mehr Informationen finden Sie auf seiner Webseite http://system42.io.

Thorsten Kramm

Monitoring mit Zabbix

Das Praxishandbuch

Thorsten Kramm

Lektorat: Christa Preisendanz
Copy-Editing: Annette Schwarz
Satz: III-satz, www.drei-satz.de
Herstellung: Nadine Thiele
Umschlaggestaltung: Helmut Kraus, www.exclam.de
Druck und Bindung: M.P. Media-Print Informationstechnologie GmbH, 33100 Paderborn

Bibliografische Information der Deutschen Nationalbibliothek
Die Deutsche Nationalbibliothek verzeichnet diese Publikation in der Deutschen Nationalbibliografie; detaillierte bibliografische Daten sind im Internet über http://dnb.d-nb.de abrufbar.

ISBN:
Buch 978-3-86490-335-9
PDF 978-3-86491-897-1
epub 978-3-86491-898-8
mobi 978-3-86491-899-5

1 Auflage 2016

Wieblinger Weg 17
69123 Heidelberg

5 4 3 2 1 0

Inhaltsverzeichnis

1 Wie ist dieses Buch aufgebaut?

1.1 Über dieses Buch

Die Anzahl der IT-Systeme wächst stetig. Täglich kommen neue Server und Geräte in unsere Netzwerke. Doch die Anzahl der Personen, die diese Netzwerke betreuen, wächst nicht im gleichen Maße, wie neue Geräte hinzukommen. Effektives und effizientes Monitoring wird zu einem entscheidenden Faktor, damit Systeme und Netzwerke stabil bleiben. Zabbix bietet seit mehr als 10 Jahren eine Monitoring-Lösung für den Unternehmenseinsatz.

In diesem Buch erfahren Sie alles über Monitoring mit Zabbix. Es ist ein Buch für die Praxis. Neben den Grundlagen werden auch die Spezialthemen wie Skalierung, Tuning und Erweiterung von Zabbix erläutert. Der Autor gibt zahlreiche konkrete Beispiele aus seinem beruflichen Einsatz von Zabbix. Das Buch richtet sich gleichermaßen an Anfänger und Profis. Wenn Sie noch nicht mit Zabbix überwachen, lernen Sie Schritt für Schritt die Einrichtung eines professionellen IT-Monitorings. Wenn Sie bereits Zabbix nutzen, gibt Ihnen das Buch viele Tipps aus der Praxis und sofort nutzbare Beispiele, wie Sie konkrete Anforderungen mit Zabbix umsetzen.

1.2 Der große Zabbix-Baukasten

Zabbix ist ein großer Baukasten, mit dem Sie ein hoch professionelles Monitoring sowohl für einfache als auch für sehr komplexe EDV-Systeme aufbauen können. Für sehr viele Bedürfnisse und Anwendungsfälle verfügt Zabbix über fertige Lösungen in Form von Modulen, Checks, Programmen oder Konfigurationsbeispielen.

Für einige andere Anwendungsfälle gibt es keine Lösung »von der Stange«. Doch dafür bietet Ihnen Zabbix zahlreiche Schnittstellen, Erweiterungsmöglichkeiten und eine mächtige API. Es gibt fast nichts, was Sie nicht mit Zabbix überwachen können.

Sie müssen nur wissen, wie Sie den Inhalt des Baukastens richtig einsetzen.

Nutzen Sie dieses Buch ebenfalls wie einen Baukasten. Vielleicht ist nicht die 100% passende Lösung für Ihr Bedürfnis beschrieben. Doch die zahlreichen Beispiele werden Ihnen sicher helfen, Ihre passende Lösung zu erstellen.

1.3 Die Reihenfolge der Kapitel

Die Reihenfolge der Kapitel ist so angeordnet, dass Sie sich zuerst mit den wichtigsten Aspekten und der Installation von Zabbix auseinandersetzen. Sobald Sie ein erstes Verständnis haben, können oder sollten Sie zwischen den Kapiteln hin und her wechseln, je nachdem welche Aspekte von Monitoring Sie interessieren. Wie fast jedes Buch über eine Software, so ist auch dieses nicht dafür gedacht, dass Sie es von vorne nach hinten komplett durchlesen. Wenn Sie eine Monitoring-Software wie Zabbix installieren und einrichten, müssen Sie sich zwangsläufig mit verschiedenen Aspekten gleichzeitig beschäftigen.

1.4 Schnelleinstieg

Wenn Sie schnell in Zabbix einsteigen wollen, sollten Sie sich zuerst mit der Terminologie von Zabbix und der Funktionsweise von Zabbix-Server und -Agenten vertraut machen. Besonders das Zusammenspiel von Daten sammeln (Item) und Daten bewerten (Trigger) muss klar sein.

Alle Kapitel enthalten viele Beispiele. Wenn Sie schnell und praxisorientiert in Zabbix einsteigen möchten, stürzen Sie sich auf die Beispiele. Diese sind mit einer Glühbirne markiert, so dass Sie schnell von einem Beispiel zum nächsten springen können.

So steigen Sie noch schneller in Zabbix ein

Wenn Sie sich dieses Buch zugelegt haben, um zu klären, ob Zabbix die geeignete Monitoring-Lösung für Sie ist, dann testen Sie die Software mit der virtuellen Appliance. Die Kapitel, die sich mit der Installation von Server und Agent befassen, sollten Sie erst einmal überspringen. Beschäftigen Sie sich erst einmal mit den Funktionen von Zabbix.

Wenn Sie Zabbix sofort in Aktion sehen möchten, konzentrieren Sie sich nach einer kurzen Lektüre der Terminologie auf die Beispiele. Sie werden Schritt für Schritt durch den Aufbau eines professionellen Monitorings geführt. Detailfragen, die sich ggf. beim Durcharbeiten der Übungen ergeben, klären Sie dann durch gezieltes Nachlesen in den entsprechenden Kapiteln.

1.5 Formalien

1.5.1 Typografie

In diesem Buch werden die folgenden typografischen Stile verwendet:

- `Monospace-Schrift` wird für Dateinamen, Variablen und Konfigurationsoptionen verwendet, zum Beispiel `Server = localhost`.
- Links, Schaltflachen und Menüeinträge, die sich auf die Weboberfläche beziehen, werden *kursiv* gedruckt. Einträge in verschachtelte Menüs werden mit einem Pipe-Zeichen abgetrennt, zum Beispiel *Configuration|Hosts*.
- Programmcode, Terminalausgaben oder größere Blöcke einer Konfigurationsdatei werden in einem grau hinterlegten Block in Monospace-Schrift gedruckt, zum Beispiel

```
chown zabbix /var/run/zabbix
chown zabbix /var/log/zabbix
```

- Lange Terminaleingaben werden oft über mehrere Zeilen dargestellt, obwohl es sich um nur eine Eingabe handelt. Wie auch in der Bash-Eingabe werden Zeilenumbrüche mit einem Backslash vorgenommen. Am Ende der Zeile erfolgt mit der Enter-Taste also nicht das Auslösen der Eingabe, sondern das Kommando wird in einer weiteren Zeile fortgeführt. Beispiel:

```
echo "Ein sehr\
 langes Kommando"
```

- Es handelt sich um nur ein Kommando, welches Sie auch wie folgt eingeben können:

```
echo "Ein sehr langes Kommando"
```

1.5.2 Englische Begriffe und Anglizismen

Obwohl eine deutschsprachige Variante der Zabbix-Weboberfläche existiert, beziehen sich alle Anleitungen und Screenshots immer auf die englischsprachige Version von Zabbix. An dieser Stelle sei Ihnen auch empfohlen, Zabbix auf Englisch zu verwenden. Dies erleichtert Ihnen später die Suche nach weiteren Informationen im Internet oder dem Zabbix-Support-Forum. Dort werden so gut wie alle Fragen nur auf Englisch geklärt. In Konfigurationsdateien oder in Software von Drittanbietern werden die Begriffe der deutschsprachigen Zabbix-Version ebenfalls nicht verwendet. Um Missverständnisse zu vermeiden und eine einheitliche Terminologie zu verwenden, werden englischsprachige Fachbegriffe nicht ins Deutsche übersetzt. Englisch ist nun einmal die Sprache der Computer- und Internetwelt.

2 Der Einstieg: Was ist Monitoring?

2.1 Warum Monitoring?

Die perfekten IT-Systeme, die zuverlässig und ohne Fehler ihre Dienste tun, gibt es nicht. Ein funktionierendes IT-System ist kein Zustand, sondern ein Prozess, der von Menschen (Administratoren) permanent begleitet werden muss.

Zahlreiche Ereignisse sorgen immer wieder dafür, dass ein IT-System seinen Dienst versagt. Verschleißteile wie Festplatten, fehlerhafte Bedienung, bösartige Angriffe oder das Versäumen von regelmäßigen Pflegeaufgaben sind nur einige Gründe, warum Fehler und Ausfälle auftreten. Und spätestens dann, wenn Ihr Kunde schneller als Sie bemerkt, dass ein System nicht mehr funktioniert, brauchen Sie ein Monitoring.

Die folgenden Aufgaben sollte ein Monitoring-System für Sie erledigen:

- den Status aller Komponenten erfassen
- Daten aufbereiten, sortieren und bewerten
- übersichtliche Zusammenfassungen präsentieren
- Abweichungen vom Normalzustand erkennen
- Alarm auslösen
- Zustände und Veränderungen protokollieren
- die Einhaltung von Prozessen oder eine Abweichung überwachen und protokollieren

2.2 Monitoring ist mehr als ein Alarm im Fehlerfall

Je größer ein IT-System ist, desto schwieriger wird es, den Überblick über den Zustand des gesamten Systems und aller Einzelkomponenten zu behalten. Entsprechend muss das Monitoring-System komplexere Aufgaben als die zuvor beschriebenen erfüllen.

Einen Alarm zu senden, wenn ein Fehler auftritt, ist eine wichtige, aber bei weitem nicht die einzige Aufgabe eines Monitoring-Systems. Monitoring heißt, viele Daten zu sammeln und automatisiert die richtigen Schlüsse zu ziehen. Fällt eine Komponente aus, ist es nicht schwer, daraus zu schlussfolgern, dass ein Problem vorliegt! Es sollte sich jemand darum kümmern! Ab einer gewissen Anzahl von Systemen gehören Meldungen des Monitoring-Systems zum Alltag. Das Monitoring-System sollte harmlose von schweren Fehlern unterscheiden und je nach Schweregrad unterschiedliche Medien zur Benachrichtigung nutzen können.

Neben der Erkennung von Fehlern sollte ein Monitoring-System Schlüsse oder konkrete Aussagen zur Zuverlässigkeit von Systemen und Komponenten ermöglichen. Dazu ist das Speichern historischer Daten notwendig. Dabei sollte das System eine Schnittstelle und ein sogenanntes User-Interface zur Verfügung stellen, um die gespeicherten Daten schnell und bequem auswerten zu können.

IT-Verantwortliche und Systemadministratoren möchten mithilfe eines Monitoring-Systems auch vorbeugen, dass eine Komponente oder ein Dienst ausfällt. Dafür ist in der Regel die Auswertung vieler Daten notwendig. Die Performance von Komponenten und Diensten und die Auslastung der Infrastruktur muss ebenfalls permanent gemessen und grafisch dargestellt werden. Ein einfaches Beispiel ist der freie Speicher auf einer Festplatte. Wenn das Monitoring-System einen Anstieg des verbrauchten Speichers von X GB pro Tag berechnet, ist es nicht schwer, vorherzusagen, wann die Fesplatte voll sein wird.

Wenn nun ein Dienst auf fünf Server mit insgesamt 20 Festplatten zugreift, wollen Sie an einem Sonntagabend nicht in der Wochenendruhe gestört werden, nur weil eine Festplatte voll ist. Nun hat das Monitoring-System eine komplexe Aufgabe zu bewerkstelligen und muss die Daten von 20 Festplatten, fünf Servern, einem Dienst, den Wochentag und die Uhrzeit zu einer »Entscheidung« verarbeiten: Geht ein Alarm raus, oder nicht?

Performancedaten werden aber nicht zur Prognose des nächsten Ausfalls gebraucht. Ein Monitoring-System sammelt viele Daten auf Verdacht, ohne dass diese automatisiert ausgewertet werden. Diese Daten brauchen Sie, um nicht vorhersehbare Störfalle zu erklären. Ein einfaches Beispiel sind die Besucherzahlen auf einer Webseite. Wenn nun der Webserver »abstürzt«, können Sie sich die Besucherzahlen als Graphen anschauen. Wenn dem Ausfall des Webservers ein ungewohnt hoher Anstieg der Besucherzahlen vorausging, wäre dies eine plausible Erklärung für den Ausfall. Die hohen Besucherzahlen könnten eine so hohe Last verursacht haben, dass der Server abgestürzt ist.

Auch für die Planung und den Ausbau der Hardware ist es wichtig zu wissen, wie stark die Hardware in der Vergangenheit ausgelastet war.

Kunden wünschen oft einen Verfügbarkeitsreport. Oder vielleicht berechnen Sie Ressourcen je nach Verbrauch an Kunden. Auch das ist eine Aufgabe des Monitoring-Systems.

Die Anforderungen an ein IT-Monitoring-System können zusammenfassend in fünf Kategorien eingeordnet werden

1. **Zustand des Systems beobachten**
   - »End-to-End«-Monitoring, bei dem der ausgelieferte Dienst so nah wie möglich am Endbenutzer auf Funktionsfähigkeit geprüft wird

- Statuserfassung aller Dienste, Software und Hardware
- Langzeitspeicherung von Informationen über die Verfügbarkeit von Diensten und Komponenten

2. **Alarmierung**
   - das manuelle Eingreifen ins System verlangen
   - einen Mitarbeiter so gut wie möglich über die Ursache eines Fehlers informieren.
   - Reaktionszeiten und die Fehlerbehebung dokumentieren
3. **Diagnose**
   - genügend Informationen sammeln, um eine detaillierte Ursachenanalyse zu ermöglichen
   - Informationssammlung für Entscheidungen
4. **Qualitätsmessung**
   - Datensammlung über die Leistungsfähigkeit und den Durchsatz des Systems und Teilkomponenten
   - Erfassung von vereinbarten Grenzwerten und deren Einhaltung
   - Identifikation von Engpässen, Überlastungen und Implementierungsfehlern
5. **Konfiguration**
   - Überwachung von standardisierten Konfigurationen
   - Warnen bei Abweichungen von einem standardisierten Vorgehen

Besonders der letzte Punkt, die Überwachung von standardisierteren Konfigurationen, wird oft vernachlässigt. Eine Konfiguration gemäß des vereinbarten Standards ist aber für ein stabiles System essenziell. Oder anders formuliert: Die Ursache für Probleme sind häufig Änderungen an der Umgebung! Woher kommt der in IT-Kreisen oft zitierte Spruch »Never touch a running system«? Der Grund ist, dass einmal gut laufende Systeme oft jahrelang ohne Probleme weiterlaufen. Korrekt konfigurierte Systeme minimieren das Risiko von Ausfällen.

Ihr Monitoring-System sollte in der Lage sein, die folgenden Aspekte der Systemkonfiguration zu dokumentieren und bei Abweichungen zu alarmieren:

- Wann wurden Änderungen an der Konfiguration vorgenommen? Wenn beispielsweise die Änderung an einer Apache-Konfigurationsdatei und der spätere Ausfall des Webservers in ein gemeinsames kleines Zeitfenster passen, liegt die Vermutung nahe, dass die Änderung für den Ausfall verantwortlich ist.
- Wird die richtige (vereinbarte) Software eingesetzt? Manche Mitarbeiter experimentieren auch mit kritischen Systemen. Monitoren Sie nicht nur, dass irgendein Mailserver läuft. Monitoren Sie, dass der in Ihrer Firma vereinbarte Standardmailserver läuft.

- Wann wurden Updates und Patches eingespielt? Das Monitoring sollte also stets dokumentieren, welche Version und welches Release von einer Software im Einsatz war.
- Gibt es Sicherheitsupdates für Software und das Betriebssystem und wann wurden diese Updates eingespielt?

2.3 Zabbix, die Datenkrake

Die oben genannten Anforderungen an ein Monitoring-System klingen kompliziert? Mit der richtigen Software ist es das aber nicht. Zabbix ist eine Monitoring-Software, die diese Ziele erfüllt. Nun könnten Sie einwenden, dass man für die genannten Aufgaben keine spezielle Software braucht. Ein paar Skripte oder ein Internetdienst wie pingdom.com tun es doch auch. Wenn Sie einen einzelnen Webserver überwachen möchten, dann kommen Sie mit einem Skript sicher zu akzeptablen Lösungen. Wenn es aber um ein Netzwerk geht, reichen Skripte oder Internetdienste nicht aus. Eine Software wie Zabbix kann mehr:

- Es wird nicht nur das Endprodukt, zum Beispiel die Verfügbarkeit einer Webseite, überwacht, sondern alle Teilkomponenten, wie Hard- und Software, Betriebssysteme und Netzwerkinfrastruktur.
- Durch das Überwachen von vielen Teilkomponenten wie zum Beispiel des freien Festplattenplatzes kann Fehlern vorgebeugt werden.
- Routineaufgaben werden nicht mehr vergessen.
- Ressourcenengpässe werden frühzeitig erkannt.
- Ein einheitliches Setup wird gewährleistet. Das Monitoring erkennt sofort, wenn ein Kollege sich bei der Installation eines neuen Servers nicht an die vereinbarten Konventionen gehalten hat. Das Monitoring liefert eine To-do-Liste, *was* zu ändern ist.
- Die Alarmierung erfolgt zielgerichtet. Nur die relevanten Daten werden verschickt. Der Admin weiß sofort, wo er mit der Fehlerbehebung beginnen muss. (Ein Router fällt aus. Sie wollen in der Regel dann nicht noch unzählige SMS bekommen, die Sie darüber informieren, welche Webseiten nun auch offline sind, weil der entsprechende Webserver hinter dem ausgefallenen Router hängt.)

Die Hauptfunktionen von Zabbix decken alle Anforderungen an ein Monitoring-System ab:

- Daten sammeln inklusive automatischer Erkennung von Komponenten und Webseitenmonitoring
- effiziente Datenspeicherung

- effektiver Zugriff auf Daten
- Alarmierung per E-Mail, SMS, Chat oder beliebige Programme
- Visualisierung der Daten per Dashboard, Graphen, Karten und Übersichten

2.4 Was leistet Zabbix?

Die Firma Zabbix LLC umschreibt ihr Produkt so: »Zabbix is an enterprise-class open source distributed monitoring solution.« Konkret bedeutet diese Aussage Folgendes:

- **Zabbix ist Enterprise!**
  Die Software ist für den professionellen Einsatz in geschäftskritischen Bereichen gemacht. Die Funktionsvielfalt deckt alles ab, was professionelle Administratoren und ganze Teams brauchen. Besonderen Wert legen die Entwickler von Zabbix auf die Unterstützung von fast allen Betriebssystemen, einen robusten Softwarekern und eine verständliche Bedienung mit einem modernen grafischen Interface.
- **Zabbix ist Open Source!**
  Die Software ist komplett unter der GPL veröffentlicht. Sie können Zabbix kostenlos downloaden und beliebig oft installieren. Egal, wie viele Hosts Sie überwachen. Es werden keine Lizenzgebühren fällig. Und wenn Sie möchten, können Sie sich den Quellcode von Zabbix anschauen und verändern.
- **Zabbix ist für große Umgebungen!**
  Wenn Sie nur einen einzelnen Server überwachen möchten, dann schießen Sie mit Zabbix sprichwörtlich mit Kanonen auf Spatzen. Zabbix ist für den Einsatz in Netzwerken konzipiert. Das Überwachen von mehreren Tausend Hosts stellt kein Problem dar. Durch Techniken wie Proxys und Nodes können große Netzwerke und an verschiedenen Standorten überwacht werden.

Eine detaillierte Liste mit allen Funktionen von Zabbix finden Sie auf der Zabbix-Webseite[1].

Zabbix wird seit über 10 Jahren von der Firma Zabbix LLC in Riga, Litauen entwickelt. 2004 erschien die erste stabile Version von Zabbix. Die Entwicklung wird sehr aktiv vorangetrieben. Bugs werden schnell behoben, und ca. alle drei Monate werden Updates veröffentlicht.

Zabbix LLC bietet kommerziellen Support für Ihr Produkt. Es gibt ein weltweites Netz von lizenzierten Partnern, die Support-, Trainings- und Consultingleistungen rund um Zabbix anbieten.

Unter http://www.zabbix.com erfahren Sie mehr.

---

1. *http://www.zabbix.com/features.php*

2.5 Die Grenzen und Schwächen von Zabbix

Auch wenn Zabbix für große Netzwerke konzipiert ist, skaliert das System nicht ins Unendliche. Im Zabbix-Forum werden regelmäßig Fragen zur maximalen Anzahl von überwachten Hosts gestellt. Mitglieder berichten häufig davon, dass die Überwachung von 8.000 Hosts problemlos möglich ist. Im Zabbix-Blog[2] finden Sie einen Bericht über ein Zabbix-Setup mit fast 700.000 Messpunkten. Da Zabbix auf eine Datenbank angewiesen ist, ist der Skalierung eine Grenze gesetzt. Wenn die Datenbank die eintreffenden Daten nicht mehr speichern kann, weil die Hardware an der Grenze der Leistungsfähigkeit ist, dann erreicht auch Zabbix seine Grenzen. Doch mit jeder neuen Version von Zabbix verbessert sich die Performance. Cache-Mechanismen wurden implementiert, um die Last der Datenbank zu reduzieren.

Das Erstellen von Berichten wird von vielen Benutzern als verbesserungswürdig bezeichnet. Die Konfiguration der Berichte sei umständlich und die Berichte könnten etwas besser aussehen.

2.6 Bestandteile und Funktionen von Zabbix

Die Funktionen von Zabbix teilen sich auf folgende wesentliche Bereiche auf:

- Daten sammeln
- Daten verarbeiten
- reagieren und Aktionen auslösen
- Konfiguration vornehmen
- Daten anzeigen

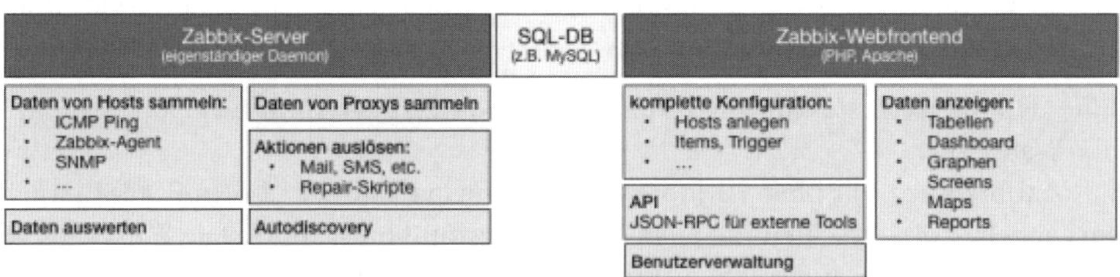

Abb. 2–1 *Die Funktionen und Komponenten von Zabbix*

2. *http://blog.zabbix.com/scalable-zabbix-lessons-on-hitting-9400-nvps/2615/*

2.7 Die Basisterminologie

2.7.1 Host und Item: Daten sammeln

Das Sammeln von Daten ist immer der erste Schritt beim Einrichten eines Monitorings.

In Zabbix wird das Sammeln der Daten durch die sogenannten Items gesteuert. Ein Item bezeichnet eine Messgröße (Was soll gemessen werden?). Der sogenannte Item-Value ist der Messwert.

Items können Informationen von beliebigen Formaten (Typen) enthalten, zum Beispiel den Festplattenverbrauch in Prozent, die Systemuhrzeit als Datum (Unix-Timestamp), einen Log-Eintrag als Text oder den CPU-Verbrauch als Fließkommazahl.

Alle Itemwerte werden als chronologische Liste mit Datum und Uhrzeit der Messung in der Zabbix-Datenbank gespeichert. Hierbei verwendet Zabbix keine eigene interne Datenbank, sondern eine externe SQL-Datenbank, wie zum Beispiel MySQL.

Aus verschiedenen Quellen sammelt der Zabbix-Server die Daten. Als Datenquellen stehen zur Verfügung:

- Zabbix-Agent: Dieser ist auf dem zu überwachenden Host installiert und greift direkt auf die Kennwerte des Betriebssystems zu.
- Simple Check: Tests, die der Zabbix-Server eigenständig durchführen kann, zum Beispiel Ping-Checks oder Portscans
- SNMP: Der Zabbix-Server fungiert als lesender SNMP-Manager, der Daten von einem SNMP-Agenten auf dem überwachten Host oder Gerät abfragt.
- Zabbix-Aggregate: Daten aus mehreren Quellen werden zusammengefügt, zum Beispiel addiert, und dann als neues Item gespeichert.
- IPMI-Agent, der auf dem zu überwachenden Host oder Gerät installiert ist. Der IPMI-Daemon wird in der Regel vom Hardwarehersteller zusammen mit den Remote-Management-Konsolen bereitgestellt, zum Beispiel Dell iDRAC oder HP iLO.
- Database Monitor: Der Zabbix-Server fragt Datenbanken ab und speichert die Resultate als Item-Values.
- External Check: Skripte, die auf dem Zabbix-Server ausgeführt werden und deren Rückgabewerte als Item-Values gespeichert werden
- Zabbix-Trapper: Daten, die per Zabbix-Sender vom Client an den Server geschickt werden
- Zabbix-Internal: Auswertungen der internen Zabbix-Server-Daten

- SSH oder Telnet: Kommandos werden über den integrierten SSH- oder Telnet-Client vom Zabbix-Server auf entfernten Hosts ausgeführt. Die Ausgaben der Kommandos werden als Item-Values gespeichert

Items sind immer an Hosts gebunden. Der Zabbix-Server bekommt immer den Auftrag, Wert X auf Host Y zu messen. Alles, was eine IP-Adresse oder einen DNS-Namen hat, kann in Zabbix ein Host sein. Hosts und Items bilden eine klassische Eins-zu-N-Beziehung. Ein Host kann beliebig viele Items haben. Ein Item kann aber nur einem Host zugeordnet werden.

Wenn Sie nach der Lektüre dieser Einführung sofort mit der Konfiguration des Monitorings beginnen wollen, merken Sie sich:

- Schritt 1: Anlegen eines Hosts. Für wen oder was sollen Daten gesammelt werden?
- Schritt 2: Anlegen der Items für die Hosts. Welche Daten werden gesammelt?

Base Checks (1 Items)			
Ping check	05 Sep 2011 18:45:48	1	-
Linux Base Information (15 Items)			
CPU IDLE AVG5	05 Sep 2011 18:45:58	99.91	-0.004179
CPU IOwait AVG5	05 Sep 2011 18:45:59	0.002503	+0.000834
CPU load AVG5	05 Sep 2011 18:45:57	0	-
CPU Softirq AVG5	05 Sep 2011 18:46:00	0	-
CPU User AVG5	05 Sep 2011 18:46:01	0.014181	+0.000836
Free disk on / (percent)	05 Sep 2011 18:46:07	83.59	-
Free disk on /var (percent)	05 Sep 2011 18:46:08	87.79	-0.001715
Net Usage eth0 IN	05 Sep 2011 18:45:54	3.13 Kb	+94.89 b
Net Usage eth0 OUT	05 Sep 2011 18:45:55	386.44 b	+15.31 b
Number of processes	05 Sep 2011 18:45:56	106	-
RAM available	05 Sep 2011 18:46:09	3.75 Gb	+356.35 Kb
RAM Free	05 Sep 2011 18:46:10	1.6 Gb	-
RAM Free Percent	05 Sep 2011 18:46:11	38.35	-
RAM Total	05 Sep 2011 18:46:12	4.16 Gb	-
Used Swap Space	05 Sep 2011 18:46:03	0 b	-

Abb. 2–2 *Tabellarische Darstellung der Messpunkte (Items) und der letzten Messwerte (Item-Values)*

2.7.2 Trigger: Daten verarbeiten

Sobald der Zabbix-Server Daten gesammelt hat, stehen die Item-Values für die Auswertung zur Verfügung. Die Weiterverarbeitung der Daten erledigen sogenannte Trigger.

Die Werte der Items werden zum Beispiel mit einem Schwellenwert verglichen. Trigger sind eine der wichtigsten Kernfunktionen von Zabbix, denn nur sie können eine Aktion auslösen.

Zabbix bietet viele Funktionen zum Auswerten der Messergebnisse. Darunter das Anwenden von regulären Ausdrücken und mathematischen Funktionen. Mehrere Funktionen können mit den logischen Operatoren AND und OR verbunden werden.

Nachdem der Messwert eines Triggers ausgewertet wurde, nimmt der Trigger den Status wahr (TRUE) oder falsch (FALSE) an. Der Status TRUE bedeutet, dass ein Problem vorliegt. Der Status des Triggers wird in der Datenbank gespeichert und wartet dort auf eine weitere Verarbeitung. Die Zabbix-Trigger werden ähnlich wie Datenbank-Trigger in dem Moment ausgeführt, in dem ein Messwert neu im Zabbix-Server eintrifft.

Verwechseln Sie Trigger nicht mit Alarmierung. Der Trigger ist der Auslöser für zahlreiche nachfolgende Aktionen. Der Trigger bestimmt dabei nicht, welche Aktion ausgeführt wird. Die Aktionen haben eigene Bedingungen, die festlegen, ob diese ausgeführt werden oder nicht. Suchen Sie also in der Konfiguration der Trigger nicht nach Menüs oder Einstellmöglichkeiten, über die Sie auswählen, welcher Alarm ausgelöst werden soll. Wann welcher Alarm ausgelöst wird, stellt man in den Aktionen ein.

2.7.3 Graphen und Screens: Daten anzeigen

Eine große Stärke von Zabbix liegt in den vielfachen Möglichkeiten, Daten anzuzeigen. Das übersichtliche Anzeigen von Daten war von Anfang an ein wichtiges Ziel der Zabbix-Entwickler. Dementsprechend ist das Visualisieren von Daten direkt im Kern von Zabbix integriert. Sie brauchen keine zusätzlichen Tools oder Add-ons.

Über das Hauptmenü *Monitoring|Latest Data* erhalten Sie immer einen Überblick über alle Daten, die Zabbix sammelt. Host-Gruppen und Itemgruppen (Applikationen) erleichtern dabei das Auffinden von Hosts und Messpunkten. Über eine Freitextsuche können Sie sofort zu einzelnen Hosts springen.

Von jedem Messwert können Sie sich die Daten aus der Vergangenheit als Graph oder Tabelle anzeigen lassen. Neben diesen sogenannten »spontanen Graphen« können Sie verschiedene Graphen mit mehreren Werten auf einer gemeinsamen Zeitachse konfigurieren.

Und damit Sie bei den vielen und manchmal sehr großen Zahlen nicht den Überblick verlieren, rechnet Zabbix alle Zahlen mit Einheiten in verständliche Werte um. Sie sehen nicht, dass noch 5985456712 Bytes auf Ihrer Festplatte frei sind. Zabbix zeigt diesen Wert automatisch als 5,57 GB an.

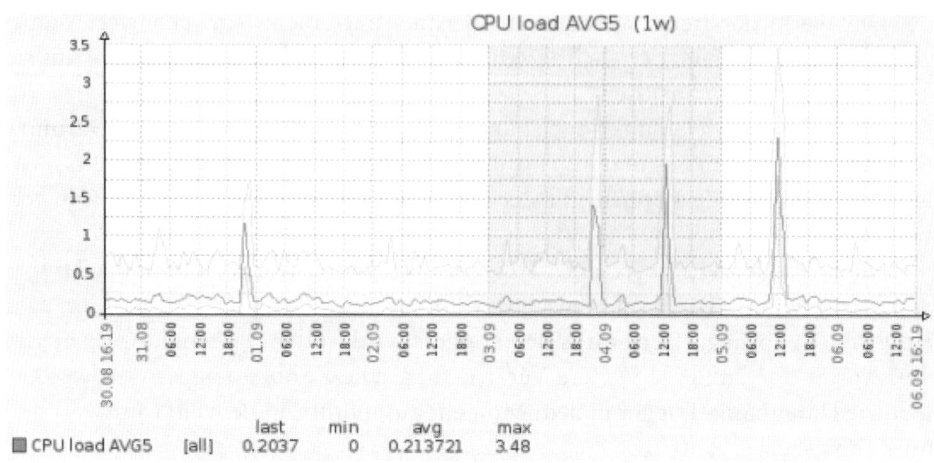

Abb. 2–3 *Beispiel für einen »spontanen Graphen«*

2.7.4 Medien und Aktionen

Auch wenn die meisten Benutzer Zabbix zum Alarmieren im Störfall einsetzen, findet man nirgendwo in den Menüs das Wort »Alarm«.

In Zabbix gibt es stattdessen Aktionen. Ein Alarm kann eine von vielen Aktionen sein. Streng genommen ist ein Alarm die Kombination aus einer Aktion (schicke eine Nachricht) und einem Medium (per E-Mail).

Aktionen werten den Zustand der Trigger aus. Nimmt der Trigger den Zustand TRUE an, das heißt, wenn ein Problem vorliegt, dann wird die Aktion ausgelöst. Es gibt zwei Aktionsformen:

- Nachricht über eines der eingerichteten Medien schicken oder
- Skript auf dem betroffenen Host oder dem Zabbix-Server ausführen. Zabbix versucht, das Problem zu lösen, ohne den Benutzer zu alarmieren.

Die Aktionen können selbstverständlich kombiniert und zu Aktionsketten zusammengefügt werden.

Wenn Sie also einen Alarm einrichten wollen, richten Sie zuerst ein Medium ein, zum Beispiel »E-Mail«. Solange keine Medien eingerichtet sind, können Sie keine Aktion vom Typ »Sende Nachricht« anlegen.

Das Einrichten der Aktion ist also der letzte Schritt zur Alarmierung.

2.8 Die Arbeitsschritte für Eilige

Wenn Sie dieses Kapitel lesen, weil Sie zum ersten Mal ein Monitoring mit Zabbix einrichten wollen, dann merken Sie sich die folgende Reihenfolge der Arbeitsschritte:

1. Sie legen über das Menü *Configuration|Hosts* die Geräte (Server, Switches, Drucker etc.) an.
2. Sie legen über das Menü *Configuration|Hosts|Items* fest, welche Daten von den Hosts gemessen werden sollen (Ping, Festplatten- und CPU-Verbrauch, Portscans etc.).
3. Sie legen über das Menü *Configuration|Hosts|Triggers* fest, welche Messwerte als Problem eingestuft werden.

   Die zuvor genannten drei Schritte führen Sie häufig durch. Beim Hinzufügen neuer Hosts zum Monitoring werden die Schritte zwei und drei in der Regel von Zabbix automatisch ausgeführt, weil Sie Templates verwenden.
4. Sie richten über das Menü *Administration|Mediatypes* Medien ein. Zum Beispiel geben Sie einen Mailserver an, über den der Zabbix-Server Mails versenden kann.
5. Sie richten über das Menü *Administration|Action* eine Aktion ein, die beim Auftauchen von Fehlern ausgeführt wird, zum Beispiel das Versenden einer Nachricht.
6. Sie richten pro User über das Menü *Administration|User* ein, welche User wie und wann eine Nachricht erhalten soll.

Die zuletzt genannten Arbeitsschritte führen Sie nur selten durch, weil es globale Einstellungen sind.

3 Zabbix 3: Was ist neu

3.1 Warten auf Zabbix 3

Im ersten Quartal 2016 wird höchstwahrscheinlich das erste stabile Release von Zabbix 3.0 zum öffentlichen Download bereitstehen. Fertige Binärpakete für RedHat, Debian und Ubuntu werden kurze Zeit später ebenfalls verfügbar sein. Wenn Sie sich nun fragen, ob Sie mit der Installation und Konfiguration Ihres Monitoring-Systems warten sollten, bis Zabbix 3.0 verfügbar ist, lautet die Antwort kurz und einfach: Nein!

Wenn Sie jetzt starten wollen, tun Sie dies mit der letzten stabilen Version von Zabbix 2.4. Ein Upgrade der Zabbix-Version ist denkbar einfach. Konzeptionelle Änderungen gibt es zwischen den Versionen 2.4 und 3.0 nicht, so dass Konfigurationen und erworbenes Wissen komplett beim Upgrade mitgenommen werden.

Setzen Sie für ein produktives System keine Alpha- oder Beta-Versionen von Zabbix 3.0 ein. Diese sind nicht stabil und enthalten teilweise schwerwiegende Fehler. Außerdem müssen Sie auf den Komfort von fertigen Binärpaketen verzichten.

Alle Neuerungen in Zabbix 3 können Sie einem Vortrag von Zabbix-Gründer Alexei Vladishev entnehmen, welchen Sie auf Slideshare[1] anschauen können.

3.2 Die größten Neuerungen in Zabbix 3

3.2.1 Webfrontend

Die auffälligste Änderung in Zabbix 3 ist das Redesign des Webfrontends. Dieses wurde an aktuelle Designtrends angepasst, so dass es nicht mehr altbacken wirkt. Verbesserungen der Bedienbarkeit gab es nur wenige.

1. http://de.slideshare.net/Zabbix/zabbix-30-and-beyond-fisl-2015-zabbix-30-and-beyond

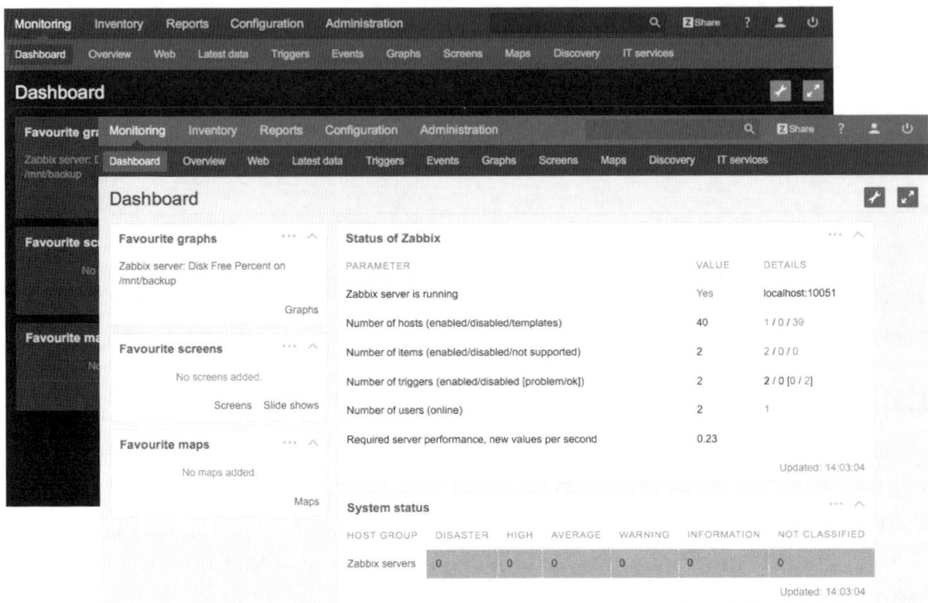

Abb. 3–1 *Das neue Zabbix-Design wahlweise klassisch Blau oder im Dark-Theme*

3.2.2 Verschlüsselung

Zabbix 3 ist nun endlich in der Lage, die Kommunikation zwischen Server, Agenten und Proxys komplett zu verschlüsseln. Basierend auf der Verschlüsselung TLS v1.2 können sich die Zabbix-Komponenten sicher authentifizieren. Die fehlende Verschlüsselung war lange Zeit ein großer Kritikpunkt, denn je nach Überwachungsaufgabe können sensible Daten an den Zabbix-Server übertragen werden.

In Zabbix 3 kann der gesamte Datenaustausch mit OpenSSL, GnuTLS oder mbed TLS (PolarSSL) verschlüsselt werden. Die Authentifizierung können Sie entweder durch einfache Pre-Shared-Keys oder durch Zertifikate realisieren, welche Sie über eine eigene Zertifizierungsstelle – beispielsweise mit OpenSSL – erstellen und verwalten.

Die Verschlüsselung ist optional und kann für jeden Zabbix-Agenten einzeln aktiviert werden. Der Zabbix-Server Version 3 wird auch weiter mit den Agenten der Version 2.X unverschlüsselt kommunizieren können.

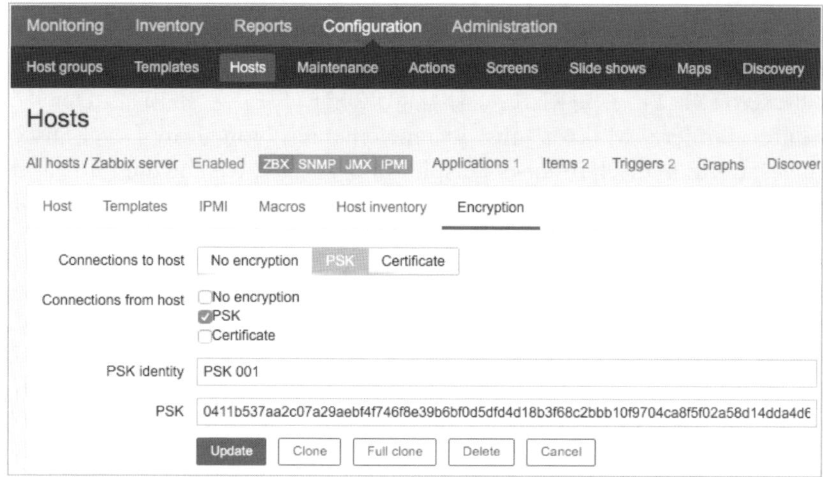

Abb. 3–2 *Verschlüsselter Datenaustausch*

3.2.3 SMTP-Authentifizierung

Zabbix 3 nun nicht mehr auf ein »offenes« SMTP-Relay angewiesen. Der Zabbix-Server kann sich mit Benutzername und Passwort an einem SMTP-Server anmelden. Auf Umwege wie einen lokalen SMTP-Server können Sie verzichten.

Abb. 3–3 *SMTP-Authentifizierung*

3.2.4 Kontextbezogene Makros

Ab Zabbix 3 können Sie Makros ähnlich wie assoziative Arrays aufbauen: `{$MAKRO:KONTEXT_1} = WERT_1, {$MAKRO:KONTEXT_2} = WERT_2`. Der Kontext wird durch andere Makros aus Listenelementen von Low-Level-Discovery-Regeln gesetzt. Ein anschauliches Beispiel sind Trigger, welche die Füllstände von Festplatten überwachen. Sie können nun die Schwellwerte abhängig vom Mountpoint oder dem Laufwerksbuchstaben definieren:

```
{$MIN_DISK_PFREE} = 10
{$MIN_DISK_PFREE:/tmp} = 20
{$MIN_DISK_PFREE:/mnt/backup} = 50
```

Im Trigger-Prototypen wird der Wert des Makros entsprechend des Mointpoints aufgelöst, welcher im Listenelement `{#FSNAME}` gespeichert ist:

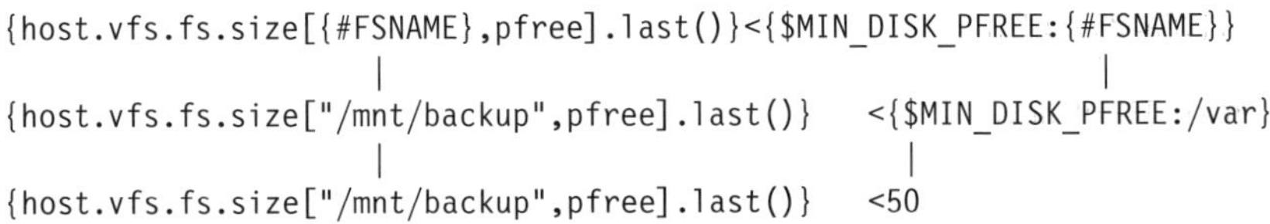

Abb. 3–4 *Anlegen kontextbezogener Makros in Zabbix 3*

3.2.5 Uhrzeitgesteuertes Abrufen von Messwerten

Vor Zabbix 3 konnten Sie nur angeben, alle wie viele Sekunden ein Wert abgerufen wird. Mit Zabbix 3 können Sie zusätzlich zum üblichen Update-Intervall eine Uhrzeit und einen Wochentag angeben.

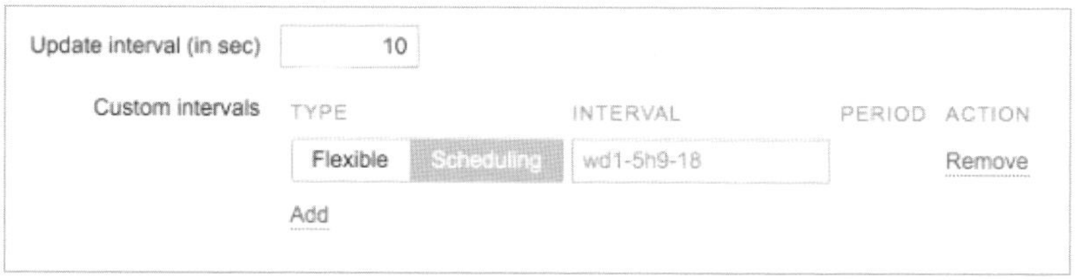

Abb. 3–5 *Präzise Zeitangabe, wann Item-Werte abgerufen werden*

3.3 Kleine Neuerungen

3.3.1 VMware-Monitoring

Mit Zabbix 3 hält das neue Item `vmware.vm.cpu.ready` Einzug. Ein sehr wichtiger Messwert, der Ihnen angibt, dass die virtuelle CPU einer VM »fertig« ist, aber nicht von der physikalischen CPU bedient werden konnte. Präziser ausgedrückt, handelt es sich um die Zeit in Prozent, welche eine virtuelle CPU im CPU-Scheduler wartet, bis sie von einer physikalischen CPU bedient wird. Ein hoher Wert zeigt eine hohe Auslastung oder eine Überlastung der physikalischen CPU an.

3.3.2 Housekeeper

Der Houskeeper kann nun über den Crond präzise gesteuert werden, so dass Houskeeper-Jobs beispielsweise nur nachts ausgeführt werden.

```
0 2 * * *  zabbix  /usr/sbin/zabbix_server -R housekeeper_execute
```

3.3.3 Loglevel

Mit Zabbix 3 hält ein neues Loglevel 5 Einzug. Das Loglevel kann ohne Änderungen an der Konfigurationsdatei und ohne Neustart des Zabbix-Servers im laufenden Betrieb gewechselt werden.

```
[root@centos7 ~]# /usr/sbin/zabbix_server -R log_level_increase=5
zabbix_server [21998]: invalid runtime control option: log_level_derease=3
[root@centos7 ~]# /usr/sbin/zabbix_server -R log_level_decrease=3
zabbix_server [21999]: command sent successfully
```

4 Den Zabbix-Server installieren

4.1 Die Zabbix-Installation planen

Zabbix ist eine Open-Source-Monitoring-Lösung. Aufgrund des frei verfügbaren Programmcodes ist es möglich, Zabbix auf einer Vielzahl von Betriebssystemen zu installieren.

Für dieses Manual wurde der Zabbix-Server auf den folgenden Linux-Distributionen installiert:

- Debian und Ubuntu
- CentOS (kompatibel mit RHEL und Oracle Linux)
- SUSE Linux Enterprise Server
- OpenSUSE

Auf der Webseite von Zabbix werden neben Linux auch noch HP-UX, AIX, Free BSD, Open BSD und Mac OS X als unterstützte Betriebssysteme für den Zabbix-Server und Zabbix-Agenten genannt.

Den Zabbix-Agenten können Sie zusätzlich noch auf folgenden Betriebssystemen installieren:

- Tru64/OSF1
- Windows ab Version NT4.0

Damit dürften alle gängigen Systeme abgedeckt sein, so dass sich Zabbix nicht nur auf die Überwachung von unixähnlichen Systemen beschränkt. Außerdem ist Zabbix in der Lage, eine Vielzahl von Daten per SNMP, IPMI, SSH oder eigenen Erweiterungen abzufragen, so dass Sie auch Switche, Router, Drucker oder Ähnliches überwachen können.

Zabbix wurde auf einer Linux-Plattform entwickelt. Daher ist die Installation auf einem Linux-System sehr einfach. Die Installation auf einem Unix-System wie beispielsweise Solaris ist u.U. umständlich, weil die von Zabbix benötigten Bibliotheken nicht zur Verfügung stehen und ebenfalls aus den Quellen kompiliert werden müssen.

Es gibt keine Linux-Distribution, die sich besonders für die Installation von Zabbix empfiehlt. Nehmen Sie die Distribution, mit der Sie sich am besten auskennen. Eine sogenannte Enterprise Distribution ist nicht zwingend notwendig. Da die Software Zabbix weder bei SLES noch bei RHEL enthalten ist, ist diese vom Support durch den Hersteller der Distribution ohnehin ausgeschlossen. Wenn Sie Zabbix nicht nur zu Testzwecken installieren, wählen Sie eine Distribution, die einen langen Supportzyklus hat, zum Beispiel CentOS, Debian oder Ubuntu LTS.

Debian und Ubuntu bringen als einzige Distributionen fertige Zabbix-Pakete mit, doch sind diese in der Regel so alt, dass Sie Zabbix besser aus den Quellen installieren oder die von der Firma Zabbix LLC zur Verfügung gestellten Binär-Pakete nutzen. Binär-Pakete stehen nur für Debian, Ubuntu, Red Hat und CentOS zur Verfügung. Benutzer von OpenSUSE und SLES müssen zum Quellcode greifen und kompilieren.

4.2 Benötigte Komponenten

Zabbix braucht neben den eigenen Softwarekomponenten einen Webserver und eine Datenbank.

Webserver:
In Frage kommen alle Webserver, die PHP interpretieren können. Wenn Sie sich nicht sicher sind, welcher der am besten geeignete Webserver ist, nehmen Sie Apache2.

Alle Distributionen stellen fertige Pakete inklusive PHP5-Modul zur Verfügung. Die Installation und die Konfiguration des Webservers sind mit nur wenigen Kommandos in kurzer Zeit erledigt.

Es spricht aber nichts dagegen, Zabbix mit anderen Webservern, zum Beispiel lighttpd oder Nginx, zu betreiben.

Datenbank:
Bezüglich der Datenbank lässt Ihnen Zabbix nicht die freie Auswahl. Doch unter den unterstützten Datenbanken MySQL, PostgreSQL, DB2, Sqlite und Oracle sollte jeder eine Datenbank finden, mit der er oder sie zurechtkommt.

Sollten Sie sich noch nicht auf den Einsatz einer der genannten Datenbanken spezialisiert haben, dann ist MySQL ein gute Wahl. Alle Distributionen bringen fertige Pakete für MySQL mit, und auch für den Neuling ist das Installieren der Datenbank leicht zu bewerkstelligen.

Gegen den Einsatz von PostgreSQL spricht nichts. Diese Datenbank wird ebenfalls von allen Distributionen mitgeliefert.

Mit Ausnahme von Sqlite eignen sich alle Datenbankprodukte gleich gut, und keine dieser Datenbanken limitiert Sie in irgendeiner Form beim Aufbau großer Setups. Einzig beim Einsatz von Sqlite können Sie an Grenzen stoßen. Sqlite ist aufgrund seines minimalistischen Funktionsumfangs nicht für mittlere und große

Setups geeignet. Sqlite verfügt zum Beispiel über keine Möglichkeiten, sehr große Tabellen zu partitionieren oder Caches zu verwenden.

Für Oracle und DB2 sollten Sie sich nur dann entscheiden, wenn Sie diese Produkte bereits an anderer Stelle einsetzen und über Erfahrung mit ihnen verfügen. Oracle und DB2 sind im Gegensatz zu MySQL und PostgreSQL keine Open-Source-Software. Es gibt zwar kostenlose Versionen der Datenbanken, doch fehlen diesen Versionen viele Funktionen, weshalb sie sich für große Setups nicht eignen. Oracle 10g Express Edition speichert beispielsweise nur 4 GB Tabellendaten. Dieses Limit werden Sie aber schon bei 20 überwachten Hosts nach einigen Monaten überschreiten. Nutzen Sie Oracle und DB2 nur dann, wenn Sie über geeignete Lizenzen verfügen.

Tipp

Wenn Sie schon vor der Installation wissen, dass Sie ein großes System mit vielen Hosts und Messpunkten mit Zabbix überwachen möchten, legen Sie schon während der Erstinstallation partitionierte Tabellen an. Weitere Information finden Sie im Zabbix-Wiki[1].

4.3 Hardware dimensionieren

Die Anforderungen an die Hardware hängen ganz von der Größe des Setups ab. Wenn Sie nur wenige Hosts überwachen und nur wenige Benutzer mit Zabbix arbeiten, dann können Sie den Zabbix-Server auch auf älterer Hardware vom Typ Pentium4 und 1 GB RAM betreiben.

Mit der Anzahl der überwachten Hosts steigt die Anzahl der Zugriffe auf die Datenbank, so dass ein schnelles IO-System und genügend RAM verfügbar sein müssen.

Wenn viele Benutzer mit Zabbix arbeiten und viele Graphen und Screens berechnet werden müssen, dann verbraucht der Webserver mehr Ressourcen, so dass eine entsprechend leistungsstarke CPU vorhanden sein muss.

Virtualisierung:
Virtualisierung ist auch bei der Installation des Zabbix-Servers eine gute Lösung. Sobald Sie an die Grenzen der Hardwareressourcen stoßen, können Sie der virtuellen Maschine mehr Ressourcen zuordnen oder mit der VM auf eine andere Hardware umziehen.

Aufgrund der relativ einfachen Installation ist es aber auch bei nicht virtualisierter Hardware möglich, den Zabbix-Server von einer physikalischen Serverhardware auf eine andere umzuziehen. Da Zabbix alle Daten in nur einer Datenbank speichert, ist nur das Kopieren der Datenbank notwendig. Somit kann der

1. *https://www.zabbix.org/wiki/Docs/howto/mysql_partition*

Zabbix-Server auf anderer Hardware ausgeführt werden. Das bedeutet, dass Sie Ihr Setup nicht bis ins letzte Detail vorher planen und die entsprechende Hardware anschaffen müssen.

4.4 Hinweis zu fertigen Paketen der Distributionen

Der Zabbix-Server besteht aus zwei Komponenten:

1. Dem eigentlichen Server-Daemon zabbix_server, welcher die Daten sammelt und in die Datenbank schreibt. Der Zabbix-Server-Daemon wurde in der Programmiersprache C entwickelt.
2. Zur Steuerung und Konfiguration des Serverdienstes wird ein Webfrontend verwendet, welches in der Skriptsprache PHP programmiert wurde.

Im Folgenden werden Sie Schritt für Schritt durch die Installation von Zabbix geführt. Verwenden Sie möglichst nicht die Zabbix-Pakete der Distribution. Mehrere Gründe sprechen dagegen:

Die Distributionpakete sind zu alt.
Zabbix wird sehr aktiv weiterentwickelt. Circa alle sechs Monate erscheint eine neue Version. Und mit jeder Version kommen nützliche neue Funktionen hinzu. Ebenso wird die Performance von Zabbix ständig optimiert. Sie sollten bei der ersten Installation die neueste Version von Zabbix verwenden. Da keine Distribution die aktuelle Version von Zabbix mitbringt, greifen Sie besser zu anderen Installationsquellen.

Die Distributionspakete enthalten nicht alle optionalen Komponenten des Zabbix-Servers.
Zahlreiche Funktionen des Zabbix-Servers müssen während des Kompilierens integriert werden. Wenn Sie die vorkompilierte Version der Distribution verwenden, haben Sie keinen Einfluss darauf, welche Funktionen im Zabbix-Server zur Verfügung stehen sollen. Wenn Sie hingegen den Quellcode selbst übersetzen und aufbewahren, können Sie den Zabbix-Server jederzeit neu kompilieren und Funktionen hinzunehmen.

Mit der Installation aus den Quellen oder den Paketen von Zabbix können Sie Updates leichter installieren.
Wenn Sie die Erstinstallation direkt aus den Quellen oder mit den Paketen von Zabbix vornehmen, ist Ihr System bestens für alle Updates vorbereitet. Wenn Sie Zabbix mit den Paketen der Distribution installieren, wird Ihr System in der Regel auch nicht alle Anforderungen erfüllen, um ein Update oder Versions-Upgrade zu installieren. Da die Distributionen in der Regel keine Versions-Upgrades veröffentlichen, wird ein Zabbix-Upgrade zwangsläufig auf eine Neuinstallation hinauslaufen.

4.5 Zabbix mit fertigen Paketen von Zabbix LLC installieren (empfohlen)

Zabbix LLC, die Firma hinter dem Produkt Zabbix, stellt ein Repository zur Verfügung, über das Sie fertige und aktuelle Binär-Pakete für Ubuntu-, Debian-, Red Hat- und CentOS-Linux downloaden können. Sie können das Repository in die Paketverwaltung einbinden und dann bequem Zabbix-Server oder alle anderen Komponenten von Zabbix installieren. Wenn Sie die fertigen Binär-Pakete von Zabbix LLC verwenden, kommen Sie ebenfalls in den Genuss von allen Updates. Für Benutzer von SUSE-Linux stellt Zabbix LLC keine RPM-Pakete bereit. Der openSUSE Build Service (OSBS) enthält Zabbix-Pakete[2]. Diese Pakete erheben aber keinen Anspruch auf Aktualität. Für SUSE-Benutzer scheint es die beste Wahl zu sein, Zabbix aus dem Quellcode zu kompilieren.

Hinweis

Bevor Sie die nachfolgende Anleitung übernehmen, schauen Sie auf der Download-Seite (*http://www.zabbix.com/download.php*) von Zabbix nach, welche die aktuellste Zabbix-Version ist und wie die URLs der Repositorys lauten. Ab dem ersten Quartal 2016 wird höchstwahrscheinlich Zabbix 3.0 erschienen sein.

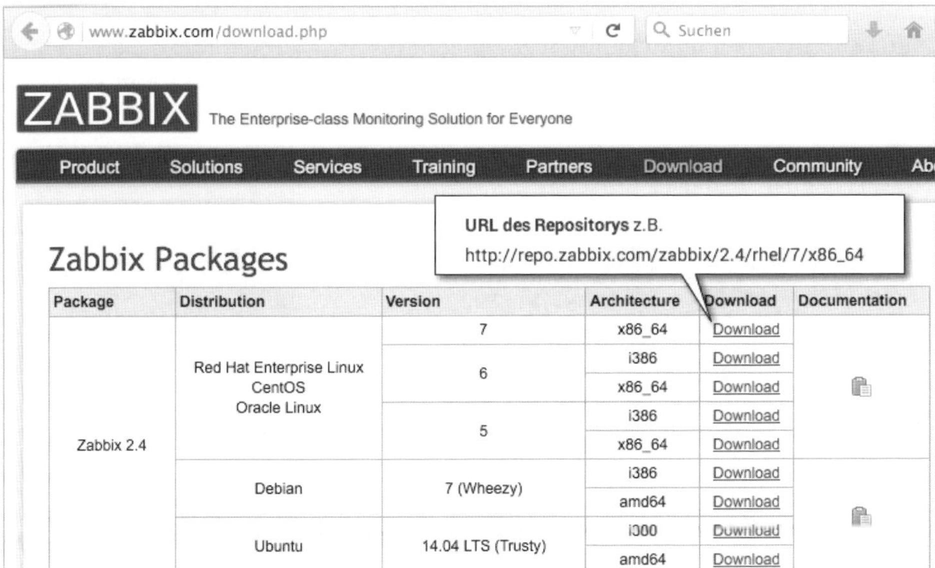

Abb. 4–1 *Aktuelle URL des Repositorys ermitteln*

2. *https://build.opensuse.org/package/binaries/server:monitoring/zabbix*

4.5.1 MySQL installieren

Bevor Sie die Pakete des Zabbix-Servers installieren, sollten Sie das Paket der MySQL-Datenbank installieren. Installieren Sie die Datenbank in einem gesonderten Schritt vor der Installation der Zabbix-Pakete, denn so haben Sie die Chance, eine wichtige Einstellung in der MySQL-Konfiguration vorzunehmen.

Führen Sie nun aus:

```
# Debian, Ubuntu
apt-get install mysql-server

# Red Hat, CentOS Version 6
yum install mysql-server

# Red Hat, CentOS Version 7
yum install mariadb-server
```

> **Hinweis**
>
> Sollte die MySQL-Datenbank unter CentOS oder Red Hat nicht starten und Sie finden im Log `/var/log/mysqld.log` die Meldung `Fatal error: Can't open and lock privilege tables: Table 'mysql.host' doesn't exist`, dann müssen Sie noch die Systemtabellen mit dem Kommando `mysql_install_db` erzeugen.

Nutzer von Debian und Ubuntu werden vom Installer aufgefordert, ein administratives Kennwort für die Datenbank zu vergeben. Red Hat- und CentOS-Distributionen erzwingen nicht das Setzen eines Kennwortes für den MySQL-Root-Benutzer. Setzen Sie das Kennwort manuell mit dem Kommando `mysqladmin -u root password 'new-password'`.

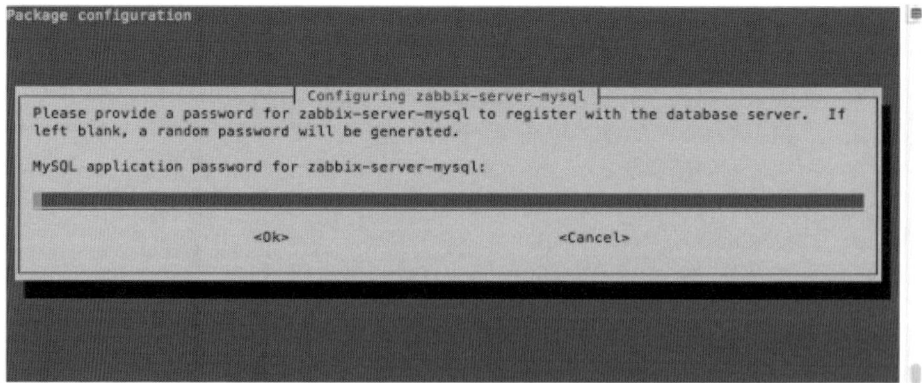

Abb. 4–2 *Einrichtung des administrativen Datenbankbenutzers während der Installationsroutine unter Ubuntu-Linux*

Wenn Sie die MySQL-Datenbank auf dem Zabbix-Server frisch installiert haben, das heißt, es befand sich vorher keine MySQL-Datenbank auf dem System, dann sollten Sie noch eine Einstellung in MySQL ändern, bevor Sie den Zabbix-Server starten.

Wenn Sie bereits Datenbanken auf dem System angelegt haben, nehmen Sie die unten genannte Änderung nicht vor.

InnoDB legt standardmäßig alle Tabellen in einer einzigen großen Datei an. Dies kann im Laufe der Zeit unpraktisch und unperformant werden. Öffnen Sie die Konfigurationsdatei der Datenbank `/etc/my.cnf`, `/etc/mysql/my.cnf` oder `/etc/my.cnf.d/server.cnf` und fügen Sie folgende Parameter unterhalb des Blocks `[mysqld]` ein. Starten Sie anschließend die Datenbank neu:

```
[mysqld]
innodb_file_per_table     = 1
```

Starten Sie die MySQL-Datenbank neu, nachdem Sie die Änderungen an der Konfiguration vorgenommen haben.

4.5.2 DEB-Pakete für Debian und Ubuntu nutzen

4.5.2.1 Zabbix-Server auf Ubuntu installieren

Die Zabbix-Version 2.4 erfordert Ubuntu 14.04 »Trusty Tahr«. Die Abhängigkeiten können unter älteren Systemen nicht aufgelöst werden.

Binden Sie den Repository-Server von Zabbix in die Paketverwaltung ein.

```
wget http://repo.zabbix.com/zabbix/2.4/\
ubuntu/pool/main/z/zabbix-release/zabbix-release_2.4-1+trusty_all.deb
dpkg -i zabbix-release_2.4-1+trusty_all.deb
apt-get update
apt-get install zabbix-server-mysql
```

4.5.2.2 Zabbix-Server auf Debian installieren

Binden Sie den Repository-Server von Zabbix in die Paketverwaltung ein.

```
wget http://repo.zabbix.com/zabbix/2.4/debian/pool/main/z/zabbix-release/
  zabbix-release_2.4-1+jessie_all.deb
dpkg -i zabbix-release_2.4-1+jessie_all.deb
apt-get update
apt-get install zabbix-server-mysql
```

Wenn Sie noch keine MySQL-Datenbank installiert haben, werden Sie durch den Installer aufgefordert, ein administratives Kennwort für den Datenbankserver zu vergeben (Root-Zugang). Auf die Frage »Configure database for zabbix-server-mysql with dbconfig-common?« antworten Sie mit »Yes«. Anschließend wird automatisch ein Datenbankbenutzer für den Zabbix-Server angelegt. Nach Eingabe des administrativen Kennwortes vergeben Sie ein Kennwort für den neuen

Zabbix-Benutzer. Merken oder notieren Sie sich dieses Kennwort. Sie brauchen es später noch einmal.

Alternativ können Sie auch die Option »If left blank, a random password will be generated.« nutzen. Das zufällig generierte MySQL-Passwort wird automatisch in die Datei `/etc/zabbix/zabbix_server.conf` eingetragen.

Nach Beendigung der Installationsroutine sollte der Zabbix-Server laufen. Werfen Sie einen Blick in die Prozessliste (siehe Abbildung).

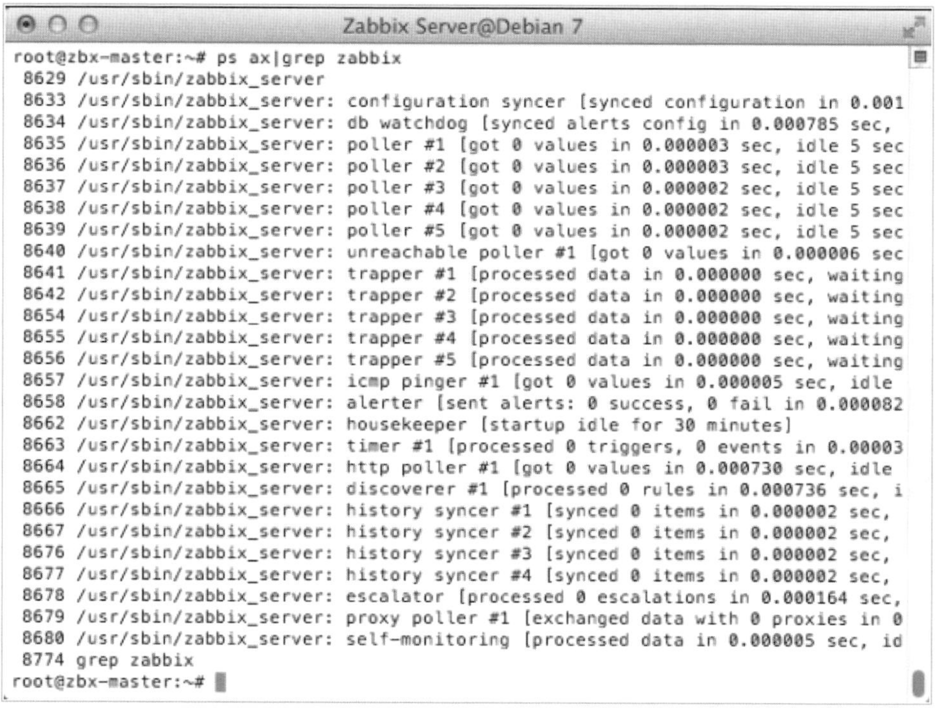

```
Zabbix Server@Debian 7
root@zbx-master:~# ps ax|grep zabbix
 8629 /usr/sbin/zabbix_server
 8633 /usr/sbin/zabbix_server: configuration syncer [synced configuration in 0.001
 8634 /usr/sbin/zabbix_server: db watchdog [synced alerts config in 0.000785 sec,
 8635 /usr/sbin/zabbix_server: poller #1 [got 0 values in 0.000003 sec, idle 5 sec
 8636 /usr/sbin/zabbix_server: poller #2 [got 0 values in 0.000003 sec, idle 5 sec
 8637 /usr/sbin/zabbix_server: poller #3 [got 0 values in 0.000002 sec, idle 5 sec
 8638 /usr/sbin/zabbix_server: poller #4 [got 0 values in 0.000002 sec, idle 5 sec
 8639 /usr/sbin/zabbix_server: poller #5 [got 0 values in 0.000002 sec, idle 5 sec
 8640 /usr/sbin/zabbix_server: unreachable poller #1 [got 0 values in 0.000006 sec
 8641 /usr/sbin/zabbix_server: trapper #1 [processed data in 0.000000 sec, waiting
 8642 /usr/sbin/zabbix_server: trapper #2 [processed data in 0.000000 sec, waiting
 8654 /usr/sbin/zabbix_server: trapper #3 [processed data in 0.000000 sec, waiting
 8655 /usr/sbin/zabbix_server: trapper #4 [processed data in 0.000000 sec, waiting
 8656 /usr/sbin/zabbix_server: trapper #5 [processed data in 0.000000 sec, waiting
 8657 /usr/sbin/zabbix_server: icmp pinger #1 [got 0 values in 0.000005 sec, idle
 8658 /usr/sbin/zabbix_server: alerter [sent alerts: 0 success, 0 fail in 0.000082
 8662 /usr/sbin/zabbix_server: housekeeper [startup idle for 30 minutes]
 8663 /usr/sbin/zabbix_server: timer #1 [processed 0 triggers, 0 events in 0.00003
 8664 /usr/sbin/zabbix_server: http poller #1 [got 0 values in 0.000730 sec, idle
 8665 /usr/sbin/zabbix_server: discoverer #1 [processed 0 rules in 0.000736 sec, i
 8666 /usr/sbin/zabbix_server: history syncer #1 [synced 0 items in 0.000002 sec,
 8667 /usr/sbin/zabbix_server: history syncer #2 [synced 0 items in 0.000002 sec,
 8676 /usr/sbin/zabbix_server: history syncer #3 [synced 0 items in 0.000002 sec,
 8677 /usr/sbin/zabbix_server: history syncer #4 [synced 0 items in 0.000002 sec,
 8678 /usr/sbin/zabbix_server: escalator [processed 0 escalations in 0.000164 sec,
 8679 /usr/sbin/zabbix_server: proxy poller #1 [exchanged data with 0 proxies in 0
 8680 /usr/sbin/zabbix_server: self-monitoring [processed data in 0.000005 sec, id
 8774 grep zabbix
root@zbx-master:~#
```

Abb. 4–3 *Geschafft. Der Zabbix-Server läuft.*

4.5.3 RPM-Pakete für Red Hat und CentOS verwenden

Benutzer von Red Hat und CentOS installieren den Zabbix-Server wie folgt:

```
# RHEL/CentOS Version 6
rpm -ivh http://repo.zabbix.com/zabbix/2.4/\
rhel/6/x86_64/zabbix-release-2.4-1.el6.noarch.rpm
# RHEL/CentOS Version 7
rpm -ihv http://repo.zabbix.com/zabbix/2.4/\
rhel/7/x86_64/zabbix-release-2.4-1.el7.noarch.rpm
yum install zabbix-server-mysql
```

Der RPM-Paketmanager legt die Zabbix-Datenbank nicht automatisch an. Dies müssen Sie mit den folgenden Kommandos manuell erledigen:

```
mysql -uroot -e "create database zabbix character set utf8"
mysql -uroot -e\
 "grant all privileges on zabbix.* to zabbix@localhost identified by
 'zabbix'"
mysql -u zabbix -pzabbix zabbix<\
 /usr/share/doc/zabbix-server-mysql-2.4.5/create/schema.sql
mysql -u zabbix -pzabbix zabbix<\
 /usr/share/doc/zabbix-server-mysql-2.4.5/create/images.sql
mysql -u zabbix -pzabbix zabbix<\
 /usr/share/doc/zabbix-server-mysql-2.4.5/create/data.sql
```

Tragen Sie nun die Datenbankzugangsdaten in die Zabbix-Serverkonfiguration `/etc/zabbix/zabbix_server.conf` ein:

```
DBHost=localhost
DBName=zabbix
DBUser=zabbix
DBPassword=zabbix
```

Nun können Sie den Zabbix-Server starten.

```
[root@localhost ~]# service zabbix-server start
Starting Zabbix server:                                    [  OK  ]
```

Abschließend sollten Sie noch veranlassen, dass die Datenbank und der Zabbix-Server beim Starten des Systems auch automatisch starten:

```
systemctl enable mysqld
systemctl enable zabbix-server
```

4.5.4 Problemfall CentOS 7.1 und Zabbix 2.4.5

Mit älteren Versionen von CentOS (älter als 7.1.1503) können Sie die Zabbix-Version 2.4.5 nicht starten. Mit der Version 7.1.1503 und Zabbix 2.4.6 tritt das nachfolgend beschriebene Problem nicht mehr auf.

Die Installation funktioniert problemlos. Sobald Sie den Zabbix-Server starten, beendet sich der Prozess sofort mit einem sogenannten »segmentation fault«. Wenn Sie als Systemsprache Deutsch eingestellt haben, erhalten Sie die Meldung »Speicherzugriffsfehler«. In der Datei `/var/log/messages` finden Sie den folgenden Eintrag:

```
zabbix_server[11884]: segfault at 18 ip 00007f54b6ffac00 sp
00007fff45992418 error 4 in libpthread-2.17.so[7f54b6ff1000+16000]
```

Dieser Fehler wird durch eine inkompatible Version des Paketes »trousers« (Trusted Computing Software Stack) bzw. der Datei `libtspi.so.1.2.0` verursacht. Ein Update stand zum Zeitpunkt Juni 2015 noch nicht zur Verfügung. Sollte nach einem `yum update` das Problem weiterhin bestehen, müssen Sie »trousers« manuell aktualisieren. Dies geht glücklicherweise recht schnell und einfach. Laden Sie den aktuellen Quellcode herunter, kompilieren Sie diesen und tauschen Sie die Datei im Dateisystem aus. Führen Sie **nicht** `make install` aus!

```
yum install yum install gcc make openssl-devel
cd /usr/src
curl -L -J -O "http://sourceforge.net/projects/trousers/files/latest/
  download?source=files"
tar xzf trousers-0.3.13.tar.gz
cd trousers-0.3.13
./configure
make
mv /usr/lib64/libtspi.so.1.2.0 /usr/lib64/libtspi.so.1.2.0.bak
cp src/tspi/.libs/libtspi.so.1.2.0 /usr/lib64/
```

Nun haben Sie eine aktuelle Version von »trousers« auf Ihrem System, und der Zabbix-Server sollte starten.

4.6 Zabbix aus den Quellen installieren (kompilieren)

4.6.1 Das Betriebssystem für das Übersetzen der Quellen vorbereiten

Zabbix benutzt während der Installation und zur Laufzeit andere Open-Source-Softwarekomponenten. Zabbix ist darauf angewiesen, dass auf Ihrem System zahlreiche Bibliotheken und Programme installiert sind. Leider können nur Debian und Ubuntu alle von Zabbix benötigten Komponenten über den Paketmanager installieren.

Mit Red Hat, CentOS und SUSE Linux können Sie immerhin so viele Bibliotheken per Paketmanager installieren, dass eine Basisinstallation mit den Kernfunktionen von Zabbix möglich ist. Wenn Sie alle Funktionen des Zabbix-Servers nutzen wollen, dann müssen Sie die benötigten Zusatzprogramme ebenfalls über den Quellcode installieren.

Zusatzfunktionen des Zabbix-Servers, die während des Kompilierens integriert werden können:

- **SSH (--with-ssh2)**
  Ermöglicht das Abrufen von Daten von einem entfernten System per SSH. Beim Kompilieren werden die SSH-Development-Pakete benötigt. Benötigte Pakete sind verfügbar in: OpenSUSE 12.1, Red Hat, CentOS, Debian, Ubuntu. Die in SLES 11 SP1 enthaltene Version 0.19 von libssh2 ist für Zabbix zu alt.
- **IPMI (--with-openipmi)**
  Ermöglicht das Abrufen von Daten per Intelligent Platform Management Interface (IPMI). Setzt Hardware voraus, die den Hardwarestatus per IPMI

zur Verfügung stellt. IPMI steht in der Regel nur in professioneller Serverhardware zur Verfügung. Beim Kompilieren werden die Open-IPMI-Development-Pakete benötigt. Benötigte Pakete sind verfügbar in: SUSE, Red Hat, CentOS, Debian, Ubuntu.

- **SNMP (--with-net-snmp)**
  Ermöglicht das Abrufen von Daten per Simple Network Management Protocol (SNMP). Beim Kompilieren werden die Netsnmp-Development-Pakete benötigt. Benötigte Pakete sind verfügbar in: SUSE, Red Hat, CentOS, Debian, Ubuntu.
- **cURL (--with-libcurl)**
  Ermöglicht das Anlegen von Webtests. Der Zabbix-Server kann dann Webseiten testen. cURL wird als Webbrowser in den Zabbix-Server integriert. Beim Kompilieren werden die libcurl-Development-Pakete benötigt. Benötigte Pakete verfügbar in: SUSE, Red Hat, CentOS, Debian, Ubuntu.
- **Jabber (--with-jabber)**
  Ermöglicht das Versenden von Meldungen (Alarmen) per XMPP/Jabber Chat. Beim Kompilieren werden die libjabber-Development-Pakete benötigt. Benötigte Pakete sind verfügbar in: Debian, Ubuntu.
- **XML (VMware Monitoring) (--with-libxml2)**
  Ermöglicht das Überwachen von VMware-ESX- und Vcenter-Servern über die VMware API.
- **ODBC (--with-unixodbc)**
  Ermöglicht das Abfragen von beliebigen externen Datenbanken. (Die Verbindung zur Zabbix-Datenbank erfolgt nicht per ODBC.) Die benötigten Development-Pakete sind in einigen Distributionen zu alt. Wenn Sie ODBC direkt bei der Erstinstallation integrieren wollen, werfen Sie vorher einen Blick auf das Kapitel 25.
- **Verschlüsselung (--with-openssl)**
  Ab Version Zabbix 3.0 kann die Kommunikation zwischen Zabbix-Server den Agenten und den Proxys verschlüsselt werden. Neben OpenSSL stehen noch mbed TLS (PolarSSL) und GnuTLS als Basis für die Verschlüsselung zur Auswahl. Rufen Sie für weitere Information das Kommando ./configure --help auf.
- **IPv6 (--enable-ipv6)**
  Ermöglicht die Verwendung von Ipv6.

Im Folgenden gehen alle Beispiele von einem frisch installierten Linux-System aus, bei dem alle Komponenten mit den Standardeinstellungen der Distribution betrieben werden.

Zum Installieren der benötigten Software werden Kommandozeilenwerkzeuge verwendet. Sie können die entsprechenden Pakete der Distribution selbstverständlich auch mit einem grafischen Werkzeug installieren.

Ebenfalls gehen alle Beispiele davon aus, dass Sie MySQL als Datenbank verwenden. Im Anhang finden Sie weitere Informationen über die Installation und den Betrieb von Zabbix mit PostgreSQL und Oracle.

Debian GNU Linux vorbereiten:
Um Zabbix auf Debian GNU Linux 8.0 (Jessie) zu installieren, müssen Sie vorher folgende Pakete installieren:

```
apt-get install make gcc libc6-dev libmysqlclient-dev libcurl4-openssl-dev
  libssh2-1-dev \
libsnmp-dev libiksemel-dev mysql-server libopenipmi-dev fping libxml2-dev
```

Ubuntu Linux 14.04 LTS vorbereiten:
Um Zabbix auf Ubuntu Linux zu installieren, müssen Sie vorher folgende Pakete installieren:

```
apt-get install make gcc libc6-dev libmysqlclient-dev libcurl4-openssl-dev \
libssh2-1-dev libsnmp-dev libiksemel-dev mysql-server libopenipmi-dev fping
  libxml2-dev
```

CentOS oder RHEL vorbereiten:
Um Zabbix auf CentOS oder RHEL zu installieren, müssen Sie folgende Pakete installieren:

```
yum install make gcc mysql-devel mysql-server curl-devel net-snmp-devel \
OpenIPMI-devel libssh2-devel libxml2-devel unixODBC-devel wget
```

Hinweis

Ab der Version 7 enthalten Red Hat und CentOS keine Pakete für den MySQL-Server mehr. Stattdessen sind Pakete für Mariadb enthalten. Mariadb ist ein sogenanntes »drop-in replacement« für MySQL. Nach der Installation von Mariadb mit `yum install mariadb-server mariadb-devel` stehen alle gewohnten MySQL-Kommandos zur Verfügung.

Leider stellen Red Hat oder CentOS keine RPM-Pakete für das von Zabbix benötigte Kommando `fping` zur Verfügung.

Abhilfe schafft hier das inoffizielle Repository Repoforge[3], oder Sie kompilieren Fping aus den Quellen[4]. Wenn Sie den Paketen aus dem inoffiziellen Respository vertrauen, dann laden Sie über http://tree.repoforge.org/ das für Ihr System

3. *http://repoforge.org/*
4. *http://www.fping.com/*

passende Paket von fping herunter und installieren es per `rpm`. Für ein CentOS7-System verwenden Sie beispielsweise das folgende Kommando:

```
rpm -Uhv http://tree.repoforge.org/redhat/el7/en/\
x86_64/rpmforge/RPMS/fping-3.10-1.el7.rf.x86_64.rpm
```

Leider stellen Red Hat oder CentOS auch keine Development-Pakete für Jabber zur Verfügung. Kompilieren Sie den Zabbix-Server entweder ohne die Option `--with-jabber` oder kompilieren Sie die benötigten Jabber-Bibliotheken ebenfalls aus den Quellen.

SUSE Linux vorbereiten:
Wenn Sie SUSE Linux Enterprise Server verwenden, brauchen Sie zur Installation des Zabbix-Servers das SUSE Linux Enterprise Software Development Kit 11 DVD 1, welches Sie in Form einer ISO-Datei von der Novell-Webseite[5] herunterladen können. Die DVD müssen Sie per Yast oder `zypper` als Repository zu Ihrem System hinzufügen.

```
zypper ar -c -t yast2\
 "iso:/?iso=/data/iso/SLE-11-SDK-DVD-x86_64-GM-Media1.iso"\
 "SLES SDK 1"
```

Wenn Sie Open SUSE verwenden, lädt `zypper` die Pakete aus den Online-Repositories herunter.

Um Zabbix auf SUSE-Linux-Enterprise-Server zu installieren, müssen Sie folgende Pakete installieren.

```
zypper install gcc make mysql mysql-client \
libmysqlclient-devel libcurl-devel net-snmp-devel libssh2-devel \
OpenIPMI OpenIPMI-devel fping
```

Wenn Sie OpenSUSE verwenden, installieren Sie mysql-community-server und mysql-community-server-client anstatt mysql und mysql-client.

Leider stellt SUSE keine Development-Pakete für Jabber zur Verfügung. Kompilieren Sie auch hier den Zabbix-Server entweder ohne die Option `--with-jabber` oder kompilieren Sie die benötigten Jabber-Bibliotheken ebenfalls aus den Quellen.

Ähnliches gilt für SLES 11 SP1. Die Version von libssh2-devel ist zu alt. Sie müssen ohne die Option `--with-ssh2` kompilieren. Mit OpenSUSE 12.1 gibt es keine Probleme.

Es kann vorkommen, dass Ihr SUSE-Linux-System ein Problem mit der Installation des Pakets OpenIPMI-devel beanstandet. Wenn `zypper` eine Fehlermeldung ähnlich wie die folgende präsentiert, können Sie sich getrost für die Lösung drei entscheiden. Es werden dann alle von Zabbix benötigten Dateien installiert.

5. *http://www.novell.com/developer/sle_sdk.html*

```
Problem: OpenIPMI-devel-2.0.16-7.1.x86_64 requires OpenIPMI = 2.0.16,
  but this requirement cannot be provided
  uninstallable providers: OpenIPMI-2.0.16-7.1.i586[openSUSE-11.4-11.4-0]
                   OpenIPMI-2.0.16-7.1.x86_64[openSUSE-11.4-11.4-0]
 Solution 1: deinstallation of patterns-openSUSE-minimal_base-11.4-6.9.1.x86_
 64
 Solution 2: do not install OpenIPMI-devel-2.0.16-7.1.x86_64
 Solution 3: break OpenIPMI-devel by ignoring some of its dependencies
```

Der Zabbix-Server verwendet das Programm fping zum »Pingen« der Hosts. Fping kann bei SUSE aber nur vom Root-User verwendet werden. Da Zabbix aber nicht mit Root-Rechten läuft, müssen Sie manuell das sogenannte Suid-Bit setzen. Dadurch verfügt das Programm fping immer über Root-Rechte, auch wenn es von einem Nicht-Root-User gestartet wird.

```
chmod +s /usr/sbin/fping
```

4.6.2 Zabbix-Server kompilieren und installieren

Laden Sie nun den aktuellen Tarball von der Zabbix-Webseite herunter, entpacken Sie die Datei, kompilieren und installieren Sie die Software.

Das aufgeführte Beispiel installiert alle Komponenten von Zabbix in das Verzeichnis `/opt/zabbix`. Wenn Sie kein Installationverzeichnis mit der Option `--prefix` angeben, wird Zabbix in `/usr/local/sbin` installiert.

Installieren Sie nun den Zabbix-Server wie folgt:

```
cd /usr/src
curl -O -J -L http://sourceforge.net/projects/zabbix/files/\
ZABBIX%20Latest%20Stable/<VERSION>/zabbix-<VERSION>.tar.gz/download
tar xzf zabbix-<VERSION>.tar.gz
cd /usr/src/zabbix-<VERSION>
./configure --enable-server --enable-agent --with-mysql --with-net-snmp \
--with-libcurl --with-openipmi --with-ssh2 \
--with-libxml2 --with-unixodbc \
--prefix=/opt/zabbix
```

Hinweis

Ersetzen Sie <VERSION> durch die aktuellste Version, welche Sie auf der Sourceforge-Seite von Zabbix[6] finden.

6. *http://sourceforge.net/projects/zabbix/files/ZABBIX%20Latest%20Stable/*

Abb. 4–4 *Der Configure-Befehl hat das Kompilieren ohne Fehlermeldungen vorbereitet.*

Starten Sie nun das Kompilieren des Quellcodes in ausführbare Programme:

```
make
make install
```

Ergänzen Sie ggf. die Option --with-jabber, wenn Sie die Jabber-Funktion nutzen möchten und die Jabber-Bibliotheken installiert haben.

Wenn nach dem `./configure` Fehler auftreten, haben Sie nicht alle nötigen Softwarekomponenten installiert, die zum Kompilieren von Zabbix benötigt werden.

Sofern die Installation erfolgreich war, sollten Sie nun in `/opt/zabbix/sbin` und `/opt/zabbix/bin` folgende Dateien vorfinden:

```
[root@vm173 zabbix-2.4.3]# ls -l /opt/zabbix/sbin/
insgesamt 6328
-rwxr-xr-x. 1 root root 1011323 11. Okt 11:58 zabbix_agent
-rwxr-xr-x. 1 root root 1190678 11. Okt 11:58 zabbix_agentd
-rwxr-xr-x. 1 root root 4274125 11. Okt 11:58 zabbix_server
[root@vm173 zabbix-2.4.3]# ls -l /opt/zabbix/bin/
insgesamt 704
-rwxr-xr-x. 1 root root 320009 11. Okt 11:58 zabbix_get
-rwxr-xr-x. 1 root root 394325 11. Okt 11:58 zabbix_sender
```

Aus Sicherheitsgründen lässt sich der Zabbix-Server nicht als root-User starten. Legen Sie also einen neuen User für Zabbix an.

```
adduser --system --home /opt/zabbix --no-create-home zabbix #Debian
useradd -r -d /opt/zabbix/ -m zabbix                        # SUSE,Red
 Hat,CentOS
```

Wenn Sie sich für ein anderes Installationsverzeichnis als `/opt/zabbix` entschieden haben, müssen Sie das Home-Verzeichnis des neuen Users entsprechend anpassen.

4.6.3 Zabbix-Datenbank installieren

Sofern Sie sich für MySQL als Datenbank für Zabbix entscheiden, installieren Sie entweder die MySQL Version Ihrer Distribution oder laden Sie sich MySQL von der Webseite des Herstellers Oracle herunter.

Wenn Sie dieser Anleitung gefolgt sind, dann haben Sie den MySQL-Server bereits über den Paketmanager installiert.

Einige Distributionen starten die Datenbank nach der Erstinstallation nicht automatisch. Holen Sie das nun mit `service mariadb start` oder `service mysql start` nach und testen Sie den Login per MySQL-Konsolenclient.

Je nachdem, wie und aus welcher Quelle Sie MySQL installiert haben, ist der Root-Zugang zur Datenbank mit einem Passwort geschützt. Nach diesem Passwort werden Sie später zum Anlegen der Zabbix-Datenbank gefragt.

Hinweis

SUSE, Red Hat und CentOS starten den MySQL-Daemon nicht automatisch beim Booten. Aktivieren Sie das automatische Starten von MySQL mit `systemctl enable mysqld` (Red Hat und CentOS 6), `systemctl enable mariadb.service` (Red Hat und CentOS 7) bzw. `systemctl enable mysql` (SUSE).

4.6.3.1 Datenbankkonfiguration anpassen

Zabbix verwendet bei MySQL den Tabellentreiber InnoDB. Mit den Details von InnoDB muss man sich als Zabbix-Neuling nicht beschäftigen. Wenn Sie die MySQL-Datenbank auf dem Zabbix-Server frisch installiert haben, das heißt, es befand sich vorher keine MySQL-Datenbank auf dem System, dann sollten Sie noch eine Einstellung in MySQL ändern, bevor Sie den Zabbix-Server starten.

Wenn Sie bereits Datenbanken auf dem System angelegt haben, nehmen Sie die unten genannte Änderung nicht vor.

InnoDB legt standardmäßig alle Tabellen in einer einzigen großen Datei an. Dies kann im Laufe der Zeit unpraktisch und unperformant werden. Öffnen Sie die Konfigurationsdatei der Datenbank `/etc/my.cnf` oder `/etc/mysql/my.cnf` und fügen Sie folgende Parameter unterhalb des Blocks `[mysqld]` ein. Starten Sie anschließend die Datenbank neu:

```
[mysqld]
innodb_file_per_table     = 1
```

Benutzer von CentOS7 öffnen die Datei `/etc/my.cnf.d/server.cnf` und fügen folgende Zeilen ein:

```
[mariadb-5.5]
innodb_file_per_table     = 1
```

4.6.3.2 Datenbankbenutzer anlegen

In der nachfolgenden Anleitung wird als Datenbankname `zabbix` und als Passwort auch `zabbix` verwendet. Passen Sie den Namen und das Passwort ggf. an Ihre Bedürfnisse an. Ebenfalls gehen die Beispiele davon aus, dass Sie den Zabbix-Server und den Datenbankserver auf demselben Host betreiben, was für den Anfang eine gute Wahl ist.

```
Legen Sie nun eine leere Datenbank und einen Datenbank-User für Zabbix an:
mysql -u root -p -e "create database zabbix"
mysql -u root -p -e "grant all on zabbix.* to zabbix@localhost identified by
  'zabbix'"
```

Testen Sie, ob alles bis hierher funktioniert hat. Sie sollten sich nun mit dem Benutzer `zabbix` und dem Passwort `zabbix` an der Datenbank anmelden können:

```
mysql -u zabbix -p
Welcome to the MySQL monitor.  Commands end with ; or \g.
Your MySQL connection id is 3
Type 'help;' or '\h' for help. Type '\c' to clear the current input
  statement.
mysql>quit
```

Verwenden Sie die folgenden Kommandos zum Anlegen der Datenbank:

```
mysql -u zabbix -p zabbix</usr/src/zabbix-<Version>/database/mysql/schema.sql
mysql -u zabbix -p zabbix</usr/src/zabbix-<Version>/database/mysql/images.sql
mysql -u zabbix -p zabbix</usr/src/zabbix-<Version>/database/mysql/data.sql
```

4.6.4 Zabbix-Server konfigurieren und starten

Im Verzeichnis mit dem Zabbix-Quellcode finden Sie eine Beispielkonfiguration, die als Basis für den ersten Start des Zabbix-Servers dient. Ab der Version Zabbix 2.0 werden die Beispieldateien vom Kommando `make install` automatisch ins System kopiert.

Öffnen Sie nun die Datei `zabbix_server.conf` mit Ihrem bevorzugten Editor und ändern Sie die Werte für folgende Einstellungen:

```
DBHost=localhost
DBName=zabbix
DBUser=zabbix
DBPassword=zabbix
```

Die anderen Einstellungen brauchen Sie zunächst nicht zu ändern. Nun können Sie den Zabbix-Server das erste Mal starten und prüfen, ob er läuft.

```
/opt/zabbix/sbin/zabbix_server -c /opt/zabbix/etc/zabbix_server.conf
ps aux|grep zabbix
```

Sollte der Zabbix-Server nicht starten, schauen Sie im Logfile `/tmp/zabbix_server.log` nach, ob dort ein Hinweis auf Fehler genannt wird.

Wenn alles glatt gelaufen ist, sollte das Logfile `/tmp/zabbix_server.log` dies auch bestätigen.

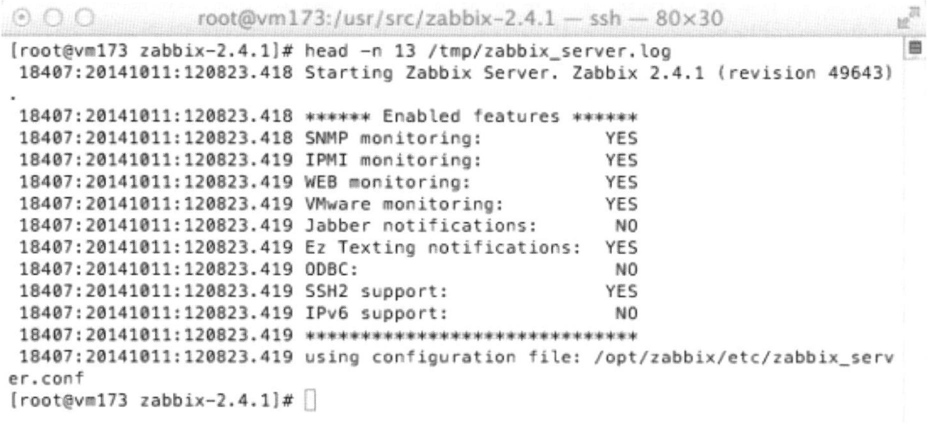

```
root@vm173:/usr/src/zabbix-2.4.1 — ssh — 80×30
[root@vm173 zabbix-2.4.1]# head -n 13 /tmp/zabbix_server.log
 18407:20141011:120823.418 Starting Zabbix Server. Zabbix 2.4.1 (revision 49643)
.
 18407:20141011:120823.418 ****** Enabled features ******
 18407:20141011:120823.418 SNMP monitoring:           YES
 18407:20141011:120823.419 IPMI monitoring:           YES
 18407:20141011:120823.419 WEB monitoring:            YES
 18407:20141011:120823.419 VMware monitoring:         YES
 18407:20141011:120823.419 Jabber notifications:       NO
 18407:20141011:120823.419 Ez Texting notifications:  YES
 18407:20141011:120823.419 ODBC:                       NO
 18407:20141011:120823.419 SSH2 support:              YES
 18407:20141011:120823.419 IPv6 support:               NO
 18407:20141011:120823.419 ******************************
 18407:20141011:120823.419 using configuration file: /opt/zabbix/etc/zabbix_serv
er.conf
[root@vm173 zabbix-2.4.1]#
```

Abb. 4–5 *Der Zabbix-Server läuft!*

Als Letztes sollten Sie noch ein Start-Stop-Skript anlegen, damit Zabbix auch beim Booten des Systems automatisch startet.

Hinweis

Erhalten Sie eine Fehlermeldung wie diese `Can not create IPC key for path`, dann haben Sie Zabbix wahrscheinlich unter Angabe eines relativen Pfades zur Konfigurationsdatei gestartet. Verwenden Sie einen absoluten Pfad zur Konfigurationsdatei.

4.6.5 Start-Stop-Skripte für den Zabbix-Server

Im Quellcodeverzeichnis befinden sich Vorlagen mit Start-Stop-Skripten für fast alle Distributionen. Kopieren Sie diese Vorlagen und nehmen Sie kleine Änderungen vor.

Sollte die Konfigurationsdatei für den Zabbix-Server nicht unter `/etc/zabbix/zabbix_server-conf` gespeichert sein, erzeugen Sie einen passenden symbolischen Link. Das macht die Verwendung der mitgelieferten Start-Stop-Skripte einfacher.

```
ln -s /opt/zabbix/etc/ /etc/zabbix
```

Sollte das Start-Stop-Skript nicht auf Anhieb funktionieren, öffnen Sie das Skript mit einem Editor und prüfen Sie die Pfade zu den Dateien. Achten Sie darauf, dass der Pfad zum PID-File exakt derselbe ist, wie er in der Datei `zabbix_server.conf` angegeben wurde.

Wenn das sogenannte PID-File nicht in `/tmp` sondern, zum Beispiel in `/var/run/zabbix` abgelegt wird, müssen Sie dem Zabbix-User Schreibrechte auf dieses Verzeichnis geben.

```
chown zabbix /var/run/zabbix
```

Gleiches gilt für das Logfile. Nicht-Root-User dürfen nicht nach `/var/log` schreiben. Wenn Sie `/var/log/zabbix` als Verzeichnis für die Logfiles verwenden, müssen Sie Zabbix die Berechtigung erteilen.

```
chown zabbix /var/log/zabbix
```

4.6.5.1 Ubuntu 14.04

Ubuntu 14.04. verwendet Upstart. In den Quellen von Zabbix finden Sie ein fertiges Upstart-Skript, welches Sie nur in Ihr System kopieren brauchen.

```
cp /usr/src/zabbix-<Version>/misc/init.d/ubuntu/zabbix-server.conf /etc/init/
```

Passen Sie in der Datei ggf. den Pfad zu Ihrer Zabbix-Installation an, zum Beispiel `exec /opt/zabbix/sbin/zabbix_server`.

> **Hinweis**
>
> Beachten Sie, dass ab Version 15.04 auch Ubuntu Systemd verwendet. Folgen Sie dann der Anleitung für CentOS 7 und Debian 8.

4.6.5.2 Red Hat 6 und CentOS 6

Red Hat 6 und CentOs 6-Systeme verwenden noch das mittlerweile veraltete SysVinit-System. Kopieren Sie das Beispielskript aus dem Ordner mit den Zabbix-Quellen in Ihr System und machen Sie es ausführbar.

```
cp cp /usr/src/zabbix-<Version>/misc/init.d/fedora/core/zabbix_server /etc/
  init.d/
chmod +x /etc/init.d/zabbix_server
```

Öffnen Sie die Datei `/etc/init.d/zabbix_server` mit einem Editor und passen Sie die Variablen PIDFILE und BASEDIR an. Diese müssen exakt mit den Vorgaben aus der Datei `zabbix_server.conf` übereinstimmen. Fügen Sie außerdem folgenden Block an den Anfang der Datei unterhalb der ersten Zeile ein:

```
# chkconfig: 2345 55 25
# description: zabbix_server daemon
#
# processname: zabbix_server
```

Registrieren Sie den neuen Dienst, so dass er beim Systemstart automatisch gestartet wird:

```
chkconfig --add zabbix_server_ctl
chkconfig zabbix_server_ctl on
```

4.6.5.3 Red Hat 7 und CentOS 7 und Debian 8 (Systemd)

Bei Red Hat Version 7 und Debian Version 8 kommt Systemd zum Einsatz. Legen Sie die Datei `/etc/systemd/system/zabbix-server.service` mit folgenden Inhalt an:

```
[Unit]
Description=Zabbix Server
After=syslog.target network.target mariadb.service

[Service]
Type=oneshot
ExecStart=/opt/zabbix/sbin/zabbix_server -c /opt/zabbix/etc/zabbix_
  server.conf
ExecReload=/opt/zabbix/sbin/zabbix_server -R config_cache_reload
RemainAfterExit=yes
PIDFile=/tmp/zabbix_server.pid

[Install]
WantedBy=multi-user.target
```

Anschließend führen Sie die folgenden Kommandos aus:

```
systemctl daemon-reload
systemctl start zabbix-server
systemctl enable zabbix-server
```

Hinweis

Beachten Sie auch die Einstellungen von SELinux. SELinux verhindert u.U. das Starten des neu angelegten Service. Schalten Sie SELinux ggf. in der Datei `/etc/selinux/config` ab.

4.6.5.4 SUSE Linux

Kopieren Sie das Beispielskript aus dem Ordner mit den Zabbix-Quellen in Ihr System und machen Sie das Start-Stop-Skript ausführbar. Registrieren Sie den neuen Dienst, so dass er beim Systemstart automatisch gestartet wird:

```
cp /usr/src/zabbix-1.8.7/misc/init.d/suse/9.3/zabbix_server /etc/init.d/
chmod +x /etc/init.d/zabbix_server
```

```
chkconfig --add zabbix_server
systemctl enable zabbix_server
```

4.7 Firewall-Regeln erweitern

4.7.1 SUSE Firewall2

Wenn Sie die SUSE Firewall 2 verwenden, fügen Sie den TCP-Port 10051 als erlaubten Port für die externe Zone hinzu. Dies können Sie per Yast erledigen, oder Sie tragen eine Zeile wie die folgende in die Datei `/etc/sysconfig/SUSEfirewall2` ein:

```
FW_SERVICES_EXT_TCP="10051"
```

Starten Sie die Firewall neu, damit die Regeln geladen werden.

4.7.2 Red Hat und CentOS

Falls die Standard-Firewall aktiv ist, fügen Sie in der Datei `/etc/sysconfig/iptables` folgende Regel ein, und starten Sie die Firewall neu:

```
-A INPUT -m state --state NEW -m tcp -p tcp --dport 10051 -j ACCEPT
service iptables restart
```

Ab Version CentOS und Red Hat 7 tragen Sie die Firewall-Regeln wie folgt ein:

```
firewall-cmd --permanent --zone=public --add-port=10051/tcp
firewall-cmd --reload
```

4.8 Das Zabbix-Webfrontend

Zabbix wird ausschließlich über das Webfrontend bedient. Dieses besteht aus einer Reihe von PHP-Skripten, welche dieselbe Datenbank wie der Zabbix-Server benutzen. Über die gemeinsame Datenbank kommunizieren Webfrontend und Zabbix-Server miteinander.

Grundsätzlich kann das Webfrontend mit jedem Webserver betrieben werden, der PHP ausführen kann. Wenn Sie noch keinen Webserver auf dem Zabbix-Server installiert haben, sollten Sie Apache als Webserver verwenden. Apache wird von allen Distributionen mitgeliefert, und die Installation erfolgt einfach und ohne Probleme.

Da in der Regel nur wenige Benutzer mit dem Zabbix-Frontend arbeiten werden, spielen die Performance und der Ressourcenverbrauch des Webservers keine nennenswerte Rolle. Die Vorteile von leichtgewichtigen Webservern wie Lighttpd oder Nginx können Sie beim Zabbix-Frontend nicht wirklich ausnutzen.

4.9 Webfrontend aus dem Zabbix-Paket-Repository installieren

4.9.1 Debian und Ubuntu

Wenn Sie den Zabbix-Server mit fertigen Binärpaketen aus dem Zabbix-Paket-Repository installiert haben, installieren Sie das Webfrontend ebenfalls über den Paketmanager.

```
apt-get install zabbix-frontend-php
```

Nach Abschluss der Installationsroutine müssen Sie noch eine PHP-Einstellung manuell ändern. Öffnen Sie dazu die Datei `/etc/php5/apache2/php.ini` mit einem Editor, und tragen Sie die Zeitzone wie folgt ein:

```
[Date]
; Defines the default timezone used by the date functions
; http://php.net/date.timezone
date.timezone = Europe/Berlin

; Always populate the $HTTP_RAW_POST_DATA variable.
always_populate_raw_post_data = -1
```

Wenn Sie das Webfrontend in anderen Sprachen als Englisch verwenden wollen, müssen Sie im Betriebssystem ein sogenanntes Locale generieren. Führen Sie dazu `locale-gen de_DE` aus.

Starten Sie den Apache-Webserver neu und führen Sie die Installation über das Webfrontend fort.

4.9.2 CentOS und Red Hat

Installieren Sie das Webfrontend inklusive Webserver und aller abhängigen Pakete wie folgt:

```
yum install zabbix-web-mysql
```

Nach Abschluss der Installationsroutine müssen Sie noch eine PHP-Einstellung manuell ändern. Öffnen Sie dazu die Datei `/etc/httpd/conf.d/zabbix.conf` mit einem Editor, tragen Sie zum Beispiel `php_value date.timezone Europe/Berlin` als korrekte Zeitzone in Zeile 18 ein und starten Sie Apache neu. Aktivieren Sie außerdem den Autostart von Apache:

```
service httpd restart
systemctl enable httpd
```

Falls die Standard-Firewall von CentOS oder RHEL 6.x aktiv ist, fügen Sie in der Datei `/etc/sysconfig/iptables` folgende Regel ein, und starten Sie die Firewall neu:

```
-A INPUT -m state --state NEW -m tcp -p tcp --dport 80 -j ACCEPT
service iptables restart
```

Ab Version 7 passen Sie die Firewall wie folgt an:

```
firewall-cmd --permanent --zone=public --add-port=80/tcp
firewall-cmd --reload
```

Führen Sie nun die Installation über das Webfrontend fort.

4.10 Webserver, PHP und Webfrontend manuell installieren

Alle Linux-Distributionen bringen die nötigen Pakete mit, die Sie für das Webfrontend benötigen. Es muss nichts kompiliert werden. Installieren Sie folgende Pakete und stellen Sie außerdem sicher, dass der Webserver automatisch mit dem Betriebssystem startet:

```
## Debian ##
apt-get install apache2 php5 libapache2-mod-php5 php5-gd php5-mysql
## Red Hat, CenOS ##
yum install php php-gd php-mysql php-bcmath php-mbstring php-xml apache2
systemctl enable httpd
## SUSE ##
zypper install apache2 apache2-mod_php5 \
php5-bcmath php5 php5-gd php5-mysql php5-mbstring php5-sockets php5-gettext
systemctl enable apache2
```

Anschließend kopieren Sie die PHP-Dateien in das Standardverzeichnis des Webservers und ändern die Dateiberechtigungen so, dass die Dateien nicht Root, sondern dem User gehören, der den Webserver ausführt:

```
## Debian ##
cp -r /usr/src/zabbix-2.4.1/frontends/php/ /var/www/zabbix
chown -R www-data:www-data /var/www/zabbix/
## Ubuntu ##
cp -r /usr/src/zabbix-2.4.1/frontends/php/ /var/www/html/zabbix
chown -R www-data:www-data /var/www/html/zabbix/
## Red Hat, CentOS ##
cp -r /usr/src/zabbix-2.4.1/frontends/php/ /var/www/html/zabbix
chown -R apache:apache /var/www/html/zabbix/
## SUSE ##
cp -r /usr/src/zabbix-2.4.1/frontends/php/ /srv/www/htdocs/zabbix
chown -R wwwrun:www /srv/www/htdocs/zabbix
```

Bevor Sie das Webfrontend zum ersten Mal aufrufen, passen Sie die Einstellungen für PHP an. Öffnen Sie dazu die Datei `php.ini` und tragen Sie die unten aufgeführten Werte ein. Debian- und SUSE-Benutzer finden die Datei unter `/etc/php5/apache2/php.ini`. Red Hat- und CentOS-Benutzer bearbeiten die Datei `/etc/php.ini`:

```
[Date]
; Defines the default timezone used by the date functions
date.timezone = Europe/Berlin
max_execution_time = 600
post_max_size = 32M
memory_limit = 256M
mbstring.func_overload = 0
upload_max_filesize = 16M
max_input_time = 600
```

Starten Sie den Webserver neu, nachdem Sie die php.ini-Datei angepasst haben.

Hinweis

Passen Sie u.U. auch die Firewall-Konfiguration an. Einige Distributionen wie zum Beispiel CentOS7 erledigen dies bei der Installation des Webserver nicht automatisch. Hier ist ein manueller Eingriff in Form der folgenden Kommandos notwendig:

```
firewall-cmd --permanent --zone=public --add-port=80/tcp
firewall-cmd --reload
```

4.11 Webfrontend konfigurieren

Rufen Sie nun mit Ihrem Browser den Hostnamen oder die IP-Adresse des Zabbix-Servers auf, zum Beispiel http://192.0.2.1/zabbix/. Die Zabbix-Installation wird nun über das Webfrontend weitergeführt. Nachdem Sie die Lizenzbedingungen akzeptiert haben, geben Sie die zuvor eingerichteten Zugangsdaten zur Datenbank ein.

Wenn Sie die Option »Zufälliges MySQL-Passwort generieren« verwendet haben, lesen Sie das Passwort mit `grep DBPassword /etc/zabbix/zabbix_server.conf` aus und tragen Sie dies zusammen mit dem Benutzernamen *zabbix* als Datenbankzugangsdaten ein.

Die Frage nach den Zabbix-Serverdetails können Sie mit den voreingestellten Werten localhost und 10051 bestätigen. Im Feld »Name« können Sie einen beliebigen Namen eintragen, der Ihren neuen Zabbix-Server identifiziert. Dieser Name wird immer im Seitentitel der Webgui eingefügt. Dies ist nützlich, um das Zabbix-Frontend zu identifizieren, wenn Sie mehrere Browserfenster oder Tabs geöffnet haben. Wenn Sie planen, nur einen Zabbix-Server zu verwenden, tragen Sie als Name einfach »Zabbix« ein.

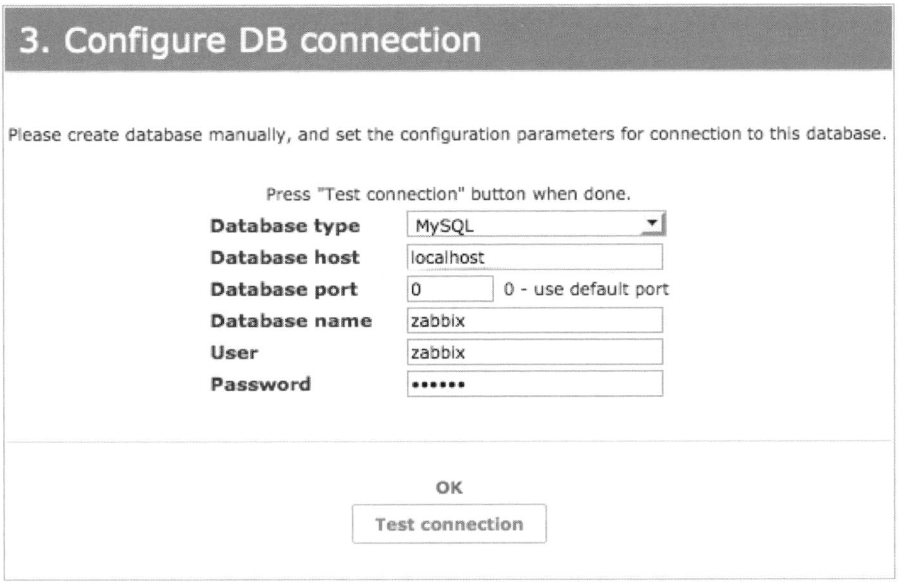

Abb. 4–6 *Konfiguration der Datenbankanbindung für das Webfrontend*

Nachdem die Installation beendet wurde, können Sie sich mit dem Benutzer *Admin* und dem Password *zabbix* zum ersten Mal über das Zabbix-Webfrontend einloggen.

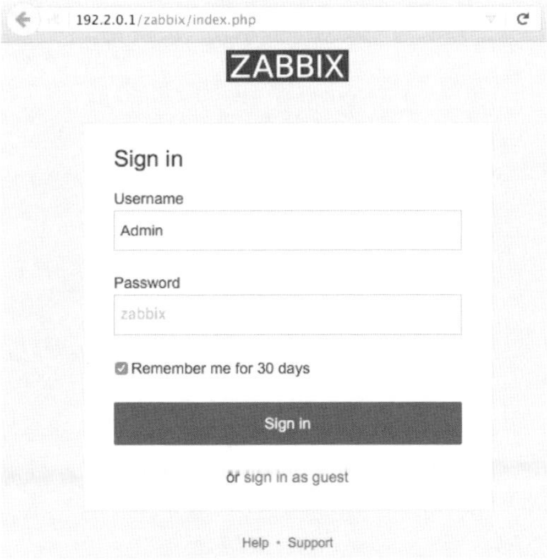

Abb. 4–7 *Geschafft! Das Webfrontend ist installiert.*

4.12 Hinweise zur Sicherheit des Webfrontends

Über das Webfrontend haben Sie die volle Kontrolle über den Zabbix-Server und alle Zabbix-Agenten. Je nach Konfiguration der Agenten ist der Zabbix-Server in der Lage, beliebige Kommandos auf allen überwachten Hosts auszuführen.

Sie sollten also den Zabbix-Server und das Webfrontend vor dem Zugriff durch Unbefugte schützen. Ändern Sie möglichst schnell das Standardpasswort des Benutzers Admin.

Wenn Sie über das öffentliche Internet auf den Zabbix-Server zugreifen, sollten Sie die Kommunikation per SSL verschlüsseln. Im Internet finden Sie zahlreichen Anleitungen, wie Sie Apache und SSL-Verschlüsselung einrichten. Die offizielle Dokumentation[7] von Apache hilft auch weiter.

Ebenfalls können Sie eine zusätzliche Authentifizierung durch den Apache-Webserver einschalten, so dass eine vielleicht aufkommende Sicherheitslücke in den PHP-Dateien von Zabbix Ihren Server trotzdem nicht für Angreifer öffnen wird.

7. *http://httpd.apache.org/docs/2.4/ssl/ssl_howto.html*

5 Den Zabbix-Agenten installieren

5.1 Hinweise zum Zabbix-Agenten

Der Zabbix-Agent ist ein Dienst, welcher auf den überwachten Hosts läuft und Daten an den Zabbix-Server sendet. So kann der Zabbix-Server zum Beispiel ermitteln, wie stark eine CPU ausgelastet ist oder wie viele Daten über eine Netzwerkschnittstelle transferiert werden.

Die Installation des Zabbix-Agenten ist nicht zwingend notwendig. Der Zabbix-Server kann eine Reihe anderer Quellen »anzapfen«, zum Beispiel SNMP, SSH, IPMI.

Wenn Sie die Möglichkeit haben, den Zabbix-Agenten zu installieren, dann sollten Sie dies auch tun. Für Sie als Zabbix-Administrator ist es immer am leichtesten, Daten über den Zabbix-Agenten zu sammeln. Die Weboberfläche bietet Menüs zur Auswahl aller Items, die der Agent bedienen kann. Außerdem können Sie den Agenten leicht mit Ihren eigenen Checks erweitern.

Wenn Sie den Zabbix-Server mit den im Kapitel 4 genannten Optionen kompiliert haben, wurde der Agent ebenfalls kompiliert und installiert. Im Verzeichnis `/opt/zabbix/sbin` sollten Sie die ausführbaren Dateien `zabbix_agent`, `zabbix_agentd` und `zabbix_sender` finden.

Die Distributionen Debian und Ubuntu stellen fertige Pakete für den Zabbix-Agenten zur Verfügung. Im Gegensatz zum Zabbix-Server ist es nicht zwingend notwendig, immer die aktuellste Version des Agenten zu verwenden. Sie können auch die Pakete der Distribution verwenden.

Mit der Version Zabbix 2.0 sind auch neue Funktionen in den Zabbix-Agenten eingeflossen. Wenn Sie einen Agenten der Version 1.8 zusammen mit den Zabbix-Server 2.0 verwenden, stehen einige Funktionen nicht zur Verfügung. Es ist ratsam, auch den Agenten mindestens in der Version 2 zu verwenden.

Für Nutzer von Open SUSE und SLES bleibt nur der Weg über den Quellcode. Wenn Sie planen, den Zabbix-Agenten auf eine große Anzahl von Hosts auszurollen, dann sollten Sie ein RPM-Paket anfertigen.

Tipp

Sie können den Zabbix-Agenten auch auf demselben Host wie den Zabbix-Server kompilieren und von dort aus verteilen. Wenn Sie eine heterogene Umgebung überwachen möchten, in der verschiedene Distributionen oder verschiedene Betriebssysteme eingesetzt werden, muss der Zabbix-Agent ggf. für abweichende Systeme neu kompiliert werden.

5.2 Die Komponenten des Zabbix-Agenten

- **Zabbix-Agent-Daemon**
  Dies ist der Client-Daemon, welches dem Zabbix-Server die Daten des überwachten Hosts liefert. In der Regel läuft der Zabbix-Agent dauerhaft und als eigenständiger Dienst. Dazu wird das Programm `zabbix_agentd` verwendet.
- **Zabbix-Agent**
  Wenn nötig kann der Zabbix-Agent auch über einen Superserver wie Xinetd gestartet werden. Dann wird das Programm `zabbix_agent` vom Xinetd gestartet. Das Programm kann aber auch zum Testen von Items auf der Kommandozeile verwendet werden.
- **Zabbix-Get**
  Die ausführbare Datei `zabbix_get` wird zum Testen der Agenten verwendet. Mit zabbix_get simuliert man die Kontaktaufnahme des Servers mit dem Agenten und erhält den Rückgabewert. Bei einigen Distributionen ist Zabbix-Get ein eigenes Paket und nicht Teil des Paketes Zabbix-Agent.
- **Zabbix-Sender**
  Mit dem Programm `zabbix_sender` können Daten vom Client an den Server geschickt werden. Zabbix-Sender findet in selbst entwickelten Skripten seine Anwendung. Bei einigen Distributionen ist Zabbix-Sender ein eigenes Paket und nicht Teil des Paketes Zabbix-Agent. Detaillierte Informationen und Beispiele zu zabbix_sender finden Sie unter Kapitel 21.

Hinweis

Je nachdem, aus welcher Quelle Sie die Zabbix-Komponenten installieren, sind einige der genannten Komponenten gesonderte Pakete, die Sie mit der Paketverwaltung installieren müssen.

5.3 Zabbix-Agent mit den DEB- oder RPM-Paketen von Zabbix LLC installieren

Die Firma Zabbix LLC stellt ein Repository für Debian und Ubuntu zur Verfügung, über das Sie immer eine aktuelle Version des Zabbix-Agenten über den

Paketmanager installieren können. Für **Debian Jessie** und **Ubuntu** führen Sie folgende Kommandos aus. Bevor Sie die nachfolgende Anleitung übernehmen, schauen Sie auf der Download-Seite von Zabbix nach, welche die aktuellste Zabbix-Version ist und wie die URLs der Repositorys lauten. Ab dem ersten Quartal 2016 wird höchstwahrscheinlich Zabbix 3.0 erschienen sein.

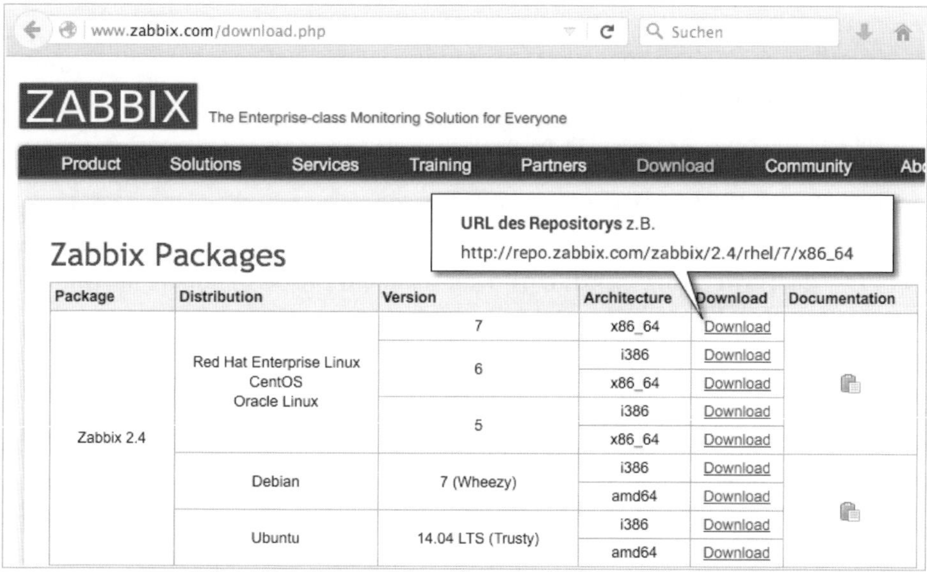

Abb. 5–1 *Download-Seite von Zabbix*

```
## Debian 8 Jessie ##
wget http://repo.zabbix.com/zabbix/2.4/debian/\
pool/main/z/zabbix-release/zabbix-release_2.4-1+jessie_all.deb
dpkg -i zabbix-release_2.2-1+jessie_all.deb
## Ubuntu 14.04 ##
wget http://repo.zabbix.com/zabbix/2.4/\
ubuntu/pool/main/z/zabbix-release/zabbix-release_2.4-1+trusty_all.deb
dpkg -i zabbix-release_2.4-1+trusty_all.deb

apt-get update
apt-get install zabbix-agent zabbix-sender
```

Wenn Sie **Red Hat** oder **CentOS** verwenden, installieren Sie den Zabbix-Agenten wie folgt:

```
#RHEL/CentOS 6
rpm -ivh http://repo.zabbix.com/zabbix/2.4/\
rhel/6/x86_64/zabbix-release-2.4-1.el6.noarch.rpm
#RHEL/CentOS 7
rpm -ivh http://repo.zabbix.com/zabbix/2.4/\
rhel/7/x86_64/zabbix-release-2.4-1.el7.noarch.rpm
yum install zabbix-agent zabbix-sender
```

5.4 Den Zabbix-Agenten aus den Quellen installieren

5.4.1 Zabbix-Agent kompilieren

Der Zabbix-Agent ist sehr anspruchslos, was die Voraussetzungen für das Kompilieren der Programmdateien angeht. Die Installation aus den Quellen sollte auf jedem Linux-System schnell und einfach vonstattengehen.

Installieren Sie die nötigen Pakete, damit Sie anschließend den Zabbix-Agenten kompilieren können:

```
apt-get install make gcc libc6-dev #Debian
yum install make gcc              # Red Hat,CentOS
zypper install gcc make           # SUSE
```

Sobald der GNU-C-Kompiler und das Kommando make installiert sind, wird der Zabbix-Agent wie folgt installiert: Den Installationsort können Sie mit der Option `--prefix` Ihren Wünschen anpassen.

```
cd /usr/src
curl -O -J -L http://sourceforge.net/projects/zabbix/files/\
ZABBIX%20Latest%20Stable/<VERSION>/zabbix-<VERSION>.tar.gz/download
tar xzf zabbix-<VERSION>.tar.gz
cd /usr/src/zabbix-<VERSION>
./configure  --enable-agent --prefix==/opt/zabbix/
make
make install
```

5.4.1.1 Zabbix-Agent als statische Binary kompilieren

Benutzen Sie die Option `--enable-static`, um die ausführbaren Dateien `zabbix_agent` und `zabbix_agentd` unabhängig von anderen Bibliotheken zu machen. Wenn Sie planen, die Binärdateien des Zabbix-Agenten auf verschiedene Systeme zu verteilen, kann diese Option hilfreich sein.

Beachten Sie, dass die Option `--enable-static` nicht unter Solaris funktioniert.

Nachdem Sie den Zabbix-Agenten als statische Datei kompiliert haben, können Sie mit dem Kommando ldd testen, ob wirklich keine Abhängigkeiten zu anderen Bibliotheken bestehen.

```
ldd zabbix_static/sbin/zabbix_agentd
not a dynamic executable
```

Hier der Vergleich mit einer dynamisch gelinkten Version:

```
ldd zabbix/sbin/zabbix_agentd
 linux-vdso.so.1 ==>  (0x00007fffb69ff000)
 libm.so.6 ==> /lib64/libm.so.6 (0x00007f213b091000)
 libresolv.so.2 ==> /lib64/libresolv.so.2 (0x00007f213ae7a000)
 libc.so.6 ==> /lib64/libc.so.6 (0x00007f213ab0d000)
 /lib64/ld-linux-x86-64.so.2 (0x00007f213b2e8000)
```

5.4.2 Zabbix-Agent als Daemon einrichten

Aus Sicherheitsgründen lässt sich der Zabbix-Agent nicht als Root-User starten. Legen Sie also einen neuen User für Zabbix an.

```
adduser --system --home /opt/zabbix --no-create-home zabbix # Debian
useradd -r -d /opt/zabbix/ -m zabbix                        # Red Hat, CentOS
```

Wenn Sie sich für ein anderes Installationsverzeichnis als `/opt/zabbix` entschieden haben, dann müssen Sie das Home-Verzeichnis des neuen Users entsprechend anpassen.

Der Zabbix-Agent sollte als Daemon permanent auf die Anfragen des Zabbix-Servers hören und diese sofort beantworten.

Zusammen mit den Quellen von Zabbix wird auch eine Beispielkonfiguration für den Zabbix-Agenten geliefert, welche Sie in dem Ordner finden, den Sie vor dem Kompilieren mit der Option `--prefix` angegeben haben.

Legen Sie auch einen symbolischen Link an, damit man wie gewohnt die Konfigurationsdatei unter `/etc` findet. Beispielsweise:

```
ln -s /opt/zabbix/etc /etc/zabbix
```

Öffnen Sie die Datei `/opt/zabbix/etc/zabbix_agentd.conf` mit einem Editor und tragen Sie die IP-Adresse des Zabbix-Servers ein:

```
### Option: Server
# List of comma delimited IP addresses (or hostnames) of Zabbix servers.
# No spaces allowed. First entry is used for receiving list of and sending
  active checks.
# If IPv6 support is enabled then '127.0.0.1', '::127.0.0.1',
# '::ffff:127.0.0.1' are treated equally.
#
# Mandatory: yes
# Default:
# Server=
Server=127.0.0.1
```

5.4.3 Start-Stop-Skripte für den Zabbix-Agenten

Im Verzeichnis mit dem Quellcode befinden sich Vorlagen mit Start-Stop-Skripten für fast alle Distributionen. Kopieren Sie diese Vorlagen und nehmen Sie kleine Änderungen vor.

Achten Sie darauf, dass der Pfad zur ausführbaren Datei `zabbix_agentd` und zur Konfig-Datei korrekt eingetragen ist. Die von Zabbix gelieferten Skripte erwarten den `zabbix_agentd` unter `/opt/zabbix/sbin` und die Konfiguration unter `/etc/zabbix`.

Stellen Sie außerdem sicher, dass der Pfad zum PID-File im Start-Stop-Skript exakt derselbe ist, wie er in der Datei `zabbix_server.conf` angegeben wurde. Wenn das PID-File nicht in `/tmp`, sondern zum Beispiel in `/var/run/zabbix` abgelegt wird, müssen Sie dem Zabbix-User Schreibrechte auf dieses Verzeichnis geben.

Gleiches gilt für das Logfile. Nicht-Root-User dürfen nicht nach `/var/log` schreiben. Wenn Sie `/var/log/zabbix` als Verzeichnis für die Logfiles verwenden, müssen Sie Zabbix zuerst die Berechtigung erteilen.

```
chown zabbix /var/run/zabbix
chown zabbix /var/log/zabbix
```

5.4.3.1 Start-Stop-Skripte für Debian-Systeme

Kopieren Sie das Skript für Debian in Ihr System.

```
cp /usr/src/zabbix-<VERSION>/misc/init.d/debian/zabbix-agent /etc/init.d/
```

Fügen Sie in das Skript folgende Zeilen ein, damit es den Anforderungen von Debian entspricht:

```
#! /bin/sh
### BEGIN INIT INFO
# Provides:          zabbix-agent
# Required-Start:    $remote_fs $network
# Required-Stop:     $remote_fs
# Default-Start:     2 3 4 5
# Default-Stop:      0 1 6
# Short-Description: Start zabbix-agent daemon
### END INIT INFO

set -e
# define LSB log_* functions.
. /lib/lsb/init-functions
```

Machen Sie das Start-Stop-Skript ausführbar und registrieren Sie den neuen Dienst, so dass er bei Systemstart automatisch gestartet wird.

```
chmod +x /opt/zabbix/etc/init.d/zabbix_agent
update-rc.d zabbix_agent defaults
```

5.4.3.2 Start-Stop-Skripte für Red Hat- und CentOS-Systeme

Kopieren Sie das mitgelieferte init-Skript an den passenden Ort und machen Sie es ausführbar.

```
cp /usr/src/zabbix-<VERSION>/misc/init.d/redhat/zabbix_agentd_ctl /etc/
  init.d/
chmod +x /etc/init.d/zabbix_agentd_ctl
```

Öffnen Sie die Datei `/etc/init.d/zabbix_agentd_ctl` mit einem Editor und passen Sie die Variablen PIDFILE und BASEDIR an. Diese müssen exakt mit den Vorgaben aus der Datei `zabbix_server.conf` übereinstimmen. Fügen Sie außerdem folgenden Block an den Anfang der Datei unterhalb der ersten Zeile ein:

```
# chkconfig: 2345 55 25
# description: zabbix_agentd daemon
#
# processname: zabbix_agentd
```

Registrieren Sie den neuen Dienst, so dass er bei Systemstart automatisch gestartet wird.

```
chkconfig --add zabbix_agentd_ctl
systemctl enable zabbix_agentd_ctl
```

5.4.3.3 Start-Stop-Skripte für SUSE Linux

Kopieren Sie das mitgelieferte init-Skript an den passenden Ort und machen Sie es ausführbar. Registrieren Sie anschließend den neuen Dienst, so dass er beim Systemstart automatisch gestartet wird:

```
cp /usr/src/zabbix-<VERSION>/misc/init.d/suse/9.3/zabbix_agentd /etc/init.d/
chmod +x /etc/init.d/zabbix_agentd
chkconfig --add zabbix_agentd
systemctl enable zabbix_agentd
```

Wenn Sie den Zabbix-Agenten per **Internet Superserver** (inetd) betreiben möchten, fügen Sie folgende Zeilen in Ihre Konfiguration ein:

```
zabbix_agent stream tcp nowait.3600 zabbix /opt/zabbix/bin/zabbix_agent
```

5.5 Den Zabbix-Agenten testen

Starten Sie den Zabbix-Agenten.

```
/etc/init.d/zabbix_agentd start
```

In der Prozessliste sollte nun der Zabbix-Agent auftauchen und der lokale Port 10050 sollte offen sein.

```
ps aux|grep zabbix_agent
zabbix 4466  0.0  0.1   9196   580 ? SN 17:55 0:00 /opt/zabbix/sbin/zabbix_
 agentd

netstat -ln|grep 10050
tcp  0  0  0.0.0.0:10050          0.0.0.0:*      LISTEN
```

Sollte der Agent nicht über das Start-Stop-Skript starten, rufen Sie den Agenten testweise über die Konsole auf. Dies bringt oft Aufschluss über Fehler in der Konfiguration oder fehlende Schreibberechtigungen auf den Ordnern für das PID-File und das Logfile.

```
/opt/zabbix/sbin/zabbix_agentd -c /etc/zabbix/zabbix_agentd.conf
zabbix_agentd [19459]:
Cannot open [/var/log/zabbix/zabbix_agentd.log] [Permission denied]
```

5.6 Zabbix-Agent für Windows installieren

Laden Sie den Zabbix-Agenten für Windows auf der Zabbix-Webseite[1] herunter.

Nach dem Entpacken der Datei erhalten Sie die Ordner `win32` und `win64`.

Der Zabbix-Agent für Windows enthält keinen Installer, so dass die Installation manuell erfolgen muss. Starten Sie die Eingabeaufforderung `cmd.exe` und wechseln Sie in das Verzeichnis, welches die für das System passende Version des Zabbix-Agenten enthält, zum Beispiel:

```
c:\Users\thorsten\Downloads\zabbix_agents_2.4.4.win\bin\win64>
 dir
 Verzeichnis von c:\Users\qa\Downloads\zabbix_agents_2.4.4.win\bin\win64
15.03.2015  15:34    <DIR>          .
15.03.2015  15:34    <DIR>          ..
15.03.2015  15:34    <DIR>          dev
15.03.2015  15:34           401.920 zabbix_agentd.exe
15.03.2015  15:34           129.536 zabbix_get.exe
15.03.2015  15:34           164.352 zabbix_sender.exe
               3 Datei(en),        695.808 Bytes
               3 Verzeichnis(se), 17.073.872.896 Bytes frei
```

Legen Sie einen Ordner im Standardverzeichnis für Programminstallationen an und kopieren Sie die ausführbaren Dateien in das neue Verzeichnis.

```
mkdir "%PROGRAMFILES%"\zabbix
xcopy * "%PROGRAMFILES%"\zabbix
```

Hinweis

Wenn Sie die Installation über Eingabeaufforderung »cmd.exe« vornehmen, muss diese mit der Option »Als Administrator ausführen« gestartet werden.

Legen Sie anschließend eine Konfigurationsdatei `%PROGRAMFILES%\zabbix\zabbix_agentd.conf` mit einem Texteditor an, oder kopieren Sie das Beispiel `zabbix_agentd.win.conf` aus der Zip-Datei nach `%PROGRAMFILES%\zabbix\zabbix_agentd.conf`.

Der Aufbau der Konfigurationsdatei ist auf allen Betriebssystemen identisch. Eine minimale Konfigurationsdatei für Windows könnte zum Beispiel wie folgt aussehen:

```
# This is a config file for Zabbix-Agent (windows)
# To get more information about Zabbix, visit http://www.zabbix.com
LogFile=zabbix_agentd.log
```

1. *http://www.zabbix.com/download.php*

```
DebugLevel=0
Server=<IP FROM YOUR Zabbix SERVER>
```

Sie müssen nur noch die IP-Adresse Ihres Zabbix-Servers eintragen. Registrieren Sie nun den Zabbix-Agenten als Windows-Dienst und starten Sie diesen anschließend.

```
C:\Program Files\zabbix>
zabbix_agentd.exe --config "%PROGRAMFILES%\zabbix\zabbix_agentd.conf" --
  install

zabbix_agentd.exe [800]: service [Zabbix Agent] installed successfully
zabbix_agentd.exe [800]: event source [Zabbix Agent] installed successfully

C:\Programme\zabbix>net start "Zabbix Agent"
Zabbix Agent wird gestartet.
Zabbix Agent wurde erfolgreich gestartet.
```

Hinweis

Das Verzeichnis, in dem der Agent die Logfiles ablegt, muss existieren. Andernfalls wird der Dienst zwar installiert, kann aber nicht gestartet werden. Leider können die Variablen der Windows-Umgebung wie zum Beispiel %PROGRAMFILES% nicht in der Zabbix-Konfigurationsdatei verwendet werden.

Sie können die Option `LogFile` auch weglassen. Dann verwendet Zabbix das Windows Event Log zum Loggen.

Nach der erfolgreichen Installation sollten Sie den Zabbix-Agenten in der Windows-Diensteverwaltung finden.

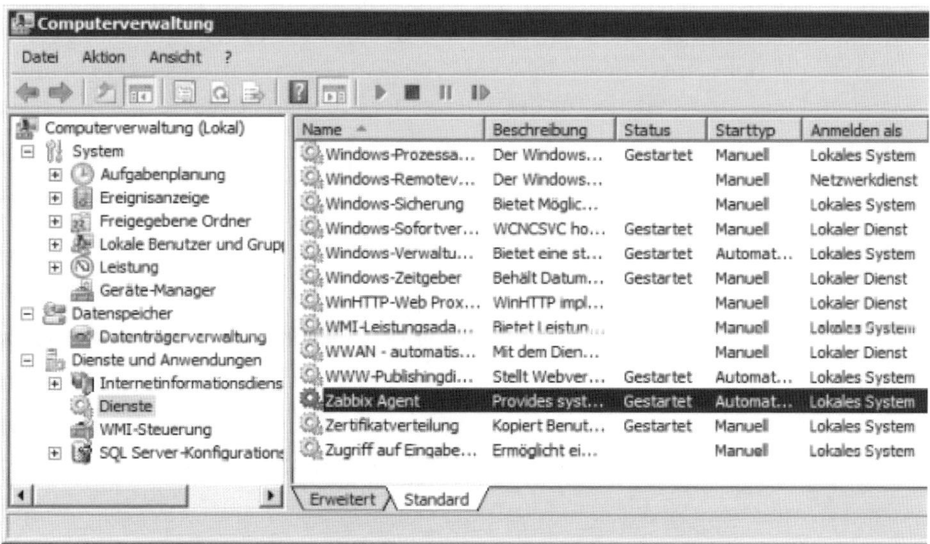

Abb. 5–2 *Der Zabbix-Agent läuft als Windows-Dienst.*

Denken Sie auch an die **Firewall-Einstellungen.** Unter Umständen müssen Sie eine neue Regel hinzufügen, die eingehende Verbindungen auf TCP-Port 10050 erlaubt.

Weitere Information zum Zabbix-Agenten für Windows finden Sie in der offiziellen Dokumentation[2].

5.7 Zabbix-Agent konfigurieren

Der Zabbix-Agent wird unter allen Betriebssystemen über eine Textdatei konfiguriert. Unter Unix-Systemen wird diese Datei in der Regel in `/etc/zabbix/zabbix_agentd.conf` abgelegt.

Unter Microsoft Windows heißt die Datei ebenfalls `zabbix_agent.conf`. Einen etablierten Speicherort gibt es unter Windows hingegen nicht. Wenn Sie den Standards von Microsoft folgen, sollten Sie im Programmordner einen Unterordner Zabbix anlegen und dort auch die Konfigurationsdatei und ggf. auch die Logdatei speichern.

Die Konfigurationsdatei ist dank der zahlreichen und gut verständlichen Kommentare im Grunde selbsterklärend. An dieser Stelle werden daher nur einige wenige Optionen des Zabbix-Agenten erklärt.

Optionen des Zabbix-Agenten, die Sie in die Datei `zabbix_agentd.conf` eintragen:

- **PidFile**
  (Nicht für Windows) Sie sollten hier den für die Distribution üblichen Speicherort für PID-Files angeben. Der Pfad zum PID-File muss ebenfalls im Start-Stop-Skript eingetragen werden. Wenn das PID-File nicht unter `/tmp/` oder `/var/tmp/` liegt, müssen Sie ggf. die Berechtigung für den Ordner anpassen. Zum Beispiel liegen unter Debian die PID-Files in /var/run/zabbix/zabbix_agentd.pid. Diesen Ordner müssen Sie vor dem ersten Start des Agenten anlegen und mit `chown zabbix` für den User zabbix schreibbar machen.
- **LogFile**
  Datei mit Logmeldungen. Wählen Sie einen üblichen Speicherort wie `/var/log/zabbix/zabbix-agent.log`. Achten Sie auf die Berechtigungen. Da Zabbix nicht als Root läuft, muss der Ordner vor dem ersten Start existieren und dem User zabbix gehören. Unter Windows müssen Sie immer einen absoluten Pfad angeben, zum Beispiel `c:\zabbix.log`. Um Fehlern auf die Schliche zu kommen, erhöhen Sie ggf. das Debug-Level, um mehr Informationen ins Log zu schreiben.
- **EnableRemoteCommands**
  Wenn `EnableRemoteCommands==1`, darf der Zabbix-Server über den Agenten

2. *https://www.zabbix.com/documentation/2.4/manual/appendix/install/windows_agent*

beliebige Kommandos ausführen. Wenn diese Option aktiviert ist, gibt es keine weitere Kontrolle, welche Kommandos der Server ausführen darf. Wenn Sie nur eine fest definierte Anzahl von Kommandos zulassen wollen, belassen Sie die Option EnableRemoteCommands auf 0 und definieren Sie die einzelnen erlaubten Kommandos als User-Parameter. Das Erlauben von Remote Commands ist eine potenzielle Sicherheitslücke und sollte mit Bedacht verwendet werden. Unter Windows werden die Kommandos mit Administratorrechten ausgeführt, unter Unix-Systemen in der Regel mit den Rechten des unpriviligierten Users zabbix.

- **Timeout**
  Wie viel Zeit darf der Agent mit einem Check verbringen? Nach Überschreiten des Timeouts wird der Check abgebrochen und der Status »unsupported« an den Server gemeldet. Der voreingestellte Wert von drei Sekunden ist knapp bemessen. Viele Skripte schaffen es nicht, in dieser Zeit Daten zu liefern. Besonders unter Windows brauchen auch noch so knappe PowerShell-Skripte deutlich länger. Wenn Sie nur wenige externe Skripte nutzen, können Sie den Maximalwert 30 einstellen. Wenn Sie viele externe Skripte verwenden, sollten Sie darauf achten, dass sich nicht zu viele Prozesse »stauen«, die vom Zabbix-Agenten gestartet werden.
- **Include**
  Sie können die Konfiguration des Zabbix-Agenten auf beliebig viele Dateien aufteilen. Über ein Include werden zusätzliche Konfigurationsdateien nachgeladen. Dies ist bei Rollouts auf viele Hosts oft hilfreich.
- **UnsafeUserParameters**
  Wenn Sie den Zabbix-Agenten mit Skripten und externen Programmen ergänzen, dürfen Sie diesen externen Programmen nicht alle beliebigen Zeichen als Parameter übergeben. Das Semikolon ist beispielsweise als Parameter nicht erlaubt. So wird verhindert, dass der Start eines zweiten Programms als Option hinter das erste Programm gehängt werden kann. Die folgenden Parameter sind nicht erlaubt: \ ' " ` * ? [ ] { } ~ $ ! & ; ( ) < > | # @. Siehe auch User-Parameter[3] in der Zabbix-Dokumentation. Mit der Option `UnsafeUserParameters=1` heben Sie den Filter auf und erlauben alle Zeichen.
- **UserParameter**
  Diese Option können Sie beliebig oft verwenden. Mit `UserParameter=` geben Sie ein externes Programm an, welches vom Zabbix-Agenten aufgerufen werden soll. Die Ausgabe des externen Programms wird als Item-Value an den Server übertragen. Eine ausführliche Anleitung zur Erweiterung des Agenten mit User-Parametern finden Sie in Kapitel 20.

3. *https://www.zabbix.com/documentation/2.0/manual/config/items/userparameters*

6 Schnellstart: In 5 Minuten zum ersten Alarm

6.1 Einleitung

Die nachfolgende Kurzanleitung führt Sie in die wichtigsten Konzepte von Zabbix ein. Sie lernen, welche Arbeitsschritte zum Einrichten eines Alarms notwendig sind. Benutzen Sie diese Anleitung bitte nur, um Zabbix kennenzulernen. Richten Sie Ihr komplettes Monitoring nicht nach dieser Anleitung ein. Ein zuverlässiges und skalierbares Setup können Sie nur mit dem Einsatz von Templates umsetzen.

6.2 Den ersten Host anlegen

Loggen Sie sich als »Admin« auf dem Webfrontend des Zabbix-Servers ein und klicken Sie im Hauptmenü auf *Configuration|Hosts*.

Wählen Sie rechts oben im Dropdown-Menü als Gruppe »all« aus und klicken Sie anschließend auf *Create* (siehe Pfeil 3 in der nachfolgenden Abbildung). Legen Sie nun Ihren ersten Host an. Host kann dabei jede Art von Gerät im Netzwerk sein, sofern es über eine IP-Adresse oder einen DNS-Namen verfügt. Ob der Zabbix-Agent auf diesem Host installiert ist, spielt für den ersten Test keine Rolle.

Im Feld »Name« können Sie einen beliebigen Namen zur Identifizierung des Hosts innerhalb von Zabbix wählen. Wenn Sie eine aussagekräftige Namensgebung in Ihrem DNS pflegen, ist es eine gute Praxis, die Felder »Name« und »DNS-Name« beide mit dem DNS-Namen auszufüllen.

Ordnen Sie den Host einer Gruppe zu. Zabbix verfügt bei der Erstinstallation immer über vier Beispielgruppen, die Sie aber nach Belieben ändern und erweitern können.

Geben Sie für den ersten Host im Feld »New Group« den Wert »Experimental« ein. Das erleichtert nachher die Zuordnung des Hosts.

Wählen Sie nun aus, wie Sie den Host ansprechen wollen: mit seiner IP-Adresse oder über seinen DNS-Namen. Füllen Sie dann mindestens eines der Felder »IP-Adresse« oder »DNS name« aus. Wenn Sie den Host per DNS-Namen überwachen, klicken Sie zusätzlich auf die Schaltfläche DNS, die dann hellblau hinterlegt ist.

Das Feld »Port« lassen Sie jetzt und auch später in aller Regel unverändert mit dem Wert 10050 gefüllt. Auch wenn der Host nicht per Zabbix-Agent überwacht wird, lassen Sie den Wert eingetragen.

Alle anderen Eingabemöglichkeiten und Reiter ignorieren Sie und legen den Host dann mit einem Klick auf *Add* an.

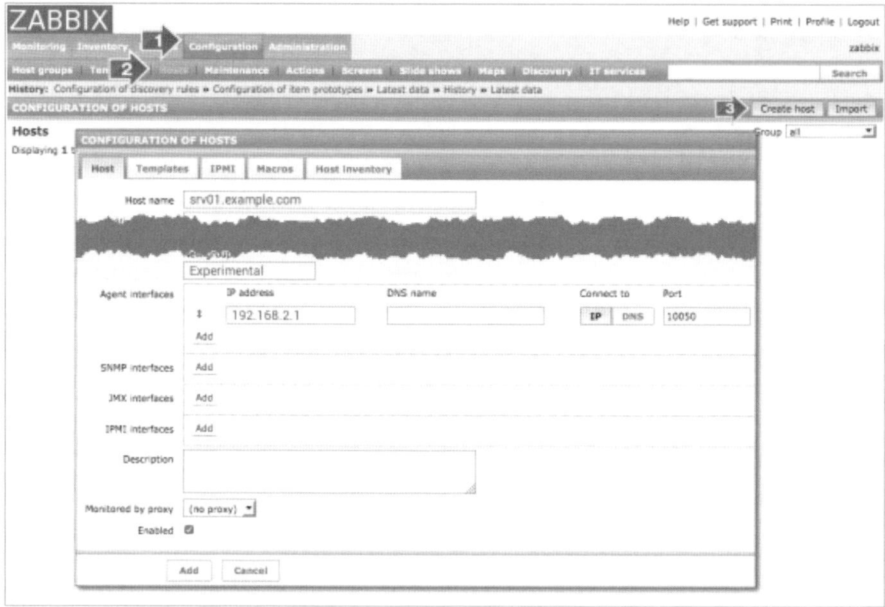

Abb. 6–1 *Anlegen des ersten Hosts*

Nach dem Speichern gelangen Sie wieder zur Liste der Hosts. Im Dropdown-Menü »Group« sollte sich nun der neue Eintrag »Experimental« wiederfinden. Und in der Liste der Hosts in der Gruppe »Experimental« finden Sie nun den zuvor angelegten Host.

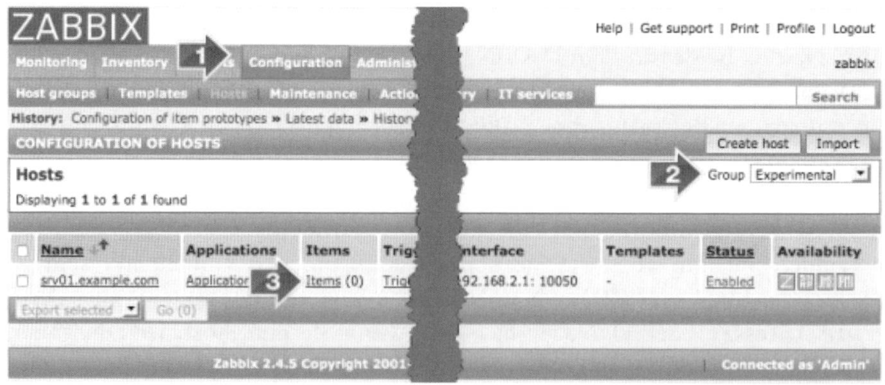

Abb. 6–2 *Die Liste der Hosts eingeschränkt auf die Hostgruppe »Experimental«*

6.3 Das erste Item anlegen

Sobald Ihr erster Host angelegt ist, können Sie Zabbix anweisen, Daten von diesem zu sammeln.

Klicken Sie im Hauptmenü auf *Configuration|Hosts*. Wählen Sie oben rechts über das Dropdown-Menü die Gruppe »Experimental« aus. In der Liste der Hosts klicken Sie rechts neben dem zuvor angelegten Host auf den Link *Items*. Die Liste der Items sollte leer sein. Rechts oben klicken Sie dann auf *Create Item*.

Als Erstes werden Sie prüfen, ob der Host auf ICPM Pings antwortet. Geben Sie Ihrem ersten Item im Feld »Description« eine aussagekräftige Beschreibung, zum Beispiel »Ping Check«.

Einen Pingtest führt der Zabbix-Server ohne die Hilfe des Agenten durch. Deshalb wählen Sie im Menü »Type« den Wert »Simple Check« aus.

Den passenden internen Zabbix-Schlüssel für das gewünschte Item müssen Sie nicht wissen. Über den Knopf *Select* kommen Sie zu einer Auswahl, in der Sie »icmpping« anklicken. Wenn Sie als Itemtype »Simple Check« ausgewählt haben, wird in den Zabbix-Versionen vor 2.0 diese Auswahl in der Auswahlliste der verfügbaren Checks nicht übernommen. Sobald Sie auf den Button *Select* hinter dem Eingabefeld »Key« klicken, müssen Sie in dem sich öffnenden Popup oben rechts noch einmal »Simple Check« auswählen. Erst dann erscheint »icmpping« in der Spalte »Key«. Sobald Sie auf icmpping klicken, wird `icmpping[<ip>,<count>,<interval>,<size>,<timeout>]` in das Feld Key übernommen. Wir verwenden für den ersten Test keine Optionen für den Ping. Löschen Sie also alle Optionen inklusive der eckigen Klammern.

Belassen Sie die anderen Felder mit den vorgegebenen Standardwerten mit der Ausnahme »New application«. Als »application« bezeichnet Zabbix eine Kategorie von Items, die eine Einheit bilden. Legen Sie für Ihr erstes Item die neue Gruppe »Availability« an und schließen Sie das Anlegen des Items mit *Save* ab (siehe Abbildung 6–3).

In der Liste der Items sollten Sie nun das Item »Ping Check« wiederfinden.

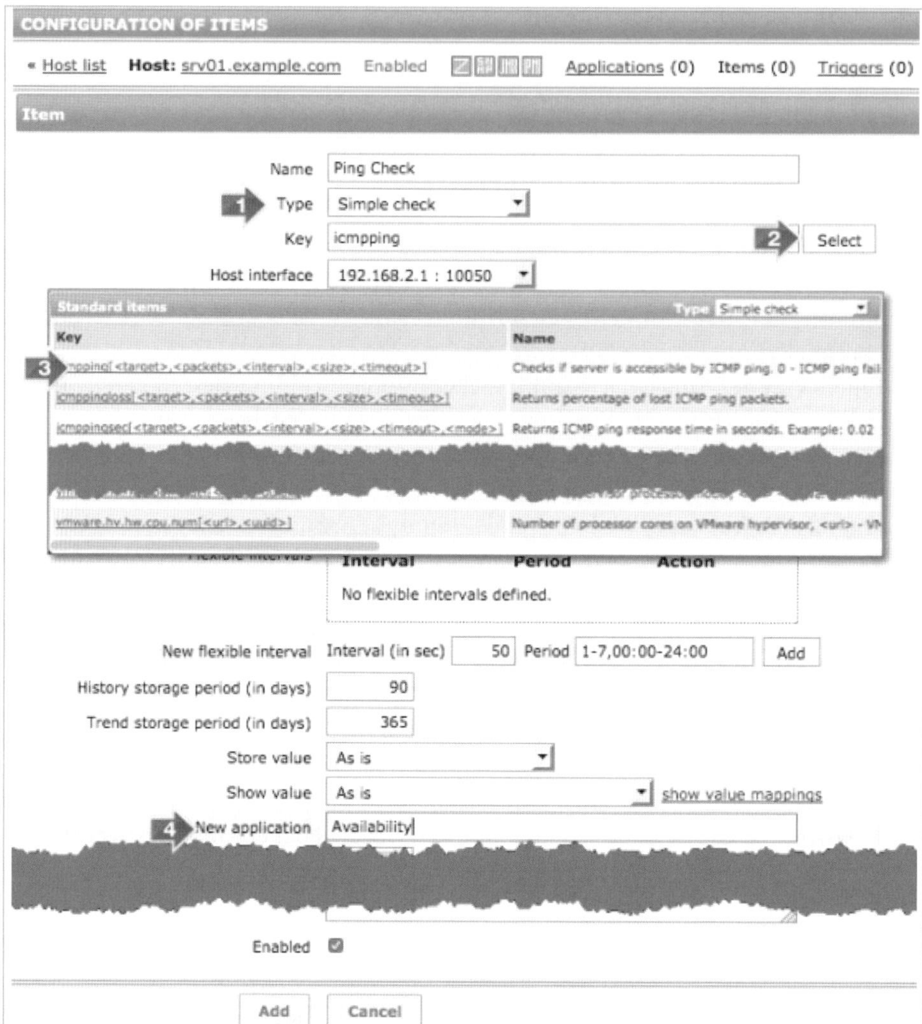

Abb. 6–3 *Anlegen des ersten Items vom Typ Ping*

6.4 Die ersten Messwerte ablesen (Latest Data)

Bevor Sie den Messwert (Item Value) Ihres ersten Items verarbeiten, stellen Sie sicher, dass die Daten auch korrekt eingesammelt werden. Fahren Sie im Hauptmenü über die Kategorie *Monitoring* und klicken dann im Untermenü auf *Latest Data*. Wählen Sie rechts im Dropdown-Menü die Gruppe »Experimental« und den zuvor angelegten Host aus. Warten Sie ggf. 30 Sekunden und reloaden Sie die Seite.

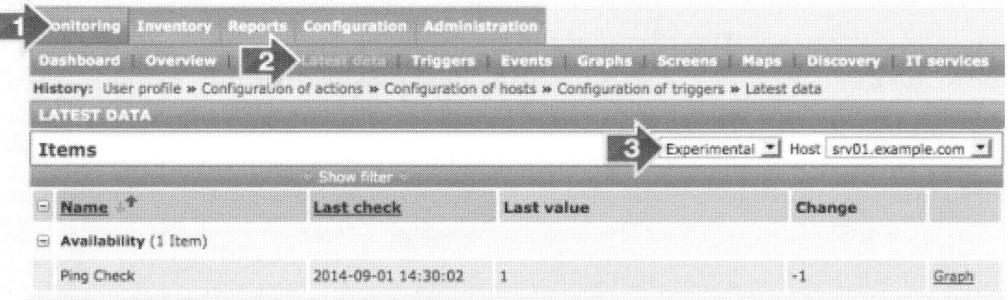

Abb. 6–4 *Das Item liefert Messwerte zurück.*

Wenn Sie in der Gruppen- und Hostauswahl Ihren ersten Host nicht wiederfinden, haben Sie entweder bei der Installation des Zabbix-Servers oder beim Einrichten von Host und Item einen Fehler gemacht.

Prüfen Sie die Einstellungen des Hosts (IP-Adresse oder DNS-Name).

Wechseln Sie in das Menü *Configuration|Hosts* und klicken Sie hinter dem Hostnamen auf den Link *Items*. Nun sehen Sie die Liste der Items. Wenn die Daten eines Items nicht abgerufen werden können, finden Sie meistens einen Hinweis auf den Fehler in der Spalte »Error«. Fahren Sie mit der Maus über das rote Fehlersymbol. Nun sollten weitere Hinweise zum Fehler unter dem Mauszeiger erscheinen (Tooltip).

Wenn es einen Fehler beim Abrufen der Daten gab, wenn Sie zum Beispiel vergessen haben, das Kommando `fping` zu installieren, dann wechselt das Item in den Status »Not supported«. Nachdem Sie den Fehler behoben haben, klicken Sie auf »Not Supported«, damit Zabbix erneut versucht, mit dem Sammeln der Daten fortzufahren.

Schauen Sie sich die Logdatei des Zabbix-Servers an, die Sie meistens in der Datei `/tmp/zabbix_server.log` oder `/var/log/zabbix/zabbix_server.log` finden.

Description	Triggers	Key	Interval	History	Trends	Type	Status	Applications	Error
Ping Check		icmpping	30	90	365	Simple check	Not supported	Availability	☒

fping failed: "This program can only be run by root, or it must be setuid root"

Abb. 6–5 *Treten Fehler beim Durchführen der Checks (Items) auf, werden diese als Tooltip angezeigt.*

Sofern keine Fehler aufgetreten sind oder Sie diese beheben konnten, sollten Sie nun im Menü *Monitoring|Latest Data* Ihren ersten Host und die neu angelegte Applikation »Availability« finden. Mit einem Klick auf das Plussymbol links neben der Applikation »Availability« sehen Sie die Werte der Items und den Zeitpunkt der letzten Aktualisierung. Im Falle des PingTests bedeutet der Wert 1, dass der Ping erfolgreich war. Ihr Host ist erreichbar.

Testen Sie nun, ob der Zabbix-Server es bemerkt, wenn dieser Host nicht mehr erreichbar ist. Wenn Sie Ihren Testhost nicht ausschalten möchten, tragen Sie in die Konfiguration des Hosts eine nicht verwendete IP-Adresse ein.

Warten Sie ein Weile und verfolgen Sie die Änderungen für den Wert des Items »Ping Check«. Der Wert sollte schon nach kurzer Zeit auf 0 wechseln.

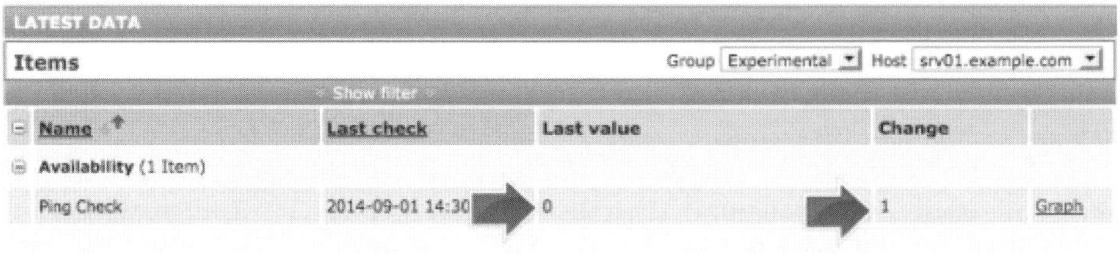

Abb. 6–6 *Die Messwerte haben sich geändert. Ein Host ist nicht mehr per Ping erreichbar.*

Bringen Sie Ihren Testhost wieder online oder tragen Sie eine existierende IP-Adresse ein. Danach sollte der Wert für den Ping Check auf 1 wechseln.

6.5 Den ersten Trigger einrichten

Sobald der Zabbix-Server die Werte des ersten Items korrekt erfasst, können Sie den ersten Trigger einrichten.

Klicken Sie im Hauptmenü auf *Configuration|Hosts*. Wählen Sie rechts oben über das Dropdown-Menü die Gruppe »Experimental« aus. In der Liste der Hosts klicken Sie dann in der Zeile des Testhosts rechts neben dem Hostnamen auf *Triggers*.

Die Liste der Trigger für den Host sollte leer sein. Klicken Sie oben rechts auf *Create Trigger.*

Geben Sie dem Trigger einen aussagekräftigen Namen. Dieser Name bildet auch die Betreffzeile für später versendete E-Mails. Tragen Sie zum Beispiel »Ping Check Failed« ein. Tragen Sie nicht den Hostnamen in den Triggernamen ein. Dieser wird bei allen späteren Aktionen von Zabbix automatisch hinzugefügt.

Die Expression wählen Sie über den Knopf *Add* aus. Die Expression ist eine Funktion, die den Messwert verarbeitet und mit einem Sollwert vergleicht. Mit der Expression legen Sie fest, zu welcher Bedingung der Trigger den Status PROBLEM (wahr) oder OK (falsch) annimmt. Eine Expression setzt sich zusammen aus dem Wert eines Items, mathematischen Operationen und dem Vergleich mit einem anderen Wert, in der Regel einem festen Schwellenwert (siehe Abbildung).

Wählen Sie also über den Knopf *Select* das Item aus, das für diesen Trigger verwendet werden soll. Achten Sie darauf, dass Sie den richtigen Host auswählen, und klicken Sie dann auf *Ping Check*. Das Fenster schließt sich, und im Feld Item sollte nun »First Test:Ping Check« eingetragen sein.

Sie legen zwar den Trigger für einen bestimmten Host an, könnten aber trotzdem Items anderer Hosts für den Trigger verwenden. Deshalb müssen Sie bei der Auswahl des Items noch einmal einen Host angeben. In der Regel ist das derselbe Host, für den Sie auch den Trigger anlegen.

Als »Function« können Sie den Standard »Last value = N« und »N=0« unverändert lassen. Das heißt, der Trigger nimmt den Status »wahr« an, wenn der letzte gemessene Wert des Items »Ping Check« für den Host »First Test Host« gleich Null ist.

Nachdem Sie also die »Expression« definiert haben, kommen Sie in den ersten Dialog zur Konfiguration eines Triggers zurück. Wählen Sie nun noch die Dringlichkeit (Severity) dieses Triggers aus. Für den Anfang ist die Severity »Information« eine gute Wahl.

Schließen Sie das Anlegen des Triggers mit *Save* ab.

Über das Hauptmenü *Monitoring|Triggers* können Sie jetzt den Status des Triggers ablesen. Sie sollten für Ihren gerade angelegten Trigger den Status »OK« sehen.

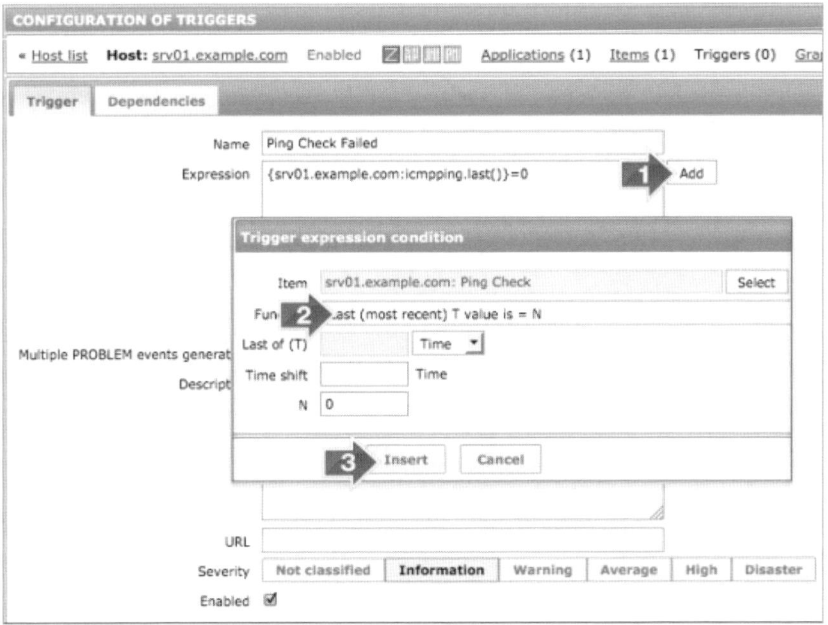

Abb. 6–7 *Über Trigger definieren Sie, welche Messwerte einen Fehler darstellen.*

Blockieren Sie noch einmal den Ping zum Testhost und prüfen Sie, ob der Trigger reagiert. In der Übersicht der Trigger sollte der Status von »OK« auf »Problem« wechseln.

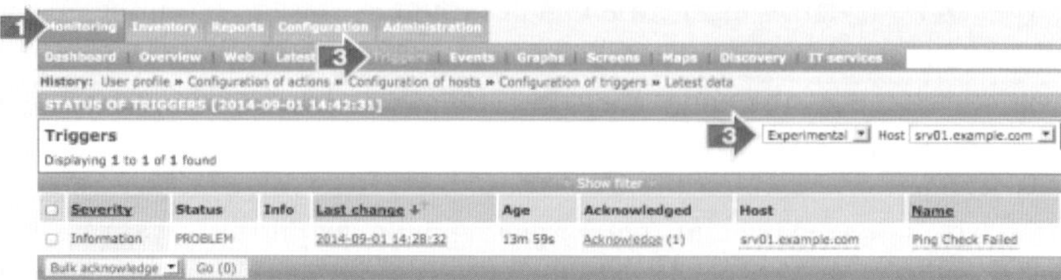

Abb. 6–8 Der erste Fehler wird angezeigt.

6.6 Den ersten Alarm auslösen (Action und Mediatype)

Wenn der zuvor eingerichtete Trigger funktioniert, können Sie nun den ersten Alarm per E-Mail verschicken.

Zum Versenden einer E-Mail sind noch drei Schritte notwendig:

- die Konfiguration eines Mailservers,
- das Einrichten einer Aktion und
- die Angabe einer E-Mail-Adresse, an die Nachrichten geschickt werden.

Wechseln Sie ins Hauptmenü *Administration|Mediatypes*. Dort klicken Sie in der Spalte »Description« auf *E-Mail* und geben einen SMTP-Server sowie die Absenderadresse an, mit der Zabbix die E-Mails verschicken soll.

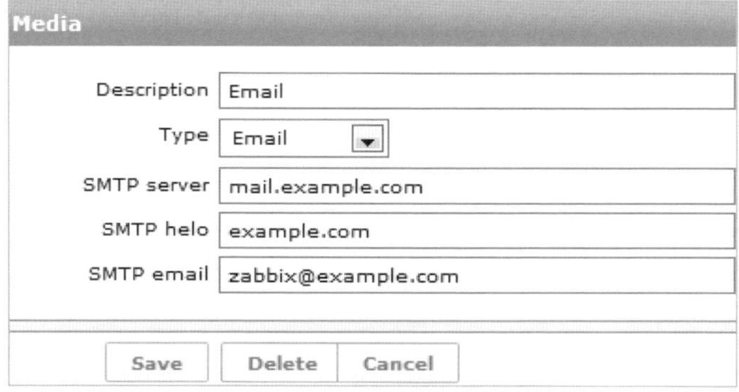

Abb. 6–9 Konfiguration des Mailservers zum Versenden von Alarmen

Als nächsten Schritt legen Sie die E-Mail-Adresse fest, an welche Zabbix die Mails schicken soll. Dazu klicken Sie im Hauptmenü auf *Administration|Users*. Oben rechts wählen Sie im Dropdown-Menü »users« anstatt »user groups« aus.

In der Spalte »Alias« klicken Sie auf den Link *Admin* und dann im Reiter »Media« auf *Add*. Tragen Sie im Feld »Send to« eine E-Mail-Adresse ein. Für den ersten Test wählen Sie alle Dringlichkeitsstufen aus und belassen das Feld »When active« auch mit den Standardwerten.

Zurück in der User-Konfiguration beenden Sie das Einrichten der E-Mail mit *save*.

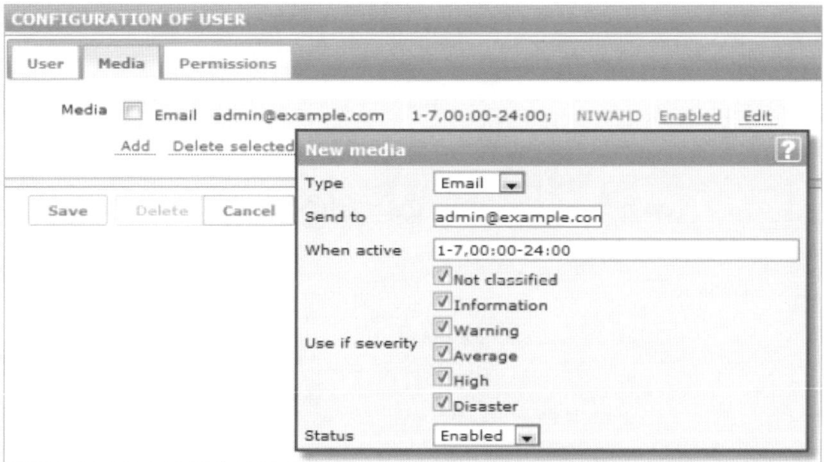

Abb. 6–10 *Einrichten der E-Mail-Benachrichtigung für den User Admin*

Klicken Sie im Hauptmenü auf *Configuration|Actions*. Wählen Sie rechts oben als Event Source »Trigger« aus und klicken Sie *Create Action*.

Sie legen als Erstes eine universelle »Action« an, die jede Art von Meldung auslösen kann. Geben Sie als Namen der Aktion zum Beispiel »Send Notification« ein.

Als Standard-Betreff für die ausgehende Nachricht wird Ihnen `{TRIGGER.NAME}: {TRIGGER.STATUS}` vorgeschlagen. Ändern Sie den Betreff in `{TRIGGER.NAME} {HOSTNAME}: {TRIGGER.STATUS}`, damit der Hostname des Systems enthalten ist, bei dem ein Problem vorliegt.

Als »Event Source« wählen Sie »Triggers« aus. Die Standardplatzhalter, genannt Makros, können Sie übernehmen.

Im Reiter *Conditions* wählen Sie unter New Condition »Trigger value = Problem« aus und fügen die Kondition mit dem Knopf *add* ein. Je nach Zabbix-Version ist diese Bedingung schon als Standard eingefügt. Eine ggf. auch automatisch hinzugefügte Bedingung »Maintenance status not in maintenance« können Sie bestehen lassen.

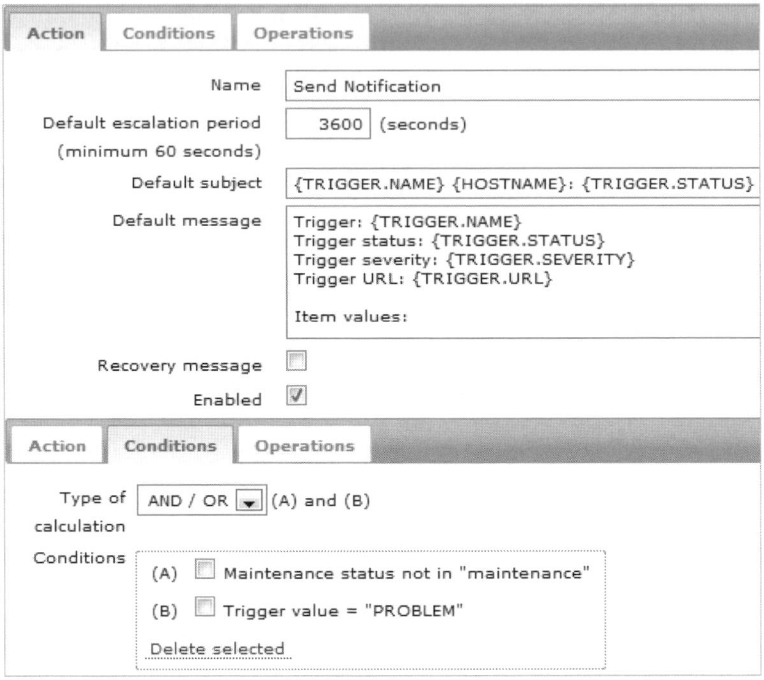

Action | Conditions | Operations

Name: Send Notification
Default escalation period (minimum 60 seconds): 3600 (seconds)
Default subject: {TRIGGER.NAME} {HOSTNAME}: {TRIGGER.STATUS}
Default message: Trigger: {TRIGGER.NAME}
Trigger status: {TRIGGER.STATUS}
Trigger severity: {TRIGGER.SEVERITY}
Trigger URL: {TRIGGER.URL}

Item values:
Recovery message
Enabled

Action | Conditions | Operations

Type of calculation: AND / OR (A) and (B)
Conditions:
(A) Maintenance status not in "maintenance"
(B) Trigger value = "PROBLEM"
Delete selected

Abb. 6–11 *Einrichten der Bedingungen für die Benachrichtigung im Fehlerfall*

Als Letztes fügen Sie im Reiter *Operations* mit dem Link *new* eine neue Aktion ein. Wählen Sie als Operation type »Send message« aus und wählen dann als »User group« Zabbix administrators aus.

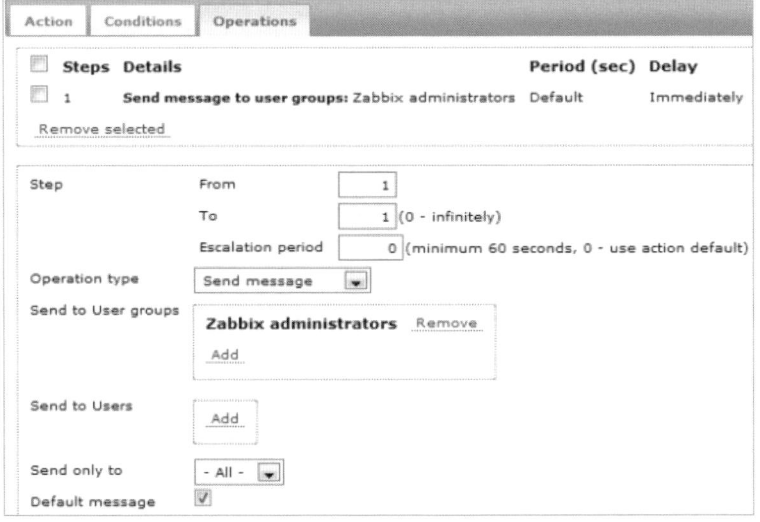

Abb. 6–12 *Einrichten einer E-Mail-Benachrichtigung im Fehlerfall*

Bestätigen Sie mit *add* und klicken Sie dann im Kasten »Action« auf *Save*.

Unterbrechen Sie nun wieder die Verbindung zum Testhost, dann sollten Sie eine E-Mail erhalten.

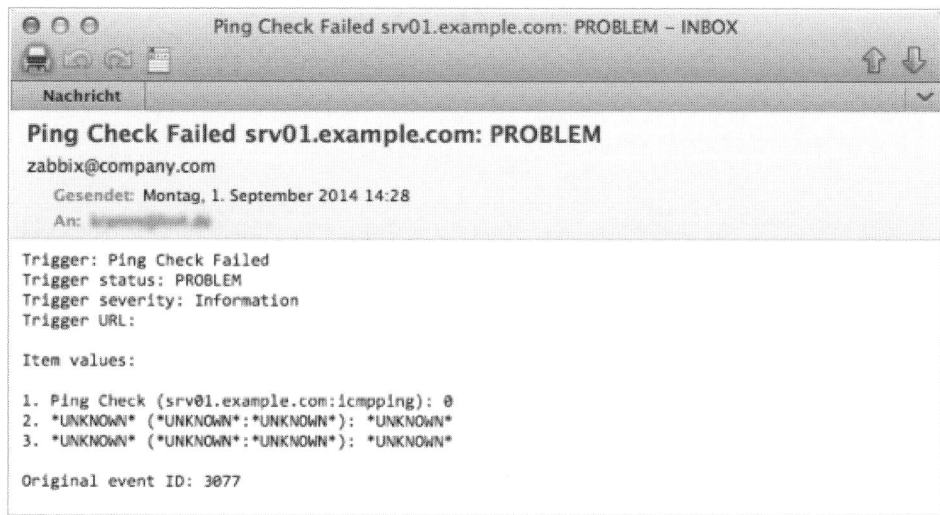

Abb. 6–13 *Eintreffen des ersten Alarms per E-Mail*

6.7 Wie geht's weiter?

Sie haben nun die einzelnen Schritte zum Einrichten einer Alarmierung kennengelernt. Das Zusammenspiel von Item, Trigger und Action sollte nun klar geworden sein.

Im Kapitel 9 finden Sie zwei weitere konkrete Beispiele, mit denen Sie direkt fortfahren können. Sie lernen dann, wie Sie Daten über das Betriebssystem mit Hilfe des Zabbix-Agenten sammeln.

7 Daten sammeln: Hosts und Items konfigurieren

7.1 Hosts anlegen

Alle überwachten Geräte behandelt der Zabbix-Server als Hosts. Dabei spielt es keine Rolle, ob es sich um Server, Switches, Router, Speichergeräte oder Ähnliches handelt. Sobald ein Gerät mit einer IP-Adresse im Netzwerk ansprechbar ist, kann es als Host angelegt und von Zabbix überwacht werden. Ob auf einem Host der Zabbix-Agent installiert ist, ist für das Anlegen des Hosts unerheblich. Später erfahren Sie, wie Sie viele Daten auch ohne den Zabbix-Agenten sammeln werden.

Hinweis

Der Zabbix-Agent ist nur eine von vielen möglichen Datenquellen. Auf vielen Geräten kann der Zabbix-Agent nicht installiert werden. Das ist auch nicht notwendig, da zahlreiche andere Datenlieferanten genutzt werden können.

Das Anlegen eines Hosts ist immer der Ausgangspunkt jeder Konfiguration.

Über das Hauptmenü *Configuration|Hosts* können Sie neue Hosts hinzufügen und die vorhandenen Hosts bearbeiten.

Klicken Sie entweder oben rechts auf *Create*, um einen neuen Host anzulegen, oder klicken Sie auf einen Hostnamen in der Spalte »Name« in der Übersicht der Hosts, um vorhandene Hosts zu bearbeiten.

Die Konfiguration eines Hosts besteht aus folgenden Angaben:

7.1.1 Name

Im Feld »Name« geben Sie dem Host einen Namen, über den dieser von Zabbix verwaltet wird. Dieser Name muss nicht identisch mit dem DNS Namen sein. Wenn Sie keine aussagekräftigen DNS-Namen verwenden, können Sie trotzdem für Ihre Überwachung innerhalb von Zabbix aussagekräftige Namen einführen.

Es ist aber auch eine gute und gängige Praxis, die Felder »Name« und »DNS name« mit dem DNS-Namen auszufüllen. Bei der Eingabe des Feldes »Name« müssen Sie sich nicht an die DNS-Namensnotation halten, das heißt, Sie können Leerzeichen verwenden. Als Sonderzeichen sind nur Minus und Unterstrich erlaubt. Ab der Version Zabbix 2.0 gibt es die Möglichkeit, einen zusätzlichen angezeigten Namen (Visible name) zu vergeben. Dieser kann alle Sonderzeichen enthalten.

Tipp

Es ist gute Praxis, in einem Netzwerk ein einheitliches Namenskonzept umzusetzen. DNS-Name, Systemname, Hostname und Name in Zabbix sollten gleich sein. Unterschiedliche Namen können zu Problemen und Missverständnissen führen. Im Zweifelsfall weiß der Kollege nicht, für welchen Rechner Zabbix eine Nachricht verschickt oder zu welchem Host Messwerte gehören.

7.1.2 Groups, New Group

Über die Felder »Groups« und »New Group« ordnen Sie einen Host einer oder mehreren Gruppen zu. Ein Host kann Mitglied in beliebig vielen Gruppen sein. Möchten Sie einen Host einer Gruppe hinzufügen, welche noch nicht existiert, tragen Sie den Namen der neuen Gruppe in »New Group« ein. Die Gruppe wird dann angelegt und der Host hinzugefügt. Das gleichzeitige Hinzufügen eines Hosts sowohl in eine vorhandene als auch in eine neue Gruppe ist ebenfalls möglich.

7.1.3 Interfaces

Damit der Zabbix-Server einen Host per Netzwerk überwachen kann, müssen Sie entweder einen DNS-Namen oder eine IP-Adresse angeben und sich über die Auswahl »Connect to« entscheiden, ob der Host per IP-Adresse oder DNS-Namen angesprochen werden soll. Um die Hosts besser zu identifizieren, können Sie auch einen DNS-Namen eintragen, obwohl Sie den Host per IP-Adresse überwachen lassen. Beachten Sie, dass Sie sich von einem DNS-Server abhängig machen, wenn Sie Hosts per DNS-Name überwachen. Der Ausfall des DNS-Servers kann ggf. zu vielen Alarmen führen. Ab der Version Zabbix 2.0 können Sie für einen Host beliebig viele IP-Adressen oder DNS-Namen hinterlegen. So ist es möglich, mehrere Dienste auf einem Host zu überwachen, die sich an verschiedene IP-Adressen binden.

Über die Schaltflächen »Type« geben Sie an, zu welchem Dienst sich der Zabbix-Server verbinden soll. Auch wenn auf dem überwachten Host kein Zabbix-Agent installiert ist, belassen Sie es bei der Standardeinstellung »Agent«. Der

Zabbix-Server stellt erst dann eine Verbindung zum Agenten her, wenn ein entsprechendes Item angelegt wird. Auch Hosts, die nur über Portscans und Pings überwacht werden, legen Sie mit dem Interface-Typ Agent an.

Wenn Sie einen Host auch per IPMI (Intelligent Platform Management Interface), SNMP oder JMX überwachen möchten, fügen Sie ein zusätzliches Interface hinzu. In den meisten Servern arbeiten die IPMI-Boards autark, das heißt unabhängig vom installierten Betriebssystem. Die IPMI-Schnittstellen verfügen deshalb auch über einen unabhängigen Netzwerkzugang und haben eine gesonderte IP-Adresse, die Sie zusätzlich zur IP-Adresse des Betriebssystems hinzufügen. Über den Reiter IPMI geben Sie dann die IPMI-Zugangsdaten ein. Wenn die SNMP- oder JMX-Agenten auf derselben IP-Adresse wie das Betriebssystem antworten, tragen Sie diese trotzdem in den entsprechenden Interfaces ein.

Abb. 7–1 Ein Host kann über verschiedene Interfaces überwacht werden.

7.1.4 Monitored by proxy

Wenn Sie in einem größeren Setup Zabbix-Proxys verwenden, dann können Sie über das Dropdown-Menü »Monitored by proxy« einen der vorher konfigurierten Proxys auswählen. Wenn noch keine Proxys konfiguriert wurden, steht diese Auswahl beim Anlegen eines Hosts nicht zur Verfügung.

7.1.5 Status

Über das Dropdown-Menü »Status« können Sie auswählen, ob der Host überwacht werden soll oder nicht. Wenn Sie einen Host neu anlegen, dieser aber noch offline ist, können Sie einen falschen Alarm vermeiden, indem Sie den Host sofort als »not monitored« kennzeichnen. Wenn Sie später Hosts für längere Zeit aus dem Netz nehmen, können Sie die Überwachung auch temporär abschalten, indem Sie einen Host in den Status »not monitored« versetzen. Bei bereits konfigurierten Hosts erreichen Sie dies auch, indem Sie in der Übersicht der Hosts einmal in der Spalte »Status« auf den grünen Link *Monitored* klicken. Dadurch wechselt der Status sofort auf »Not monitored«.

7.1.6 Templates

Über den Reiter *Templates* können Sie einem Host ein vorgefertigtes Setup von Items, Graphen und Triggern zuordnen. Wählen Sie dazu die entsprechenden Templates aus. Beim Entfernen von Templates wird zwischen *unlink* und *unlink and clear* unterschieden. *Unlink* entfernt die Verbindung zwischen Host und Templates. Die vom Template geerbten Konfigurationen (Items, Graphen, Trigger) bleiben aber erhalten. Alle Änderungen am Template wirken sich nicht mehr auf den Host aus. Mit *unlink and clear* wird die Verbindung zum Template entfernt und alle Konfigurationen und gesammelten Daten des entsprechenden Templates werden für den Host gelöscht.

7.1.7 Clone, Full Clone

Wenn Sie einen vorhandenen Host bearbeiten, stehen Ihnen noch die Funktionen »Clone« und »Full Clone« zur Verfügung. Über diese Funktionen legen Sie einen neuen Host an, der alle Einstellungen wie Gruppenzugehörigkeit, Items und Trigger von einem anderen Host übernimmt. Das Clonen von Hosts ist eine sehr effektive Möglichkeit, viele Hosts anzulegen und zu konfigurieren. Der Unterschied zwischen »Clone« und »Full Clone« besteht darin, dass mit der Funktion »Clone« nur die Werte für »Groups«, »Monitored by«, »Link with Template«, »Use IPMI« und »User Profile« übernommen werden. Items und Trigger werden nur dann übernommen, wenn diese über ein Template konfiguriert wurden. Sind einem Host Items und Trigger ohne Template zugeordnet und Sie möchten diese beim Clonen auf einen neuen Host übertragen, dann benutzen Sie die Funktion »Full Clone«.

Tipp

DRY, don't repeat yourself! Was in der Programmierung gilt, gilt auch bei Zabbix. Bevor Sie jetzt damit beginnen, alle Ihre Hosts anzulegen, die Sie später einmal überwachen möchten, lesen Sie erst das Kapitel über die Zabbix-Templates. Eine gute Praxis ist es, möglichst wenige Items und Trigger für konkrete Hosts anzulegen. Den Großteil legen Sie in Templates an. Die Hosts übernehmen dann Items und Trigger von den Templates.

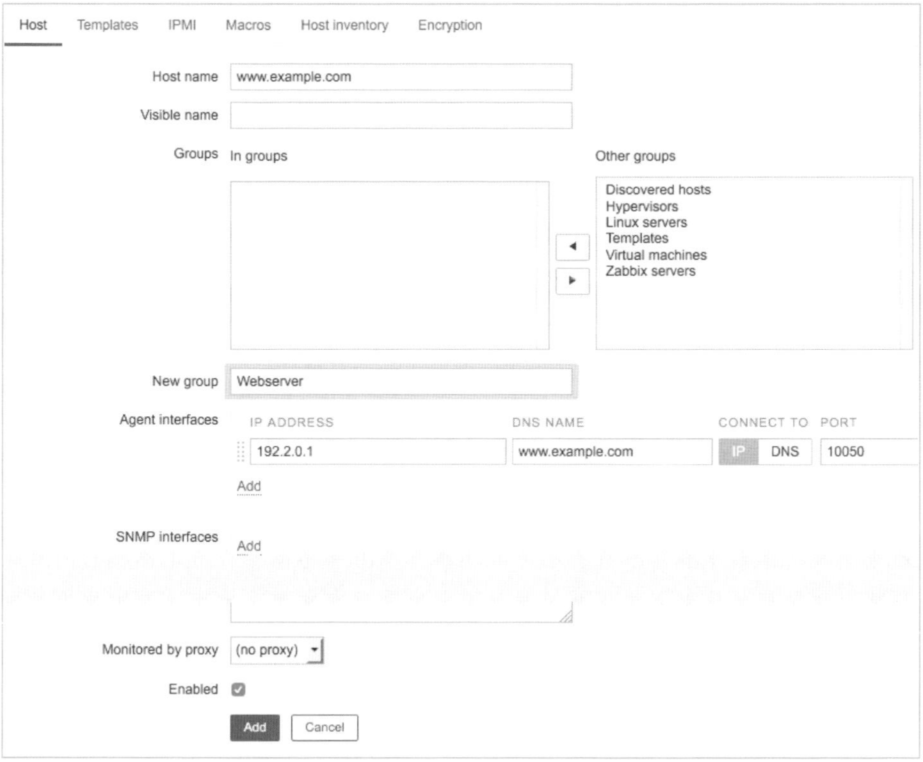

Abb. 7–2 *Einen neuen Host hinzufügen*

7.1.8 Verschlüsselung

Seit Zabbix Version 3.0 kann die Kommunikation zwischen Zabbix-Server und den Agenten verschlüsselt erfolgen. Um diese Möglichkeit nutzen zu können, müssen Server und Agent mit der Option `--with-openssl`, `--with-gnutls` oder `--with-mbedtls` kompiliert werden. Eine detaillierte Anleitung, wie Sie eine verschlüsselte Verbindung zwischen Server und Agent einrichten, finden Sie im Kapitel 10 »*Verschlüsselte Verbindungen*«.

7.2 Gruppen anlegen und Hosts zusammenfassen

Selbst für das kleinste Zabbix-Setup ist das Gruppieren der Hosts in Hostgruppen unerlässlich. Die Gruppen helfen Ihnen, die überwachten Geräte in logische Einheiten zusammenzufassen. Serverstandorte sollten in Gruppen abgebildet werden. Aber auch dic Funktion oder der primäre Dienst, den ein Server ausliefert, sollte über eine Gruppenzugehörigkeit erkennbar sein, beispielsweise Mailserver, Webserver, Name-Server. Ein Host kann und sollte in mehreren Gruppen Mitglied sein.

Tipp

Wenn Sie schon an anderer Stelle, zum Beispiel in Netzwerkdiagrammen, eine Gruppierung Ihrer Hosts vorgenommen haben, ist es empfehlenswert, diese Gruppierung in Zabbix zu übernehmen.

Über das Menü *Configuration|Host groups* können Sie Gruppen anlegen und umbenennen. Alternativ können Sie neue Hostgruppen auch zusammen mit einem Host anlegen.

Eine Reihe von Hostgruppen werden zusammen mit der Zabbix-Serverinstallation automatisch angelegt. In der Gruppe »Templates« sind bereits zahlreiche Templates enthalten. Diese Beispieltemplates sind sinnvolle Hilfen zur Erstellung eigener Templates. Damit Sie die eigenen von den Beispieltemplates unterscheiden können, ist es ratsam, eine neue Gruppe für die eigenen Templates anzulegen. Oder Sie benennen die Gruppe der mitgelieferten Templates um in zum Beispiel »Zabbix Templates Examples«.

Durch Anklicken einer vorhandenen Gruppe können Sie den Namen der Gruppe ändern und Hosts hinzufügen oder entfernen.

Um die Mitgliedschaft eines Hosts in einer Gruppe zu ändern, können Sie auch die Eigenschaften des Hosts ändern.

In der Übersicht der Hostgruppen können Sie durch Auswählen einer oder mehrerer Gruppen im Kontrollkästchen der ersten Spalte eine oder mehrere Gruppen inklusive aller enthaltenen Hosts zeitweise von der Überwachung ausschließen. Der Status aller Mitglieder wird auf »not monitored« gesetzt. Die Hosts werden dann in der Spalte »Members« rot markiert.

7.3 So sammelt und speichert Zabbix die Daten

Daten, die der Zabbix-Server von entfernten Hosts sammelt, werden als Items bezeichnet. Im Menü *Configuration|Hosts* konfigurieren Sie, welche Daten von welchen Hosts abgerufen werden sollen. Sie können die Items für einen einzelnen Host oder für ein Template konfigurieren. Weisen Sie einem Template ein Item zu, so werden die entsprechenden Daten von allen Hosts gesammelt, die dieses Template verwenden.

Möchten Sie einem Host oder Template ein Item hinzufügen, so müssen Sie im Menü *Configuration|Hosts* über die Dropdown-Menüs oben rechts zuerst die Hostgruppe oder die Templategruppe auswählen.

In der Liste der Hosts klicken Sie dann in der dritten Spalte auf den Link *Items*. Sie sehen nun eine Liste mit allen für den Host eingerichteten Items. Mit dem Knopf *Create Item* oben rechts legen Sie ein neues Item für den ausgewählten Host oder das Template an.

Möchten Sie ein Item ändern, klicken Sie in der Übersicht der Items in der Spalte »Name« auf die Bezeichnung des Items.

Durch Klicken auf den grünen Link *Active* in der Spalte »Status« deaktivieren Sie ein Item. Die entsprechenden Daten werden dann nicht mehr gesammelt. Wenn Sie ein Item in einem Template deaktivieren, wird es für alle Hosts deaktiviert, die das entsprechende Template verwenden.

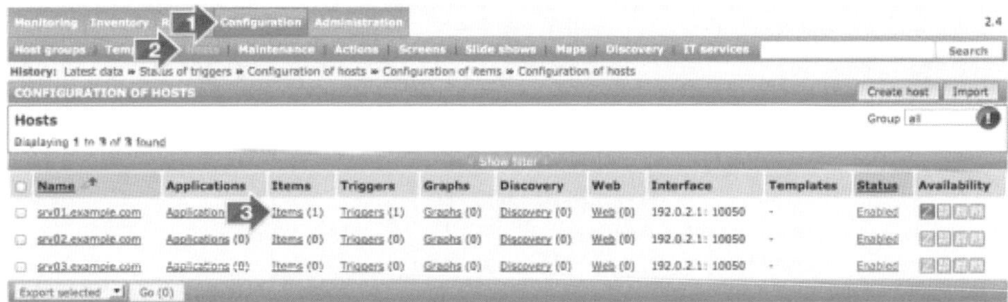

Abb. 7–3 *Zabbix 2.4: Über den Link Items werden Items konfiguriert und neue angelegt.*

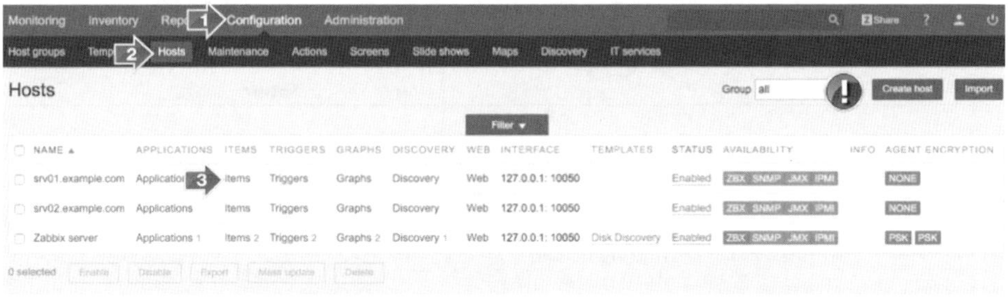

Abb. 7–4 *Zabbix 3.0: Anderer Look doch gleiches Vorgehen beim Anlegen neuer Items*

7.4 Der generelle Aufbau von Items

7.4.1 Itemname und die Datenquelle

Da ein Host über mehrere IP-Adressen oder DNS-Namen überwacht werden kann, müssen Sie beim Anlegen eines neuen Items auswählen, über welche Netzwerkverbindung (Host Interface) der Zabbix-Server Kontakt mit dem überwachten Host aufnehmen soll.

Im Feld »Description« geben Sie an, was überwacht wird, zum Beispiel »Ping Check« oder »CPU Load Avg 5min«. Seien Sie präzise, denn der Name des Items wird in Benachrichtigungen weiter verwendet. Wenn Sie per Postscan die Erreichbarkeit von Port 80 prüfen, nennen Sie das Item beispielsweise »HTTP Daemon listening« und nicht »Webserver running«. Wenn ein TCP-Port nicht antwortet, muss das nicht zwangsläufig daran liegen, dass ein bestimmter Daemon nicht läuft.

Über das Dropdown-Menü »Type« wählen Sie aus, wie der Zabbix-Server die Daten des Items abrufen soll.

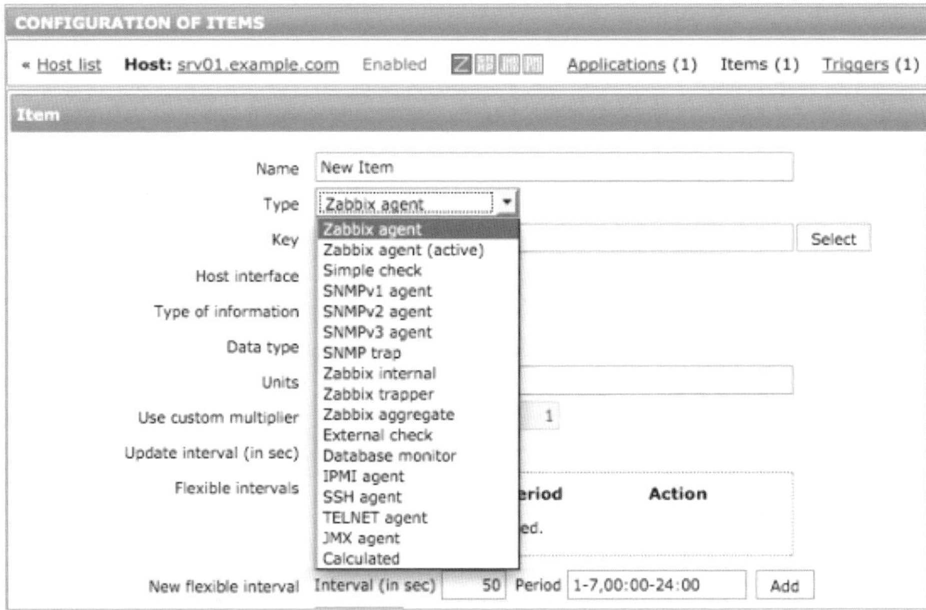

Abb. 7–5 *Auswahl des Datentyps für ein Item*

Zabbix-Agent	Daten des Items werden über den Zabbix-Agenten auf dem Host abgefragt.
Zabbix-Agent(active)	Die Daten des Items werden vom Agenten selbstständig an den Server geschickt.
Simple Check	Daten des Items ruft der Zabbix-Server selbstständig ab (Portscans und ICMP Ping).
SNMPv1 agent	Daten werden per SNMP-Version 1 abgerufen.
SNMPv2 agent	Daten werden per SNMP-Version 2 abgerufen.
SNMPv3 agent	Daten werden per SNMP-Version 3 abgerufen.

Tab. 7–1 *Die Datenquellen des Zabbix-Servers. Bei jedem Item muss über den Typ angegeben werden, aus welcher Quelle die Daten stammen.*

Zabbix trapper	Die Daten des Items werden per zabbix_sender an den Zabbix-Server geschickt.
Zabbix internal	Zugriff auf interne Daten des Zabbix-Servers
Zabbix agregate	Zusammenfassen (Summe, Durchschnitt) verschiedener Item-Values aus einer Hostgruppe zu einem Item
External check	Daten des Items werden über Hilfsskripte oder Zusatzprogramme auf dem Zabbix-Server gesammelt.
Database Monitor	Daten werden über Datenbankabfragen gesammelt.
IPMI-Agent	Daten werden per IPMI von einem IPMI-Gerät abgerufen.
SSH Agent	Daten werden über eine SSH-Verbindung abgerufen.
Telnet Agent	Daten werden über eine Telnet-Verbindung abgerufen.
Calculated	Neue Items werden durch Berechnung vorhandener Items erzeugt.
VMware	Performance-Daten von ESX-Servern abrufen

Tab. 7–1 *Die Datenquellen des Zabbix-Servers. Bei jedem Item muss über den Typ angegeben werden, aus welcher Quelle die Daten stammen. (Forts.)*

7.4.2 Der Item-Key

Als »Key« eines Items tragen Sie den festgelegten Schlüssel des Items ein. Je nach Typ des Items müssen Sie einen festgelegten Key verwenden oder einen eigenen Key vergeben. Wenn Sie Daten über den Zabbix-Agenten, Zabbix-Internal oder per Simple Check sammeln, müssen Sie einen der festgelegten Keys verwenden. Bei allen anderen Typen vergeben Sie einen eigenen Key. Über den Key erfährt der Zabbix-Server, welche Daten gemessen werden sollen. Zum Beispiel veranlasst der Key `net.tcp.service[http]` den Zabbix-Server, auf einem Host zu prüfen, ob der TCP-Port 80 geöffnet ist.

Bei Items vom Typ Zabbix-Agent, Zabbix-Internal und Simple Check unterstützen Sie Wizards bei der Auswahl des richtigen Keys. Klicken Sie einfach auf den Knopf *Select*.

Die Item-Keys dürfen keine Sonder- oder Leerzeichen enthalten. Für die meisten Items ist noch die Angabe weiterer Optionen nötig, welche Sie dann nach der Auswahl über den Select-Knopf im Feld »Key« ergänzen müssen. Möchten Sie zum Beispiel prüfen, ob der TCP-Port 99 auf einem Host auf Verbindungen hört, tragen Sie als Key `net.tcp.service[tcp,,99]` ein.

Je nach Item-Typ ist die Angabe von Optionen möglich oder zwingend erforderlich. Viele Items des Zabbix-Agenten benötigen die Angabe von Optionen. Diese Optionen werden in eckigen Klammern angegeben, zum Beispiel `vfs.fs.size[e:,pfree]`. In diesem Beispiel löst der Item-Key `vfs.fs.size` die Messung des Festplattenverbrauchs aus. Mit der Option »e:« wird angegeben, um welche Festplatte es sich handelt. Die Option »pfree« gibt an, dass der Rückgabewert den freien Platz in Prozent enthalten soll.

7.5 Datentypen und Einheiten

Zabbix arbeitet typensicher. Deshalb müssen Sie über das Dropdown-Menü »Type of information« dem Zabbix-Server immer angeben, welchen Datentyp ein Item liefert. Wenn diese Einstellung nicht korrekt vorgenommen wird, funktioniert die Überwachung nicht. Ein falscher Datentyp ist eine häufige Fehlerquelle. Wenn Sie zum Beispiel den Speicherverbrauch einer Festplatte in Bytes messen, ist der Datentyp »Numeric (unsigned)« (Ganzzahl).

Bei Tests, die als Resultat nur »erfolgreich« oder »fehlgeschlagen« zurückliefern, entspricht 0 fehlgeschlagen und 1 erfolgreich. Das Item `icmpping` zum Beispiel liefert 1, wenn der Host auf einen Ping geantwortet hat, und 0, wenn keine Antwort kommt.

Numeric (unsigned)	Das Item liefert immer eine ganze Zahl zurück.
Numeric (float)	Das Item liefert »Kommazahlen« zurück.
Character	Das Item liefert maximal 255 Buchstaben zurück.
Log	Das Item liefert Teile eines Logfiles zurück.
Text	Das Item liefert einen Text beliebiger Länge zurück.

Tab. 7–2 *Mögliche Datentypen für ein Item. Zabbix arbeitet strikt typisiert.*

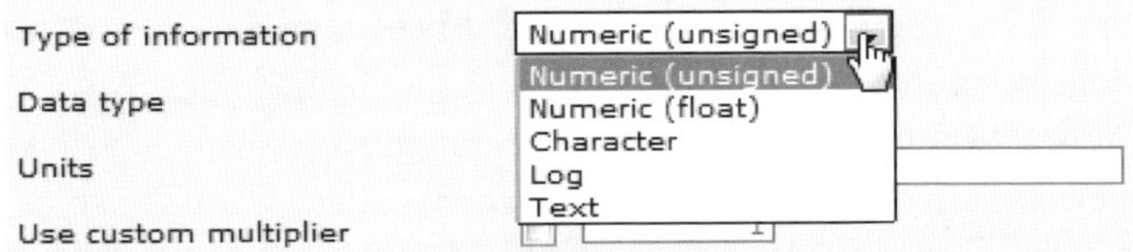

Abb. 7–6 *Wenn Sie für ein Item nicht den richtigen Datentyp wählen, werden keine Daten gespeichert.*

Im Feld **Unit** können Sie die Daten des Items mit einer Einheit versehen. Die gängigste Einheit ist »B« für Bytes. Sobald Sie eine Einheit für ein Item eingetragen haben, rechnet der Zabbix-Server alle Werte in eine einfach zu lesende Einheit um. Hat zum Beispiel ein Item den Wert 2048B, benutzt Zabbix zur Darstellung automatisch den Wert 2 KB.

Die **Umrechnung der Einheiten** geschieht nur während der Darstellung im Frontend. In der Datenbank werden die rohen, nicht umgerechneten Werte gespeichert. Die Trigger werten ebenfalls die rohen Messwerten aus. Bei sehr kleinen Werten kann es passieren, dass diese im Frontend zu 0 abgerundet werden. Wundern Sie sich nicht, wenn Trigger nicht auslösen, denn der Originalwert des Items ist nicht 0.

Zulässige Einheiten sind:

B = Bytes	werden automatisch umgerechnet in KB, MB, und GB, 1024B = 1 KB
b = Bits	werden automatisch umgerechnet in kb, mb, gb, 1000b = 1 kb
unixtime	rechnet die Anzahl der Sekunden seit dem 01.01.1970 in ein Datum des Formats »yyyy.mm.dd hh:mm:ss« um
s = Sekunden	werden in Millisekunden, Minuten und Stunden umgerechnet

Tab. 7–3 *Einheiten, die Zabbix kennt*

Geben Sie immer nur Grundeinheiten und (sec, Byte) an und keine skalierten Einheiten wie ms oder kByte.

Über das Dropdown-Menü **Use multiplier** können Sie angeben, ob und mit welchem Faktor Sie den Wert eines Items multiplizieren möchten, bevor dieser weiterverarbeitet wird. Wenn Ihnen zum Beispiel ein Item den Wert MB (Mega Bytes) zurückgibt, Sie möchten aber mit mb (Mega Bits) weiterarbeiten, dann tragen Sie als »multiplier« 8 ein. »Multiplier« können auch Dezimalzahlen sein, die Sie nach amerikanischer Notation mit Punkt eintragen, zum Beispiel »0.25«, um eine Division durch vier zu erreichen.

Wenn Sie einen Multiplier verwenden, wird das Resultat der Multiplikation in der Datenbank gespeichert. Die Originalwerte werden nicht gespeichert.

7.5.1 Update interval

Mit dem Wert im Feld »Update interval (in sec)« legen Sie fest, in welchem Intervall der Zabbix-Server die Daten abruft. Sie sollten sich bei jedem Item überlegen, ob die voreingestellten 30 Sekunden ein angemessener Wert sind. Je häufiger Sie Daten abrufen, desto mehr Last erzeugen Sie auf dem Zabbix-Server und der Datenbank. Beim Festlegen des Intervalls denken Sie an einen eventuellen Trigger und einen Alarm, den Sie auf dem Item einrichten werden. Wenn Sie dem Alarm keine Dringlichkeit einräumen, ist es in der Regel auch nicht nötig, die Daten alle 30 Sekunden abzurufen. Berücksichtigen Sie ebenfalls, wie die Daten gesammelt werden. Simple Checks oder Items, die der Zabbix-Agent ohne zusätzliche Programme liefert, erzeugen wenig Last. Items, die auf dem Host aber zusätzliche Programme oder Skripte aufrufen, können u.U. viel Last erzeugen. Sie sollten zudem sicherstellen, dass das Programm oder Skript, welches der Agent aufruft, sich auch innerhalb des Update-Intervalls beendet.

Über das Feld **Flexible intervals** haben Sie die Möglichkeit, das Update-Intervall je nach Tag oder Uhrzeit zu ändern. Tragen Sie dazu im Feld »Delay« ein abweichendes Update-Intervall ein und definieren Sie im Feld »Period« eine Zeitspanne, wann das abweichende Update-Intervall gelten soll. Die Begriffe »Delay« und »Interval« sind in diesem Formular Synonyme.

Tage und Uhrzeiten werden mit einem Komma getrennt. 1 entspricht Montag und 7 Sonntag.

Möchten Sie montags bis freitags von 9 bis 17 Uhr ein abweichendes Intervall verwenden, tragen Sie im Feld »Period« den Wert »1-5,9-17« ein.

Wenn Sie als Intervall »0« eintragen, wird der Check ausgesetzt.

Im unten abgebildeten Screenshot sehen Sie ein Item, welches täglich nur zwischen 8:00 Uhr und 22:00 Uhr geprüft wird. Um das zu erreichen, wurde der Check über »Interval=0« zwischen 22:00 und 8.00 Uhr ausgesetzt.

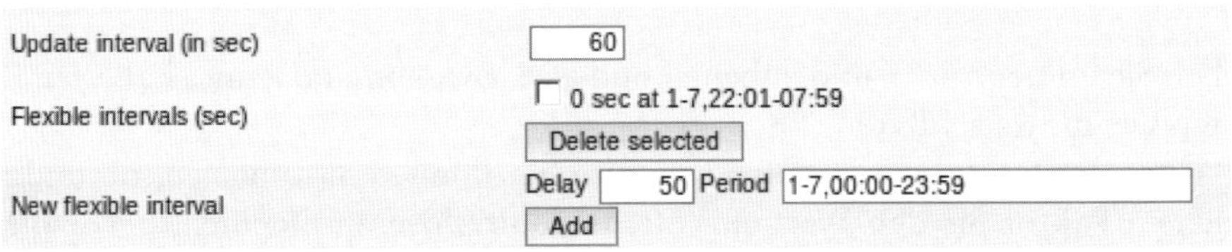

Abb. 7–7 *Ein flexibles Intervall. Zwischen 22:01 und 7:59 Uhr wird dieses Item nicht überwacht.*

Wichtig: Möchten Sie das Update-Intervall für ein vorhandenes Item ändern oder ein weiteres hinzufügen, so werden Ihre Änderungen erst dann gespeichert, wenn Sie das gesamte Formular unten mit dem *Save* speichern.

Hinweis

Wenn Sie das Standard-Update-Intervall ändern, während ein abweichendes flexibles Intervall aktiv ist, kann es passieren, dass alle Änderungen erst nach Ablauf des zuvor konfigurierten flexiblen Intervalls aktiv werden. In einigen Versionen von Zabbix hilft nur ein Restart des Zabbix-Servers und ggf. des zuständigen Zabbix-Proxys, damit das neue Standard-Update-Intervall sofort aktiviert wird.

7.5.2 Historische Daten speichern

Im Feld »Keep history (in days)« tragen Sie ein, wie lange die gesammelten Daten des Items in der Datenbank gespeichert werden sollen. Daten, die älter sind als in den Feldern »Keep history« und »Keep trends« angegeben, werden von den Zabbix-Server-Housekeepern automatisch gelöscht.

Im Feld »Keep trends (in days)« legen Sie fest, wie lange die zusammengefassten Daten eines Items gespeichert werden. Als Trend speichert Zabbix den stündlichen Minimal- und Maximalwert sowie den Durchschnittswert eines Items.

Bei der Konfiguration der beiden Werte sollten Sie sich Gedanken darüber machen, ob die historischen Werte des Items von Nutzen sind. Von vielen Items sind die Daten aus der Vergangenheit bei der Fehlersuche oder bei der Analyse von Performance-Engpässen Gold wert. Auch einfache Daten wie »war Datenbank A vor 14 Tagen um 7 Uhr online« können von großem Nutzen sein, denn sie könnten zum Beispiel erklären, warum Datenbank B zur gleichen Zeit eine höhere Last als üblich hatte. Wenn Datenbank B die Last von Datenbank A übernehmen musste, dann ergibt sich aus den historischen Daten eine logische Erklärung.

Es gibt aber auch Items, bei denen eine lange Speicherung der Daten wenig sinnvoll ist. Im Zweifelsfalle sollten Sie lieber zu viele als zu wenige Daten speichern.

Wenn Sie ein großes Setup planen, in dem mehrere Hundert Hosts überwacht werden, überlegen Sie sich gut, wie lange Sie historische Daten brauchen. Die Tabellen mit den Historien wachsen schnell auf mehrere Gigabyte an. Vermeiden Sie schon im Vorfeld die Speicherung unnützer Daten.

7.5.3 Differenzbildung und Werte-Mapping

Über das Dropdown-Menü *Store Value* können Sie festlegen, ob der Wert, so wie er gesammelt wurde (»as is«), gespeichert und weiterverarbeitet werden soll.

Wählen Sie bei »Store value« »Delta (simple change)« aus, dann wird in der Datenbank nur die Differenz zum letzten gemessenen Wert gespeichert.

Wählen Sie »Delta (speed per second)« aus, dann wird die Differenz zum letzten Wert geteilt durch den Wert »Update Interval« gespeichert.

Viele Items liefern den Wert eines Zählers zurück, der erst durch die Differenzbildung zu einer sinnvollen Information wird. Zum Beispiel zählt eine MySQL-Datenbank die Anzahl der Abfragen, indem der Zähler mit jeder Abfrage um eins erhöht wird. Speichern Sie in Zabbix das Delta pro Sekunde, dann bekommen Sie ein sinnvolles Item, das anzeigt, wie viele SQL-Abfragen die Datenbank pro Sekunde verarbeitet.

`net.if.in` und `net.if.out` liefern ebenfalls einen fortlaufenden Zähler der gesendeten bzw. empfangenen Bytes. Erst durch die Differenzbildung wird aus diesen Werten die Angabe MBytes/sec.

Über das Dropdown-Menü **Show Value** können Sie die rohen Werte eines Items, in der Regel Zahlen, durch aussagekräftigere Wörter ersetzen. Diese Ersetzung erfolgt aber nur für die Anzeige auf der Weboberfläche. In der Datenbank werden die rohen Werte gespeichert.

Bevor Sie die rohen Werte durch eigene Bezeichnungen ersetzen können, müssen Sie ein **Value Mapping** anlegen. Dies können Sie über das Menü *Configuration|General|Value Mapping* oder über den Link *show value mappings* in der Spalte »Show value« vornehmen. Für einen »Ping Check« können Sie zum Beispiel ein Value Mapping anlegen, bei dem der Wert 0 durch »offline« und der Wert 1 durch »online« ersetzt wird. Einige nützliche Mappings sind bereits angelegt.

7.5.4 Items kategorisieren, klonen und deaktivieren

Items, die eine logische Einheit bilden, zum Beispiel weil sie alle einen bestimmten Dienst überwachen, sollten Sie in einer Application zusammenfassen. Im Feld »New Application« können Sie eine neue Item-Kategorie anlegen und das Item dieser Application sofort hinzufügen. Alternativ können Sie das Item auch einer vorhandenen Application über die Auswahl »Applications« hinzufügen.

Mit dem Knopf *clone* haben Sie die Möglichkeit, ein Item zu duplizieren. Das duplizierte Item wird demselben Host oder Template zugewiesen wie das Original. Das Ändern des Hosts ist beim Klonen nicht möglich. Möchten Sie ein Item duplizieren und dabei einem anderen Host oder Template zuweisen, nutzen Sie dafür die Funktion »copy selected to« in der Tabellenansicht der Items.

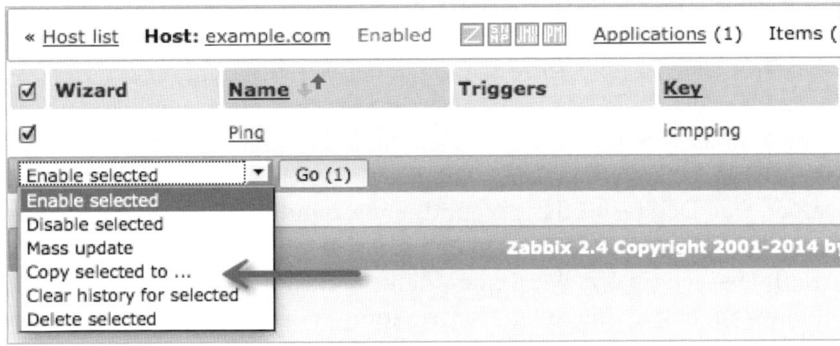

Abb. 7–8 *Kopieren eines Items von einem Host zu einem anderen*

Über das Dropdown-Menü **Status** legen Sie fest, ob das Item aktiv ist, das heißt, ob der Zabbix-Server die konfigurierten Daten sammeln und weiterverarbeiten soll. Wenn Sie ein Item auf »Disabled« setzen, dann werden auch alle nachfolgenden Trigger und Aktionen (Alarme) nicht ausgeführt.

8 Simple Checks: Daten ohne Agent sammeln

8.1 Was sind einfache Checks?

Mit sogenannten »Simple Checks« kann der Zabbix-Server eigenständig, ohne den Zabbix-Agenten oder einen SNMP-Agenten, Daten sammeln.

Simple Checks prüfen per ICMP Ping oder Portscan, ob ein Host online ist und ob Dienste Verbindungen entgegennehmen.

Die Rückgabewerte der Simple Checks sind entweder Eins oder Null (Numeric unsigned), wenn der Check die Verfügbarkeit eines Hosts oder Ports prüft. Bei den Performance-Messungen wird die Anzahl der Sekunden (Numeric float) zurückgegeben, die für das Aufbauen der Verbindung gebraucht wurden. Schlägt eine Performance-Messung fehl, weil der entsprechende Port nicht offen ist, wird Null zurückgeliefert.

Name	Last check	Last value	Change	History
Simple Checks (11 Items)				
http-Server connection time	12 Nov 2011 15:11:39	< 1ms	< 1ms	Graph
http-Server listening	12 Nov 2011 15:11:34	Up (1)	-	Graph
smtp-Server listening	12 Nov 2011 15:11:31	Up (1)	-	Graph
pop-Server listening	12 Nov 2011 15:11:32	Up (1)	-	Graph
imap-Server listening	12 Nov 2011 15:11:33	Down (0)	-	Graph
ssh-Server port 22 connection time	12 Nov 2011 15:11:31	15ms	+< 1ms	Graph
ssh-Server port 22 listening	12 Nov 2011 15:11:40	Up (1)	-	Graph
icmpping	12 Nov 2011 15:11:34	Up (1)	-	Graph
icmpping connection time	12 Nov 2011 15:11:36	< 1ms	-	Graph
icmpping packetloss	12 Nov 2011 15:11:36	0 %	-	Graph
MySQL Server listening	12 Nov 2011 15:11:32	Up (1)	-	Graph

Abb. 8–1 *Die Ergebnisse von sogenannten Simple Checks. Per Ping und Portscan werden Hosts und Dienste geprüft.*

8.2 Beispiel: Webserver überprüfen

Klicken Sie im Hauptmenü auf *Configuration|Hosts* und wählen Sie rechts im Dropdown-Menü eine Hostgruppe aus. Sie sehen die Liste aller Hosts in dieser Gruppe. Klicken Sie in der Zeile eines Hosts in der Spalte Items auf den Link *Items*. Sie sehen die Liste aller Items für den ausgewählten Host. Klicken Sie nun oben rechts auf die Schaltfläche *Create Item*.

Wenn der ausgewählte Host mehrere IP-Adressen hat, wählen Sie eine passende IP-Adresse im Dropdown-Menü Host Interfaces aus. Lassen Sie sich nicht von der Portangabe 10050 verwirren. Für Simple Checks wird der Zabbix-Agent nicht verwendet und der Port 10050 des Hosts folglich nicht kontaktiert.

Geben Sie dem neuen Item einen aussagekräftigen und präzisen Namen, zum Beispiel »$1-Daemon listening«. $1 ist eine Variable, die später mit der ersten Option des Item-Keys gefüllt wird.

Wählen Sie für das neue Item als Typ »Simple Check« aus. Den Item-Key können Sie über den Select-Button auswählen, oder Sie tragen direkt `net.tcp.service[ssh]` ein. Es wird geprüft, ob der SSH-Dienst auf Port 22 Verbindungen annimmt.

Den Type of Information belassen Sie auf dem voreingestellten Wert »Numeric (unsigned)«, denn das Item kann nur die Werte 1 oder 0 annehmen.

Im Dropdown-Menü »Show value« wählen Sie »Service state« aus. Der Wert 1 wird dann durch Up und 0 durch Down ersetzt. Im Feld »New application« geben Sie zum Beispiel »Portscans« ein. In allen anderen Eingabefeldern übernehmen Sie die voreingestellten Standards. Speichern Sie das neue Item mit *Save* ab.

Sie sehen nun wieder die Liste der Items für den ausgewählten Host. Als neues Item sollte nur »ssh-Daemon listening« hinzugekommen sein. Prüfen Sie, ob das Item auch funktioniert. Wählen Sie den Host über *Monitoring|Latest Data* aus. Sie sollten nun sehen, ob der SSH-Dienst Verbindungen akzeptiert oder nicht.

Item "srv01.example.com : $1-Daemon listening"	
Host	srv01.example.com [Select]
Host interface	192.0.2.1 : 10050
Name	$1-Daemon listening
Type	Simple check
Key	net.tcp.service[ssh] [Select]
Type of information	Numeric (unsigned)
Show value	Service state — show value mappings
New application	Portscans

Abb. 8–2 *Einfacher Check, ob der SSH Dienst auf einem Host lauscht*

8.3 ICMP echo request einrichten

Wenn Sie Hosts per Internet Control Message Protocol (ICMP) überwachen wollen, stehen drei Items zur Verfügung.

1. `icmppingloss[<target>,<count>,<interval>,<size>,<timeout>]` Liefert den Paketverlust in Prozent (Numeric unsigned) zurück.
2. `icmpping[<target>,<count>,<interval>,<size>,<timeout>]` Prüft, ob ein Host auf ICMP-Pings antwortet, Rückgabe vom Typ Numeric (unsigned): 0 = Host antwortet nicht, 1 = Host antwortet.
3. `icmppingsec[<target>,<packets>,<interval>,<size>,<timeout>,<mode>]` Prüft, ob ein Host auf ICMP-Pings antwortet, Rückgabe vom Typ Numeric (float). Das Item »funktioniert« wie `icmpping` mit dem Unterschied, dass bei einer erfolgreichen Verbindung nicht 1, sondern die Anzahl der Sekunden zurückgegeben wird, die für das Aufbauen der Verbindung gebraucht wurden. Antwortet der Host gar nicht auf Pings, wird 0 zurückgeliefert.

Den Items, welche ICMP echo requests durchführen, können Sie folgende Optionen mitgeben:

- **target**
  Host-IP-Adresse oder DNS-Name, der »gepingt« werden soll. Wird in der Regel nicht als Option angegeben. Wenn nichts angegeben ist, wird der Host als Target verwendet, für den das Item eingerichtet wird.
- **packets**
  Anzahl der Pakete. Standard sind drei Pakete.
- **interval**
  Zeit zwischen den erfolgreich verschickten Paketen in Millisekunden (Mindestwert 20 ms, Standard 25 ms)
- **size**
  Paketgröße in Byte (Mindestwert 24 Byte, Standard 56 Byte für x86, 68 Byte für x86_64)
- **timeout**
  Timeout in Millisekunden (Mindestwert 50ms, Standard 500ms)
- **mode**
  min, max, avg (Standard)

Type	Simple check
Key	icmpping[,10,24,128,75] Select
Type of information	Numeric (unsigned)
Data type	Decimal

Abb. 8–3 *Ping mit zehn Testdurchläufen, Intervall 24 Millisekunden, 128 Byte Paketgröße und einem Timeout von 75 Millisekunden.*

Die ICMP echo requests führt der Zabbix-Server mit dem externen Programm fping durch. (Siehe auch die Hinweise zu fping im Kapitel 4.) Wenn Sie keine Optionen für die Ping-Checks angeben, werden die Standardwerte der installierten Version von fping verwendet. Die oben genannten Standardwerte können je nach Version von fping und verwendeter Distribution abweichen. Konsultieren Sie die Manpage von fping.

8.4 TCP-Portscans durchführen

net.tcp.service[service,<ip>,<port>]
Prüft, ob ein TCP-Server Verbindungen entgegennimmt, Rückgabe vom Typ Numeric (unsigned): 0 = Server nimmt keine Verbindung an, 1 = Server nimmt Verbindung an.

net.tcp.service.perf[service,<ip>,<port>]
Prüft, wie lange ein TCP-Server braucht, um eine Verbindung entgegenzunehmen, Rückgabe vom Typ Numeric (float). Funktioniert wie net.tcp.service mit dem Unterschied, dass bei einer erfolgreichen Verbindung nicht 1, sondern die Anzahl der Millisekunden zurückgegeben wird, die für das Aufbauen der Verbindung gebraucht wurden. 0 = Server nimmt keine Verbindung an.

Als Service können Sie folgende **vordefinierte Services** verwenden:

ssh, ntp, ldap, smtp, ftp, http, pop, nntp, imap, https, telnet, tcp.

Wenn Sie für diese Services keinen Port angeben, dann wird der Standardport verwendet. Möchten Sie einen beliebigen Service testen, geben Sie als Service tcp an. Die Angabe eines Ports ist dann obligatorisch, zum Beispiel net.tcp.service[tcp,,3600].

Zabbix führt reine Portscans durch, wie es zum Beispiel auch das Kommando netcat durchführen würde. Der Zabbix-Server prüft, ob ein bestimmter TCP-Port offen ist. Es wird nicht geprüft, mit welchem Protokoll der Dienst antwortet. Wenn Sie zum Beispiel net.tcp.service[http,,22] als Item anlegen, wird der Zabbix-Server melden, dass der Service verfügbar ist.

Sie können den Items als Option eine abweichende IP-Adresse angeben, auf die der Test durchgeführt werden soll. Diese Option geben Sie in der Regel nicht an. Dann wird die IP-Adresse oder der DNS-Name des Hosts verwendet, so wie Sie es in der Host-Konfiguration angelegt haben.

Wenn Sie über das Dropdown-Menü **Show value** die Option Service State auswählen, dann werden die Werte 0 und 1 durch Up und Down ersetzt. Wenn Sie ein Item mit dem Key `net.tcp.service.perf` anlegen, sollten Sie als **Units** Sekunden (s) angeben.

Die **Timeouts** für die Verbindungen können Sie nicht individuell angeben. Es gilt das generelle Timeout für alle Checks, welches Sie in der Datei `zabbix_server.conf` für den Wert `Timeout` angeben. Der Standard sind drei Sekunden.

Item "srv01.example.com : $1-Server listening"	
Host	srv01.example.com [Select]
Host interface	192.0.2.1 : 10050
Name	$1-Server listening
Type	Simple check
Key	net.tcp.service[http] [Select]
Type of information	Numeric (unsigned)
Data type	Decimal

Abb. 8–4 *Item, welches prüft, ob ein Webserver antwortet*

Hinweis

Beachten Sie bei den Rückgabewerten der Performance-Items, zum Beispiel `net.tcp.service.perf[http]`, die **Rundung der Werte**.

Bei sehr schnellen Verbindungen zeigt Ihnen Zabbix auf der Weboberfläche im Menü Latest Data eine Null an. Das bedeutet, die Verbindung war so schnell, dass der Wert auf Null abgerundet wurde.

Intern arbeitet Zabbix aber mit exakten Messwerten, so dass ein Trigger mit der Funktion »Wert gleich 0«, das heißt Dienst nicht verfügbar, nicht auslöst.

9 Daten mit dem Zabbix-Agenten sammeln

9.1 Was ist der Zabbix-Agent?

Über den Zabbix-Agenten kann der Zabbix-Server so gut wie jede Information eines Hosts abrufen und zur Weiterverarbeitung speichern.

Der Zabbix-Agent ist für fast alle Betriebssysteme verfügbar. Erst durch den Einsatz des Agenten kann Zabbix seine ganze Stärke zeigen. Mit Simple Checks können Sie zwar entdecken, dass ein Dienst oder Host nicht mehr verfügbar ist. Um detaillierte Informationen zu erhalten, warum es zu einem Fehler gekommen ist, brauchen Sie zusätzliche Daten. Diese können Sie mit Simple-Checks in der Regel nicht messen. Hier kommt der Zabbix-Agent ins Spiel. Ein präzises Monitoring braucht Informationen über das Betriebssystem und die laufenden Programme. Diese Informationen kann der Zabbix-Agent liefern. Der Agent arbeitet dabei so performant, dass auf dem überwachten Host keine nennenswerten Ressourcen für das Monitoring verbraucht werden.

Hinweis

Der Zabbix-Agent verbraucht sehr wenige Ressourcen. Doch können die vom Agent ausgelösten Prüfungen und Datensammlungen unter Umständen erhebliche Ressourcen verbrauchen. Die meisten sogenannten Build-in-Checks lesen vom Betriebssystem bereitgestellte Monitoring-Schnittstellen aus. Diese Checks erzeugen keine nennenswerte Last, weil die Daten immer vom Betriebssystem gesammelt werden, unabhängig davon, ob ein Monitoring-Agent diese auswertet.

9.1.1 Aufbau der Item-Keys

Sobald Sie als Item-Typ »Zabbix-Agent« oder »Zabbix-Agent (active)« ausgewählt haben, gelangen Sie über *Select* zur Liste der verfügbaren Items, welche der Agent liefern kann. Bis zur Version 2.0 wurde die Auswahl des Item-Typs im Popup mit der Item-Liste nicht übernommen. In diesem Popup müssen Sie oben rechts erneut auswählen, von welchem Typ Sie ein Item anlegen.

Sobald Sie im Popup einen Item-Key auswählen, wird dieser in das Feld »Key« übernommen. Viele Items müssen mit hostspezifischen Parametern ergänzt werden. Diese Parameter fügen Sie innerhalb der eckigen Klammern ein.

Wenn also das Item zum Beispiel system.cpu.load[<cpu>,<mode>] heißt, dann tragen Sie im Feld Item system.cpu.load[all,avg5] ein. Das bedeutet, Sie messen die Auslastung aller CPUs mit dem Durchschnittswert der letzten fünf Minuten.

Wenn Sie die Optionen der Item-Keys auch im Namen des Items angeben möchten, können Sie im Namen die Variablen $1, $2, $3 usw. verwenden.

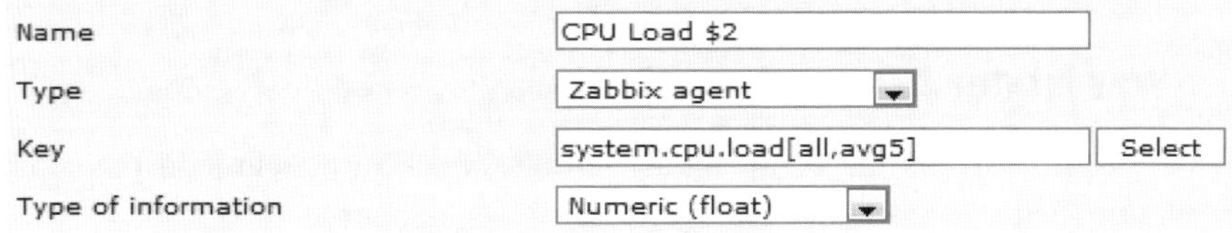

Abb. 9–1 *Überwachung der CPU-Last mit dem Zabbix-Agenten*

9.2 Beispiel 1: Neues Item anlegen

Wählen Sie über das Hauptmenü *Configuration|Hosts* und mit dem Dropdown-Menü oben rechts eine Hostgruppe aus. Klicken Sie in der Liste der Hosts in der Zeile eines Hosts auf den Link *Items*. Sie sehen die Liste der konfigurierten Items für den entsprechenden Host. Klicken Sie oben rechts auf *Create Item*. Nun legen Sie ein neues Item an, welches die prozentuale Auslastung der CPU durch sogenannte User-Prozesse misst. Klicken Sie auf den Button *Select* hinter dem Eingabefeld Key und wählen Sie im Popup *system.cpu.util* aus. Ergänzen Sie dann die Optionen des Keys wie folgt: system.cpu.util[all,user,avg1]. Füllen Sie die restlichen Felder wie Abbildung 9–2 abgebildet aus.

Nachdem Sie das neue Item gespeichert haben, prüfen Sie, ob Daten auf dem Zabbix-Server ankommen. Klicken Sie dazu im Hauptmenü auf *Monitoring|Latest Data*. Wählen Sie im Dropdown-Menü rechts oben die Hostgruppe und den Host aus. Anschließend klicken Sie auf das Pluszeichen rechts neben *CPU Utilization*.

Item srv01.example.com :	
Host	srv01.example.com [Select]
Host interface	192.168.17.103 : 10050
Name	CPU Usage $2 ($3)
Type	Zabbix agent
Key	system.cpu.util[all,user,avg1] [Select]
Type of information	Numeric (float)
Units	%
Use custom multiplier	☐ 1
Update interval (in sec)	60
Flexible intervals (sec)	No flexible intervals
New flexible interval	Delay 50 Period 1-7,00:00-24:00 [Add]
Keep history (in days)	90
Keep trends (in days)	365
Status	Active
Store value	As is
Show value	As is show value mappings
New application	CPU Utilization
Applications	-None- Simple Checks Webserver PASSIVE Zabbix Agent

Abb. 9–2 *Einrichten eines Items, welches die CPU-Auslastung misst*

9.3 Beispiel 2: Items klonen

In der Liste der Items für den ausgewählten Host sollte jetzt mindestens ein Item aufgelistet werden. Klicken Sie in der Liste der Items auf den Link *CPU Usage user (avg1)*. Sie befinden sich wieder in der Maske zum Anlegen oder Ändern eines Items aus Beispiel eins. Klicken Sie nun unten rechts auf die Schaltfläche *Clone*. Damit legen Sie ein neues Item an, welches schon mit den Werten des vorherigen Items vorausgefüllt ist. Ändern Sie nun die zweite Option des Item-Keys auf idle, so dass im Feld »Key« Folgendes steht: `system.cpu.util[all, idle,avg1]`. Den Namen des Items brauchen Sie nicht zu ändern. Durch die Verwendung der Variablen wird die Option »Idle« automatisch in den Namen übernommen.

Nachdem Sie das Item gespeichert haben, klonen Sie dieses noch weitere drei Male. Verwenden Sie dann als zweite Option für `system.cpu.util[all,<OPTION2>,avg1]` folgende Parameter:`system`, `nice` und `iowait`.

Die Liste der Items sollte dann fünf Items enthalten. Wenn Sie einen Item-Key fehlerhaft angeben oder ein Item unter einem bestimmten Betriebssystem nicht existiert, wechselt das Item in den Status »Not supported«. Wenn Sie mit der Maus über das rote Icon in der Spalte »Error« fahren, bekommen Sie einen Hinweis auf die mögliche Ursache.

All hosts / Zabbix server Enabled ZBX SNMP JMX IPMI Applications 2 Items 8 Triggers 2 Graphs 2 Discovery rules 1 Web scenarios

Filter ▾

WIZARD	NAME ▲	TRIGGERS	KEY	INTERVAL	HISTORY	TRENDS	TYPE	APPLICATIONS	STATUS	INFO
	CPU Usage system (avg1)		system.cpu.util[all,system,avg1]	1m	3m	1y	Zabbix agent	CPU Usage	Enabled	
	CPU Usage bla (avg1)		system.cpu.util[all,bla,avg1]	1m	3m	1y	Zabbix agent	CPU Usage	Not supported	✖
	CPU Usage idle (avg1)		system.cpu.util[all,idle,avg1]	1m	3m	1y	Zabbix agent	CPU Usag		
	CPU Usage user (avg1)		system.cpu.util[all,user,avg1]	1m	3m	1y	Zabbix agent	CPU Usage	Enabled	
	CPU Usage nice (avg1)		system.cpu.util[all,nice,avg1]	1m	3m	1y	Zabbix agent	CPU Usage	Enabled	
	CPU Usage iowait (avg1)		system.cpu.util[all,iowait,avg1]	1m	3m	1y	Zabbix agent	CPU Usage	Enabled	

Invalid second parameter.

Abb. 9–3 *Liste der Items. Fehlermeldung per Mouseover*

Über *Monitoring|Latest Data* prüfen Sie wieder, ob alle Daten korrekt auf dem Zabbix-Server ankommen.

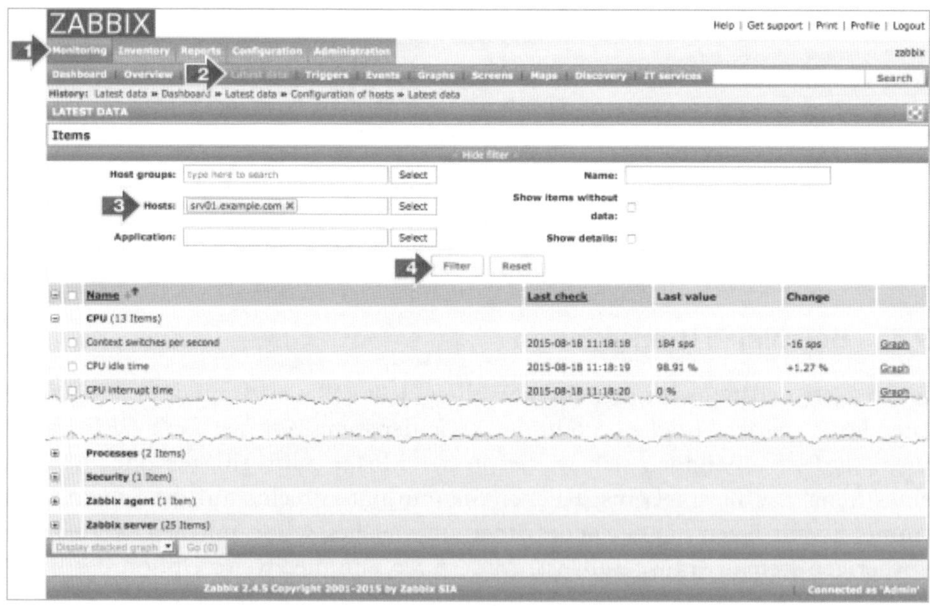

Abb. 9–4 *Ablesen der zuletzt gemessenen Daten in Zabbix 2.4*

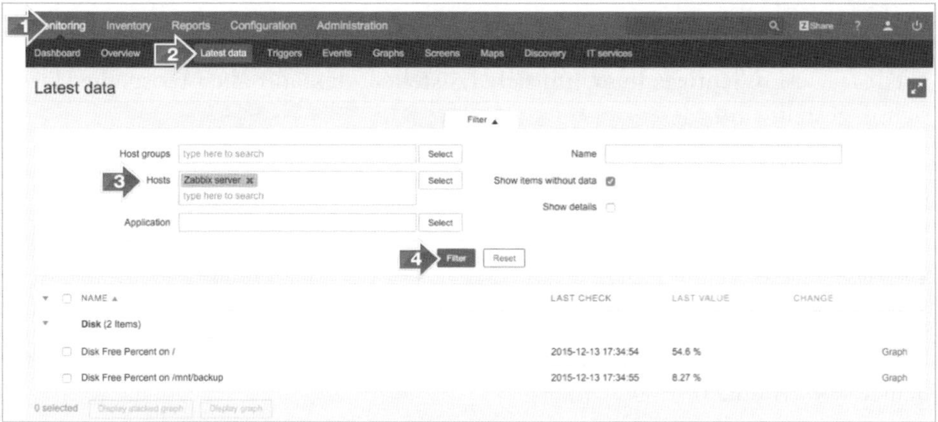

Abb. 9–5 *In Zabbix 3 sehen die letzten Daten etwas anders aus, das Prinzip ist dasselbe.*

9.4 Welche Daten kann der Agent liefern?

Die komplette Liste der Items, für die der Zabbix-Agent Daten liefern kann, finden Sie in der offiziellen Zabbix-Dokumentation[1].

Beachten Sie, dass nicht alle Items unter allen Betriebssystemen zur Verfügung stehen. Einige Items wurden erst in die aktuellste Zabbix-Version aufgenommen. Der »offiziellen« Item-Liste können Sie die verlangte Version von Server und Agenten entnehmen.

In der nachfolgenden Liste finden Sie eine Auswahl der wichtigsten Items.

9.4.1 Zabbix-Agent, Systeminformationen

agent.version
Versionsnummer des Agenten im Format Character. Nützlich zur Prüfung, ob Sie die Agenten updaten müssen.

agent.ping
Prüft, ob der Agent Daten liefert. Das Item hat immer den Wert 1. Wenn der Agent keine Daten liefert, hat das Item entweder keinen Wert (NULL, nicht verwechseln mit 0) oder den Wert 1, aber mit einem veralteten Aktualisierungsdatum. Wenn Sie per Trigger prüfen möchten, ob ein Agent Daten liefert, müssen Sie die Trigger-Funktion agent.ping.nodata(sec) verwenden, zum Beispiel: {<HOST_OR_TEMPLATE>:agent.ping.nodata(3600)}=1

system.hostname
Liefert den Hostnamen des überwachten Hosts als Character zurück.

1. *https://www.zabbix.com/documentation/2.4/manual/config/items/itemtypes/zabbix_agent*

`system.localtime`
Liefert die Uhrzeit (Unix-Timestamp) des überwachten Hosts als Numeric (unsigned) zurück. Wichtiges Item, um sicherzustellen, dass auf allen Hosts die Uhren richtig gestellt sind.

`system.uptime`
Liefert die Zeit in Sekunden seit dem Start des Hosts als Numeric (unsigned). Nützlich, um zum Beispiel Warnungen zu verschicken, wenn ein System neu gestartet wurde.

`system.users.num`
Liefert die Anzahl der momentan angemeldeten Benutzer. Nützlich für Sicherheitsüberwachungen.

`system.uname`
Liefert Information über das Betriebssystem als Character zurück. Entspricht unter Linux der Ausgabe des Kommandos `uname`. Beispiele für die Rückgabewerte:

Windows <HOSTNAME> 6.1.7601 Windows Server 2008 Service Pack 1 AMD-64

Windows <HOSTNAME> 5.2.3790 Windows Server 2003 Service Pack 2 Intel IA-32

Linux <HOSTNAME> 2.6.32-5-686 #1 SMP Tue Mar 8 21:36:00 UTC 2011 i686 GNU/Linux

`system.sw.arch`
Liefert die Architektur des Systems, zum Beispiel i686, als Character zurück.

`system.sw.os[<info>]`
Liefert den Namen eines Unix-Betriebssystems zurück, zum Beispiel Ubuntu 2.6.35-28.50-generic 2.6.35.11. Als Optionen können angegeben werden:

- full: Liest /proc/version aus.
- short: Liest /proc/version_signature aus.
- name: Liest /etc/issue.net aus.

`system.sw.packages[<package>,<manager>,<format>]`
Listet unter Linux die installierten Programme auf. Rückgabe als Liste mit Komma getrennt (Text). Wenn Sie Package nicht angeben, werden alle installierten Pakete zurückgegeben. Wenn Sie für die Option Package einen regulären Ausdruck angeben, werden nur die Pakete zurückgeliefert, auf die der Ausdruck passt. Mit der Option Manager müssen Sie angeben, welchen Paketmanager das System verwendet. Möglich sind:

- dpkg: Führt `dpkg –get-selections` aus.
- pkgtool: Führt `ls /var/log/packages` aus.

- rpm: Führt `rpm -qa` aus.
- pacman: Führt `pacman -Q` aus.

Als Format können Sie »full« oder »short« angeben. Beispiele:

```
zabbix-agent -t system.sw.packages[^mysql,dpkg,full]
[dpkg] mysql-client-5.1, mysql-common, mysql-server, mysql-server-5.1, mysql-
  server-core-5.1
zabbix-agent -t system.sw.packages[(^nginx|^apache|^lighttpd),dpkg,short]
apache2, apache2-mpm-prefork, apache2-utils, apache2.2-bin, apache2.2-common
```

`kernel.maxfiles`, `kernel.maxproc`
Liefert die Anzahl der maximal möglichen offenen Dateien bzw. laufenden Prozesse. Nicht für alle Betriebssysteme verfügbar.

9.4.2 Netzwerk

`net.if.collisions[if]`
Liefert die Anzahl der Netzwerkkollisionen (Numeric (unsigned)) zurück, so wie es auch das Kommando `ifconfig` liefert. Sinnvoll in Halbduplex-Netzen. In einem Halbduplex-Ethernet-Netzwerk wird eine Kollision durch zwei Geräte (Netzwerkkarten) verursacht, die zur selben Zeit Daten übermitteln.

Beispiel: `net.if.collisions[eth0]`

`net.if.in[if <,mode>]`
Eingehender Netzwerkverkehr als Numeric (unsigned). Wird kein »Mode« angegeben, werden die eingehenden Bytes des Gerätes geliefert. Mögliche Modi sind:

- bytes - Anzahl der Bytes (Standard)
- packets - Anzahl der Pakete
- errors - Anzahl der Fehler
- dropped - Anzahl der verworfenen Pakete

`net.if.out[if <,mode>]`
Funktioniert analog zu net.if.in für ausgehenden Datenverkehr.

`net.if.total[if,<mode>]`
Summe von ein- und ausgehendem Netzwerkverkehr. Optionen analog zu `net.if.in` und `net.if.out`.

Die Items `net.if.in` und `net.if.out` sollten zusammen mit der Option »Store Value Delta (speed per seconds)« benutzt werden. Wenn Sie als Unit »Bps« eintragen, erhalten Sie die Datendurchsatzrate des Gerätes in Bytes pro Sekunde. Wenn Sie statt Byte lieber Bit und den Durchsatz in Bit/sec messen möchten, verwenden Sie einen Multiplier von 8 und tragen Sie als Einheit »bps« ein.

Type	Zabbix agent
Key	net.if.in[eth0]
Type of information	Numeric (unsigned)
Data type	Decimal
Units	Bps
Store value	Delta (speed per second)

Abb. 9–6 *Messen des Netzwerktraffics*

`net.tcp.dns[<ip,>zone]`
Prüft, ob der Host unter einer IP-Adresse einen Nameserver erreichen kann und ob dieser die angegebene Zone auflösen kann. Liefert 1 oder 0 als Numeric (unsigned). Wenn Sie keine IP-Adresse des Nameservers angeben, werden die im Betriebssystem eingetragenen Nameserver verwendet.

Beispiel: `net.tcp.dns[,example.com]`

`net.tcp.listen[port]`
Prüft, ob der Port auf dem lokalen System TCP-Verbindungen entgegennimmt. Liefert 1 oder 0 als Numeric (unsigned) zurück. Die Prüfung erfolgt ähnlich wie mit dem Kommando `netstat -tulpen`.

`net.tcp.port[<ip>, port]`
Prüft, ob ein Host auf einem Port TCP-Verbindungen entgegennimmt. Wenn keine IP-Adresse angegeben ist, wird 127.0.0.1 verwendet. Liefert 1 oder 0 als Numeric (unsigned).

Die Prüfung erfolgt ähnlich wie mit dem Kommando `netcat -z <IP> <PORT>`. Dies ist ein reiner TCP-Portscan, der nicht feststellt, welches Protokoll auf dem Port antwortet. Verwechseln Sie dieses Item nicht mit dem Item `net.tcp.service` vom Typ »Simple Check«. `net.tcp.port` wird vom Zabbix-Agenten auf dem überwachten Host ausgeführt, wohingegen `net.tcp.service` vom Zabbix-Server ausgeführt wird. Mit `net.tcp.port` testen Sie zum Beispiel, ob ein Webserver eine benötigte Datenbank erreichen kann.

Beispiel: `net.tcp.port[192.0.0.5,3306]`.

`net.tcp.service[service<,ip><,port>]`
Prüft, ob ein Host für einen Service TCP-Verbindungen entgegennimmt. Liefert 0 oder 1 als Numeric (unsigned).

Folgende Services können Sie angeben: ssh, ntp, ldap, smtp, ftp, http, pop, nntp, imap, tcp.

Wenn Sie keine IP-Adresse angeben, wird 127.0.0.1 verwendet. Wenn Sie keinen Port angeben, wird der Standardport des Service verwendet.

Beispiel: `net.tcp.service[ssh,192.0.2.1]` prüft, ob der überwachte Host eine TCP-Verbindung zum Port 22 des Hosts 192.0.2.1 herstellen kann.

Dies ist ebenfalls ein reiner TCP-Portscan, der nicht feststellt, welches Protokoll auf dem Port antwortet. `net.tcp.service[ssh,192.0.2.1]` liefert auch eine 1 zurück, wenn auf Port 22 ein Pop3-Daemon anstatt SSH lauscht.

`net.tcp.service.perf[service<,ip> <,port>]`
Funktioniert wie `net.tcp.service[service<,ip><,port>]` mit dem Unterschied, dass bei einer erfolgreichen Verbindung nicht 1, sondern die Anzahl der Sekunden als Numeric (Float) zurückgegeben wird, die für das Aufbauen der Verbindung gebraucht wurden.

Bei sehr schnellen Verbindungen zeigt Ihnen Zabbix auf der Weboberfläche im Menü »Latest Data« eine Null an. Das bedeutet, die Verbindung war so schnell, dass der Wert auf Null abgerundet wurde. Intern arbeitet Zabbix aber mit exakten Messwerten, so dass ein Trigger mit der Funktion »Wert=0«, das heißt Dienst nicht verfügbar, nicht auslöst.

9.4.3 Prozesse

`proc.num[<name>,<user>,<state>,<cmdline>]`
Liefert die Anzahl aller laufenden Prozesse zurück. Mit den Optionen »Name« und »Cmdline« wird geprüft, ob bestimmte Prozesse laufen. Unter Windows werden nur die Optionen »Name« und »User« unterstützt. Beispiele:

- `proc.num[apache2]` liefert die Anzahl der laufenden Apache-Prozesse zurück.
- `proc.num[perl,,,rsnapshot daily]` liefert die Anzahl der Perl-Prozesse zurück, die das Skript `rsnapshot daily` ausführen.
- `proc.num[perl,,,"my_script[0-9]\.pl"]` Für die Filterung auf das komplette Kommando können Sie reguläre Ausdrücke verwenden.
- `proc.num[,zabbix]` liefert die Anzahl alle Prozesse zurück, die vom Benutzer zabbix ausgeführt werden.
- `proc.num[,,zomb]` liefert die Anzahl aller Zombie-Prozesse. Als Filter für den Status können Sie run, sleep oder zomb verwenden. Ohne Angabe des Status werden alle Status ausgewählt.

`proc.mem[<name> <,user><,mode><,cmdline>]`
Liefert den Speicherverbrauch eines Programms in Bytes (Numeric Float) zurück. Die Filterung des Programms erfolgt wie bei `proc.num`. Als Modi können »avg«, »max«, »min« oder »sum« (default) angegeben werden.

Beispiel: `proc.mem[zabbix_server,,avg]`

9.4.4 CPU-Auslastung

`system.cpu.load[<cpu><,mode>]`
Liefert den Wert Load Average als Numeric (float) zurück, wie ihn die Programme uptime oder top liefern.

Wenn keine CPU-Nummer angegeben wird, werden alle CPUs gemessen. Als Modi können »avg1« (Standard), »avg5« und »avg15« angegeben werden.

Ein Computer im Leerlauf hat eine Last (Load) von 0. Jeder Prozess, der die CPU benutzt oder auf die CPU wartet, erhöht den Load-Wert um eins und zieht eins wieder ab, sobald er beendet ist. Ein Load Average von 1.73 während der letzten Minute (avg1) kann so interpretiert werden, dass die CPU zu 73% überlastet war. 0.73 Prozesse mussten auf die CPU warten und konnten nicht sofort bearbeitet werden. Das Item `system.cpu.load` berücksichtigt nicht die Anzahl der Prozessoren oder Kerne. Auf Mehrprozessor- oder Mehrkern-Systemen sollte die Load Average durch die Anzahl der Prozessoren oder Kerne geteilt werden.

Beispiel:
`system.cpu.load[,avg15]` gibt die durchschnittliche Last der letzten 15 Minuten zurück.

`system.cpu.switches`
Liefert die Anzahl der CPU-Kontext-Switches als Numeric (unsigned) zurück. Nur sinnvoll, wenn der Wert als »Delta (speed per second)« gespeichert wird, das heißt Kontext-Switches pro Sekunde. Viele Kontext-Switches pro Sekunde bedeuten in der Regel eine hohe Auslastung des Systems. Nur verfügbar für Solaris und FreeBSD.

`system.cpu.util[<cpu><,type><,mode>]`
Liefert die prozentuale Auslastung der CPU(s) als Numeric (float), so wie es der Befehl top anzeigt. Wenn Sie keine CPU-Nummer angeben, werden alle CPUs und Kerne berücksichtigt. Als Typ können Sie angeben:

- »idle«: Leerlaufprozess. Je geringer der Anteil an Leerlauf, desto stärker ist das System ausgelastet.
- »user«: CPU-Benutzung durch Prozesse im »User-Space«, in der Regel Programme und Daemons.
- »system«: System- und Kernelprozesse.
- »nice«: Prozesse, die mit einem positiven Nice-Wert gestartet sind, die also nicht bevorzugt abgearbeitet werden.
- »iowait«: Prozesse, die auf das IO-System warten.

Beispiel:
`system.cpu.util[,user,avg5]` liefert den durchschnittlichen Anteil der User-Prozesse an der Gesamtauslastung des Systems während der letzten fünf Minuten.

9.4.5 Speicher und Swap

vm.memory.size[mode]
Liefert Informationen über die Auslastung des Hauptspeichers. Unter MS Windows wird die Größe und Nutzung des sogenannten Paging Files zurückgegeben. Als Modi stehen zur Auswahl:

- total (Standard): genutzter Hauptspeicher in Bytes (Numeric unsigned)
- shared: Hauptspeicher, der von verschiedenen Prozessen gleichzeitig genutzt wird (für Linux-Systeme nur mit Kernel 2.4 verfügbar)
- used,free: genutzter oder freier Hauptspeicher in Bytes (Numeric unsigned)
- pfree oder pused: freier bzw. genutzter Festplattenplatz in Prozent (pfree nicht verfügbar unter MS Windows)
- buffers, cached: für Puffer oder Caches, zum Beispiel Filesystem Cache, verwendeter Hauptspeicher in Bytes (Numeric unsigned)
- pfree: Angabe des freien Arbeitsspeichers in Prozent (Numeric float)
- available: Gesamtgröße des installierten Hauptspeichers in Bytes
- active, inactive: Speicher, der aktuell in bzw. nicht Benutzung ist (steht unter Linux nicht zur Verfügung)
- exec: ausführbarer Code im Speicher (steht unter Windows und Linux nicht zur Verfügung)

system.swap.in[<device>,<type>] und system.swap.out[<device>,<type>]
Liefert Information über die Nutzung des Swap-Speichers (steht unter Windows nicht zur Verfügung).

system.swap.size[<device><,mode>]
Liefert Informationen über die Benutzung des Swap-Speichers als Numeric (float). Als Modus kann angegeben werden:

- total: gesamter zur Verfügung stehender Swap-Speicher in Bytes
- free: freier Swap-Speicher in Bytes bzw. freier Speicher im Pagefile
- used: genutzter Swap-Speicher in Bytes bzw. genutzter Speicher im Pagefile
- pused: prozentuale Nutzung des Swap-Speichers (nicht verfügbar unter Windows)
- pfree: prozentualer freier Swap Speicher

Beispiel: system.swap.size[,pused] zeigt an, wie viel Prozent des gesamten Swap-Speichers genutzt werden.

9.4.6 Dateisysteme und Festplatten

`vfs.fs.size[fs,mode]`
Liefert Informationen über die Auslastung eines Dateisystems. Als Dateisystem (fs) wird der absolute Pfad zum Mountpoint oder ein Laufwerksbuchstabe angegeben, zum Beispiel `/home` oder `c:`.

Als Dateisystem kann auch ein Pfad zu einem Nicht-Mountpoint (Ordner) angegeben werden. Der Rückgabewert ist dann gleich dem Wert der Festplatte, in der sich der Ordner befindet.

Als Modi stehen zur Auswahl:

- »total« (Standard: Gesamtgröße des Dateisystems in Bytes, Numeric (unsigned)
- »free« oder »used«, das heißt freier bzw. genutzter Platz des Dateisystems in Bytes, Numeric (unsigned)
- »pfree« oder »pused«, das heißt freier bzw. genutzter Platz des Dateisystems in Prozent, Numeric (float)

Beispiele:

- `vfs.fs.size[c:,free]`
- `vfs.fs.size[/var/lib/mysql,used]`

`vfs.dev.read[device <,type> <,mode>]` und `vfs.dev.write[device <,type> <,mode>]`
Liefern Informationen über lesende oder schreibende Zugriffe auf das IO-System als Numeric (unsigned).

Das Device wird ohne Präfix »/dev/« angegeben. Es kann eine komplette Festplatte, zum Beispiel `sda`, oder eine Partition, zum Beispiel `hda4`, angegeben werden. Unter Windows wird der Laufwerksbuchstabe angegeben. Wird kein Device angegeben, werden alle Devices berücksichtigt.

Als Typen stehen »sectors«, »operations«, »bytes«, »sps«, »ops« oder »bps« zur Auswahl. Nicht alle Typen werden von allen Betriebssystemen unterstützt. Die Optionen »bytes« und »bps« stehen unter Linux nicht zur Verfügung. Wenn Sie die Anzahl der gelesenen oder geschriebenen Bytes messen wollen, messen Sie die Sektoren und geben Sie als *Custom Multiplier* die Sektorengröße an, welche Sie mit `cat /sys/block/sda/queue/hw_sector_size` ermitteln können.

Die Werte sollten als »Delta (speed per sec)« gespeichert werden.

Beispiele:
`vfs.dev.read[,operations]` gibt die gesamte Anzahl der lesenden IO-Operationen (pro Sekunde) auf allen Festplatten an.
`vfs.dev.read[sda1,operations]` gibt die Anzahl der lesenden IO-Operationen (pro Sekunde) auf Festplattenpartition /dev/sda1 an.

vfs.dev.write[c:,bytes,avg5] gibt die Anzahl der geschrieben Bytes (pro Sekunde) auf Festplatte c: an.

Name	Triggers	Key
Reading operations/sec on sdb1		vfs.dev.read[sdb1,operations]
Reading sectors/sec on sdb1		vfs.dev.read[sdb1,sectors]
Writing sectors/sec on sdb1		vfs.dev.write[sdb1,sectors]
Writing operations/sec on sdb1		vfs.dev.write[sdb1,operations]

Abb. 9–7 *Anlegen eines Items zur IO-Statistik über das Device /dev/sdb1*

Name	Triggers	Key
Reading bytes/sec on sdb1		vfs.dev.write[sdb1,bytes]
Reading bytes/sec on sdb1		vfs.dev.read[sdb1,bytes]
Reading operations/sec on sdb1		vfs.dev.read[sdb1,operations]
Writing operations/sec on sdb1		vfs.dev.write[sdb1,operations]

Abb. 9–8 *Gesammelte IO-Statistiken über das Device /dev/sdb1*

`vfs.fs.inode[fs,<mode>]`
Liefert Informationen über die Inodes in einem Dateisystem. Als Dateisystem (fs) wird der absolute Pfad zum Mountpoint oder ein Laufwerksbuchstabe angegeben, zum Beispiel /home oder c:.

Als Dateisystem kann auch ein Pfad zu einem Nicht-Mountpoint angegeben werden. Der Rückgabewert ist dann gleich dem Wert des Mountpoints.

Als Modi stehen zur Auswahl:

- `total` (Standard): Gesamtzahl der Inodes, Numeric (unsigned)
- `free` oder `used`: freie bzw. genutzte Inodes, Numeric (unsigned)
- `pfree` oder `pused`: Angabe in Prozent über freie bzw. genutzte Inodes, Numeric (float)

Beispiel: `vfs.fs.inode[/tmp,pfree]` zeigt an, wie viel Prozent freie Inodes in /tmp verfügbar sind.

9.4.7 Dateien

`vfs.file.cksum[file]`
Liefert die md5-Checksumme einer Datei zurück. Diese ist nützlich für Sicherheitsüberwachungen, wenn das Item als »Delta (simple change)« gespeichert wird. Sobald das Delta nicht gleich Null ist, können Sie erkennen, dass sich eine Datei verändert hat. Beachten Sie aber, dass der Agent nicht mit Root-Rechten

läuft und deshalb auf viele Systemdateien, zum Beispiel /etc/shadow, keinen Zugriff hat. Beachten Sie außerdem, dass eine Änderung an einer Datei nur einmal registriert wird, denn bei der nächsten Messung ist das Delta zur vorherigen Messung wieder Null.

vfs.file.regexp[file, regex]
Sucht nach einem regulären Ausdruck in einer Datei. Liefert den gefundenen Ausdruck als Text zurück.

Beispiel: vfs.file.regexp[/etc/hosts,".*"] liefert den kompletten Inhalt der Datei /etc/hosts zurück.

vfs.file.regmatch[file, regex]
Analog zu vfs.file.regexp[file, regex]. Liefert 0 oder 1 als Numeric (unsigned) zurück, wenn der Ausdruck gefunden wurde.

vfs.file.size[file]
Liefert die Größe einer Datei in Bytes als Numeric (unsigned) zurück. Wenn die Datei ein symbolischer Link ist, wird die Größe des Ziels zurückgegeben.

vfs.file.time[file,mode]
Liefert die Dateizeitinformation (Unixtimestamp) als Numeric (unsigned) zurück. Als Modi stehen zur Auswahl:

- modification: Zeitstempel der letzten Änderung des Dateiinhaltes, Änderungen der Berechtigungen ändern den Zeitstempel modification nicht
- access: Zeitstempel der letzten Benutzung
- change: Zeitstempel der letzten Statusänderung, zum Beispiel Änderung des Inhaltes, der Berechtigungen oder der Inodes

9.4.8 Sonstiges

web.page.get[host,<path>,<port>]
Lädt eine Webseite herunter und speichert den Quelltext inklusive HTTP-Header als Text. Ein HTTP_USER_AGENT wird bei der Anfrage nicht gesetzt.

web.page.perf[host,<path>,<port>]
Lädt eine Webseite herunter und speichert in Sekunden, wie lange der Vorgang gedauert hat (Numeric float).

web.page.regexp[host,<path>,<port>,<regexp>,<length>]
Lädt eine Webseite herunter und speichert den Teil, der auf den regulären Ausdruck passt. Die Länge der gespeicherten Fundstelle kann mit der Option »Length« verkürzt werden. Wird der reguläre Ausdruck nicht gefunden, liefert der Agent die Zeichenkette EOF zurück.

Beispiele:
web.page.regexp[www.example.com,/health.php,80,"everything ok"]
web.page.regexp[www.example.com,/site.php,80,"HTTP/1.1 [0-9]+"]

system.run[command,<mode>]
Führt auf dem überwachten Host ein Kommando aus und liefert die Rückgabe von STDOUT an den Zabbix-Server. Das Kommando wird vom Zabbix-Agenten ausgeführt. Dieser läuft auf Unix-Systemen in der Regel nicht mit Root-Rechten. Das Ausführen von Kommandos durch den Agenten ist standardmäßig deaktiviert. Zum Aktivieren setzen Sie den Wert EnableRemoteCommands=1 in der Datei zabbix_agentd.conf.

Als Modi kann wait (default) oder nowait (do not wait) angegeben werden. Unter Unix wird das Kommando über die Standard-Shell ausgeführt. In der Regel ist dadurch ein Pfad gesetzt, so dass Kommandos nicht mit voller Pfadangabe eingegeben werden müssen. Prüfen Sie dies zum Beispiel mit zabbix-agent -t system.run[set].

9.5 Der Unterschied zwischen Zabbix-Agent und Zabbix-Agent (active)

Wenn Sie ein Item vom Typ »Zabbix agent« einrichten, ist damit der passive Modus des Agenten gemeint. Der Zabbix-Server baut im eingestellten Intervall eine Verbindung zum Zabbix-Agenten auf und ruft die Daten ab. Dies ist eine einseitige Verbindung. Ein NAT-Routing zwischen Server und Agent stellt kein Problem dar.

Richten Sie hingegen ein Item vom Type »Zabbix agent (active)« ein, dann meldet sich der Agent beim Server und fragt, welche Daten er wann liefern soll. Ein NAT-Routing zwischen Server und Agent kann ein Problem darstellen, wenn nicht ein entsprechendes Portforwarding eingerichtet ist. Dazu muss der sogenannte Trapper Port, in der Regel 10051 des Zabbix-Servers, vom Router an den Zabbix-Server weitergeleitet werden.

Um Items vom Typ »Zabbix agent (active)« nutzen zu können, muss dieser Modus in der Konfigurationsdatei des Agenten eingeschaltet werden. Die von Zabbix mitgelieferte Standardkonfiguration hat den Active Mode bereits aktiviert, und der Agent ist so eingestellt, dass er sich alle zwei Minuten die Liste der zu liefernden Daten und Intervalle beim Server abholt.

Wenn Sie in der Konfiguationsdatei zabbix_agentd.conf mehr als einen Zabbix-Server eingetragen haben, dann wird nur der erste Server der Liste für aktive Checks verwendet.

Der in der Konfiguration des Agenten angegebene Hostname muss mit dem im Server hinterlegten Hostnamen übereinstimmen.

```
### Option: Server
# List of comma delimited IP addresses (or hostnames) of Zabbix servers.
# No spaces allowed. First entry is used for receiving list of and sending
 active checks.
#
# Mandatory: yes
# Default:
# Server=
Server=192.0.2.1

### Option: RefreshActiveChecks
# How often list of active checks is refreshed, in seconds.
#
# Mandatory: no
# Range: 60-3600
# Default:
# RefreshActiveChecks=120
```

Aktive Checks, das heißt Type=Zabbix agent (active), belasten den Zabbix-Server weniger als passive Checks. Für die aktiven Checks muss der Zabbix-Server permanent in der Datenbank nachschauen, welche Informationen er wann von welchem Host abrufen soll. Hierzu werden zwar Caches verwendet, doch reduzieren sich diese Datenbankabfragen erheblich, wenn aktive Checks eingesetzt werden. Bei aktiven Checks pflegt der Zabbix-Agent eine lokal gespeicherte Liste mit den zu liefernden Daten. Je seltener der Zabbix-Agent seine loale »To-do-Liste« aktualisiert, desto weniger Last produziert dieser auf dem Zabbix-Server. Ändern Sie ggf. den Wert `RefreshActiveChecks`. Änderungen, die Sie auf dem Zabbix-Server konfigurieren, werden erst mit entsprechender Verzögerung auf den Agenten aktiv.

Solange Sie keine Performance-Engpässe mit der Datenbank feststellen, sollten Sie den **passiven Modus des Zabbix-Agenten verwenden.** Besonders während der Grundeinrichtung des Monitorings ist es hilfreich, wenn Sie zeitnah erkennen können, ob Items Daten liefern. Die Konfiguration des Zabbix-Agenten und die Anforderungen an das Netzwerk-Setup sind zudem wesentlich einfacher.

Ein Agent kann sowohl aktiv den Server mit Daten versorgen als auch gleichzeitig passiv auf Anfragen des Servers antworten. Ein Item, welches Daten über den Zabbix-Agenten abruft, wird wie jedes Item über einen Key ausgewählt.

Wenn Sie den Agenten nicht als Daemon, sondern per Inet-Superserver betreiben, können Sie den aktiven Modus nicht nutzen.

10 Verschlüsselte Verbindungen

10.1 Zabbix 3 erforderlich

Erst ab der Version 3 kann die Kommunikation zwischen Zabbix-Server, den Agenten und Proxys verschlüsselt erfolgen. Wenn Sie die Zabbix-Komponenten selbst kompiliert haben, müssen Sie eine der Optionen `--with-openssl`, `--with-gnutls` oder `--with-mbedtls` verwendet haben. Es reicht nicht aus, nur den Zabbix-Server mit Transport Layer Security (TLS) zu kompilieren. Auch Zabbix-Agent und Zabbix-Proxy – wenn eingesetzt – müssen mit TLS-Support kompiliert werden.

Werfen Sie einen Blick in das Logfile des Zabbix-Servers. Dort meldet Zabbix bei jedem Start, welche Optionen zur Verfügung stehen. Achten Sie auf die Zeile »TLS support«.

```
30625:20151124:180159.055 Starting Zabbix Server. Zabbix 3.0.0
30625:20151124:180159.055 ****** Enabled features ******
30625:20151124:180159.055 SNMP monitoring:           YES
30625:20151124:180159.055 IPMI monitoring:           YES
30625:20151124:180159.055 Web monitoring:            YES
30625:20151124:180159.055 VMware monitoring:         YES
30625:20151124:180159.055 SMTP authentication:       YES
30625:20151124:180159.055 Jabber notifications:       NO
30625:20151124:180159.055 Ez Texting notifications:  YES
30625:20151124:180159.055 ODBC:                      YES
30625:20151124:180159.055 SSH2 support:              YES
30625:20151124:180159.055 IPv6 support:               NO
30625:20151124:180159.055 TLS support:               YES
30625:20151124:180159.055 ******************************
```

10.2 Pre-Shared Keys verwenden

Die schnellste und einfachste Möglichkeit, eine verschlüsselte Verbindung zwischen zwei Zabbix-Komponenten herzustellen, ist die Verwendung von sogenannten vorher vereinbarten Schlüsseln (Pre-Shared Keys) oder kurz PSK bezeichnet. Ein auf PSK-basierendes Verschlüsselungsverfahren, bei denen die

Schlüssel vor der Kommunikation beiden Teilnehmern bekannt sein müssen, ist ein symmetrische Verfahren. PSK-Verschlüsselung hat den Vorteil, dass sie zwischen zwei bekannten Teilnehmern wesentlich einfacher zu realisieren ist als asymmetrische Verschlüsselung basierend auf einem Public-Key-Verfahren. Ob der Schlüsselaustausch symmetrisch oder asymmetrisch erfolgt, hat keine Auswirkung auf die Stärke oder Sicherheit der Verschlüsselung.

Im Zabbix-Server müssen Sie für jeden Agenten oder Proxy einen eigenen Schlüssel hinterlegen. Die Verwendung eines zentralen Schlüssels ist nicht möglich. Das Hinterlegen von Pre-Shared-Keys in einem User-Makro ist in der Version Zabbix 3.0 ebenfalls nicht möglich. Selbstverständlich können Sie für mehrere Komponenten denselben Key eintragen.

Neben dem Pre-Shared-Key müssen Sie für jeden Schlüssel einen Schlüsselbezeichner (TLSPSKIdentity) vergeben. Schlüssel und Bezeichner bilden ein Paar. Nur wenn Server und Agent oder Proxy dasselbe Paar verwenden, kommt die Verbindung zustande.

Legen Sie einen zufälligen PSK-Key an:

```
openssl rand -hex 48 -out /etc/zabbix/key.psk
chown zabbix:zabbix /etc/zabbix/key.psk
chmod 0400 /etc/zabbix/key.psk
```

Tragen Sie in der Konfiguration des Agenten oder Proxys folgende Optionen ein:

```
TLSConnect=psk
TLSAccept=psk
TLSPSKIdentity=Key1
TLSPSKFile=/etc/zabbix/key.psk
```

Übertragen Sie nun den Inhalt der Datei `/etc/zabbix/key.psk` beispielsweise über die Zwischenablage in das Webfrontend des Zabbix-Servers. Im Reiter »Encryption|PSK« aktivieren Sie die Verschlüsselung für einen Host oder Proxy.

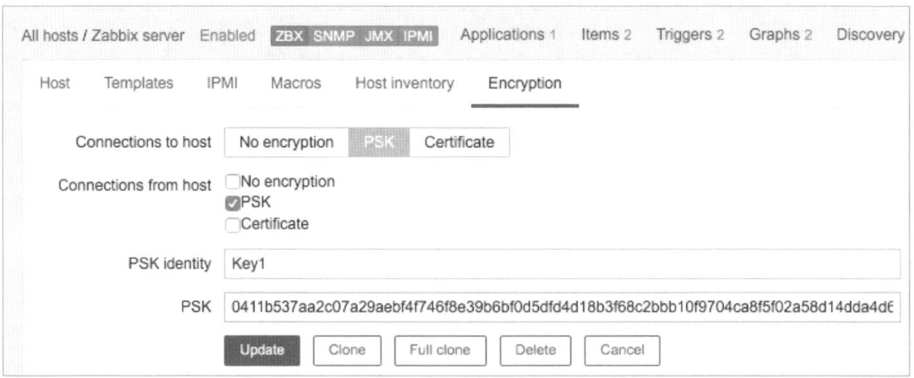

Abb. 10–1 *Aktivierung der Verschlüsselung*

Wenn Sie »No encryption« und »PSK« aktivieren, versucht der Zabbix-Server zuerst eine verschlüsselte Verbindung herzustellen. Scheitert dies, wird eine unverschlüsselte Verbding verwendet, sofern der Agent oder Proxy dies erlaubt.

Sie legen sowohl im Server als auch auf Agent und Proxy fest, ob und welche Verschlüsselung erlaubt oder erforderlich ist. Dazu finden Sie den folgenden Block in der Konfigurationsdatei vom Zabbix-Agent oder -Proxy:

```
### Option: TLSAccept
#       What incoming connections to accept.
#       Multiple values can be specified, separated by comma:
#               unencrypted - accept connections without encryption
#               psk         - accept connections secured with TLS and a pre-
  shared key
#               cert        - accept connections secured with TLS and a
  certificate
#
# Mandatory: yes, if TLS is used
# Default:
TLSAccept=unencrypted
```

Wenn eine unverschlüsselte Verbindung zustande kommt, findet auch keine Authentifizierung statt.

Abb. 10-2 *Kontrolle über den Status der Verschlüsselung*

Wenn Sie auf dem Zabbix-Server oder dem Agenten nur verschlüsselte Verbindungen akzeptieren, müssen auch die Kommandozeilenwerkzeuge `zabbix_sender` und `zabbix_get` verschlüsselt Daten abrufen oder senden. Ab Version 3 verfügen beide Tools über Parameter zur Angabe des Pre-Shared Keys und der TLSPSKIdentity.

10.2.1 Zertifikate verwenden

Die mitgelieferte Standard-Konfiguration des Zabbix-Agenten ist so gut wie selbsterklärend. Das Einrichten einer eigenen Zertifikatsstelle und die Verwaltung von SSL-Zertifikaten ist kein zabbix-spezifisches Thema. Deshalb sei an dieser Stelle auf die zahlreichen Anleitungen und Tutorials im Internet verwiesen, beispielsweise auf das OpenSSL PKI Tutorial v1.1 *http://pki-tutorial.readthedocs.org/en/latest/*

11 Daten visualisieren

11.1 Daten visualisieren mit Graphen

11.1.1 Graphen bringen den Durchblick

Zabbix sammelt viele Daten, einige davon werden sofort von Triggern ausgewertet. Viele Daten werden Sie aber sammeln, ohne einen Alarm einzurichten. Solche Daten nutzen Sie, um die Gründe für Fehler zu finden oder um die Auslastung von Ressourcen zu beobachten.

Da sich niemand endlos erscheinende Zahlenkolonnen anschauen will, hat Zabbix umfangreiche Möglichkeiten an Bord, Messwerte in Graphen darzustellen. Mit Hilfe der Graphen können Sie dann leicht Ausreißer im Ressourcenverbrauch oder Zusammenhänge zwischen steigender CPU-Last und steigender Anzahl von Besuchern einer Webseite erkennen.

11.1.2 Einfache Graphen

Alle Daten (Item Values), die als Zahlenwerte (Float, Numeric unsigned) gespeichert werden, können Sie sofort und ohne weitere Konfiguration als Graph darstellen. Dazu suchen Sie im Menü *Monitoring|Latest Data* den gewünschten Host und klicken dann hinter dem entsprechenden Item auf *Graph*. Das Zabbix-Frontend erzeugt einen Graph mit den Werten der letzten Stunde. Über den Zeitschieber oben können Sie die Zeitspanne ändern oder mit dem Zeitschieber einen anderen Zeitraum in der Vergangenheit auswählen.

Wenn Sie mit der Maus in den Graphen klicken, die Maustaste gedrückt halten und dann einen Bereich rechts oder links des Mauszeigers markieren, können Sie in eine Zeitspanne hereinzoomen.

Das Aussehen der einfachen Graphen können Sie nicht verändern. Der Graph ist immer ein Kurvendiagramm und die Linie ist immer grün. Die Skala der Y-Achse passt sich immer dynamisch an die Minimal- und Maximalwerte an.

Sobald der Zeitraum so groß gewählt wird, dass nicht mehr alle Messpunkte eingezeichnet werden können, sehen Sie drei Linien. Die per Mittelwert zusammengefassten Messwerte sind dunkelgrün eingezeichnet. Die Maximalwerte werden orange und die Minimalwerte hellgrün gezeichnet. Die Fläche zwischen Minimum und Maximum wird gelb gefüllt.

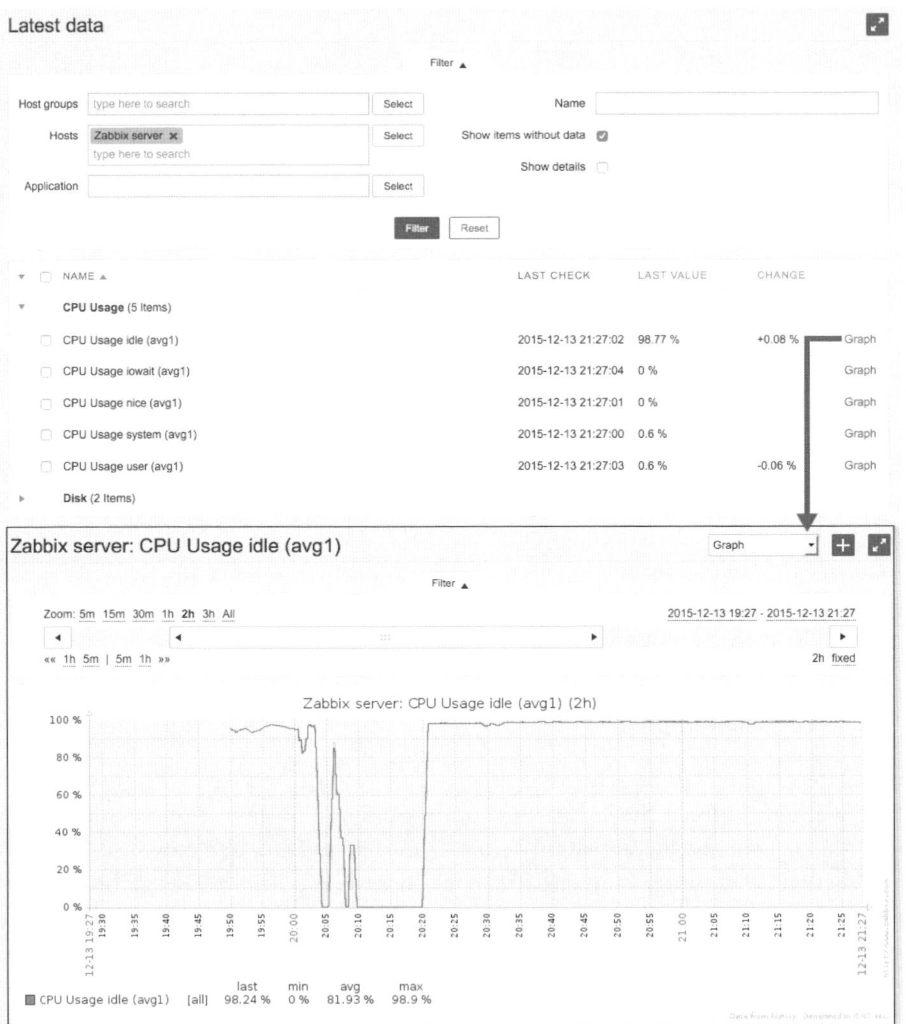

Abb. 11–1 *Einfacher Graph: Ohne vorherige Konfiguration können alle Messwerte als Graph dargestellt werden. Über den Zeitschieber können beliebige Zeiträume ausgewählt werden.*

Seit der Version 2.4 können Sie auch mehrere Messwerte in einem einfachen Graphen visualisieren. Dazu markieren Sie links die Checkboxen verschiedener Messwerte und wählen am Seitenende aus, welchen Graphen Sie aus diesen Messwerten bilden möchten.

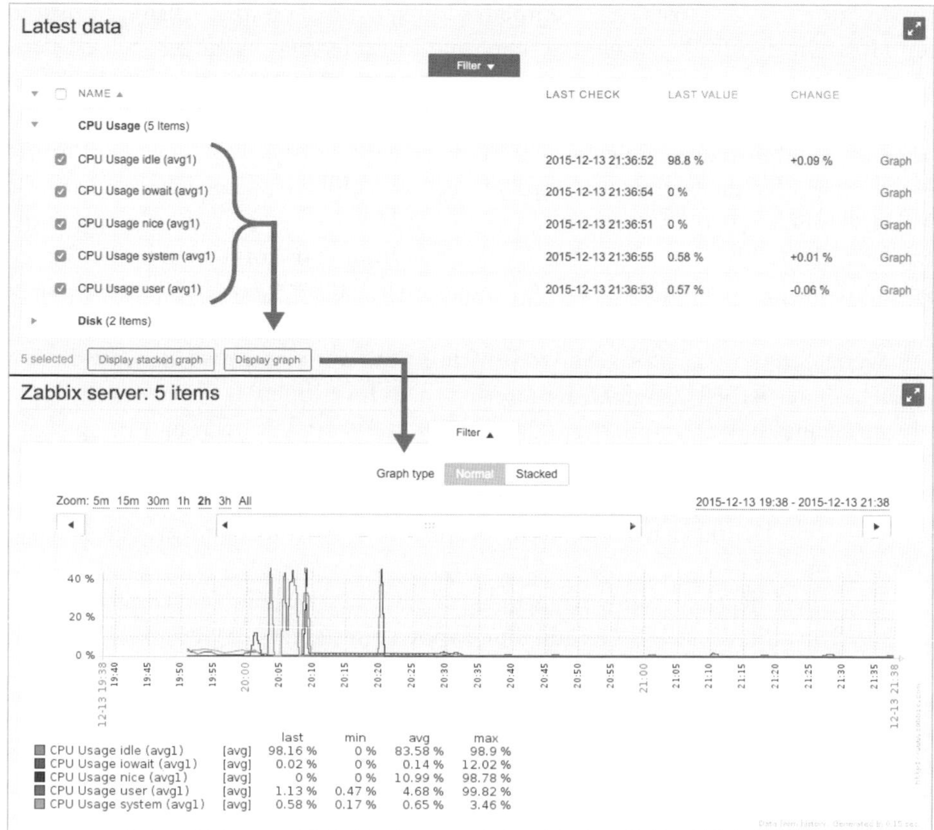

Abb. 11–2 *Erzeugung eines Graphen mit mehreren Messwerten*

11.1.3 Definierte Graphen anlegen

Die einfachen Graphen sind für viele – aber nicht alle – Anwendungszwecke hilfreich und ausreichend. Zabbix bietet deshalb die Möglichkeit, weitere Graphen zu kreieren. Diese können Sie ganz Ihren Bedürfnissen anpassen. Sie können zum Beispiel zwischen verschiedenen Graphentypen wäheln, mehrere Werte in einem Graphen zeichnen, die Skala der Y-Achse bestimmen und vieles mehr.

Graphen können für einzelne Hosts oder Templates angelegt werden. Wie bei fast allen Konfigurationsaufgaben ist es auch beim Einrichten von Graphen sinnvoll, so viel wie möglich über Templates zu konfigurieren. So ersparen Sie sich Arbeit und halten die Konfiguration einfach und für alle Hosts konsistent.

Klicken Sie im Hauptmenü auf *Configuration|Hosts* oder *Configuration|Templates*. Wählen Sie über das Dropdown-Menü oben rechts die Gruppe aus, in der sich der Host oder das Template befindet, für den bzw. das Sie einen Graphen einrichten möchten.

In der Liste der Hosts oder Templates klicken Sie dann hinter dem gewünschten Host auf den Link *Graph*. Sie sehen die Liste der bereits eingerichteten Graphen. Über die Schaltfläche »Create Graph« oben rechts legen Sie einen neuen Graphen an.

Geben Sie Ihrem Graphen einen aussagekräftigen Namen. Über Width und Height legen Sie die Größe des Graphen fest. Die Höhe bezieht sich dabei auf die Y-Achse im Graphen und nicht auf die gesamte Grafik, also Graph plus Legende. Die hinterlegte Breite wird nur bei der Gruppierung von Graphen in einem Screen berücksichtigt. Wenn Sie sich den Graphen über Latest *Data|Graphs* anschauen, passt sich die Breite immer an die Breite des Browserfensters an.

Wenn Sie die Checkbox **Show working time** aktivieren, werden die Zeiten außerhalb der Arbeitszeiten grau hinterlegt. Das hilft Ihnen, leichter zu erkennen, ob Unregelmäßigkeiten innerhalb der regulären Arbeitszeit oder zum Beispiel am Wochenende aufgetreten sind. Die Standard-Arbeitszeiten sind montags bis freitags rund um die Uhr. Über das Hauptmenü *Administration|General* und »Workingtime« im Dropdown-Menü rechts können Sie die Einstellungen der Arbeitszeit ändern.

Über die Checkbox **Show triggers** legen Sie fest, ob die in den Triggern eingestellten Schwellenwerte als Gerade im Graphen eingezeichnet werden.

Über die Option **Show Percentil Line left/right** können Sie eine Perzentillinie anzeigen lassen. Das Perzentil wird über die linke oder rechte Y-Achse gebildet. Wenn Sie zum Beispiel eine Perzentillinie bei 95% einrichten, wird die Linie so berechnet, dass sich 95% aller Messpunkte des eingestellten Zeitraums unterhalb dieser Linie befinden. (Das x-te Perzentil ist der Wert, unterhalb dessen sich X-Prozent aller Messwerte befinden.)

Über die Einstellungen **Y-Axis Min/Max Value** legen Sie fest, über welche Werte sich die Skala der Y-Achse erstrecken soll. Der Standard »Calculated« berechnet die Skala dynamisch. Der kleinste gemessene Wert im ausgewählten Zeitraum legt den Anfang der Skala fest. Der größte Wert gibt das Ende vor. In vielen Fällen ist dann der geringste Wert nicht gleich Null. Wenn die Kurve also die X-Achse berührt, muss das nicht einen Abfall der Messwerte auf Null-Niveau bedeuten.

Neben der Option Fixed können Sie den Start- und Endpunkt der Y-Achsenskala auch durch einen anderen Messwert von einem anderen Item dynamisch bestimmen.

Abb. 11–3 *Konfiguration der X- und Y-Achsen-Beschriftung*

Über den Knopf **Add Item** fügen Sie dann dem Graphen Items (Werte) hinzu. Diese werden als Kurven über eine gemeinsame Zeitachse (X-Achse) dargestellt. Für jedes Item wählen Sie eine Darstellungsform (Type) und eine Farbe aus. Im Graphen werden alle Items übereinandergelegt. Wenn Sie als Type »Filled Region« wählen, dann kann es passieren, dass kleine Flächen von großen verdeckt werden. In solchen Fällen werden die Flächen zwar transparent, doch sind die Farben der Flächen im Hintergrund nur schlecht zu erkennen.

In der Übersicht aller Items, die zu einem Graphen gehören, können Sie mit den Up/Down-Schaltern Items in den Vordergrund holen und andere »nach hinten« stellen. Die Items mit den kleinsten Messwerten sollten vorne stehen. Eine Alternative zu »Filled Region« ist der Kurventyp **Gradient Line**. Bei der Gradientenlinie wird die Fläche unter der Kurve ebenfalls gefüllt, die Transparenz ist aber umso größer, je näher sich die Fläche der X-Achse nähert. Dadurch sind weitere Linien im Hintergrund besser sichtbar.

Solange alle Items eines Graphen dieselbe Einheit verwenden, kann eine gemeinsame Skala auf der Y-Achse verwendet werden. Diese ist per Standard immer links. Wenn Sie dem Graphen Werte hinzufügen, die unterschiedliche Einheiten verwenden, können Sie eine zweite Skala auf der rechten Y-Achse einzeichnen lassen. Wählen Sie bei einem der Items »Y-Achsis Site = Right« aus, so wird für die rechte Y-Achse die Einheit dieses Items verwendet.

Beim Hinzufügen eines Items müssen Sie über den Dropdown-Schalter **Function** festlegen, wie bei langen Zeiträumen die Messpunkte zusammengefasst werden. Wenn Sie einen Graphen zum Beispiel über den Zeitraum eines Monats erzeugen, von einem Item, welches alle 60 Sekunden gemessen wird, dann können nicht alle Messpunkte im Graphen abgezeichnet werden. Die Messwerte müssen über eine passende Zeitspanne zusammengefasst werden. Der Standard ist eine Berechnung des Mittelwertes (avg). Alternativ können Sie einstellen, dass der Minimal- oder Maximalwert der Teilzeiträume im Graphen abgezeichnet wird.

Eine ähnliche Anzeige aller drei Werte (Min, Max, Avg) erreichen Sie in den konfigurierten Graphen, indem Sie ein Item dreimal dem Graphen hinzufügen und dann jeweils eine andere Funktion zum Zusammenfassen auswählen und für jede Funktion eine andere Linienfarbe festlegen.

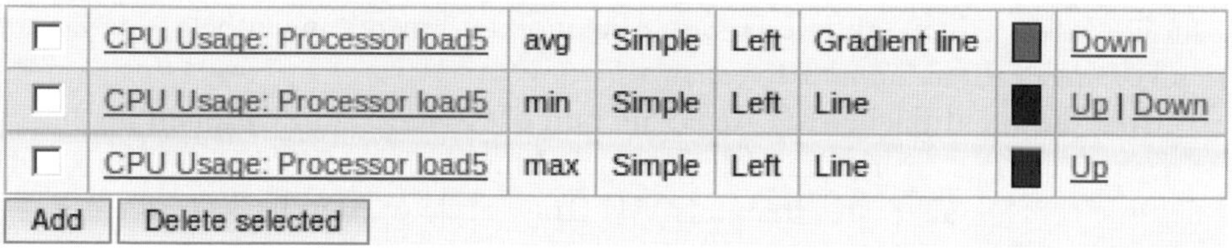

☐	CPU Usage: Processor load5	avg	Simple	Left	Gradient line	■	Down
☐	CPU Usage: Processor load5	min	Simple	Left	Line	■	Up | Down
☐	CPU Usage: Processor load5	max	Simple	Left	Line	■	Up

Add · Delete selected

Abb. 11–4 *Hinzufügen von Items zu einem Graphen*

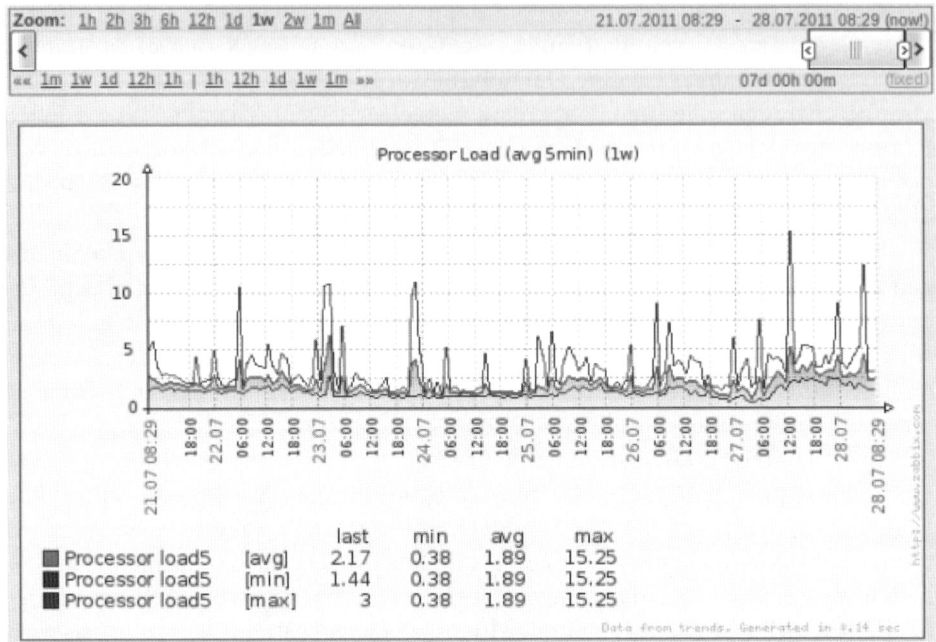

Abb. 11–5 *Fertiger Graph mit drei Kurven*

11.1.3.1 Beispiel CPU-Auslastung grafisch darstellen

Im Beispiel 2 im Kapitel 9 haben Sie vier Items angelegt, welche die prozentuale CPU-Auslastung messen. Für die Werte »idle«, »system«, »nice« und »iowait« werden Sie nun einen Graphen anlegen, welcher alle Werte in einem Diagramm darstellt.

Wechseln Sie über *Configuration|Hosts* in die Übersicht aller Hosts. Wählen Sie im Dropdown-Menü oben rechts dieselbe Host-Gruppe wie in Beispiel 1 aus Kapitel 9 aus. Klicken Sie auf den Link *Graphs* in der Zeile des entsprechenden Hosts. Mit dem Button *Create Graph* oben rechts legen Sie einen neuen Graphen an. Geben Sie dem Graphen den Namen »CPU Usage«. Die voreingestellten Maße ändern Sie nicht. Als Type übernehmen Sie »normal«, und die Option »show working time« aktivieren Sie. Alle anderen Einstellungen belassen Sie auf den voreingestellten Standardwerten.

Über die Schaltfläche *Add* fügen Sie nun Messwerte zum Graphen hinzu. Es öffnet sich ein Pop-up-Fenster. Über die Schaltfläche *Select* wählen Sie nun »CPU idle time (avg1)« als Erstes Item aus. Als Draw Style wählen Sie »Gradient line« in Grün aus. Mit der Schaltfläche *Add* fügen Sie das Item zum Graphen hinzu.

New item for the graph		
Parameter	Zabbix server:CPU idle time (avg1)	Select
Type	Simple	
Function	avg	
Draw style	Gradient line	
Colour	009900	
Y axis side	Left	
Sort order (0->100)	0	
	Add	Cancel

Abb. 11–6 *Hinzufügen eines Items zu einem Graphen*

Wiederholen Sie nun diesen Schritt und fügen Sie die Items »CPU system time (avg1)«, »CPU iowait time (avg1)« und »CPU nice time (avg1)« hinzu. Wählen Sie jeweils eine andere Farbe aus. Als Typ empfiehlt sich »Bold Line« oder »Gradient Line«. Sobald Sie den Graphen mit der Schaltfläche *Save* speichern, sehen Sie wieder die Übersicht der Graphen, in der nun der neu angelegte Graph aufgelistet ist.

Items	Zabbix server: CPU idle time (avg1)	avg	Simple	Left	Gradient line	Down
	Zabbix server: CPU system time (avg1)	avg	Simple	Left	Gradient line	Up | Down
	Zabbix server: CPU iowait time (avg1)	avg	Simple	Left	Bold line	Up | Down
	Zabbix server: CPU nice time (avg1)	avg	Simple	Left	Bold line	Up
	Add Delete selected					
	Preview Save Clone Delete Cancel					

Abb. 11–7 *Anlegen eines Graphen mit vier Items*

Über das Hauptmenü *Monitoring|Graphs* schauen Sie sich nun das Resultat Ihrer Konfiguration an. Mit den Dropdown-Menüs oben rechts wählen Sie einen Host und einen Graphen aus. Über den Zeitschieber können Sie beliebige Zeitintervalle auswählen.

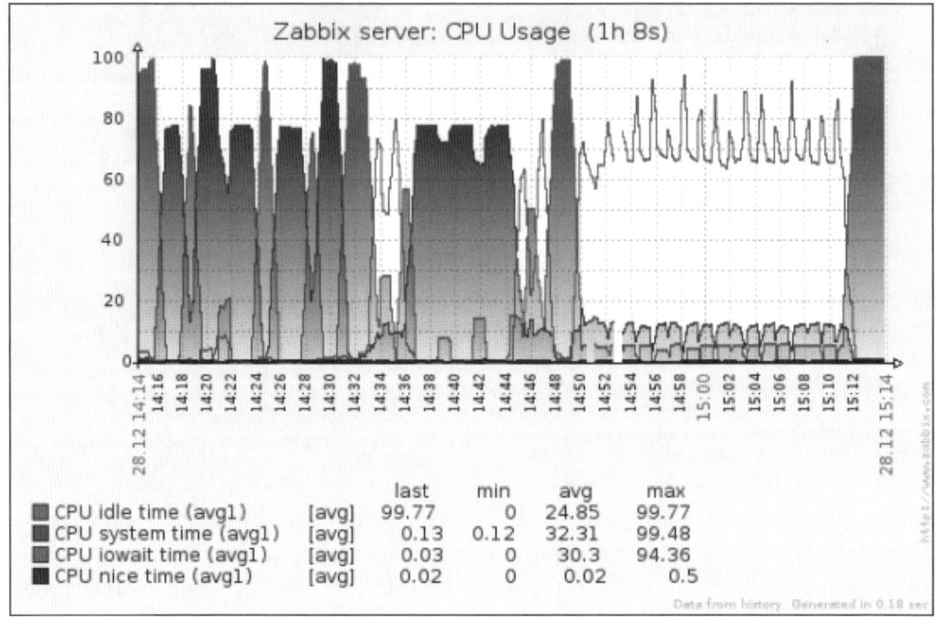

Abb. 11–8 *Fertiger Graph mit vier Items*

11.1.4 Die verschiedenen Graphentypen

11.1.4.1 Normal (Kurvendiagramm)

Bei Graphen vom Typ Normal werden alle Items als Kurve dargestellt. Für die Kurvenlinie stehen verschiedene Varianten zur Auswahl, zum Beispiel gefüllte Fläche oder Gradient.

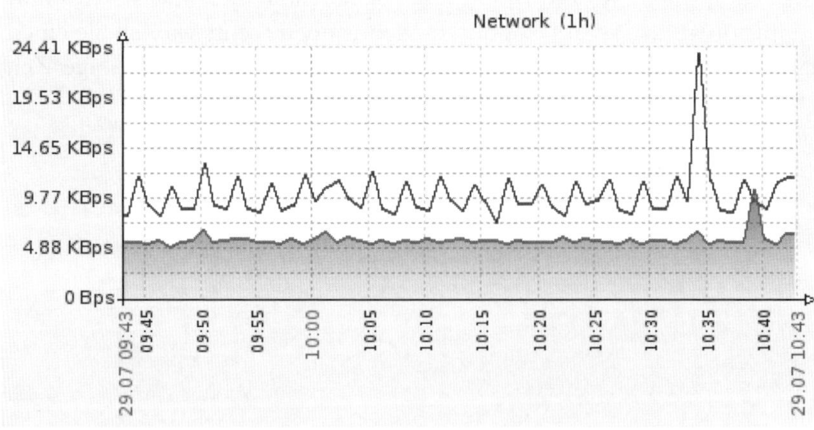

Abb. 11–9 *»Normaler« Graph mit den Linientypen Gradient Line und Bold Line*

11.1.4.2 Stacked (Stapeldiagramm)

Beim Stapeldiagramm werden die einzelnen Items übereinander eingezeichnet. Die Messwerte werden dabei addiert. Beachten Sie, dass Sie bei diesem Diagrammtyp die wahren Messwerte nur für das unterste Item auf der Skala der Y-Achse ablesen können.

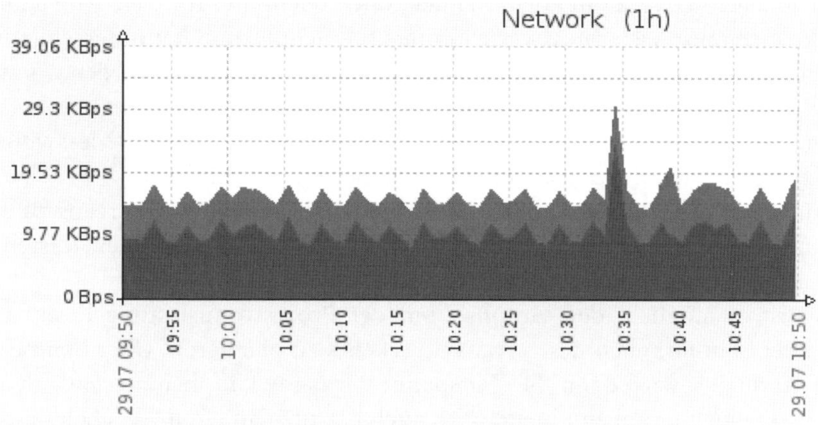

Abb. 11–10 Stapeldiagramm. Hier werden die Messwerte addiert.

11.1.4.3 Pied/Exploded (Tortendiagramm)

Beim Tortendiagramm werden alle Messwerte des eingestellten Zeitraums addiert und dann wird die prozentuale Verteilung errechnet. Der Diagramm Typ »Exploded« ist fast identisch mit dem Typ »Pied«. Die einzelnen Segmente (»Tortenstücke«) werden in einer Explosionszeichnung dargestellt.

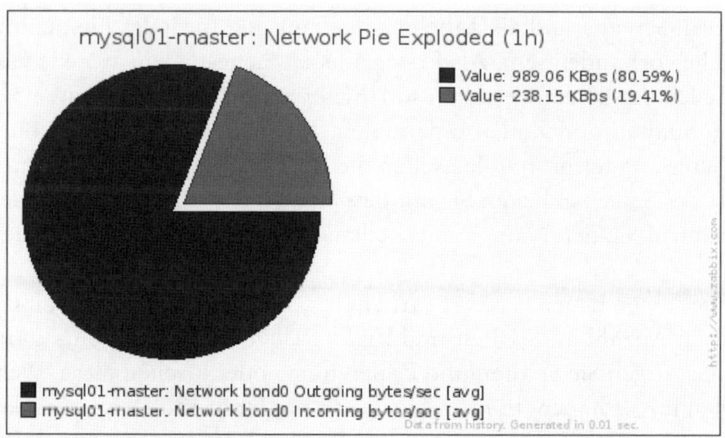

Abb. 11–11 Tortendiagramm mit der 3D-Option

11.2 Informationen zusammenstellen mit Screens

11.2.1 Informationen bündeln mit Screens

Im Abschnitt 11.1 haben Sie erfahren, wie Sie mit Graphen Messwerte visualisieren können. Über einen konfigurierten Graphen ist es zwar möglich, mehrere Werte in einem Diagramm abzuzeichnen, doch reicht dies für viele Anwendungszwecke nicht aus. Viele Messwerte können schon aufgrund der unterschiedlichen Einheiten nicht in einem gemeinsamen Diagramm dargestellt werden. Es würde zum Beispiel keinen Sinn ergeben, die CPU-Auslastung und den Netzwerkverkehr in ein Diagramm zu zeichnen. Doch oft braucht man mehrere Messwerte auf einer gemeinsamen Zeitachse, um Zusammenhänge zu erklären.

Für diesen Fall bietet Zabbix die Möglichkeit, sogenannte Screens zu erstellen. In Screens können Sie mehrere Informationsquellen (Graphen, Listen etc.) gruppieren und auf einer gemeinsamen Zeitachse einzeichnen.

So ist es möglich, den Graphen mit der Prozessorauslastung direkt neben oder über dem Graphen des Netzwerkverkehrs zu platzieren. Über den bekannten Zeitschieber wird dann die Zeitspanne für beide Graphen ausgewählt. Zoomen Sie in einen Graphen hinein, wird auch bei allen anderen Graphen desselben Screens in dasselbe Zeitfenster hineingezoomt.

Mit Screens können Sie Information übersichtlich gruppieren, so dass Sie Zusammenhänge schnell erkennen und Erklärungen für Anomalien leicht finden. So können Sie zum Beispiel die Anzahl der HTTP-Anfragen Ihres Webservers zusammen mit der CPU-Last in einer gemeinsamen Übersicht darstellen. Wenn die Anzahl der Anfragen steigt, liegt die Erklärung für eine gesteigerte CPU-Last auf der Hand (Abbildung 11–12).

Über das Hauptmenü *Configuration|Screens* können Sie wie gewohnt oben rechts auf *Create Screen klicken.* Geben Sie dem neuen Screen einen aussagekräftigen Namen. Screens sind als Tabelle aufgebaut und für jedes Element muss eine Tabellenzelle vorhanden sein. Als Erstes müssen Sie festlegen, aus wie vielen Spalten und Zeilen der Screen bestehen soll. Sie können jederzeit zu einem vorhandenen Screen Spalten und Zeilen hinzufügen. Mit dem Klick auf den Button *Save* wird der Screen angelegt, und Sie sehen die Liste der Screens. Zum Konfigurieren der Inhalte des Screens klicken Sie auf den Namen des Screens. Wenn Sie auf *Edit* klicken, können Sie den Namen, die Zeilenanzahl und Spaltenanzahl des Screens ändern.

Wenn Sie einen neuen Screen bearbeiten, sehen Sie eine Tabelle mit der vorher eingegebenen Anzahl an Spalten und Zeilen. Über die kleinen Plus- und Minus-Schaltflächen fügen Sie Spalten und Zeilen hinzu oder löschen diese. Wenn Zellen bereits einen Inhalt haben, können Sie diesen per Drag and Drop in andere Zellen verschieben. Über den Link *Change* legen Sie den Inhalt der Screen-Zelle fest.

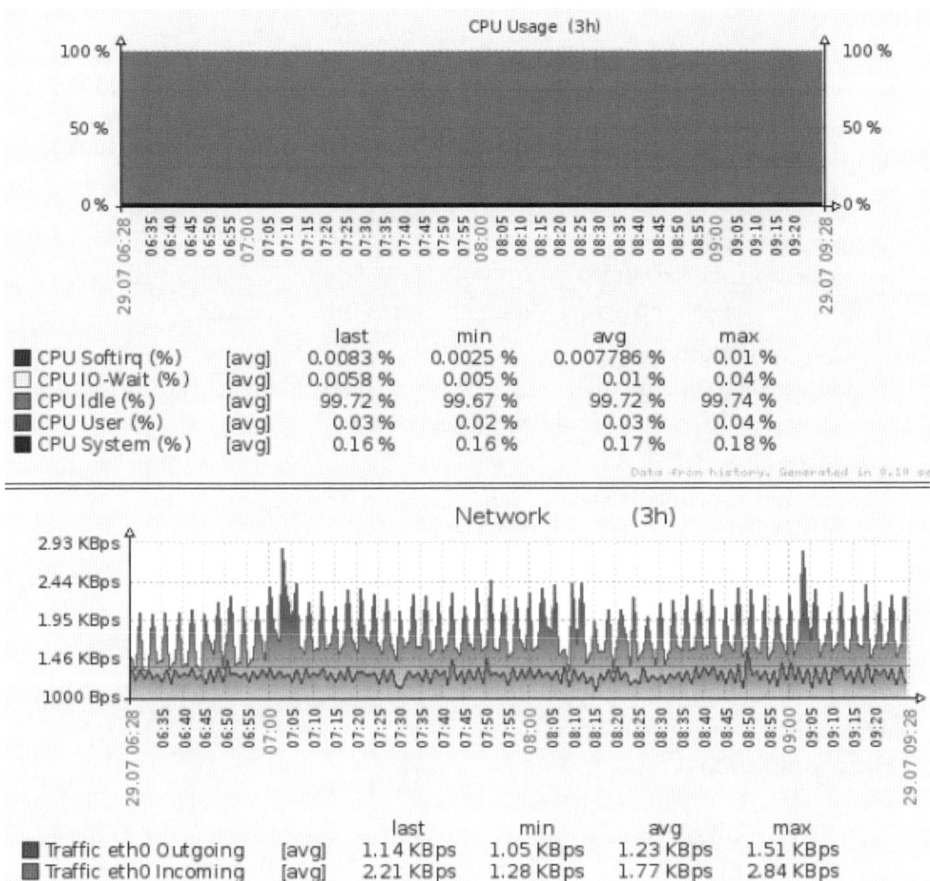

Abb. 11–12 *Ein Screen mit zwei Graphen. Alle Messwerte werden auf einer gemeinsamen Zeitachse abgezeichnet.*

Nun wählen Sie aus, was an der entsprechenden Position im Screen angezeigt werden soll.

11.2.2 Inhalte in Screens einfügen

- **Graph**
  Ein Graph, den Sie zuvor für einen Host oder ein Template angelegt haben. Über den Select-Button wählen Sie einen Host und einen vorher eingerichteten Graphen aus.
- **Simple Graph**
  Der simple Graph entspricht den spontanen Graphen, die aus jedem Zahlenwert ohne Konfiguration generiert werden können. Sie wählen genau ein Item aus, welches als Kurvendiagramm dargestellt wird.

- **Screen**
  Sie können Screen in Screen darstellen. So können Sie die Konfiguration von großen Screens in mehrere kleine aufteilen und doppelte Konfigurationen vermeiden.
- **Map**
  Blendet eine zuvor angelegte Karte (Map) ein.
- **Trigger overview**
  Blendet eine Tabelle mit dem Status aller Trigger von einer Hostgruppe ein. Es werden alle Trigger, also auch diese mit Status OK, angezeigt.
- **Status of host/hostgroup triggers**
  Blendet eine Tabelle mit allen Triggern eines Hosts oder einer Hostgruppe ein, bei denen der Trigger ein Problem anzeigt.
- **Systemstatus**
  Blendet eine Tabelle mit allen Hosts und deren Trigger Status ein.
- **Server** info
  Blendet eine Liste mit Informationen über den Zabbix-Server ein. Angezeigt werden u.a. die Anzahl der überwachten Hosts und Items.
- **Data Overview**
  Blendet eine Tabelle mit allen Items einer Hostgruppe und deren letzten Messwert ein.
- **History of actions**
  Blendet eine Liste mit den letzten Aktionen ein. Alle konfigurierten Aktionen (Actions) protokollieren, wann welche Aktion ausgelöst wurde. Diese Liste gibt hauptsächlich darüber Auskunft, wann welcher Mitarbeiter über welches Problem informiert wurde.
- **History of events**
  Blendet eine Liste mit allen Events ein. Dies sind in der Regel ausgelöste Trigger und deren Recovery (wann trat welches Problem auf und wann wurde es gelöst?).
- **Hist info**
  Blendet eine Tabelle mit Informationen zu einer Hostgruppe ein. Die Tabelle gibt an, wie viele Hosts erreichbar oder nicht erreichbar sind oder sich in einem unbekannten Status befinden.
- **Plain Text**
  Blendet eine Liste mit den letzten Messwerten eines Items von einem Host ein.
- **URL**
  Blendet eine beliebige URL ein. Kann dazu verwendet werden, Screens oder andere Informationsquellen untereinander zu verlinken.

11.2.3 Dynamische Screens und Templates

Screens sind sehr hilfreich, um Probleme und Ressourcenengpässe schnell und einfach zu analysieren. Doch das Anlegen von Screens kann recht aufwendig sein. Es wäre doch praktisch, wenn ein Screen nur einmal eingerichtet werden müsste und dann für alle Hosts verwendet werden kann. Auch an diesen Fall hat Zabbix gedacht. Sie können Screens mit dynamischen Inhalten anlegen, und seit Version 2.0 können Sie Screens auch in Templates anlegen.

11.2.3.1 Dynamische Inhalte in Screens

Die Einrichtung universeller Screens erfolgt sowohl über die Templates als auch über sogenannte »Dynamic Items« in den Screens.

Wenn Sie einer Zelle einen Inhalt zuweisen, können Sie ja nach Inhaltstyp die Checkbox »Dynamic Item« aktivieren. Dies ist zum Beispiel bei allen Graphen möglich. Richten Sie einen Screen für irgendeinen Beispielhost ein und aktivieren Sie bei allen Graphen die Option »Dynamic Item«.

Nachdem Sie die Einrichtung des Screens beendet haben, schauen Sie sich den Screen über das Hauptmenü *Monitoring|Screens* an. Sobald ein Screen ein dynamisches Item enthält, wird über dem Screen ein zusätzliches Menü eingeblendet. Über dieses Menü können Sie den Screen nun für jeden Host erzeugen lassen, der über die im Screen angezeigten Messwerte verfügt.

Abb. 11-13 *Dynamische Inhalte in Screens. Auswahl, für welchen Host ein Screen generiert werden soll.*

11.2.3.2 Screens in Templates

Mit der Version Zabbix 2.0 wurde erstmals die Möglichkeit eingeführt, Screens in Templates anzulegen. Über dynamische Inhalte können Sie Screens erstellen, die Informationen von verschiedenen Hosts anzeigen. Beim Einrichten von Screens in Templates hingegen können Sie nur Informationen von einem Host anzeigen.

TEMPLATES

Displaying 1 to 2 of 2 found

Templates	Applications	Items	Triggers	Graphs	Screens
Base Linux Active	Applications (5)	Items (18)	Triggers (0)	Graphs (3)	Screens (1)
Base Linux Passive	Applications (0)	Items (0)	Triggers (0)	Graphs (0)	Screens (0)

Abb. 11-14 *Seit Version 2.0 können Templates Screens enthalten.*

Zum Anlegen eines Screens in einem Template wählen Sie über das Hauptmenü *Configuration|Templates* und klicken hinter dem Template, für das Sie einen Screen erstellen wollen, auf den Link *Screens*. Oben rechts befindet sich der Button *Create Screen*. Wie bei allen Screens wählen Sie die Anzahl der Zeilen und Spalten aus. Jeder Zelle weisen Sie mit dem Link *Change* Inhalte zu. Das Einrichten von Screens in Templates erfolgt wie für alle Screens. Einziger Unterschied ist, dass Sie nur auf Informationen aus dem zuvor ausgewählten Template zurückgreifen können. Wenn Sie Informationen aus verschiedenen Templates integrieren möchten, legen Sie zuerst verschachtelte Templates an. Legen Sie dann für das übergeordnete Template einen Screen an. So können Sie auf Daten aus verschiedenen untergeordneten Templates zugreifen.

Über das Hauptmenü *Monitoring|Latest Data* können Sie Screens sehen, welche über ein Template angelegt wurden. Wählen Sie dazu links oben eine Hostgruppe, aber keinen Host aus. Nun erscheinen alle Hosts dieser Gruppe. Bei Klick auf den Hostnamen erscheint ein Kontextmenü, in dem Sie den Link *Host Screens* finden. Alternativ können Sie den Hostnamen auch über die Such-Funktion oben rechts suchen. In den Suchergebnissen finden Sie hinter dem Hostnamen ebenfalls einen Link zu den Host-Screens.

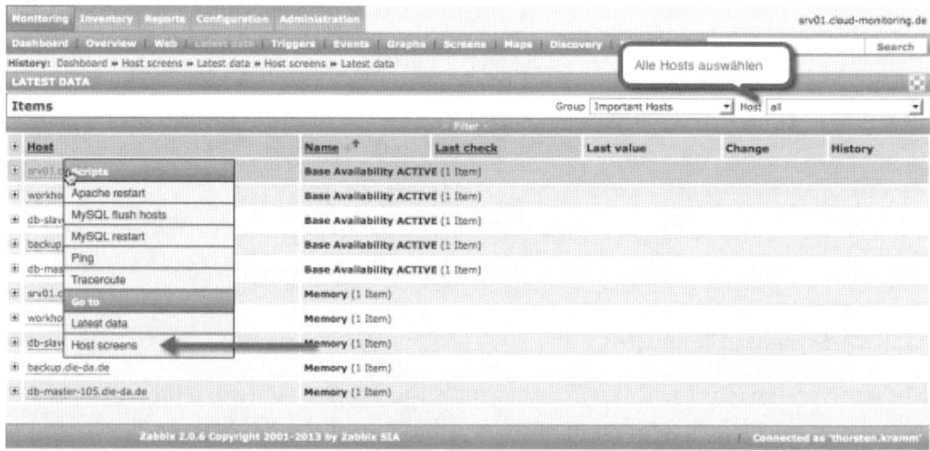

Abb. 11–15 *Einen Link zu den Host-Screens, die über Templates konfiguriert wurden, findet man nur umständlich.*

11.2.4 Screens in Slideshows zeigen

Neben der Möglichkeit, in einem großen Screen mehrere kleine Screens zu integrieren, gibt es auch die Möglichkeit, mehrere Screens zu einer sogenannten Slideshow zu bündeln. Bei einer Slideshow werden die Screens hintereinander gezeigt. Über das *Hauptmenü Configuration|Slides* können Sie mit dem Button oben rechts eine neue Slideshow anlegen. Die Konfiguration ist denkbar einfach.

Sie geben der Slideshow einen Namen und wählen dann aus, welche Screens in welchem Abstand gezeigt werden sollen.

Zum Anschauen der Slideshow klicken Sie im Hauptmenü auf *Monitoring|Screens* und wählen dann im Dropdown-Menü oben rechts Slideshow aus. Mit der Schaltfläche *Fullscreen* können Sie alle Menüs ausblenden.

11.3 Interaktive Karten

11.3.1 Interaktive Karten

Mit den Zabbix-Maps können Sie interaktive Netzwerkdiagramme anlegen. Einzelne Elemente verbinden Sie mit Linien, die dann zum Beispiel den Status einer Verbindung anzeigen. Sobald ein Server nicht mehr erreichbar ist, wird die Linie rot.

11.3.2 Beispiel

Klicken Sie im Hauptmenü *Configuration|Maps* und legen Sie eine neue Map an. Geben Sie dem neuen Diagramm einen Namen und legen Sie eine Größe fest. Die restlichen Einstellungen belassen Sie auf den voreingestellten Werten. Klicken Sie auf *Speichern* und wählen Sie das neue Diagramm sofort aus. Sie sehen eine leere gerasterte Zeichenfläche. Über den Link *Icon +* fügen Sie ein Element hinzu. Positionieren Sie dieses per Drag and Drop und klicken Sie es anschließend an. Es öffnet sich ein Formular. Ändern Sie die Bezeichnung in zum Beispiel »zabbix-buch.de Webserver«. Wählen Sie als Typ »Host« und als Icon »Server« aus. Über den Link *Select* wählen Sie einen Host aus, den das neue Diagrammelement darstellt.

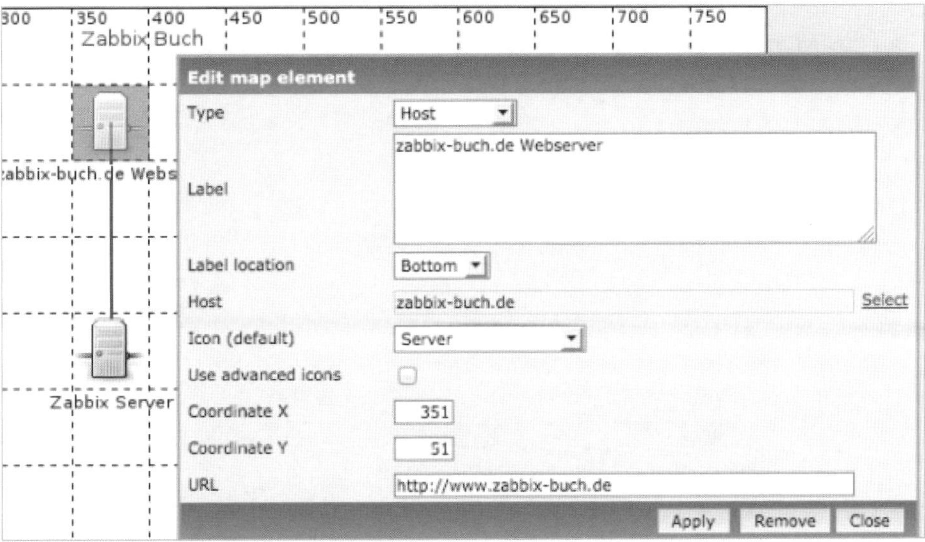

Abb. 11–16 *Ändern der Attribute eines Diagrammelements*

Legen Sie ein zweites Element unterhalb des ersten an. Wählen Sie als Bezeichnung zum Beispiel »Zabbix-Server« und als Icon ebenfalls einen Server. Markieren Sie nun mit gedrückter Umschalttaste beide Elemente und fügen Sie mit *Link* + eine Verbindung hinzu. Im Formular gibt es nun unten im Bereich »Connectors« einen Link *Link 1* zum Konfigurieren der Verbindungslinie. Klicken Sie auf diesen Link. Wählen Sie nun einen Trigger aus, der Alarm schlägt, wenn der Server nicht per Ping erreichbar ist. Damit legen Sie fest, dass die Verbindungslinie bei Fehlern rot und im Normalzustand grün ist. Schließen Sie alle Formulare und speichern Sie das Diagramm mit dem Button *Save* oben rechts.

Connectors

Link	Element 1	Element 2	Link status indicator
Link 1	zabbix-buch.de Webserver	Zabbix Server	

Edit connector

Label

Element 1 zabbix-buch.de Webserver

Element 2 Zabbix Server

Link indicators

	Triggers	Type	Colour
	zabbix-buch.de:No ping! Host Down?	Bold line	DD0000

Add Remove

Type (OK) Line

Colour (OK) 00CC00

Abb. 11–17 *Die Verbindungslinie wechselt die Farbe abhängig von einem Trigger.*

Über das Menü *Monitoring|Maps* können Sie sich das Diagramm anschauen.

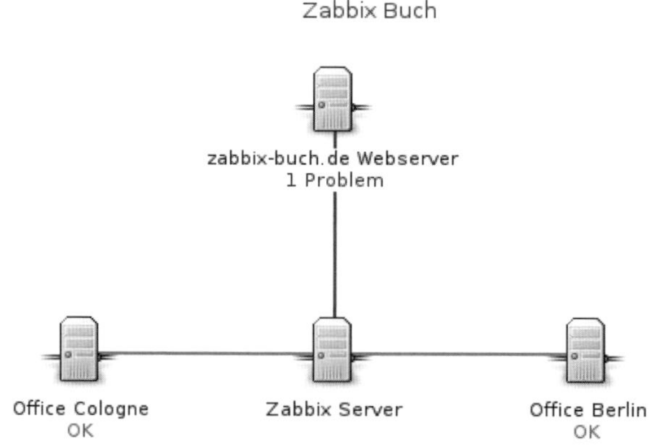

Abb. 11–18 *Netzwerkdiagramm, das den Zustand von drei Verbindungen anzeigt*

12 Daten bewerten: Trigger einrichten

12.1 Das Trigger-Prinzip

Trigger vergleichen den Ist-Wert eines Items mit einem Soll-Wert. Die Auswertung der Items mit Triggern führt dazu, dass der Trigger entweder auslöst, das heißt den Wert »PROBLEM« annimmt. Oder der Trigger löst nicht aus: Er nimmt den Wert »OK« an.

Nachdem Sie Hosts und Items konfiguriert haben, speichert der Zabbix-Server die Werte der Items in der Datenbank ab. Für einige Items mag es ausreichend sein, dass Sie diese ohne weitere Verarbeitung in der Datenbank speichern. Bei der Analyse eines Problems können Sie diese Daten dann zurate ziehen.

Bei den meisten Daten werden Sie aber eine sofortige Auswertung (Trigger) einrichten, die unmittelbar nach der Speicherung in der Datenbank erfolgt.

In der Konfiguration der Aktionen, zum Beispiel dem Versenden von E-Mails, werden dann nur noch die Triggerstatus ausgewertet.

Über die Trigger definieren Sie, welcher der Normalzustand eines Items ist. Wenn keine Fehler vorliegen, dann sollte der Trigger nicht auslösen, also den Wert »OK« haben.

Liegt ein Störfall vor, dann weicht der Wert eines Items vom Normalzustand ab, und der Trigger löst aus, er nimmt also den Wert »true« an.

Welche Aktionen ein Trigger auslöst, bestimmt nicht der Trigger. Sobald ein Trigger seinen Status verändert, werden alle konfigurierten Aktionen darüber informiert. Die Konfiguration der Aktion entscheidet dann, ob diese »zuständig« ist und zum Beispiel eine Mail versendet wird.

12.2 Beispiel Prozessorauslastung überwachen

Im Beispiel in Kapitel 9 haben Sie ein Item angelegt, welches die sogenannte Idle-Time des Prozessors misst. Sie werden nun einen Trigger anlegen, der Alarm schlägt, wenn der Prozessor über einen Zeitraum von fünf Minuten stark ausgelastet ist.

Wechseln Sie über das Hauptmenü *Configuration|Hosts* zur Liste der Hosts. Wählen Sie über das Dropdown-Menü oben rechts die passende Gruppe aus, in der sich der Host aus dem vorangegangenen Beispiel befindet. Klicken Sie dann auf den Link *Triggers* in der Zeile des entsprechenden Hosts. Über den Knopf *Create Trigger* oben rechts legen Sie einen neuen Trigger an. Als Namen geben Sie »Few Idle« ein.

Mit Klick auf den Button *Add* hinter dem Eingabefeld »Expression« öffnet sich ein Pop-up-Fenster zur Eingabe der Trigger-Bedingung (Condition). Die Schaltfläche *Select* hinter dem Eingabefeld »Item« öffnet noch ein Fenster. In diesem wählen Sie dann das Item »CPU idle time (avg1)« aus. Über das Dropdown-Menü »Function« wählen Sie `Average value for period of T times < N` aus. Im Eingabefeld »Last of (T)« geben Sie zum Beispiel 300 Sekunden ein. Im Feld »N« geben Sie zum Beispiel 50 ein. Speichern Sie Ihre Eingabe mit dem Knopf *Insert* ab.

Nachdem alle Pop-up-Fenster geschlossen sind, wählen Sie als Severity »Warning« aus und speichern den Trigger mit dem Button *Save*.

Sie haben jetzt einen Trigger angelegt, der auslöst, sobald die durchschnittliche Leerlaufzeit während der letzten fünf Minuten den Wert 50 unterschreitet. Es wird also nicht nur der letzte Messwert, sondern es werden alle Messwerte des ausgewählten Zeitraums berücksichtigt. Damit vermeiden Sie Fehlalarme durch nicht kurzzeitige Lastspitzen.

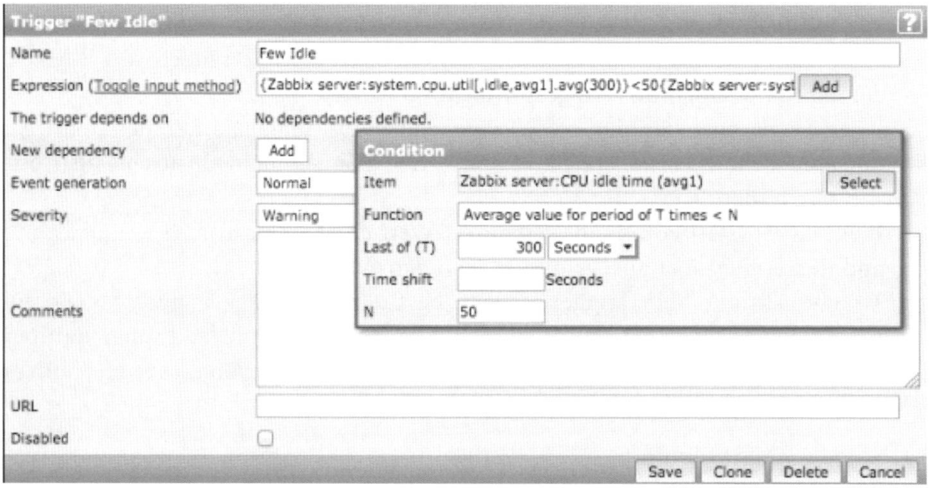

Abb. 12–1 *Anlegen eines Triggers, der die Leerlaufzeit der CPU auswertet*

Erzeugen Sie nun Last auf Ihrem überwachten Host, zum Beispiel mit dem Kommando `cpuburn`. Klicken Sie dann auf *Monitoring|Triggers* und wählen Sie den entsprechenden Host über die Dropdown-Menü oben rechts aus. Nach einiger Zeit sollte in der Liste der Trigger »Few Idle« mit dem Status »Problem« auftauchen.

STATUS OF TRIGGERS

TRIGGERS

Group Zabbix servers Host Zabbix server

Displaying 1 to 9 of 9 found

Filter

Severity	Status	Info	Last change	Age	Acknowledged	Host	Name	Comments
Warning	PROBLEM		28 Dec 2011 17:48:10	25s	Acknowledge (2)	Zabbix server	Few Idle	Add
Warning	PROBLEM		28 Dec 2011 15:10:15	2h 38m 20s	Acknowledge (7)	Zabbix server	No data from agent	Add
Average	PROBLEM		28 Dec 2011 13:42:38	4h 5m 57s	Acknowledge (1)	Zabbix server	Syslogd is not running on Zabbix server	Add
Average	PROBLEM		28 Dec 2011 13:42:35	4h 6m	Acknowledge (1)	Zabbix server	Inetd is not running on Zabbix server	Add

Abb. 12–2 *Status der Trigger für einen Host*

12.3 Einrichten eines Triggers

Trigger können für einzelne Hosts oder für Templates eingerichtet werden. Wenn Sie für ein Template ein Item eingerichtet haben, können Sie auch für dieses Template Trigger konfigurieren. Sobald ein Template über einen Trigger verfügt, benutzen alle Hosts, die das Template verwenden, diesen Trigger auch.

Tipp

Wie bereits erwähnt, sollten Sie möglichst viele Items und Trigger über Templates einrichten. Das erleichtert die Verwaltung eines großen Setups sehr.

Zum Einrichten eines Triggers wählen Sie im Menü *Configuration|Hosts* zuerst eine Gruppe aus und klicken dann in der Zeile eines Hosts oder Templates auf »Trigger«. Sie sehen die Liste aller Trigger für diesen Host oder Templates. Oben rechts finden Sie den Knopf *Create Trigger*.

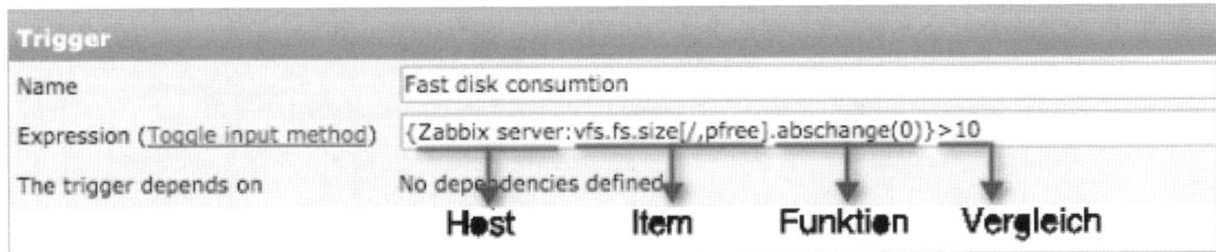

Abb. 12–3 *Aufbau eines Triggers*

Name

Geben Sie dem Trigger einen aussagekräftigen Namen. Der Name des Triggers wird bei allen Aktionen, zum Beispiel beim Versenden von E-Mails, verwendet. Der Name des Triggers sollte Ihnen kurz und präzise Auskunft darüber geben, was passiert ist.

Beispiele:
»ICPM Ping failed«, »HTTP Port Check failed«, »Load Avg5 higher 10«

Das Hinzufügen von Hostnamen in den Triggernamen ist nicht notwendig. Wenn Sie einen Trigger für ein Template einrichten, wird der Trigger von vielen Hosts verwendet, und ein in den Triggernamen fest eingetragener Hostname würde dann eine falsche Informationen weitergeben. Das Hinzufügen des Hostnamens, für den ein Trigger auslöst, ist Aufgabe der Aktionen. Dort steht der Hostname des Triggers als Variable zur Verfügung.

Expression
Über die Expression wird definiert, welches Item mit welchem Wert verglichen werden soll. Über den Knopf *Insert* öffnet sich ein weiteres Menü, über das Sie als Erstes das Item auswählen, welches der Trigger auswerten soll.

Achten Sie darauf, dass Sie den richtigen Host auswählen, und klicken Sie dann auf ein Item.

Sie legen zwar den Trigger für einen bestimmten Host oder ein bestimmtes Template an, könnten aber trotzdem Items anderer Hosts für den Trigger verwenden. Deshalb müssen Sie bei der Auswahl des Items noch einmal einen Host angeben. In der Regel ist das derselbe Host oder dasselbe Template, für die Sie auch den Trigger anlegen.

Sobald Sie ein Item ausgewählt haben, wird dieses zusammen mit dem Host- oder Templatenamen in das Feld »Item« übernommen.

Wählen Sie dann eine Funktion aus. Zum Beispiel »Last value = N« und »N=0«. Das bedeutet, der Trigger löst aus, wenn der letzte gemessene Wert des Items gleich Null ist.

Das Anlegen der Expression beenden Sie mit dem Knopf »Insert«. Im Feld »Expression« ist nun ein Ausdruck eingetragen, welchen Sie auch noch manuell ändern können (Beispiel:`{Mailserver:pop.last(0)}=0`).

Trigger	
Name	Apache2 not running
Expression (Toggle input method)	{Webserver PASSIVE:proc.num[apache2].last(0)}=0
The trigger depends on	No dependencies defined.
New dependency	Add
Event generation	Normal
Severity	High
Comments	Webserver Apache2 not running. Try a restart with /etc/init.d/apache2 restart. Take a look at the logs in /var/log/apache2/error.log Is there enough space on disk for the logfiles? Is the webserver crash related to a codeupdate? Contact a programmer.
URL	http://wiki.company.com/apache2

Abb. 12-4 *Nutzen Sie die Kommentare und die URL, um den Notdienst mit den wichtigsten Informationen zur Fehlerbeseitigung zu versorgen.*

Operatoren
In der Zabbix-Version 2.2 können mehrere Expressions mit den logischen Operatoren »&« (Logisches Und) oder »|«(Logisches Oder) verbunden werden. Ab Version 2.4 müssen Sie and und or als logische Operatoren angeben. Beispiel für logisch verknüpfte Expressions:

```
{Template OS Linux:system.cpu.util[,idle].avg(120)}<40 and {Template OS
  Linux:system.cpu.util[,user].avg(120)}>70 # Zabbix 2.4
{Template OS Linux:system.cpu.util[,idle].avg(120)}<40 & {Template OS
  Linux:system.cpu.util[,user].avg(120)}>70   # Zabbix 2.2
```

In Zabbix 2.4 hat sich außerdem der Ungleich-Operator von # zu <> geändert. Beispiele:

```
{Mailserver:pop.last(0)}#0   =>Zabbix 2.2
{Mailserver:pop.last(0)}<>0  =>Zabbix 2.4
```

Sie können außerdem auf die vier Operatoren der Grundrechenarten zurückgreifen: +(Addition), -(Subtraktion), *(Multiplikation), /(Division). Wenn Sie beispielsweise einen Trigger einrichten, der auslösen soll, sobald eine Festplatte über weniger als zwei Gigabyte freien Speicher verfügt, können Sie den Trigger wie folgt definieren. Die Verwendung eines User-Makros ist ebenfalls möglich, wenn Sie die Schwellwerte individuell festlegen möchten:

```
{<HOST>:vfs.fs.size[/,free].last(0)}<2*1024*1024*1024
{<HOST>:vfs.fs.size[/,free].last(0)}<{$MIN_FREE_HDD}*1024*1024*1024
```

{Hinweis|Achten Sie bei der Verwendung der Operatoren and, or und not auf die Kleinschreibung (case-sensitive lowercase). Die Operatoren müssen außerdem zwischen zwei Leerzeichen stehen.}

Schweregrad der Störung:
Über diese Auswahl geben Sie an, wie schwer das Problem ist. Die »Severity« der Trigger wird von den Aktionen ausgewertet, und Sie können unterschiedliche Aktionen je nach Schweregrad des Problems ausführen. Die in der Liste aufgeführten Schweregrade können nicht geändert oder erweitert werden.

Hinweise für den Notdienst:
Im Textfeld Comments können, besser gesagt sollten Sie Informationen aller Art zu einem Trigger hinterlegen. Zum Beispiel könnte man über den Kommentar bereits erste Informationen hinterlegen, wie man beim Beheben des Problems vorgehen soll.

Die hinterlegten Kommentare können über das Makro {TRIGGER.COMMENT} auch in die Benachrichtigungen eingefügt werden.

Wenn Sie im Feld URL eine URL eingeben, dann werden die Trigger im Menü »Monitoring/Trigger« als Links dargestellt. Per Klick auf den Trigger gelangt man dann zur hinterlegten URL. Die URL kann ebenfalls in Nachrichten über das Makro {TRIGGER.URL} eingefügt werden. Die URL ist nützlich, um Links zu Notfallhandbüchern, Wikis o.Ä. zu hinterlegen.

Einmal oder mehrfach auslösen:
Über den Schalter *Event generation* legen Sie fest, wie oft eine nachfolgende Aktion, die auf diesem Trigger basiert, ausgeführt werden soll.

»Normal« bedeutet, dass die Aktion nur einmal ausgeführt wird, sobald der Trigger seinen Status ändert. Wenn ein Item seinen Wert nicht ändert, ändert sich auch nicht der Status des Triggers. Nachfolgende Events werden also nicht mehrfach ausgeführt. Wenn ein Host per Ping alle 30 Sekunden geprüft wird und dann für vier Stunden nicht erreichbar ist, werden alle Events nur einmal ausgeführt. Für eine E-Mail-Benachrichtigung hieße das, dass Sie nur eine E-Mail erhalten, sobald ein Problem auftritt.

»Normal + multiple Problem events« bedeutet, dass für jedes Intervall, in dem das zugrunde liegende Item abgerufen wird, die Aktion ausgeführt wird, vorausgesetzt, der Trigger hat den Status TRUE. Für eine E-Mail-Benachrichtigung hieße das, dass Sie permanent im Intervall des Items E-Mails erhalten, solange ein Problem besteht.

Warnung

Wenn Sie eine Erinnerungsnachricht erhalten möchten, weil Probleme über eine längere Zeit fortbestehen, nutzen Sie **nicht** die Option »multiple Problem events«. Wenn Sie »multiple Problem events« für ein Item mit Update-Intervall 30 Sekunden nutzen würden, bekämen Sie alle 30 Sekunden eine Mail. Das wollen Sie wahrscheinlich nicht. Nutzen Sie stattdessen den Eskalationsmodus in den Aktionen. Dort können Sie den Zeitpunkt einer Erinnerungsnachricht unabhängig vom Messintervall eines Items festlegen.

Triggerabhängigkeiten definieren:
Über Abhängigkeiten (*New dependency/Trigger depends on*) können Sie mehrere Trigger miteinander verknüpfen. Über diese Verknüpfungen können Sie Abhängigkeiten in der Netzwerkstruktur auch in Zabbix abbilden.

Wenn der Zabbix-Server zur Überwachung mehrerer Hosts einen bestimmten Router verwendet, sollten Sie die Verfügbarkeit des Routers überwachen. Fällt der Router aus, wird Zabbix alle Hosts »hinter« diesem Router als nicht verfügbar markieren. Diese Information ist aber streng genommen falsch. Über eine »Dependency« sollten Sie konfigurieren, dass, wenn der Router nicht erreichbar ist, alle Trigger, die auf diesen Router angewiesen sind, nicht auslösen.

Beispiel: Für einen Host gibt es zwei Trigger: »No Ping. Host Down« und »SSH not listening«. Wenn Sie nun für den Trigger »SSH not listening« im Feld »Trigger depends on« den Trigger »No Ping. Host Down« hinzufügen, wird der

Trigger »SSH not listening« nur dann auslösen, wenn der Trigger »No Ping. Host Down« den Wert »kein Problem« hat. Das bedeutet, ist der Host nicht per Ping erreichbar, wird der Test des SSH-Servers ignoriert.

Trigger	
Name	SSH not listening
Expression (Toggle input method)	{Zabbix server:net.tcp.service.perf[ssh,,22].last(0)}=0
The trigger depends on	No ping! Host Down? Delete selected
New dependency	Add
Event generation	Normal

Abb. 12–5 *Dieser Trigger wird ignoriert, wenn der Host komplett »down« ist.*

Warnung

Alle Trigger, die auf Items vom Type »Zabbix-Agent« oder »Zabbix-Agent active« basieren, lösen nicht aus, sobald der Zabbix-Agent keine Daten mehr liefert. Dies kann Fluch und Segen zugleich sein. Sie brauchen keine Abhängigkeit zur Verfügbarkeit des Agenten definieren. Andererseits ist das Ausbleiben von aktuellen Daten in vielen Fällen auch ein kritisches Ereignis. Überwachen Sie deshalb immer, ob der Zabbix-Agent generell Daten liefert.

12.4 Beispiel: Kurvenausreißer erkennen

Im nachfolgenden Screenshot sehen Sie die Anzahl der gestarteten Apache-Prozesse eines Webservers. Im Normalbetrieb variieren diese zwischen 6 und 100. Um 20.30 Uhr gab es einen schlagartigen Anstieg der Prozesse, und kurz vor 23 Uhr konnte der Webserver seine Startseite nicht mehr ausliefern.

Wie kann man nun solche Abnormalitäten mit Zabbix erkennen und sich alarmieren lassen?

- Sie können die Verfügbarkeit einer Webseite messen und Alarm auslösen, wenn diese offline ist. Dann können Sie aber nur noch reaktiv handeln.
- Sie können einen Alarm auslösen, sobald die Anzahl der Apache-Prozesse über 120 liegt. Doch jeder Webserver kann anders ausgelastet sein. 120 Prozesse kann auf einem anderen System Normalzustand sein.
- Sie können einen Trigger definieren, der den schlagartigen Anstieg der Prozesse erkennt. Das nachfolgende Beispiel erklärt, wie das geht, mit einer Art »Trockenübung«.

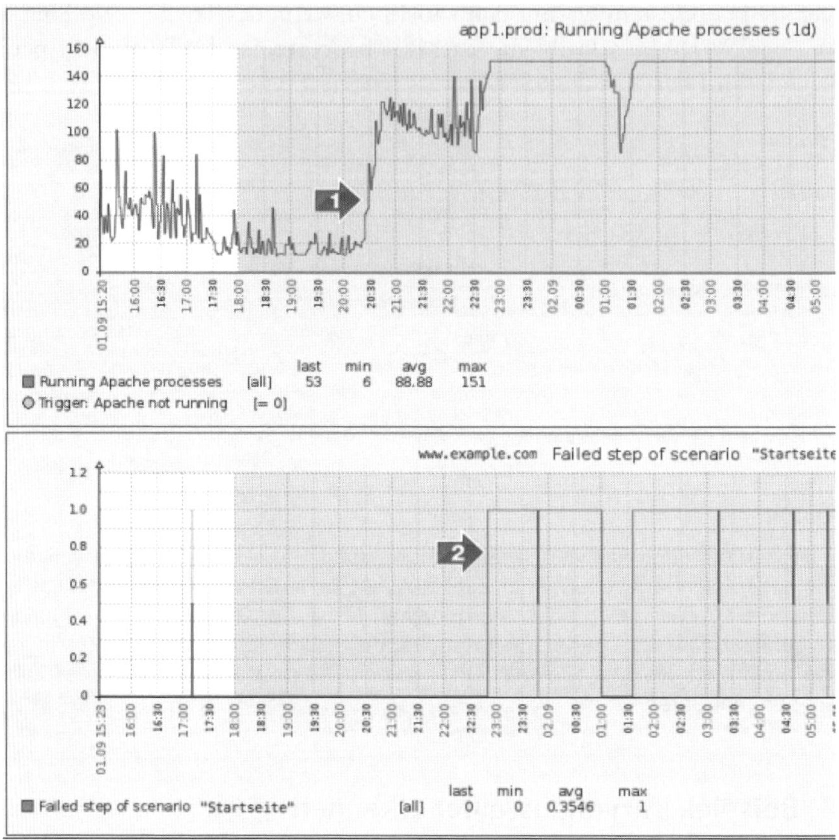

Abb. 12-6 *Anzahl der Apache-Prozesse und die Auswirkung auf die Verfügbarkeit einer Webseite*

Vorbereitungen:

- Legen Sie zum Beispiel für den Zabbix-Server ein Item vom Type »Zabbix-Trapper« mit dem Namen »Random Number« und dem Key `random.number` an.
- Schicken Sie per Zabbix-Sender alle 10 Sekunden eine Zufallszahl zwischen 1 und 100 an dieses Item.

```
while true
   do zabbix_sender -z 127.0.0.1 -s srv01.example.com \
   -k random.number -o $(shuf -i 1-100 -n 1)
   sleep 10
done
```

- Schauen Sie sich den Graphen des Items an. Der Durchschnittswert wird sich bei ca. 50 einpendeln.

Trigger einrichten:

Legen Sie nun einen Trigger mit folgendem Ausdruck an:

```
{srv01.example.com:random.number.avg(#10)}>
({srv01.example.com:random.number.avg(#50)}+
{srv01.example.com:random.number.avg(#50)}/2)
```

Die Eingabe des Triggers erfolgt ohne Zeilenumbrüche!

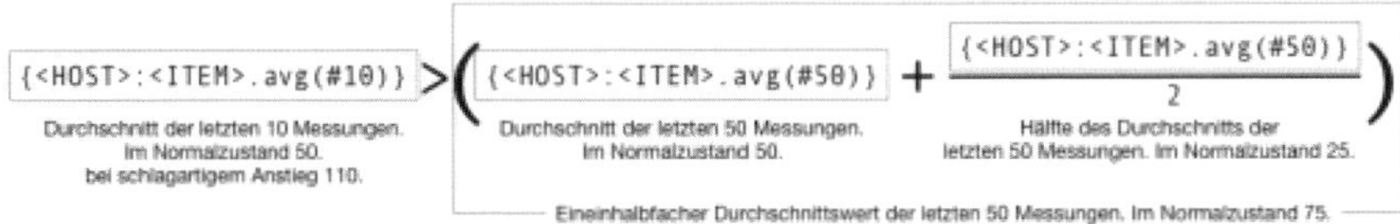

Abb. 12–7 *Trigger, der bei schlagartigem Anstieg auslöst*

Testen:
Stoppen Sie die eben gestartete Endlosschleife mit `Ctrl-C` und senden Sie nun konstant hohe Messwerte zum Beispiel 110 an das Item:

```
while true
   do zabbix_sender -z 127.0.0.1 -s srv01.example.com \
   -k random.number -o 110
   sleep 10
done
```

Der Trigger sollten nach einigen Durchläufen der Schleife auslösen.

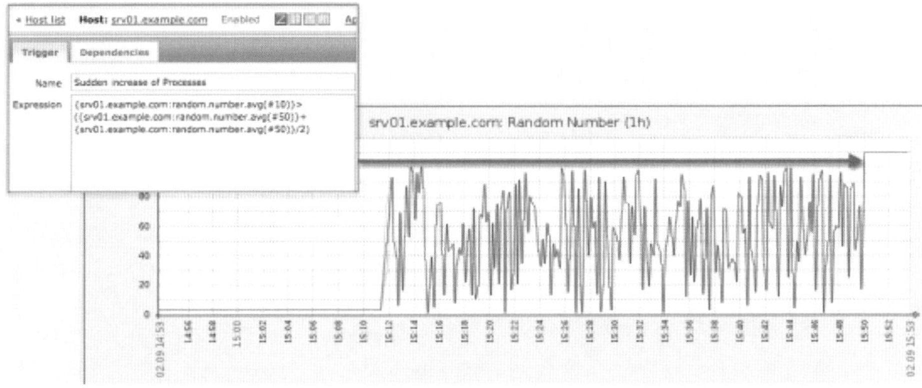

Abb. 12–8 *Trigger reagiert auf schlagartigen Anstieg eines Messwertes.*

12.5 Triggerfunktionen im Detail

Die Liste aller Triggerfunktionen finden Sie in der offiziellen Dokumentation[1]. Nachfolgend finden Sie einen Ausschnitt der wichtigsten Funktionen mit einigen Beispielen.

1. *https://www.zabbix.com/documentation/2.4/manual/config/triggers/expression*

Triggerfunktionen werden im Webfrontend von Zabbix auf zwei Weisen bezeichnet.

1. Mit einem **aussagekräftigen Text**. Diesen finden Sie in der Auswahlliste, wenn Sie beim Anlegen des Triggers die Schaltfläche »Add« klicken. Sie werden mit einem Wizard durch den Aufbau des Triggers geführt (siehe Pfeil Nr. 2 im Screenshot).
2. Sobald Sie die Schaltfläche »Insert« klicken, schließt sich der Wizard und der Triggerausdruck (Expression) wird in einer **Kurzform** eingefügt, die wie Programmcode aussieht (siehe Pfeil Nr. 3). Diese Kurzform können Sie auch ändern. Sie brauchen nicht immer den Wizard benutzen.

In der nachfolgenden Liste mit Triggerbeispielen finden Sie beide Bezeichnungen für Triggerfunktionen. Der aussagekräftige Text ist fett gedruckt dargestellt und der kurze Ausdruck im Programmierstil in Monospace-Schriftart.

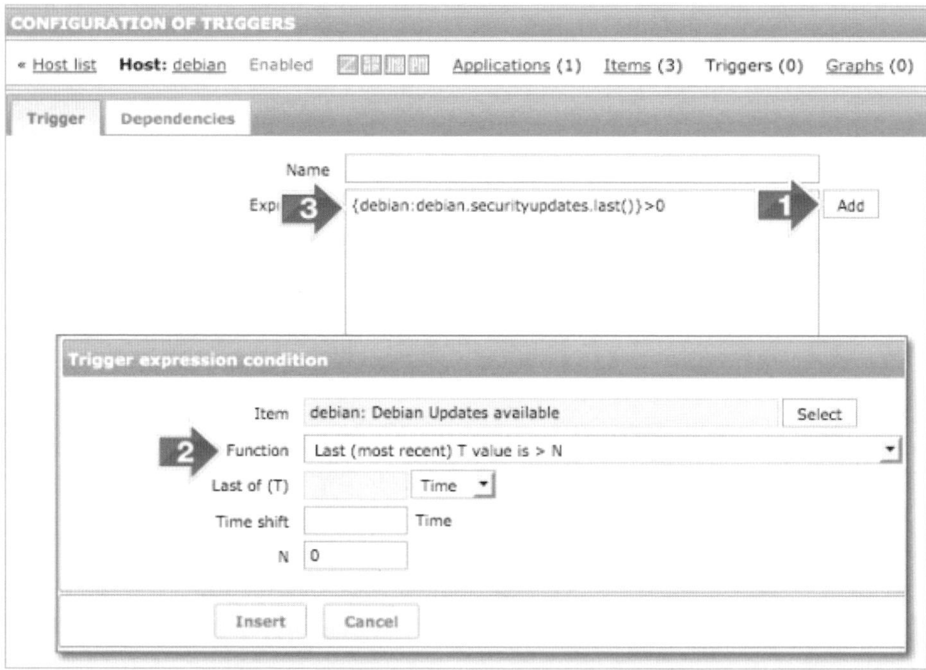

Abb. 12–9 *Zwei Bezeichnungen für Trigger*

12.5.1 Differenzen

- **Absolute difference between last and previous value > N**
  Vergleicht den aktuellen Wert eines Items mit dem Wert der vorangegangenen Messung.

Mit diesen Funktionen können Sie den schlagartigen Anstieg von Messwerten überwachen. Wenn zum Beispiel innerhalb des Messintervalls des Items mehr als 5% des Festplattenplatzes verbraucht werden, ist das oft ein Hinweis auf ein anormales Verhalten.

Beispiel: `{Mailserver:vfs.fs.size[/,pfree].abschange(0)}>5`

- **Difference between MAX and MIN value of T times > N**
  Berechnet und vergleicht den Unterschied zwischen Minimal- und Maximalwert eines Items innerhalb einer Zeitspanne.

Mit dieser Funktion können Sie starke Schwankungen von Items überwachen, zum Beispiel die Anzahl von Abfragen einer Datenbank pro Minute. Bei langsam steigender Last weichen der Maximal- und der Minimalwert nur leicht voneinander ab. Wenn in einem kurzen Zeitraum der Maximal- und der Minimalwert aber stark auseinanderliegen, kann das ein Hinweis auf eine Störung sein. Der nachfolgende Trigger löst aus, wenn der Unterschied zwischen dem größten und kleinsten Messwert der letzten 300 Sekunden größer als 600 ist.

Beispiel: `{Databaseserver:mysql.questions.delta(300)}>600`

12.5.2 Durchschnitt

- **Average value for period of T times > N**
  Berechnet und vergleicht den Mittelwert eines Items innerhalb einer Zeitspanne.

Mit diesen Funktionen können Sie Fehlertoleranzen bei der Überwachung stark schwankender Werte einrichten. Zum Beispiel können die Werte für den Netzwerktraffic stark schwanken. Wenn aber über einen längeren Zeitraum ein erhöhter Netzwerktraffic gemessen wird, kann das ein Hinweis auf eine Störung sein. Der nachfolgende Trigger löst aus, wenn der Durchschnitt der Messungen der letzten 600 Sekunden größer als 250 ist.

Beispiel: `{Mailserver:net.if.out[eth0].avg(600)}>250`

12.5.3 Erfolgreich abgerufene Daten

- **Number of successfully retrieved values V for period of time T > N**
  Wertet die historischen Daten eines Items aus. Es wird die Anzahl von Messungen zurückgegeben, die innerhalb einer Zeitspanne einen bestimmten Wert hatten. Beispiel:

```
{Mailserver:icmpping.count(3600,0)}>10
```

`count(3600,0)` liefert die Anzahl der Messungen zurück, die Null ergeben haben. Der Trigger löst also aus, wenn der Host innerhalb der letzten Stunde mindestens

10-mal nicht auf Pings geantwortet hat. Diese Funktion kann Optionen wie zum Beispiel `gt`, `lt` verwenden. Siehe auch offizielle Dokumentation[2].

12.5.4 Gleich-ungleich-Prüfung

- **N= X, where X is 1 - if last and previous values differs, 0 - otherwise**
  N NOT X, where X is 1 - if last and previous values differs, 0 - otherwise
  Last value > N
  Previous value > N
  Gleich-ungleich-Prüfungen können nur auf Items mit Zahlwerten (Integer, Float, Decimal) angewendet werden. Beispiel:

```
{Zabbix server:proc.num[mysqld].last(0)}=0
```

Trigger	
Name	MySQL Daemon not running
Expression (Toggle input method)	{Zabbix server:proc.num[mysqld].last(0)}=0
The trigger depends on	No dependencies defined.
New dependency	Add
Event generation	Normal
Severity	Average

Abb. 12–10 *Der Trigger löst aus, wenn die Anzahl der MySQL-Prozesse gleich Null ist.*

12.5.5 String-Vergleiche: Worte finden

- **Find string T last value. N = X, where X is 1 - if found, 0 - otherwise**
  Find string T last value. N NOT X, where X is 1 - if found, 0 - otherwise
  Prüft, ob ein Wort in einem Item-Wert enthalten ist.

12.5.5.1 Beispiel 1

Sie haben zum Beispiel ein Item `backup.status`, welches Daten vom Typ Text enthält. Nun wollen Sie einen Trigger einrichten, der einen Alarm auslöst, sobald der Item-Value einen anderen Wert als »OK« hat.

Dies erreichen Sie mit folgendem Trigger:

```
{backup.status.str(OK)}=0
```

Wenn der Item-Value den String »OK« enthält, liefert die Funktion `str(OK)` 1 zurück. Dieser Rückgabewert wird mit 0 verglichen, was fehlschlägt. Folglich nimmt der Trigger den Wert OK (= kein Problem) an, weil der Vergleich fehlgeschlagen ist. Das bedeutet, es wird kein Alarm ausgelöst.

---

2. *http://www.zabbix.com/documentation/2.4/manual/config/triggers*

Wird der String »OK« nicht gefunden, liefert die Funktion `str(OK)` 0 zurück, der Vergleich mit 0 ist erfolgreich, folglich nimmt der Trigger den Wert PROBLEM an, das heißt, es wird ein Alarm ausgelöst.

Beachten Sie, dass im genannten Beispiel gesucht wird, ob der Item-Value den String enthält, nicht ob der String gleich dem gesuchten String ist. Nähme das Item den Wert »LOKOMOTIVE« an, würde der Trigger auch den Wert FALSE annehmen, weil OK in LOKOMOTIVE enthalten ist.

Wenn Sie nach einer exakten Übereinstimmung suchen wollen, dann verwenden Sie folgenden regulären Ausdruck mit der Triggerfunktion `regexp()`:

```
{backup.status.regexp(^OK$)}=0
```

12.5.5.2 Beispiel 2

Sie haben zwei Items: `LSI Megaraid:lsi_raid[firmware]` gibt die Firmwareversion eines LSI Raidcontrollers als Buchstabenkette aus.

`LSI Megaraid:lsi_raid[product_name]` gibt das genaue Modell des Controllers an.

```
{LSI Megaraid:lsi_raid[firmware].str(6.3.0-0001)}=0&{LSI Megaraid:lsi_raid[
 product_name].str(PERC 6)}=1
```

Dieser Trigger würde auslösen, wenn die Firmwareversion nicht gleich 6.3.0-0001 ist, aber nur dann, wenn die Modellbezeichnung gleich PERC 6 ist.

12.5.6 Summen

- **Sum of values for period of time T > N**
  Bildet die Summe von mehreren Messwerten eines Items. Im nachfolgenden Beispiel löst der Trigger erst dann aus, wenn ein Host 20-mal nicht auf Pings geantwortet hat.

```
{Zabbix server:icmpping.sum(#20)}=0
```

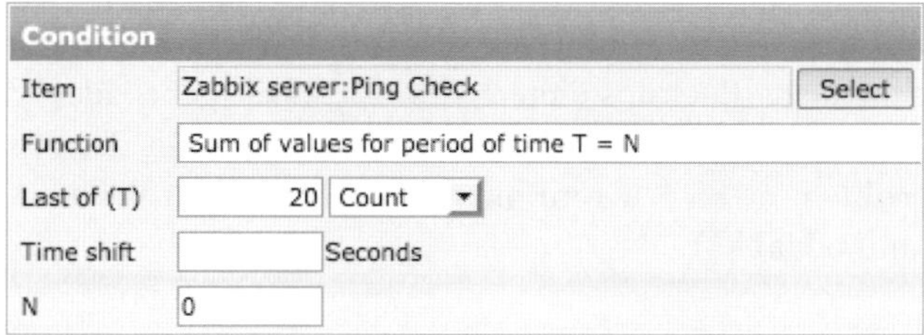

Abb. 12–11 *Fehlertoleranter Trigger, der mehrere Messwerte berücksichtigt*

12.5.7 Zeitstempel

In vielen Situationen ist es wichtig, das Alter eines Zeitstempels (Unix-Timestamp) auszuwerten.

Mit der Funktion `fuzzytime()` können Sie die Abweichung eines Items von der aktuellen Uhrzeit berechnen. `fuzzytime(sec)` liefert 1 zurück, wenn der Itemwert nicht mehr als die angegebene Anzahl von Sekunden von der Uhrzeit des Zabbix-Servers abweicht. Da Sie in der Regel keine Messwerte aus der Zukunft erhalten, liefert `fuzzytime(sec)` eine Null zurück, sobald ein Messwert älter als x Sekunden ist.

12.5.7.1 Beispiel 1

```
{Zabbix server:system.localtime.fuzzytime(60)}=0
```

Der Trigger löst keinen Alarm aus, solange der Itemwert nicht mehr als 60 Sekunden von der Uhrzeit des Zabbix-Servers abweicht.

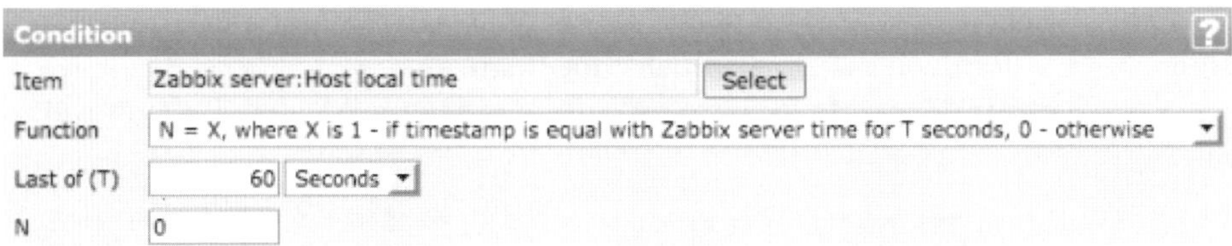

Abb. 12–12 *Per Trigger wird geprüft, ob die Uhr auf einem Host richtig gestellt ist.*

12.5.7.2 Beispiel 2

```
{My_Template:rsnapshot[last_successfully_backup].fuzzytime(100800)}=0
```

Das Item `rsnapshot[last_successfully_backup]` liefert die Uhrzeit des letzten erfolgreichen Backups. Der Trigger löst einen Alarm aus, wenn das letzte Backup älter als 24 Stunden ist.

Beachten Sie, dass die Funktion `fuzzytime()` wie fast alle Triggerfunktionen beim Eintreffen neuer Daten ausgeführt wird.

12.5.7.3 Beispiel 3

Ein Item enthält das letzte erfolgreiche Backup als Unix-Timestamp. Im Falle eines fehlgeschlagenen Backups liefert der Zabbix-Agent oder Zabbix-Sender aber gar keine Daten. In diesem Fall würde ein Trigger mit der Funktion `fuzzytime()` kein Problem melden. Kombinieren Sie in solchen Fällen die Funktionen `fuzzytime()` und `nodata()`.

Name	Expression
Burp backup failed (last 30h)	{Burp Backup Client:burp_client.backup_finished_ok.**fuzzytime**(108000)}=0|{Burp Backup Client:burp_client.backup_finished_ok.**nodata**(108000)}=1
Burp Backup send few data to server (<5MB) **Depends on:** Burp Backup Client: no Burp Backup within last 24h	{Burp Backup Client:burp_client.bytes_sent.**last**(0)}<5*1024*1024
Burp revisions not monitored	{Burp Backup Client:burp.revisions.**nodata**(86400)}=1
no Burp Backup within last 24h	{Burp Backup Client:burp_client.last_execution.**fuzzytime**(86400)}=0
No burp data received	{Burp Backup Client:burp_client.last_execution.**nodata**(90000)}=1

Kombination fuzzytime() und nodata() mit einem logischen Oder.

Abb. 12–13 *Kombination von Fuzzytime und Nodata*

13 Alarm auslösen: Medien und Aktionen einrichten

13.1 Kommunikation mit der Außenwelt: Medien einrichten

13.1.1 Zabbix kommuniziert mit der Außenwelt

Die meisten Nutzer richten ein Monitoring-System ein, weil sie informiert werden wollen, wenn etwas aus dem Ruder läuft.

Damit Ihnen Zabbix eine Nachricht schickt, müssen Sie zwei Bereiche konfigurieren. Zuerst müssen Sie ein Medium einrichten. Das bedeutet, Sie legen den Transportweg einer Nachricht fest. Dies sind beispielsweise SMTP-Server, eine SMS-Gateway oder eine Telefonanlage. Diese Konfiguration ist schnell erledigt und ändert sich in der Regel selten.

Ob, wann und wie eine Nachricht verschickt wird, steuern die sogenannten Aktionen, denen der Abschnitt 13.2 gewidmet ist.

Medien werden also benötigt, damit Nachrichten versendet werden können. Ohne Medien können Sie keine Aktion vom Typ »Send Message« einrichten. Richten Sie also zuerst die Medien und dann die Aktionen ein.

Über das Hauptmenü *Administration|Media Types* gelangen Sie in den Konfigurationsbereich der Medien.

Mit der Installation des Zabbix-Servers wird automatisch eine Beispielkonfiguration für drei Medien angelegt. Wundern Sie sich also nicht, dass auch bei einer frischen Installation die Liste der Medien nicht leer ist.

Zu den drei Standardmedien zählen E-Mail, Jabber und SMS. Diese Medien kann der Zabbix-Server ohne fremde Programme bedienen.

Möchten Sie Nachrichten über andere Medien als die drei genannten verschicken, muss die Nachricht an ein externes Programm übergeben werden. Zabbix behandelt dieses Medium dann als »Skript«.

13.1.2 E-Mail einrichten

Klicken Sie in der Liste der Medien auf E-Mail. Es öffnet sich ein Formular mit folgenden Eingabemöglichkeiten:

- **Description**
  Ein beliebiger Name, mit dem Sie das Medium identifizieren. Wenn Sie zum Beispiel Nachrichten über verschiedene Mailserver verschicken wollen, könnten Sie in der Beschreibung hinterlegen, über welchen Server die Nachricht »rausgehen« soll. Beim Einrichten der Aktionen vom Typ »Send Message« wird in der Liste der verfügbaren Medien nur das Feld »Description« angezeigt.
- **Type**
  Zum Einrichten des Mailversandes wählen Sie E-Mail.
- **SMTP Server**
  Geben Sie an, über welchen Mailserver die Nachrichten verschickt werden sollen.
- **SMTP helo**
  Der Helo-String ist der Name, unter dem sich der Mailclient – in diesem Fall der Zabbix-Server – beim STMP-Server ausgibt. Tragen Sie hier eine Domain oder einen Hostnamen ein, für die der SMTP-Server Mails verschicken darf. Dieser Hostname muss ggf. vom Hostnamen des Zabbix-Servers abweichen. Wenn der Zabbix-Server beispielsweise den Hostnamen `zabbix.example.local` hat, der Mailserver aber nur für die Domain `example.com` Mails verschickt, sollten Sie als Helo-String `zabbix.example.com` verwenden.

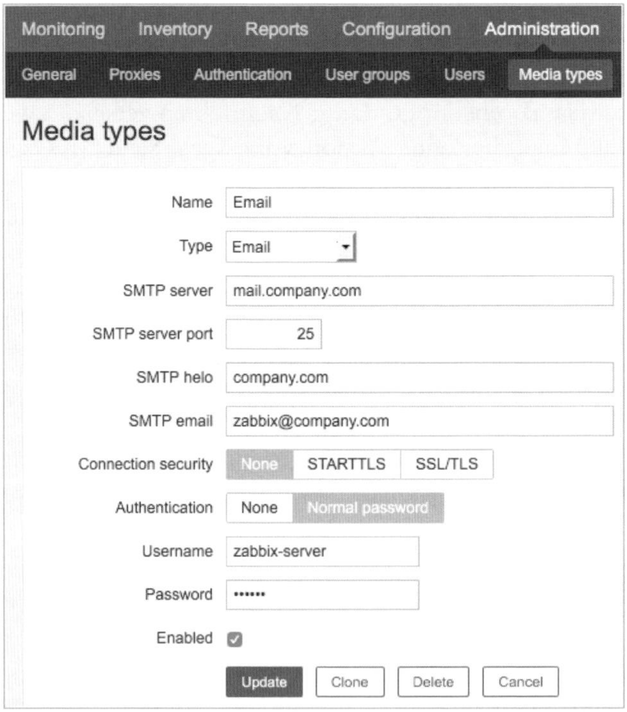

Abb. 13–1 *Konfiguration des SMTP-Servers zum Versenden von E-Mails*

- **SMTP email**
  Die Absenderadresse für alle Mails, die Zabbix über dieses Medium verschickt. Wenn Sie Nachrichten mit verschiedenen Absendern schicken möchten, müssen Sie mehrere Medien vom Typ SMTP anlegen und dann unterschiedliche Absender eintragen.
- **Connection security**
  Legen Sie fest, ob eine Verschlüsselte Verbindung zum SMTP-Server per Starttls oder SSL/TLS aufgebaut werden soll. (Verfügbar ab Zabbix 3.0)
- **Authentication**
  Geben Sie einen Benutzernamen und ein Passwort an, falls der SMTP-Server eine Authentifizierung verlangt. (Verfügbar ab Zabbix 3.0)

Wie Sie sehen, ist der in den Zabbix-Server integrierte SMTP-Client sehr spartanisch. Er beherrscht weder eine Authentifizierung noch eine SSL-Verschlüsselung.

In vielen Fällen ist es angebracht, den Zabbix-Server mit einem lokalen Mailserver auszustatten. Dieser Mailserver muss nur minimal konfiguriert werden, bietet dann aber entscheidende Vorteile:

- Mails werden zwischengespeichert, und es werden erneute Zustellversuche unternommen, wenn es Probleme mit der Zustellung gibt. Zabbix verfügt über keine interne Warteschlange. Ist der SMTP-Server nicht erreichbar, wird die Mail sofort verworfen. Ein lokaler Mailserver bietet hier einen robusten und fehlertoleranten Puffer.
- Ein lokaler Mailserver bietet mehr Funktionen bei der Weiterleitung der Mails. SMTP-Authentifizierung und SSL-Kommunikation sind dann kein Problem mehr.

Jede Linux-Distribution hat einen sogenannten MTA (Mail Transport Agent) an Bord, den Sie als SMTP-Relay konfigurieren können.

13.1.2.1 Fehler finden

Erst wenn Sie den Zabbix-Server im Debug-Modus 4 laufen lassen, protokolliert Zabbix die Zustellung oder die eventuellen Fehler beim Mailversand.

Kann der Mailserver nicht erreicht werden, finden Sie im Server-Log einen Eintrag ähnlich wie den folgenden:

```
In execute_action(): alertid [122] mediatype [0]
In 192.0.2.1() smtp_server:'FAIL'
Cannot connect to SMTP server [192.0.2.1]
[*** Cannot connect to [192.0.2.1]:25 [Network is unreachable]]
```

13.1.2.2 Postfix als Relayhost einrichten

Wenn Sie einen externen Mailserver verwenden, welcher eine SMTP-Authentifizierung verlangt, kommen Sie um das Einrichten eines minimalen lokalen Mailservers nicht herum. Installieren Sie zum Beispiel Postfix und tragen Sie in Zabbix 127.0.0.1 als Mailserver ein. Postfix nimmt dann die Mails von Zabbix entgegen und leitet diese an einen externen Mailserver weiter. Dabei übernimmt Postfix die Authentifizierung mit Benutzernamen und Passwort.

Hier ein Beispiel von einem SUSE-System, welches Google Mail zum Versenden der Mails verwendet. Tragen Sie Folgendes in die Datei `/etc/postfix/main.cf` ein:

```
# Minimal postfix main.cf for sending mails to external relay
myorigin = zabbix@company.com
myhostname = zabbix.company.com
alias_maps = hash:/etc/aliases
mydestination = localhost
mynetworks = 127.0.0.0/8
inet_interfaces = 127.0.0.1
command_directory = /usr/sbin
daemon_directory = /usr/lib/postfix
setgid_group = maildrop

#Forward mails to relay server
relayhost                      = smtp.googlemail.com
smtp_cname_overrides_servername = no

#SMTP mit SASL-Authentification verwenden
smtp_sasl_auth_enable       = yes
smtp_sasl_password_maps     = hash:/etc/postfix/smtp_auth
smtp_sasl_security_options = noanonymous
smtp_use_tls                = yes
```

In die Datei `/etc/postfix/smtp_auth` tragen Sie die Zugangsdaten von Google Mail ein.

```
smtp.googlemail.com your_name@googlemail.com:geheim
```

Damit die Änderungen aktiv werden, führen Sie noch folgende Kommandos aus:

```
postmap /etc/postfix/smtp_auth
/etc/init.d/postfix reload
```

13.1.3 SMS-Benachrichtigung einrichten

Der Zabbix-Server ist in der Lage, direkt und ohne Netzwerkverbindung Textnachrichten per SMS zu verschicken. Dazu wird ein GSM-Modem verwendet, welches über eine serielle Verbindung angeschlossen wird. Der Zabbix-Server kommuniziert über sogenannte AT-Kommandos mit dem Modem und verschickt so eine SMS. Leider sind passende GSM-Modems nicht sehr weit verbreitet. Hinzu kommt, dass nicht alle Modems in der Form auf die AT-Kommandos antworten, wie Zabbix es erwartet.

Das Verschicken von SMS per Modem hat den Vorteil, dass die Alarmierung auch beim Ausfall der Internetverbindung noch funktioniert. Der Nachteil ist die teilweise schwierige Inbetriebnahme der Hardware. Als Alternative zu einem GSM-Modem stehen zahlreiche Anbieter zur Auswahl, über die Sie SMS per HTTP-API verschicken können. Dies setzt dann aber eine funktionierende Internetverbindung voraus.

Die bei eBay für wenige Euro erhältlichen USB-GSM-Modems von HUAWEI und ZTE funktionieren nur mit einem Patch des Zabbix-Servers. Das GSM-Modem Siemens MC35 hingegen konnte in zahlreichen Test nicht mit dem Zabbix-Server verbunden werden. Im Abschnitt 13.5 finden Sie zwei Alternativen zum SMS-Versand per Internet, für den Fall, dass Sie den Zabbix-Server-Quellcode nicht patchen wollen.

Wenn das Modem über einen »echten« seriellen Anschluss mit dem Zabbix-Server verbunden ist, wird die Hardware in der Regel über `/dev/ttyS0` oder `/dev/ttyS1` angesprochen. Wenn das Modem per USB angeschlossen ist, richtet der Kernel einen virtuellen seriellen Port ein. Im Falle eines per USB angeschlossenen Modems müssen Sie noch das Programm `usb-modeswitch` installieren. Dieses Tool verhindert sofort beim Einstecken der Hardware, dass das USB-Modem als USB-Speicher-Stick oder USB-CD-ROM erkannt und initialisiert wird.

Modem finden:

```
# dmesg
usb 2-2.1: Product: HUAWEI Mobile
usb 2-2.1: GSM modem (1-port) converter now attached to ttyUSB2
# ls -l /dev/ttyUSB2
crw-rw---- 1 root dialout 188, 2 Nov 19 17:01 /dev/ttyUSB2
```

Da der Zabbix-Server nicht mit Root-Rechten läuft, hat dieser erst einmal keinen Zugriff auf das Modem. Ändern Sie dies, indem Sie den User zabbix in eine berechtigte Gruppe hinzufügen, zum Beispiel:

```
adduser zabbix dialout
```

13.1.3.1 Modem testen

Bevor Sie das Modem im Zabbix-Server einrichten, sollten Sie testen, ob dieses per AT-Kommando Nachrichten schicken kann. Nutzen Sie dazu zum Beispiel das Terminalprogramm `picocom`. Führen Sie den Test nicht als Root-User durch. Werfen Sie auch einen Blick in die Dokumentation des Geräts, um die genauen Verbindungsparameter zu erfahren.

```
su - zabbix -s /bin/bash
picocom --baud 19200 --flow n --databits 8 /dev/ttyUSB2
```

Nach ein paar Sekunden sollte die Verbindung mit `Terminal ready` bestätigt werden. Prüfen Sie nun, ob das Modem mit dem Mobilfunknetz verbunden ist.

```
AT+COPS?
+COPS: 0,0,"FONIC"
```

Sie sollten nun den Namen des Netzbetreibers sehen. Leiten Sie dann das Senden einer Nachricht ein:

```
ATE1 (press Enter)
AT+CMEE=2 (press Enter)
AT (press Enter)
AT+CMGF=1 (press Enter)
AT+CMGS="4917xxxxxxxxx" (press Enter)
>Hallo das ist ein Test (press Strg+z)
```

Senden Sie die Nachricht mit der Tastenkombination `Strg+z`. Dies sollte wie folgt bestätigt werden:

```
+CMGS: 9
OK
```

Picocom verlässt man mit der Tastenkombination `Ctrl+a` gefolgt von `Ctrl+x`. Wenn dieser Test erfolgreich war, können Sie das Modem in Zabbix einrichten. Das Problem einiger Modems besteht in der Bestätigung des Nachrichtenversands. Nicht alle Modems geben `+CMGS:` als Antwortcode aus. Der Zabbix-Server erwartet aber genau diesen Code. Über das Hauptmenü *Administration|Mediatypes* klicken Sie auf den Link »SMS«. Tragen Sie nun das Device ein, welches Sie zuvor erfolgreich mit Picocom getestet haben.

Media

Description: SMS
Type: SMS
GSM modem: /dev/ttyUSB2

Abb. 13–2 *Modemport angeben*

Richten Sie nun eine Aktion ein, die im Reiter Operations die Option »Send only to all« oder »Send only to SMS« aktiviert hat.

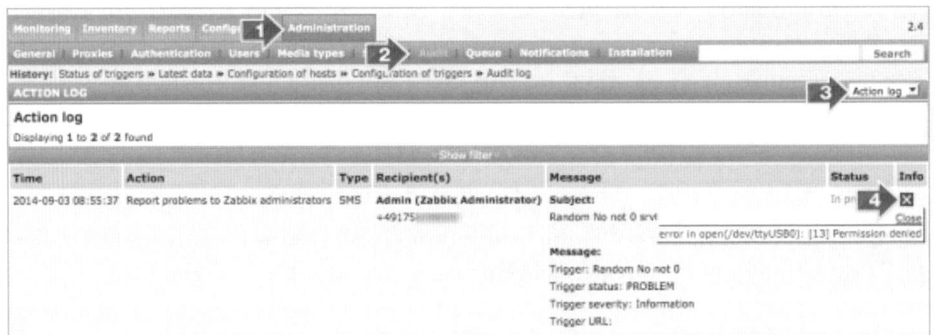

Abb. 13–3 *Im sogenannten »Audit-Log« finden Sie Fehlermeldungen, wenn der Versand einer Nachricht gescheitert ist.*

Provozieren Sie einen Alarm, der die entsprechende Aktion auslöst. Schauen Sie nach, ob die SMS verschickt wurde. Im Hauptmenü *Administration|Audit* wählen Sie rechts oben im Dropdown-Menü »Actions« aus. Falls die SMS nicht angekommen ist, sehen Sie hier die möglichen Fehler. Häufig antwortet das Modem nicht so, wie Zabbix es erwartet. Sie finden dann Meldungen wie zum Beispiel:

```
Expected [+CMGS: ] received []
Expected [OK] received []
Expected [+CMGS: ] received [> > > > > > > > > > > > > > > +CMS ERROR: 305] #
  (305 - invalid text mode parameter)
```

Im Falle der HUAWEI- und ZTE-USB-Modems wird die SMS dreimal verschickt und immer mit dem Status »not sent« protokolliert. Ursache für dieses Verhalten ist der Bestätigungscode des Modems, nachdem die Nachricht verschickt wurde. Der Zabbix-Server erwartet die Zeichenfolge `+CMGS:`. Wie man aber bei Tests mit Picocom feststellen kann, antworten die Modems zuerst mit einer leeren Zeile und dann mit `+CMGS:`. Wenn Sie den Zabbix-Server so patchen, dass die Antwort des Modems ignoriert wird, funktioniert der SMS-Versand.

13.1.3.2 Modem-Kommunikation im Zabbix-Server patchen

In der Datei `src/libs/zbxmedia/sms.c` ist ab Zeile 184 festgelegt, welche AT-Kommandos der Zabbix-Server an das Modem sendet und mit welcher Zeichenfolge das Modem ein Kommando bestätigen muss.

Das Original sieht so aus:

```
zbx_sms_scenario scenario[] =
    {
        {ZBX_AT_ESC      , NULL          , 0},  /* Send <ESC> */
        {"AT+CMEE=2\r"   , ""/*"OK"*/    , 5},  /* verbose error values */
        {"ATE0\r"        , "OK"          , 5},  /* Turn off echo */
        {"AT\r"          , "OK"          , 5},  /* Init modem */
        {"AT+CMGF=1\r"   , "OK"          , 5},  /* Switch to text mode */
        {"AT+CMGS=\""    , NULL          , 0},  /* Set phone number */
        {number          , NULL          , 0},  /* Write phone number */
        {"\"\r"          , "> "          , 5},  /* Set phone number */
        {message         , NULL          , 0},  /* Write message */
        {ZBX_AT_CTRL_Z   , "+CMGS: "     , 40}, /* Send message */
        {NULL            , "OK"          , 1},  /* ^Z */
        {NULL            , NULL          , 0}
    };
```

Ändern Sie diesen Block wie folgt. So erreichen Sie, dass der Zabbix-Server nach dem Übergeben der Nachricht an das Modem auf keine Rückmeldung wartet.

```
zbx_sms_scenario scenario[] =
    {
        {ZBX_AT_ESC      , NULL          , 0},  /* Send <ESC> */
        {"AT+CMEE=2\r"   , ""/*"OK"*/    , 5},  /* verbose error values */
        {"ATE0\r"        , "OK"          , 5},  /* Turn off echo */
```

```
        {"AT\r"         , "OK"          , 5},   /* Init modem */
        {"AT+CMGF=1\r"  , "OK"          , 5},   /* Switch to text mode */
        {"AT+CMGS=\""   , NULL          , 0},   /* Set phone number */
        {number         , NULL          , 0},   /* Write phone number */
        {"\"\r"         , "> "          , 5},   /* Set phone number */
        {message        , NULL          , 0},   /* Write message */
        {ZBX_AT_CTRL_Z  , NULL          , 40},  /* Send message */
        {NULL           , NULL          , 1},   /* ^Z */
        {NULL           , NULL          , 0}
};
```

Kompilieren Sie anschließend den Zabbix-Server neu und kopieren Sie nur die geänderte Zabbix-Server-Binary.

```
/usr/src/zabbix-<VERSION>#
make
/etc/init.d/zabbix-server stop
cp src/zabbix_server/zabbix_server /opt/zabbix/sbin/
/etc/init.d/zabbix-server start
```

Warnung

Sie reduzieren mit diesem Eingriff die Zuverlässigkeit der Nachrichtenzustellung erheblich. Der Zabbix-Server prüft nicht mehr, ob das Modem die SMS verschickt hat, und wird dementsprechend keine weiteren Versuche der erneuten Zustellung unternehmen. Wenn Sie den Zabbix-Server über ein externes RPM- oder DEB-Repository installiert haben, sollten Sie vom Patchen des Quellcodes Abstand nehmen. Bei jedem Update geht der Patch verloren und muss erneut durchgeführt werden. Wenn Sie SMS mit einem Modem verschicken möchten, verwenden Sie besser den Gammu-SMSD.

13.1.4 Eigene Medien hinzufügen

Neben den genannten Standardmedien können Sie beliebige andere Programme oder Skripte zum Versenden von Nachrichten verwenden.

Damit Sie eigene Skripte als Medium verwenden können, müssen Sie dies zuerst in der Konfigurationsdatei `zabbix_server.conf` aktivieren. Zabbix ruft die Skripte nur in einem bestimmten Ordner auf. Stellen Sie also sicher, dass die Option AlertScriptsPath nicht auskommentiert ist und dass der angegebene Ordner Ihren Vorstellungen entspricht. Starten Sie den Zabbix-Server neu, nachdem Sie Änderungen an der Konfigurationsdatei vorgenommen haben.

```
### Option: AlertScriptsPath
#       Location of custom alert scripts
#
# Mandatory: no
# Default:
AlertScriptsPath=/opt/zabbix/alertscripts/
```

Legen Sie ein Skript im zuvor eingerichteten Ordner an. Achten Sie darauf, dass der Benutzer zabbix den Ordner lesen und das Skript ausführen darf.

Wenn der Zabbix-Server ein Skript zum Versenden von Nachrichten aufruft, werden diesem drei Parameter in der folgenden Reihenfolge übergeben:

- **Empfänger**
  Es wird das übergeben, was der Benutzer in seinem Profil als »Send To« für dieses Medium eingetragen hat. In der Regel handelt es sich um E-Mail-Adressen oder Telefonnummern.
- **Betreff**
  Es wird der als »Subject« in der Aktion hinterlegte Text übergeben.
- **Nachricht**
  Es wird der als »Message« in der Aktion hinterlegte Text übergeben.

Beispiel: Legen Sie folgendes Skript zum Beispiel in der Datei `/opt/zabbix/alertscripts/testalert.sh` an und machen es ausführbar.

```
#!/bin/bash
TO=$1
SUBJECT=$2
MESSAGE=$3
OUT=/tmp/testalert.log

date>$OUT
echo "Sending to $TO">>$OUT
echo "Subject: $SUBJECT">>$OUT
echo " ">>$OUT
echo $MESSAGE>>$OUT
```

Skripte einbinden

Nachdem Sie ein Skript angelegt haben, müssen Sie dieses noch über die Weboberfläche als Medium einbinden. Wechseln Sie über das Hauptmenü in den Bereich *Administration|Media Types* und klicken Sie oben rechts auf *Create Media Type*.

Als Typ wählen Sie Script aus. Als Description tragen Sie einen beliebigen Namen ein, über den Sie das Skript später in den Aktionen identifizieren. Im »Feld Script« Name tragen Sie den exakten Namen der Datei ein. Diese Datei wird im konfigurierten Ordner für die Alert-Skripte ausgerufen. Absolute Pfade sind also nicht zulässig.

Media	
Description	Testalert
Type	Script
Script name	testalert.sh
	Save Cancel

Abb. 13–4 *Hinzufügen eines eigenen Skriptes als Medium zum Versenden von Nachrichten*

Nachdem Sie das Skript hinzugefügt haben, können Sie es in den Menüs zum Einrichten von Aktionen auswählen. In der Benutzerverwaltung können Sie jetzt für jeden Benutzer eine Empfängerkennung (Mailadresse, Telefonnummer etc.) für das neue Medium hinterlegen.

Hinweis

Ein häufiger Fehler beim Einrichten von Alert-Skripten sind falsche Berechtigungen. Zabbix führt die Skripte nicht mit Root-Rechten aus. Falls Ihr Skript eine Logdatei schreibt, muss der Zabbix-User auch für diese Logdatei Schreibrechte haben. Oft werden Skripte als Root-User angelegt und getestet. Durch den ersten Test gehört die Logdatei dann Root. Zabbix kann das Skript dann u.U. nicht korrekt ausführen.

Warnung

Wenn Sie Nachrichten über ein eigenes Skript verschicken, wertet der Zabbix-Server weder den Exit-Code noch die Fehlermeldungen des Skriptes aus. Auch wenn sich das Skript mit Exit-Code 1 beendet, wird die Nachricht im Zabbix-Server als zugestellt protokolliert. Bauen Sie in Ihre Skripte ein Logging ein und senden Sie fehlgeschlagene Zustellversuche beispielsweise per Zabbix-Sender wieder zurück an Zabbix.

13.2 Alarm! Alarm! Aktionen einrichten

13.2.1 Alarmierung gleich Aktion

Wenn Sie in der Zabbix-Weboberfläche nach einem Menüpunkt »Alarmierung« oder »Benachrichtigung« suchen, werden Sie nichts finden. Für viele Benutzer ist die Alarmierung im Fehlerfall der Haupteinsatzzweck von Zabbix, trotzdem gibt es keine Möglichkeit, Alarme zu konfigurieren. Zabbix verfolgt einen universellen Ansatz. Das bedeutet, Trigger lösen Aktionen aus. Deshalb finden Sie im Hauptmenü auch den Eintrag »Actions«. Das Senden einer Mail ist nur eine von vielen Aktionen, die ein Trigger auslösen kann. Streng genommen ist auch das nicht korrekt. Das Senden einer Nachricht ist eine Aktion, und »E-Mail« ist der Medientyp der Nachricht. Bei den Aktionen wird zwischen zwei Typen unterschieden:

- Senden einer Nachricht (Send Message)
- Ausführen von Kommandos auf dem Host, welcher den Trigger auslöst (Remote Command)

Zum Senden einer Nachricht müssen zuvor Medien eingerichtet werden, zum Beispiel E-Mail oder SMS. Solange keine Medien eingerichtet wurden, können Sie »Send Message« nicht als Aktion einrichten.

Zum Ausführen von Kommandos auf einem entfernten Host ist der Zabbix-Server auf die Hilfe des Zabbix-Agenten angewiesen. Der Server übergibt dem Agenten die Aufgabe, ein Kommando auf seinem Host auszuführen.

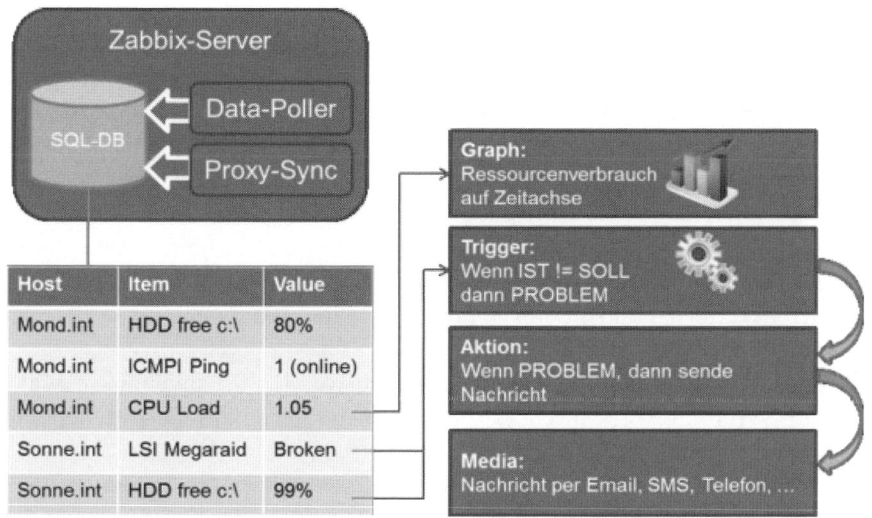

Abb. 13–5 *Interne Abläufe, damit ein Alarm ausgelöst wird*

13.2.2 Eine neue Aktion anlegen

Sobald Sie mindestens ein Medium, zum Beispiel E-Mail, eingerichtet haben, können Sie den Zabbix-Server damit beauftragen, Nachrichten zu schicken.

Sie richten eine neue Aktion über das Menü *Configuration|Action|New Action* ein. Jede Aktion braucht einen Namen, mit dem sie in der Liste der Aktionen später identifiziert wird. Wählen Sie einen aussagekräftigen Namen, wie zum Beispiel »Send E-Mail to Admin Staff«.

Für die Einrichtung einer Alarmierung wählen Sie als »Event Source« »Triggers« aus. Das bedeutet, die Aktion wird ausgeführt, sobald ein Trigger seinen Wert ändert. Sie erinnern sich, dass ein Trigger ausgeführt bzw. ausgewertet wird, sobald der Wert eines Items aktualisiert wird. Daraus ergibt sich eine Kette von Prozessen, die sofort hintereinander abfolgen:

1. Wert eines Items aktualisieren,
2. Trigger auswerten,
3. Aktion auslösen.

Was es mit den Quellen »Autodiscovery« und »Auto registration« auf sich hat, erfahren Sie im Kapitel Autodiscovery.

Die Checkbox »Enable escalations« aktivieren Sie erst einmal nicht. Dem Thema Eskalation ist ein Extraabschnitt gewidmet. Eskalationen sollten Sie erst dann einrichten, wenn Sie mit der allgemeinen Funktionsweise der Aktionen und dem Zusammenspiel von Aktion und Medium vertraut sind.

13.2.2.1 Nachrichtenvorlage erstellen und Platzhalter verwenden

Im Eingabefeld »Default Subject« tragen Sie den **Betreff der Nachricht** ein. Wenn die Nachricht über das Medium E-Mail versendet wird, ist »Default Subject« gleich dem Betreff der Mail. Wenn Sie als Medium ein benutzerdefiniertes Skript auswählen, dann wird das »Default Subject« als zweiter Parameter dem Skript übergeben.

Im Eingabefeld »Default message« können Sie festlegen, wie die Nachricht aufgebaut werden soll und welche Informationen sie enthält. Im Eingabefeld »Default Message« legen Sie den **Nachrichtentext** (Body) fest. Wenn Sie als Medium ein externes Skript auswählen, wird der Nachrichtentext als dritter Parameter, $3 bei Shell-Skripten, übergeben.

Zum Aufbau von Betreff und Nachricht verwenden Sie sogenannte Makros. Dies sind Variablen, die durch die gemessenen Werte des betroffenen Hosts ersetzt werden.

Im Eingabebereich »Action conditions« können Sie **Bedingungen** definieren, wann eine Aktion ausgelöst werden soll. Das Anlegen einer Bedingung ist optional. Wenn Sie keine Bedingung anlegen, wird die Aktion immer ausgelöst, sobald ein Trigger (unabhängig vom Host oder der Hostgruppe) seinen Wert ändert. Das bedeutet, dass die Aktion ausgelöst wird, wenn ein Problem auftritt und auch wenn es wieder verschwindet.

13.2.2.2 Recovery-Messages

Nun können Sie sich fragen, warum es die Checkbox »Recovery message« gibt, wenn die Aktion, in der Regel das Senden einer Nachricht, doch per Standard auch dann ausgelöst wird, wenn ein Problem gelöst ist. Wenn Sie die Option »Recovery message« aktivieren, öffnet sich ein weiteres Eingabefeld, in dem Sie nur für die »Alles-ist-wieder-gut-Meldung« einen anderen Text definieren können als für die Problemmeldung. In vielen Fällen müssen Sie diese Option aber nicht nutzen, denn in der Standardmeldung ist das Makro `{TRIGGER.STATUS}` enthalten, welches zu »Problem« bzw. »OK« aufgelöst wird.

Ohne das Einrichten der Recovery-Message würden Sie zum Beispiel Meldungen mit folgenden Betreffs erhalten:

Fehler tritt auf: `Problem Host mond.int few discspace`

Fehler verschwindet: `OK Host mond.int few discspace`

Die Nachrichtentext wäre bei beiden Nachrichten identisch.

Durch das Einrichten einer expliziten Recovery-Message bekommen Sie die Möglichkeit, zwei getrennte Nachrichten zu hinterlegen.

Wenn Sie die Option »Recovery message« aktivieren, müssen Sie zwingend die Bedingung »Trigger Value = PROBLEM« hinzufügen. Tun Sie dies nicht, werden Sie keine Recovery-Meldung erhalten. Nur anhand der Bedingung »Trigger Value= PROBLEM« weiß Zabbix, dass eine Aktion eine Problemmeldung ist. Und nur auf Problemmeldungen kann eine Wiederherstellungsmeldung folgen.

Intern wird automatisch für die Recovery Meldung der Kondition »Trigger Value = OK« verwendet.

13.2.2.3 Bedingungen für Aktionen

Im Bereich »Action conditions« können Sie noch weitere Einschränkungen einrichten, zum Beispiel dass eine Aktion nur bei Problemen mit Hosts einer bestimmten Gruppe oder einer Applikation ausgelöst werden sollen. Oder Sie können festlegen, dass Aktionen nur zu bestimmten Uhrzeiten ausgelöst werden dürfen. Beachten Sie, dass Sie die Einschränkungen auf Host, Hostgruppen und Uhrzeiten an zwei Stellen vornehmen können. Sie können es in der Konfiguration der Aktion einstellen. Oder Sie können es in der Benutzerverwaltung pro Benutzer einstellen. Die Einstellungen in der Aktion haben dabei den Vorrang. Wenn Sie zum Beispiel einstellen, dass Alarmmeldungen nur zwischen 8 und 17 Uhr rausgehen sollen, dann wird außerhalb dieser Zeiten niemand eine Mail bekommen. Stellt ein User in seinem Profil ein, dass er rund um die Uhr Alarmmeldungen empfangen möchte, hat das keine Auswirkungen.

Wenn Sie hingegen einstellen, dass eine Aktion, zum Beispiel eine Alarm-E-Mail, rund um die Uhr versendet wird, bedeutet dies nicht, dass auch alle User rund um die Uhr diese Meldungen erhalten. In diesem Fall haben die persönlichen Einstellungen Vorrang. Stellt ein Benutzer ein, er möchte nur zwischen 9 und 13 Uhr Mails erhalten, dann werden die globalen Einstellungen der Aktion dies nicht überschreiben.

Hinweis

Leider verwendet Zabbix in Bezug auf die Trigger keine durchgehend einheitliche Terminologie. An einigen Stellen werden die Trigger-Status mit TRUE oder FALSE bezeichnet. An anderen Stellen, zum Beispiel bei der Konfiguration der Aktionen, werden die Trigger-Status mit »OK« oder »PROBLEM« bezeichnet.

»Trigger gleich True« bedeutet Trigger Value gleich Problem.

»Trigger gleich False« bedeutet kein Problem, Trigger Value gleich OK.

13.2.2.4 Aktion auslösen oder eine Nachricht schicken

Nachdem Sie nun für eine Aktion Name, Betreff, Text und ggf. Bedingung eingegeben haben, müssen Sie noch die eigentliche Aktion definieren. Dazu klicken Sie in der rechten Fensterhälfte auf »Action operations->New«.

Jetzt entscheiden Sie sich zwischen den zwei Aktionstypen »Send Message« und »Remote Commands«. Zuerst sollten Sie eine Aktion vom Typ »Send Message« einrichten. »Remote Command« wird an anderer Stelle erklärt.

Über die Auswahl »Send message to« legen Sie fest, ob die Nachricht an eine Gruppe oder einen einzelnen Benutzer gesendet wird. Die Option »Nachricht an alle« gibt es nicht. Dazu müssten Sie eine Gruppe anlegen, in der alle Benutzer Mitglied sind.

Sofern Sie mehrere Medien konfiguriert haben, zum Beispiel Mail, SMS und Jabber-Chat, können Sie über das Dropdown-Menü »Send only to« einschränken, über welches Medium die Nachricht versendet werden soll. Beachten Sie auch wieder das Zusammenspiel von den globalen Einstellungen der Aktion und den persönlichen Einstellungen des Benutzers. Wenn Sie einstellen, dass ein bestimmter Benutzer Meldungen erhalten soll, kann der Benutzer dies in seinen Einstellungen trotzdem verhindern.

Wenn Sie einen einzelnen Benutzer ausgewählt haben, werden die persönlichen Einstellungen zum Empfang von Nachrichten des Benutzers in der Konfiguration der Aktion eingeblendet. Diese Benutzereinstellung können Sie an dieser Stelle nicht ändern. Sie können aber sofort erkennen, dass ein Benutzer zum Beispiel die Alarmierung per Mail ausgeschaltet hat und Sie die Alarme deshalb vielleicht besser an eine Gruppe anstatt an einen einzelnen Benutzer schicken.

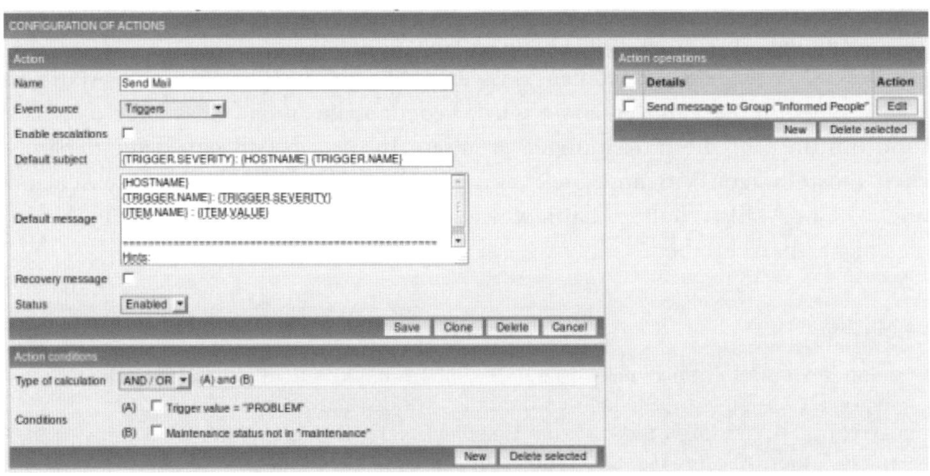

Abb. 13–6 *Anlegen einer Benachrichtigung per E-Mail*

13.2.2.5 Nachrichtentexte weiter individualisieren

Wenn Sie den Haken »Default message« entfernen, haben Sie die Möglichkeit, für eine Gruppe oder einen Benutzer einen abweichenden Text zu hinterlegen.

Eine sinnvollere Anwendung für **abweichende Mail-Texte** ist die Kommunikation von Zabbix mit anderen automatischen Systemen per Mail. Zum Beispiel kann Zabbix per E-Mail Trouble-Tickets in Systemen wie OTRS, Redmine, Jira etc. auslösen. Solche Systeme können Mails sehr präzise verarbeiten, wenn diese einer bestimmten Form folgen und spezielle Stichworte enthalten.

Eine andere Anwendung für abweichende Mail-Texte sind mehrsprachige Teams. So können Sie zum Beispiel die Standardmeldungen in Englisch verfassen. Für das spanischsprachige Team hinterlegen Sie aber eine spanische Nachricht.

Hinweis

Achten Sie darauf, dass Sie jeden Teilbereich des Formulars zum Einrichten einer Aktion mit den Buttons »Add« bzw. »Save« speichern. Final müssen Sie dann alle Einstellungen über den Button »Save« im linken Formular im Kasten »Action« speichern. Siehe Screenshot.

Tipp

Die Eingabefelder sind sehr klein ausgefallen, und der Text wird nicht in einer Monospace-Schriftart dargestellt. Das erschwert das saubere Formatieren einer E-Mail-Vorlage. Abhilfe schafft hier das Firefox-Plugin »It's all Text«[1]. Ist das Plugin installiert, können Sie die Eingaben und Änderungen in allen Eingabefeldern vom Typ Textarea in Ihrem Lieblingseditor vornehmen.

13.2.3 Eskalation

Einen Alarm auslösen und eine Nachricht schicken ist gut. Doch schnell kann man so eine Nachricht übersehen. Oder der Akku des Handys ist leer, und die SMS kommt nicht an. Auch für solche Fälle hat Zabbix eine Lösung: Eskalation. Über die Funktion »Eskalation« können Sie für ein Problem (Trigger) mehrere Aktionen hintereinander auslösen. So ist es möglich, eine Kette von Aktionen auszulösen, wobei jede einzelne Aktion wieder an Bedingungen geknüpft ist. Wenn also der Admin vom Notdienst auf eine SMS nicht reagiert, indem er die Störung und damit den Erhalt der SMS bestätigt, wird nach 10 Minuten ein Telefonanruf ausgelöst. Bleibt auch der Anruf ohne Reaktion, wird nach einer weiteren Zeitspanne der Chef vom Notdienst verständigt.

Sie aktivieren die Eskalation in der Konfiguration einer Aktion durch Setzen des Hakens bei »Enable escalations«. Dies aktiviert weitere Konfigurationsmöglichkeiten auf der rechten Seite im Bereich »Action operations«. Bevor Sie die einzelnen Schritte der Eskalation anlegen, müssen Sie festlegen, wie viel Zeit zwischen den Aktionen vergehen muss. Tragen Sie dazu eine Anzahl von Sekunden (mindestens 60) in das Feld »Period« direkt unter der Checkbox »Enable escalations« ein. Es ist später möglich, zwischen den Aktionen eine flexible Zeitspanne verstreichen zu lassen. Wenn Sie also als Zeitspanne 300, also fünf Minuten, eintragen, wird alle fünf Minuten geprüft, ob eine neue Stufe der Eskalation erreicht

1. *https://addons.mozilla.org/de/firefox/addon/its-all-text/*

wurde. Jede Aktion kann diesen Wert überschreiben und festlegen, wann die nächte Stufe ausgelöst werden soll.

Nachdem Sie sich für eine Periode entschieden haben, können Sie die erste Aktion anlegen. Die Aktionen werden angelegt wie jede andere Aktion auch (siehe oben). Allerdings müssen Sie bei aktivierter Eskalation festlegen, beim wievielten Durchlauf der Schleife die Aktion erfolgen soll. Für die erste Aktion tragen Sie bei »Step From« 1 ein. Wenn Sie nur »Step To« gleich 0 setzen (= endlos) wird zum Beispiel eine Nachricht, sofern Sie Period gleich 300s gewählt haben, alle fünf Minuten verschickt, solange der Trigger ein Problem meldet. Wenn Sie als Bedingung »Event acknowledged = Not Ack« hinzufügen, hört die wiederholte Alarmierung auf, sobald das Problem bestätigt wird.

Sie können nun weitere Aktionen hinzufügen, zum Beispiel können Sie mit »Step From = 2, Step To = 0« nach 10 Minuten weitere Personen in den Kreis der Alarmierten aufnehmen.

Beim Anlegen einer Aktion können Sie außerdem festlegen, wann die nächste Stufe ausgelöst werden soll. Wenn Sie Null auswählen, wird die voreingestellte Standardzeitspanne verwendet.

Im unten gezeigten Beispiel wird bei einem Problem sofort und einmalig der »Admin of the day« informiert. Nach fünf Minuten (Vorgabewert) wird die Gruppe »Network administrators« alarmiert. Nach weiteren drei Minuten wird die Chefetage benachrichtigt.

Action operations

	Steps	Details	Period (sec)	Delay	Action
	1	Send message to User "Admin of the Day"	Default	Immediately	Edit
	2 - 0	Send message to Group "Network administrators"	180	5m	Edit
	3 - 0	Send message to Group "Head of IT department"	Default	8m	Edit

New Delete selected

Abb. 13–7 *Anlegen einer Eskalation. Mehrere Personen werden nacheinander benachrichtigt, wenn die Kollegen nicht reagieren.*

13.2.4 Makros für Aktionen

Makros sind Platzhalter für dynamisch eingefügte Inhalte in Nachrichten und Remote-Kommandos. Sie werden in geschweifte Klammern gesetzt und in Großbuchstaben geschrieben. Makros werden je nach Kontext in spezifische Werte aufgelöst. Makros, die kein Dollar-Zeichen enthalten, beispielsweise `{ITEM.NAME}`, sind interne Makros, deren Werte Sie nicht überschreiben können. Zusätzlich gibt es noch User-Makros, deren Werte Sie an verschiedenen Stellen selbst setzen können. Die User-Makros enthalten immer ein Dollar-Zeichen, beispielsweise `{$LOCATION}`. Mehr zum Thema User-Makros finden Sie im Abschnitt 15.3.

Die nachfolgenden Makros können Sie zum Erstellen und Individualisieren von Nachrichten verwenden. Die komplette Liste aller verfügbaren Makros finden Sie online in der offiziellen Zabbix-Dokumentation[2].

Die Angabe der Nummern 1-9 sind nur dann notwendig, wenn ein Trigger mehrere Items oder Hosts gleichzeitig auswertet. Ist dies nicht der Fall, brauchen Sie keine Nummern angeben. `{ITEM.NAME}` reicht also aus, um in einer Nachricht den Namen des Items zu senden.

{HOSTNAME<1-9>}	Name des Hosts, welcher den Alarm auslöst. Entspricht dem Namen, den Sie beim Anlagen des Hosts als Name (nicht verwechseln mit DNS-Hostname) angelegt haben. In der Regel verwenden Sie das Makro {HOSTNAME}.
{HOST.CONN<1-9>}	Variable, über die der Host kontaktiert wird. In der Regel die IP-Adresse des Hosts. Wenn Sie im Host »use DNS« ausgewählt haben, enthält das Makro den DNS-Namen.
{HOST.DNS<1-9>}	Konfigurierter DNS-Name
{IPADDRESS<1-9>}	Konfigurierte IP-Adresse des Hosts
{NODE.ID<1-9>}	Nummer des Nodes beim Einsatz von »Distributed Monitoring«
{NODE.NAME<1-9>}	Name des Nodes beim Einsatz von »Distributed Monitoring«
{PROXY.NAME<1-9>}	Name des Proxys, über den der Host überwacht wird

Tab. 13–1 *Makros mit Informationen über den Host*

{ITEM.LASTVALUE<1-9>}	Wert der letzten Messung des Items. Einheiten und Value Mappings werden berücksichtigt.
{ITEM.NAME<1-9>}	Name des Items, entspricht dem, was Sie im Feld »Description« beim Anlegen des Items angegeben haben
{ITEM.VALUE<1-9>}	Synonym für {ITEM.LASTVALUE<1-9>}

Tab. 13–2 *Makros mit Informationen über die Items*

{ESC.HISTORY}	Eskalationsverlauf, Auflistung der bereits gesendeten Nachrichten
{EVENT.ACK.HISTORY}	Historie, wer wann Alarme für einen Host bestätigt hat
{EVENT.ACK.STATUS}	Status, ob der Alarm schon bestätigt (acknowledged) wurde (sinnvoll bei Eskalationen und mehrfacher Alarmierung)
{EVENT.AGE}	Wie lange besteht das Problem schon? Ausgabe wird automatisch in Sekunden, Minuten oder Stunden inklusive Einheit ausgegeben.

Tab. 13–3 *Makros mit Informationen über das ausgelöste Event*

2. *https://www.zabbix.com/documentation/2.4/manual/appendix/macros/supported_by_location*

{EVENT.DATE}	Datum, wann das Event (Problem) das erste Mal auftrat, Format YYYY.MM.DD
{EVENT.ID}	ID des Events
{EVENT.TIME}	Uhrzeit, wann das Event (Problem) das erste Mal auftrat, Format HH.MM.SS

Tab. 13–3 *Makros mit Informationen über das ausgelöste Event (Forts.)*

{TRIGGER.ID}	Numerische ID des Triggers, welcher die Aktion auslöst
{TRIGGER.NAME}	Name (Beschreibung) des Triggers
{TRIGGER.NSEVERITY}	Numerische Dringlichkeit des Triggers (severity), mögliche Werte: 0 - Not classified, 1 - Information, 2 - Warning, 3 - Average, 4 - High, 5 - Disaster.
{TRIGGER.SEVERITY}	Dringlichkeit des Triggers in Textform (severity), mögliche Werte: Not classified, Information, Warning, Average, High, Disaster, Unknown
{TRIGGER.STATUS}	Trigger-Status, mögliche Werte: PROBLEM oder OK
{TRIGGER.URL}	Trigger-URL, die Sie ggf. bei der Einrichtung des Triggers hinterlegt haben
{TRIGGER.VALUE}	Aktueller Wert des Triggers: 0 - trigger is in OK state, 1 – trigger is in PROBLEM state, 2 – trigger UNKNOWN
{TRIGGER.COMMENT}	Kommentare, die beim Anlegen des Triggers hinterlegt wurden
{TIME}	Die aktuelle Uhrzeit des Zabbix-Servers

Tab. 13–4 *Makros mit Informationen über den Trigger, der die Aktion auslöst*

Tipp

Hinterlegen Sie bei jedem Trigger Hinweise, wie man das Problem beheben kann. Solche Hinweise sind besonders wertvoll, wenn ein Problem nicht über die gewohnten Standardwege behoben werden kann.

Beispiel:

```
Trigger-Name: Apache Webserver not running
Comment:      Do not use /etc/init.d/apache2 restart.
              Our custom Initscript is /etc/init.d/my_apache restart
```

Nicht alle oben genannten Makros stehen in älteren Versionen von Zabbix zur Verfügung. Die ofizielle Zabbix-Dokumentation gibt Auskunft, ab welcher Version die Makros verfügbar sind.

Alle Makros, für die keine Werte ersetzt werden können, liefern »*UNKNOWN*« zurück.

13.3 SMS über das Internet verschicken

13.3.1 Scriptpath setzen

In der Konfigurationsdatei des Servers `zabbxi_server.conf` müssen Sie die Option »AlertScriptsPath« setzen. Geben Sie ein Verzeichnis an, in welchem sich Skripte befinden, die Alarme auslösen:

```
### Option: AlertScriptsPath
#       Location of custom alert scripts
#
# Mandatory: no
# Default:
AlertScriptsPath=/usr/lib/zabbix/alertscripts
```

13.3.2 Skripte als Medium einbinden

Über das Webfrontend können Sie Skripte zum Alarmieren über den Menüpunkt *Administration->Media* einbinden. Geben Sie nur den Skriptnamen, nicht den vollen Pfad an. Der volle Pfad wird automatisch aus dem Skriptnamen und der Variable »AlertScriptsPath« gebildet.

Den Skripten wird als erster Parameter der Wert des Feldes »Send to« übergeben, den ein Benutzer für das jeweilige Medium hinterlegt hat. Im Feld »Send To« tragen die Benutzer in der Regel Telefonnummern ein. Als zweiter Parameter wird der in der Aktion konfigurierte Betreff übergeben, in der Regel der Name des Triggers und des Hosts. Den dritten Parameter -der Nachrichtentext- wird in den Beispielen für den SMS-Versand nicht verwendet. Die SMS besteht nur aus einem Betreff.

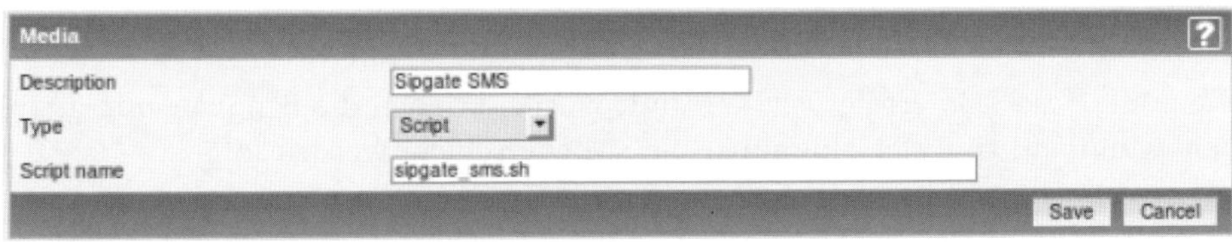

Abb. 13–8 *Hinzufügen eines Alarmskriptes*

13.3.3 SMS per Sipgate HTTP-API senden

Sipgate bietet die Möglichkeit, per API[3] für momentan 7,9 Eurocent eine SMS zu versenden. Alles, was Sie brauchen, ist ein Sipgate-Account und Guthaben auf Ihrem Kundenkonto.

3. *http://www.sipgate.de/basic/api*

13.3.3.1 Perl-Client für Sipgate-Basic

- Laden Sie das Beispiel-Skript für einen Sipgate-SMS-Client `sipgateapi-sms.pl` für Perl bei Sipgate.de[4] herunter.
- Entpacken Sie die Datei, so dass `sipgateAPI-sms.pl` zum Beispiel in `/opt/zabbix/bin/` liegt.
- Installieren Sie die benötigten Perl-Module:

```
apt-get install libfrontier-rpc-perl
yum install perl-Frontier-RPC-Client perl-LWP-Protocol-https # Verlangt EPEL
  Repository
```

- Testen Sie den Versand einer SMS auf der Kommandozeile. Ersetzen Sie USERNAME mit Ihrem Sipgate-Benutzernamen (nicht die Sip-ID). Ersetzen Sie PASSWORD mit dem Passwort, mit dem Sie sich auf der Sipgate-Webseite anmelden:

```
[root@vm173 ~]# ./sipgateAPI-sms.pl USERNAME geheim 49175XXXXXXXX "Test"
Successfully identified to the server!
Your request was successfully send to the server!
```

- Nutzen Sie folgendes Wrapper-Skript, welches Sie zum Beispiel als Datei `sipgate_sms.sh` speichern:

```
#!/bin/bash
LOG=/tmp/sms.log
NUM=$1
MSG=$(echo $2|cut -b -160)
echo "$(date) -- Sending $MSG to $NUM">>$LOG
/opt/zabbix/bin/sipgateAPI-sms.pl USERNAME PASSWORD $NUM "$MSG">>$LOG
```

Testen Sie das Skript und achten Sie auf die korrekte Formatierung der Rufnummer.

```
./sipgate_sms.sh 491751234567 test
```

Wenn die Test-SMS erfolgreich versandt wurde, können die Benutzer nun angeben, wann und an welche Nummer die SMS verschickt werden soll.

13.3.3.2 PHP Sipgate-Client für Basic- und Team-Accounts

Wer Sipgate-Team verwendet oder lieber PHP als Perl verwenden möchte, kann sich das Beispiel-Skript sipgate-sms.php[5] herunterladen und in den Ordner für Alarmierungsskripte speichern. Fügen Sie Ihren Benutzernamen und ein Passwort ein. Wählen Sie außerdem aus, ob Sie Sipgate-Team oder Sipgate-Basic verwenden. Machen Sie das Skript mit dem Kommando `chmod +x sipgate-sms.php` aus-

4. *http://www.sipgate.de/beta/public/static/downloads/basic/api/sipgate_api_perl_examples.zip*
5. *http://lab4.org/files/sipgate-sms.php.txt*

führbar und schicken Sie testweise die erste SMS mit `./sipgate-sms.php 491717000000 "eine Nachricht"`.

sipgate-sms.php

File Path ▾ : sipgate-sms.php

sipgate-sms.php (no symbol selected)

```
<?php
$user     = 'BENUTZERNAME';      // Credential to access sipgate.
$password = 'GEHEIM';            // Same as login for webpage. Not the sipid for phone call

$logfile  = '/tmp/sms-sipgate.log';

$areacode = '49';          // Default Areacode without +-sign, 49 for Germany
$api_url = "https://api.sipgate.net/RPC2";        // For Sipgate Team API is api.sipgate.de
//$api_url = "https://samurai.sipgate.net/RPC2"; // For Sipgate Basic API is samurai.sipga

$time_zone = 'Europe/Berlin';

$max_length = '320'; // Message is cut after max_length. Sipgate can send long messages.
                     // but you are charched more. Use a multiple of 160

// -------------------- END OF CONFIGURATION -------------------- //
date_default_timezone_set($time_zone);
if( !function_exists('xmlrpc_encode_request')) die('install xmlrpc extension for php5.');
$request_options = array('encoding' => 'UTF-8');
```

Abb. 13–9 *Konfiguration des Sipgate-SMS-Clients*

> **Hinweis**
>
> Sofern Sie keine automatische Aufladung Ihres Guthabens eingestellt haben, sollten Sie mit Zabbix auch Ihr Sipgate-Guthaben überwachen, damit Sie frühzeitig ans Aufladen erinnert werden. Das PHP-Skript können Sie mit der Option `sipgate-sms.php --get-balance` aufrufen. Richten Sie sich im Zabbix-Agenten des Zabbix-Servers einen User-Parameter, ein Item und einen Trigger ein, so dass zum Beispiel alle zwei Stunden das Guthaben geprüft wird.

New media

Type: Sipgate SMS

Send to: 491756123456

When active: 1-7,00:00-23:59

Use if severity: Not classified, Information, Warning, Average, High, Disaster

Status: Enabled

Add Cancel

Abb. 13–10 *SMS-Alarmierung in der Benutzerverwaltung aktivieren*

13.4 Telefonanrufe auslösen und SMS verschicken

13.4.1 SMS und Telefonanrufe per HTTP-API auslösen

Der Dienstleister Esendex[6] bietet einen Internetdienst an, über den Sie SMS verschicken können. Außerdem können Sie Telefonanrufe auslösen. Eine sogenannte Text-to-Speach-Engine wandelt Text in gesprochene Worte um und liest diese dem Angerufenen vor. Der Angerufene muss per Tastendruck bestätigen, dass er oder sie die Nachricht gehört hat. Nicht bestätigte Anrufe können automatisch beliebig oft erneut getätigt werden. Über den Erhalt von SMS und Sprachnachrichten wird Protokoll geführt. Stand 15.06.2015 kosten Anrufe und SMS 8,5 Cent per Prepaid-Bezahlung. Zum Testen gibt es 25 SMS oder Anrufe gratis.

Alle Funktionen von Esendex können Sie über eine simple HTTP-API fernsteuern. Esendex eignet sich folglich hervorragend als Kommunikationsmedium für Zabbix. Sie können nicht nur Kurznachrichten schicken, sondern auch Telefonanrufe auslösen, bei denen sichergestellt ist, dass diese nicht auf Mailboxen landen.

Laden Sie sich das Skript esendex_api.php.txt[7] herunter und speichern Sie es im Ordner für Alert-Skripte unter dem Dateinamen `esendex_api.php`. Machen Sie das Skript mit dem Befehl `chmod 755` ausführbar. Standardmäßig ist dies `/usr/lib/zabbix/alertscripts`. Sollte dies Ihr erstes Alarmierungsskript sein, prüfen Sie in der Datei `/etc/zabbix/zabbix_server.conf` den Parameter `AlertScriptsPath`.

Öffnen Sie das Skript mit einem Editor und tragen Sie in den ersten Zeilen Ihre Zugangsdaten von Esendex ein (siehe Abbildung 13–11). Benutzername und Kennwort sind identisch mit den Zugangsdaten zum Esendex-Webportal. Ihre Kontonummer (`$account`) finden Sie unter »Ihre aktiven Konten« auf der Home-Seite für angemeldete Kunden.

Nachdem Sie alle Zugangsdaten eingetragen haben, testen Sie ein erstes Login zur API, indem Sie Ihren Kontostand abfragen:

```
./esendex_api.php --get-creditbalance
```

Wenn der Test erfolgreich war und Sie ein Guthaben größer Null haben, können Sie nun die erste SMS verschicken:

```
./esendex_api.php <EMPFÄNGER_NUMMER> "Ein Text"
```

Wenn auch dieser Test erfolgreich war, legen Sie zwei symbolische Links an:

```
ln -s esendex_api.php voicecall
ln -s esendex_api.php send_sms
```

Diese beiden Links sind notwendig, damit Sie mit einem Skript sowohl SMS schicken als auch Telefonanrufe auslösen können. Der Zabbix-Server kann einem

6. *http://www.esendex.de/*
7. *http://lab4.org/files/esendex_api.php.txt*

Alert-Skript außer der Empfängernummer und dem Nachrichtentext keine weiteren Parameter übergeben. Das Skript kann aber erkennen, über welchen Namen es aufgerufen wird. Testen Sie es:

```
./voiceall <EMPFÄNGER_NUMMER> "Hallo hier spricht dein Monitoring-System"
```

Wenn Sie oder später der Zabbix-Server das Skript über den symbolischen Link `voicecall` aufrufen, wird der Call-Type auf Voice gesetzt.

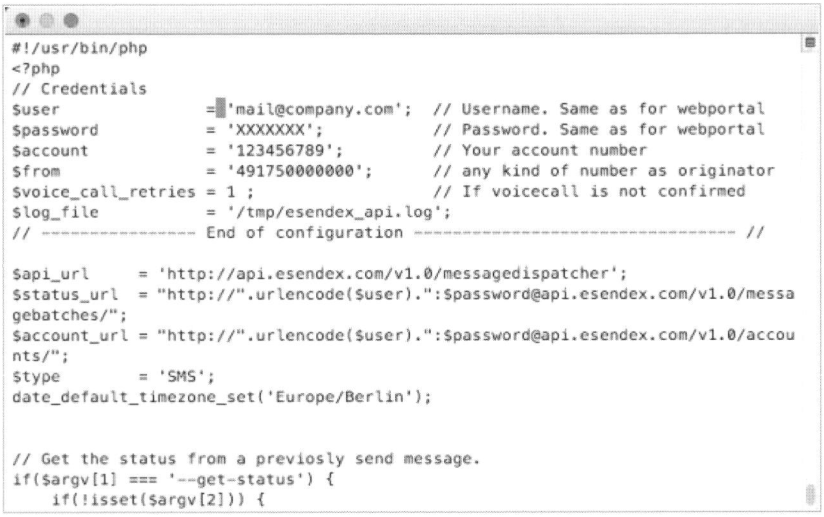

```
#!/usr/bin/php
<?php
// Credentials
$user                = 'mail@company.com';  // Username. Same as for webportal
$password            = 'XXXXXXX';           // Password. Same as for webportal
$account             = '123456789';         // Your account number
$from                = '491750000000';      // any kind of number as originator
$voice_call_retries  = 1 ;                  // If voicecall is not confirmed
$log_file            = '/tmp/esendex_api.log';
// ---------------- End of configuration ---------------------------------- //

$api_url     = 'http://api.esendex.com/v1.0/messagedispatcher';
$status_url  = "http://".urlencode($user).":$password@api.esendex.com/v1.0/messa
gebatches/";
$account_url = "http://".urlencode($user).":$password@api.esendex.com/v1.0/accou
nts/";
$type        = 'SMS';
date_default_timezone_set('Europe/Berlin');


// Get the status from a previosly send message.
if($argv[1] === '--get-status') {
    if(!isset($argv[2])) {
```

Abb. 13–11 *Eintragen der Esendex-Zugangsdaten*

13.4.2 Medien in Zabbix einrichten

Über den Menüpunkt *Administration|Mediatypes* legen Sie zwei neue Medientypen vom Typ »Script« an:

- Voicecall (Esendex), Skriptname `voicecall`
- SMS (Esendex), Skriptname `send_sms`

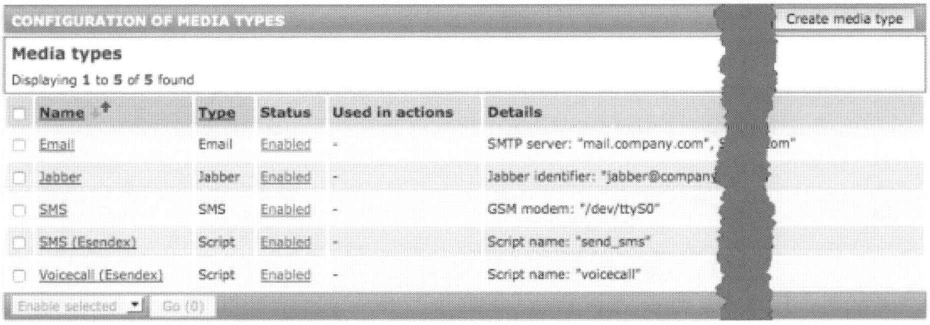

CONFIGURATION OF MEDIA TYPES — Create media type

Media types
Displaying 1 to 5 of 5 found

Name	Type	Status	Used in actions	Details
Email	Email	Enabled	-	SMTP server: "mail.company.com", … om"
Jabber	Jabber	Enabled	-	Jabber identifier: "jabber@compan…
SMS	SMS	Enabled	-	GSM modem: "/dev/ttyS0"
SMS (Esendex)	Script	Enabled	-	Script name: "send_sms"
Voicecall (Esendex)	Script	Enabled	-	Script name: "voicecall"

Enable selected — Go (0)

Abb. 13–12 *Einbinden der Esendex-Skripte als Medien*

Nun können Sie beim Erstellen von Aktionen die neuen Medientypen verwenden. In der Benutzerverwaltung stehen die Medien nun ebenfalls zur Auswahl.

13.5 SMS mit eigener Hardware verschicken

13.5.1 Gammu und Gammu-SMSD

Gammu[8] ist eine Software zum Steuern von Mobilfunkgeräten wie Handys und USB-GSM-Modems. Gammu unterstützt zahlreiche Endgeräte. Im Gegensatz zur nativen SMS-Modem-Schnittstelle vom Zabbix-Server unterstützt Gammu auch Geräte, die per Bluetooth oder mit proprietären Datenkabeln mit dem Hostsystem verbunden sind. Gammu bringt außerdem einen Serverdienst für den Versand von SMS mit, der ähnlich wie ein Mailserver Versandaufträge annimmt und asynchron über eine Warteschlange abarbeitet.

Eine einfache Möglichkeit, SMS zu verschicken, stellen die überall günstig erhältlichen UMTS-Modem-Sticks von HUAWEI dar. Fast alle Modelle arbeiten problemlos mit Gammu zusammen.

13.5.2 Gammu installieren und Modem testen

Benutzer von Debian und Ubuntu können Gammu aus den Standard-Repositorys installieren. Wer CentOS oder RHEL einsetzt, muss zuerst das RPMForge Repository[9] aktivieren.

Verhindern Sie, dass der HUAWEI als USB-Speichermedium erkannt wird. Die Software `usb-modeswitch` erledigt das für Sie. Installieren Sie ebenfalls Gammu und den SMS-Server.

```
apt-get install usb-modeswitch gammu gammu-smsd  #Debian, Ubuntu
yum install usb_modeswitch                       #CentOS, RHEL
```

Warnung

Benutzern von Red Hat und CentOS haben keine andere Wahl, als Gammu aus den Quellen zu kompilieren. Über das Repository von RPMForge kann man zwar ein Paket namens gammu installieren, doch enthält dieses nicht den benötigten SMS-Server gammu-smsd. Die von der Gammu-Webseite verlinkten RPM-Pakete enthalten den SMS-Server ebenfalls nicht.

Stecken Sie das Modem ein und prüfen Sie, ob es vom Betriebssystem erkannt wurde.

---

8. *http://de.wammu.eu/gammu/*
9. *http://wiki.centos.org/AdditionalResources/Repositories/RPMForge*

```
# ls -l /dev/ttyU*
crw-rw---- 1 root dialout 188, 0 2010-10-25 14:41 /dev/ttyUSB0
crw-rw---- 1 root dialout 188, 1 2010-10-25 14:16 /dev/ttyUSB1
crw-rw---- 1 root dialout 188, 2 2010-10-25 14:16 /dev/ttyUSB2
```

Legen Sie eine Konfiguration /root/.gammurc an:

```
[gammu]
port=/dev/ttyUSB0
connection=at
name=huawei usb stick
```

Testen Sie, ob Ihr USB-Modem erkannt wird. Probieren Sie ggf. alle drei Ports / dev/ttyUSB0-2 durch.

```
root@zabbix:~# gammu networkinfo
Network state          : home network
Network                : 262 07 (O2, Germany), LAC 55AE, CID AF4
Name in phone          : "o2 - de"
Packet network state   : home network
Packet network         : 262 07 (O2, Germany), LAC 55AE, CID AF4
Name in phone          : "o2 - de"
GPRS                   : attached
```

Nun übergeben Sie dem Modem die PIN der SIM-Karte mit dem Kommando gammu --entersecuritycode PIN 0000 und testen die SMS-Funktion mit gammu getallsms. Wenn Sie eine Ausgabe erhalten, können Sie mit echo "test"|gammu --sendsms TEXT +4917000000 eine SMS schicken. Wenn dieser Test erfolgreich war, können Sie Gammu-SMS-Server einrichten.

13.5.3 SMS-Server einrichten

Verwenden Sie nicht das Kommando gammu --sendsms als Alarmierungsskript für den Zabbix-Server. Das Versenden einer Kurznachricht kann u.U. länger als der maximale Timeout von 30 Sekunden dauern. Bedenken Sie außerdem, dass bei einem Fehler mehrere SMS gleichzeitig an verschiedene Personen gesendet werden. Um einen zuverlässigen SMS-Versand zu gewährleisten, brauchen Sie eine Warteschlange – eine Art Postausgang –, in der Nachrichten zwischengespeichert und dann nacheinander »abgearbeitet« werden. Aus diesem Grund müssen Sie den Gammu-SMS-Server konfigurieren.

Öffnen Sie die Datei /etc/gammu-smsdrc mit einem Editor und tragen Sie den korrekten Modemport ein. Gegebenenfalls müssen Sie die verschiedenen Ports einzeln testen. Die restlichen Einstellungen können Sie unverändert lassen:

```
# Configuration file for Gammu SMS Daemon
# Gammu library configuration, see gammurc(5)
[gammu]
# Please configure this!
```

```
port = /dev/ttyUSB1
connection = at
# Debugging
#logformat = textall

# SMSD configuration, see gammu-smsdrc(5)
[smsd]
service = files
logfile = /var/log/gammu-smsd.log
PIN = ''
# Increase for debugging information
debuglevel = 0

# Paths where messages are stored
inboxpath = /var/spool/gammu/inbox/
outboxpath = /var/spool/gammu/outbox/
sentsmspath = /var/spool/gammu/sent/
errorsmspath = /var/spool/gammu/error/
```

Starten Sie den SMS-Server und testen Sie, ob das Modem eine Verbindung zum Mobilfunknetz aufgebaut hat. Wenn dies der Fall ist, schicken Sie eine Nachricht.

```
service gammu-smsd start
gammu-smsd-monitor
echo "Testnachricht" | gammu-smsd-inject TEXT +4917XXXXXX
```

Mit den Standardeinstellungen darf nur der Root-User Nachrichten in die Warteschlange »schieben«. Ändern Sie mit dem Kommando `chmod -R o+rwx /var/spool/gammu/` die Berechtigungen, damit auch die unprivilegierten Benutzer dies dürfen.

13.5.4 Gammu als Zabbix-Medium einrichten

Nun können Sie folgendes Skript in den Ordner für Alarmierungsskripte legen:

```
#!/bin/bash

LOG=/tmp/gammu-zabbix.log
NUMBER=$(echo $1|sed s/"^0"/"+49"/)
TEXT=$(echo $2|cut -b 1-160)
gammu-smsd-inject TEXT $NUMBER -len 160 -text "$TEXT" 2>&1 >>$LOG
```

Machen Sie das Skript ausführbar und testen Sie es:

```
chmod +x gammu-sms.sh
./gammu-sms.sh 017xxxxx "Hallo, ich bin eine SMS"
```

Nun können Sie das soeben erstellte Skript über die Zabbix-Weboberfläche als Medium einrichten.

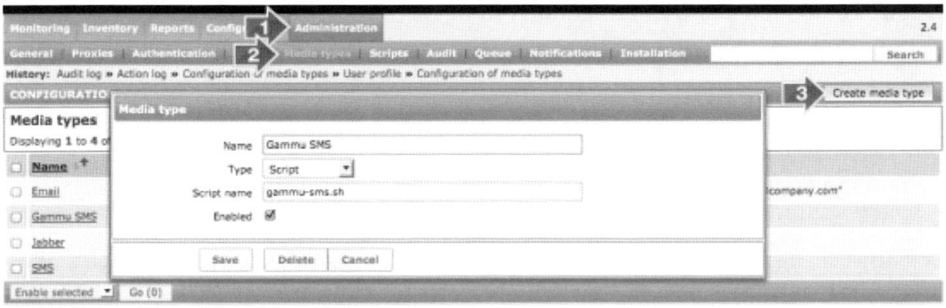

Abb. 13–13 *Hinzufügen eines neuen Mediums*

13.5.5 SMS-Server monitoren

Wenn Sie den Gammu-SMSD für den Versand von Kurznachrichten verwenden, sollten Sie diesen auch monitoren. Schließlich wollen Sie sich auf diesen Dienst verlassen.

Richten Sie Items mit den folgenden Keys ein:

- `proc.num[gammu-smsd]` Prüft, ob der Dienst läuft.

Richten Sie einen Cronjob ein, der zum Beispiel alle 10 Minuten den Status des Servers per Zabbix-Sender an den Zabbix-Server meldet. Dazu können Sie folgendes Skript als Vorlage nutzen:

```
#!/bin/bash

#
# Report Status of gammu-smsd to Zabbix-Server using zabbix_sender
#

ZABBIX_SERVER=127.0.0.1
HOSTNAME=srv01.example.com
LOGFILE=/tmp/gammu2zabbix.log


PORT=$(awk -F "=" '/port/ {print $2}' /etc/gammu-smsdrc)
PORT_STATUS=$(gammu-detect -b|grep -c $PORT)
zabbix_sender -z $ZABBIX_SERVER -s $HOSTNAME -k gammu_smsd.portstatus -o
  $PORT_STATUS 2>&1 >>$LOGFILE

if [ $PORT_STATUS = 1 ]
then
    gammu-smsd-monitor --loops=1 --delay=1|\
    egrep "(Sent|Received|Failed|NetworkSignal)"|\
    awk -F':' '{print "- gammu_smsd." $1 $2}'|\
    zabbix_sender -z $ZABBIX_SERVER -s $HOSTNAME -v -i - 2>&1 >>$LOGFILE
fi
```

Damit können Sie dann die folgenden Item-Keys vom Typ »Zabbix-Trapper« einrichten.

```
gammu_smsd.portstatus
gammu_smsd.Sent
gammu_smsd.Received
gammu_smsd.Failed
gammu_smsd.NetworkSignal
```

Wichtig ist, dass Sie einen Trigger einrichten, der `gammu_smsd.portstatus` überwacht. Dieser muss stets 1 sein.

13.6 Benachrichtigungen auf dem Desktop erhalten

13.6.1 Warum Desktop-Nachrichten?

Im Büroalltag bekommen wir unzählige E-Mails pro Tag. Viele dieser Nachrichten werden einmal gelesen und sind dann nicht weiter von Belang. Oft vergisst man aber das Löschen, und der Posteingang bläht sich unnötig auf. Viele Nachrichten vom Monitoring müssen nicht archiviert werden. Desktop-Nachrichten sind eine gute Ergänzung zu E-Mails. Diese erscheinen dezent, aber unübersehbar auf dem Bildschirm. Man muss sie nicht löschen und kann sie individuell gestalten. Mail-Programme bieten in der Regel zu viele Funktionen, die für eine kurze Nachricht von Zabbix nicht gebraucht werden. Eine E-Mail vom Monitoring-System geht unter Umständen in der Flut von E-Mails unter. Eine Sprechblase auf dem Bildschirm informiert Sie hingegen sofort. Sie müssen nicht erst in ein Programm wechseln und E-Mails abrufen.

13.6.2 Das Benachrichtigungssystem Growl

Growl ist ein umfangreiches und sehr flexibles Benachrichtigungssystem, welches ursprünglich für Mac OS X entwickelt wurde. Es gibt neben dem ursprünglichen Growl für Mac auch Clients für Windows- und Linux-Desktops. Growl verwendet ein eigenes udp-basiertes Protokoll namens GNTP.

Die Growl-Clients für Windows und Mac bieten zahlreiche nützliche Funktionen. So kann man zum Beispiel Nachrichten in Abwesenheit (aktivierter Bildschirmschoner) an ein Smart-Phone weiterleiten oder bei bestimmten Nachrichten Töne abspielen. Über sogenannte Roll-ups kann man alle Nachrichten, die in Abwesenheit angekommen sind, in einer Art Zusammenfassung lesen. Der Linux-Client ist relativ spartanisch ausgestattet, erfüllt seinen Zweck aber vollkommen.

13.6.3 Growl-Client konfigurieren

Die aktuellste Version von Growl für den Mac können Sie kostenpflichtig (z.Zt. 3,59 €) über den Apple-Appstore installieren. Eine ältere Version[10] gibt es kostenlos. Damit Sie vom Zabbix-Server Nachrichten per Growl senden können, muss der Client zuerst so konfiguriert werden, dass dieser Nachrichten per Netzwerk akzeptiert. In der Mac-Version aktivieren Sie dazu im Reiter »Netzwerk« die Option »Auf eingehende Nachrichten horchen«.

Die Windows-Version des Growl-Clients können Sie kostenlos downloaden[11]. In der Windows-Version müssen Sie im Reiter »Network« die Option »Allow network notifications« aktivieren.

Die Benutzer von Ubuntu-Linux installieren und starten Growl-For-Linux mit folgenden Kommandos:

```
sudo add-apt-repository ppa:mattn/growl-for-linux
sudo apt-get update
sudo apt-get install growl-for-linux
nohup gol &
```

Mit den Standardeinstellungen nimmt der Client Nachrichten aus dem Netzwerk an. Sie müssen keine Einstellungen anpassen.

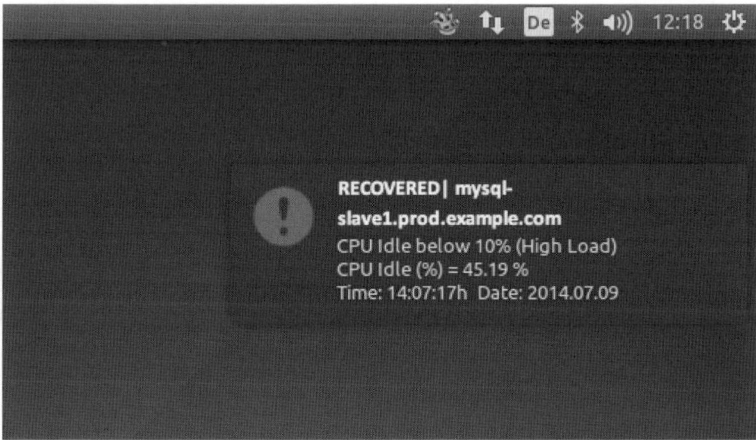

Abb. 13–14 Zabbix-Nachrichten erreichen den Ubuntu-Desktop.

13.6.4 Growl als Medium im Zabbix-Server einrichten

Es gibt zahlreiche GNTP-Implementierungen in fast allen gängigen Programmiersprachen. Im Folgenden finden Sie ein Beispiel in Python.

10. *http://growl.info/downloads*
11. *http://www.growlforwindows.com*

Installieren Sie zuerst die von Python benötigten Bibliotheken und kopieren Sie anschließend das folgende Beispielskript:

```
apt-get install python-pip # Debian, Ubuntu
yum install python-pip     # CentOS, Red Hat
pip install gntp
cd /usr/lib/zabbix/alertscripts/
wget -O - http://lab4.org/files/growlmessage.py.txt>growlmessage
chmod +x growlmessage
```

Senden Sie eine Testnachricht an einen Client, der bereits auf Nachrichten wartet.

```
./growlmessage 192.168.152.172 Testnachricht "Growl ist toll"
```

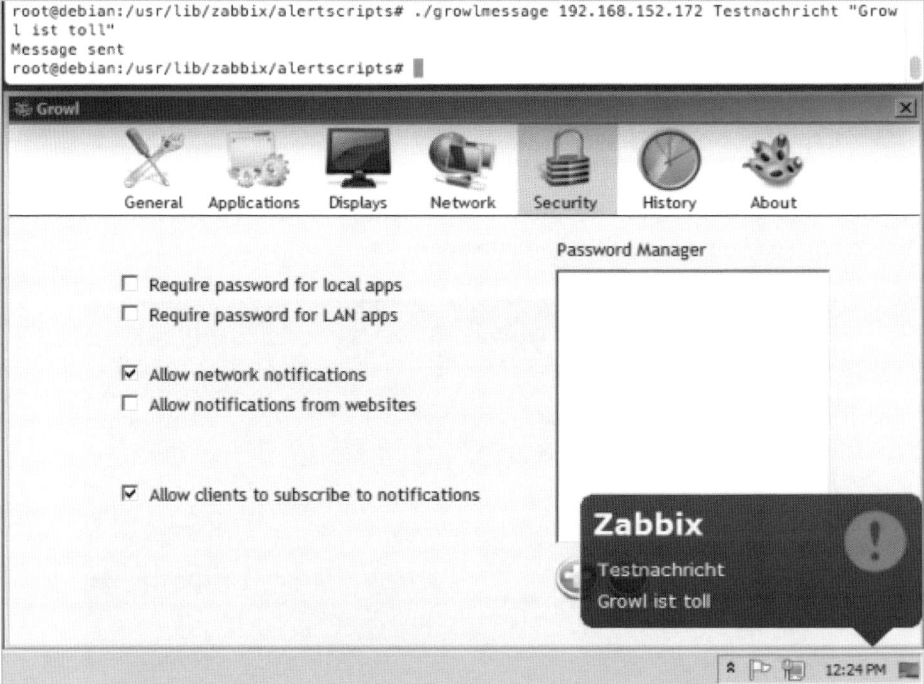

Abb. 13–15 *Eine Growl-Nachricht auf dem Windows-Desktop*

Sollte der erste Test erfolgreich sein, klicken Sie im Bereich *Administration|Media types* oben rechts auf *Create New Mediatype*. Wählen Sie als Typ »Skript« aus und tragen Sie als Namen und Skriptnamen »growlmessage« ein. Nun können die Benutzer Growl als Nachrichtenkanal nutzen. Dazu müssen die Benutzer selbst oder der Administrator in der Benutzerverwaltung ein neues Medium von Typ »growlmessage« hinzufügen. In das Feld »Send to« tragen Sie die IP-Adresse oder den Host-Namen des Desktoprechners ein, der die Growl-Benachrichtigung erhalten soll.

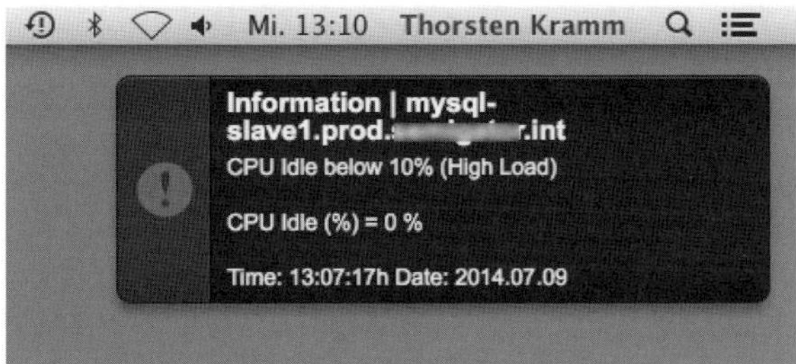

Abb. 13–16 *Zabbix sendet Nachrichten auf den Mac-Desktop.*

Prüfen Sie Ihre Einstellungen unter *Configuration|Actions*. Unter Umständen ist es nötig, dass Sie für vorhandene Aktionen im Reiter »Operations« Growl als Medium im Feld »Send only to« aktivieren oder eine zusätzliche Operation hinzufügen. Sollten Sie als Medien »all« ausgewählt haben, brauchen Sie nichts zu ändern. Die Growl-Benachrichtigungen sollten sofort aktiv sein.

In den meisten Fällen ist es aber ratsam, eine neue Aktion für die Growl-Benachrichtigungen anzulegen, damit Sie das Format der Nachrichten auf das Medium anpassen können. So ist es beispielsweise nützlich, dass Growl-Nachrichten nicht nur einmal beim Auftauchen eines Problems verschickt werden. Da die Nachrichten nach wenigen Sekunden vom Bildschirm verschwinden, sollten Sie Reminder in kurzen Abständen schicken.

CONFIGURATION OF ACTIONS

Action | Conditions | Operations

Name	Send Growl Message
Default subject	{TRIGGER.SEVERITY} | {HOSTNAME}
Default message	{TRIGGER.NAME} {ITEM.NAME1} = {ITEM.VALUE1} Time: {EVENT.TIME}h Date: {DATE}
Recovery message	☑
Recovery subject	RECOVERED | {HOSTNAME}
Recovery message	{TRIGGER.NAME} {ITEM.NAME1} = {ITEM.VALUE1} Time: {EVENT.TIME}h Date: {DATE}
Enabled	☑

Abb. 13–17 *Beispiel für die Formatierung einer Growl-Nachricht*

13.7 Skripte: Kleine Helfer für den Notfall

13.7.1 Was sind Skripte?

Zabbix kann Systeme nicht nur überwachen, sondern im Notfall auch aktiv eingreifen. Im Kapitel 13 haben Sie gelernt, wie Zabbix selbstständig Aktionen ausführt. In vielen Situationen ist das automatische Ausführen einer Rettungsaktion aber nicht ratsam. Die Ursachen können zu verschieden sein, als dass Sie die passende Aktion hinterlegen können. Damit Sie sich im Notfall aber nicht erst auch einem System per SSH oder Remote Desktop einloggen müssen, kann der Zabbix-Server vorher hinterlegte Aktionen per Mausklick ausführen. Damit können Sie Dienste neu starten oder Werkzeuge zur Diagnose laufen lassen.

Ab der Version 2.0 können diese Skripte auf einem betroffenen Host durch den Zabbix-Agenten oder vom Zabbix-Server aus gestartet werden. Mit älteren Zabbix-Versionen ist das Ausführen von Skripten nur auf dem Zabbix-Server möglich.

Die beiden Skripte `ping` und `traceroute` werden bei jeder Zabbix-Installation angelegt. Diese verdeutlichen Ihnen die Funktionsweise. Über das Hauptmenü *Administration|Scripts* gelangen Sie zur Konfiguration der Skripte. In den Skripten können Sie alle Makros verwenden, die Sie auch in den Aktionen verwenden können. Das gebräuchlichste Makro ist `{HOST.CONN}`, welches durch die IP-Adresse oder den DNS-Namen des Hosts ersetzt wird, für den Sie die Aktion ausführen.

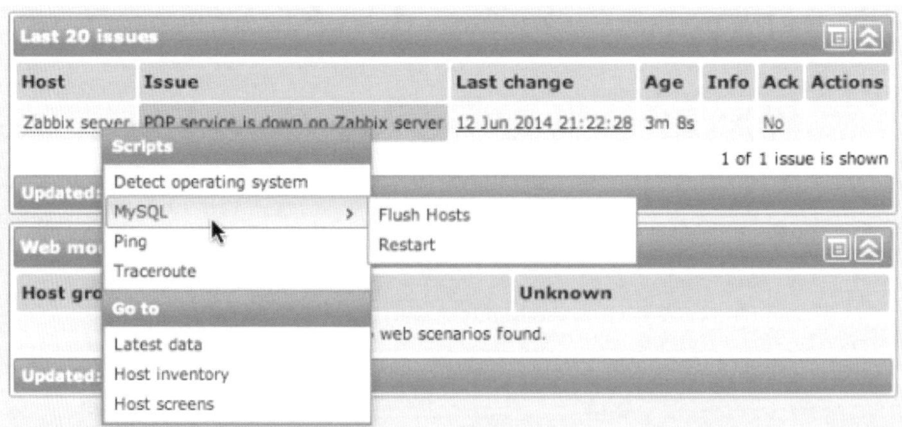

Abb. 13–18 Zabbix kann auf Knopfdruck Skripte auf und für Hosts ausführen.

Die Skripte können Sie an verschiedenen Stellen für einen Host ausführen:

- Über das Dashboard. Klicken Sie in der Liste der letzten Vorfälle (last issues) auf den Hostnamen. Es klappt ein kleines Menü mit den hinterlegten Skripten auf.
- Über *Monitoring|Latest Data.* Dort können Sie auf den Hostnamen klicken und das Menü der Skripte erreichen. Filtern Sie nur nach Hostgruppen und nicht nach Hosts.
- Über *Monitoring|Triggers*. Auch dort klappt ein Menü mit den Aktionen aus, sobald Sie auf einen Hostnamen klicken.
- Über *Monitoring|Maps*, bei Klick auf einen Host in einem Diagramm

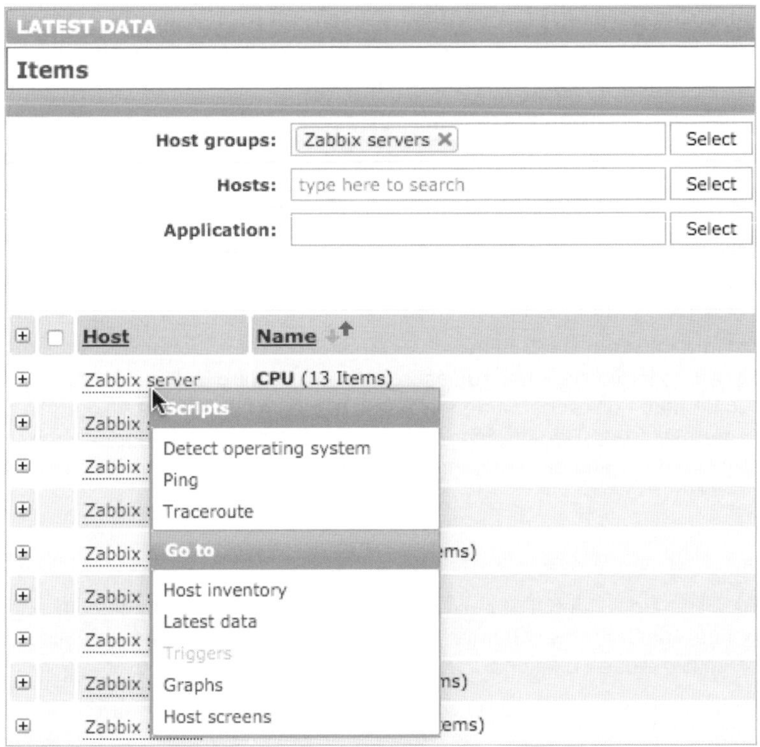

Abb. 13–19 *Ausführen eines Skriptes aus der Ansicht »Latest Data«*

13.7.2 Skripte anlegen

Die Skripte werden vom Zabbix-Server (nicht dem Webserver) bzw. dem Zabbix-Agenten ausgeführt. Da beide Dienste nicht über Root-Rechte verfügen, müssen Sie u.U. Sudo-Regeln einrichten. Zum Beispiel darf der unprivilegierte Zabbix-User keine Dienste neu starten.

Beim Anlegen eines Skripts können Sie festlegen, welche Benutzer dieses Skript ausführen dürfen (Required host permissions). Der Standard ist auf »Read« gesetzt. Das bedeutet, auch Benutzer, die keine Rechte zum Konfigurieren von Hosts besitzen, dürfen Skripte ausführen.

Über das Dropdown-Menü »User groups« legen Sie fest, welche Benutzergruppe das Skript ausführen darf. Über das Dropdown-Menü »Hosts groups« können Sie festlegen, dass das Skript nur für bestimmte Hosts angewendet werden darf.

Wenn ein Skript über den Zabbix-Agenten auf einem entfernten Host ausgeführt werden soll, dann muss der Agent dies erlauben. In der Konfigurationsdatei `zabbix_agentd.conf` des Agenten muss dafür die Einstellung `EnableRemoteCommands=1` vorgenommen werden.

Skripte, die der Agent ausführt, dürfen nicht länger als der eingestellte **Timeout** laufen. Der Standardwert von drei Sekunden ist in vielen Fällen knapp bemessen. Erhöhen Sie gff. den Wert Timeout für den Zabbix-Agenten. Passen Sie ggf. auch die Timeout-Einstellung für den Zabbix-Server an. Wenn der Zabbix-Agent ein längeres Timeout hat als der Server, dann führt der Agent das Skript zwar bis zum Ende aus, der Server bricht aber frühzeitig die Verbindung ab und empfängt nicht mehr die Ausgabe des Skriptes.

Warnung

Skripte sind eine potenzielle Schwachstelle, insbesondere wenn Sie das Ausführen von Skripten über die Agenten zulassen. Wer die Kontrolle über den Zabbix-Server erlangt, kann damit die angebundenen Hosts ggf. auch unter seine Kontrolle bringen. Kontrollieren Sie Sudo-Regeln sehr sorgsam und erlauben Sie dem Zabbix-Agenten auf keinen Fall das generelle Ausführen von Kommandos mit Root-Rechten.

Hinweis

Unter Red Hat und CentOS Linux verhindern u.U. die Standardeinstellungen von SELinux das Ausführen der Skripte. Prüfen Sie die Einstellungen von SELinux oder deaktivieren Sie diese Funktion.

13.7.2.1 Beispiel Webserver Restart

- Prüfen Sie die Einstellungen das Zabbix-Agenten und erlauben Sie das Ausführen von Kommandos (siehe oben).
- Setzen Sie den Timeout für den Zabbix-Server und Agenten auf 30 Sekunden (siehe oben).
- Sofern noch nicht geschehen, installieren Sie `sudo`.
- Fügen Sie eine Sudo-Regel in die Datei `/etc/sudoers` ein oder legen Sie eine neue Datei mit einer neuen Regel im Verzeichnis `/etc/sudoers.d/` an:

```
zabbix  ALL=(ALL) NOPASSWD:/etc/init.d/apache2 restart
```

- Legen Sie über *Administration|Skripts* ein neues Skript mit dem Namen »Apache restart (SUSE, Debian)« an.
- Das Skript soll über den Zabbix-Agenten ausgeführt werden.
- Als Kommando geben Sie `sudo /etc/init.d/apache2 restart` ein.

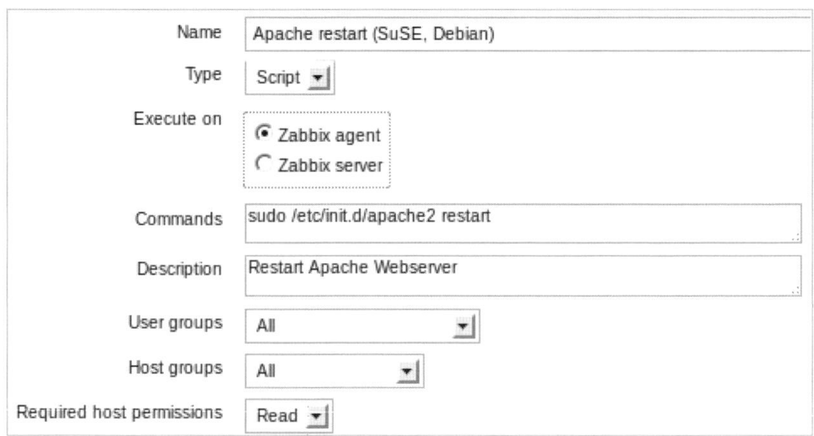

Abb. 13–20 *Anlegen eines neuen Skripts zum Neustarten des Webservers*

Sorgen Sie dafür, dass ein Host mindestens einen Fehler meldet. Suchen Sie diesen Host im Dashboard in der Liste der letzten Vorkommnisse (Last Issues). Klicken Sie auf den Hostnamen. In der Liste der Skripte klicken Sie auf »Apache restart (SUSE, Debian)«.

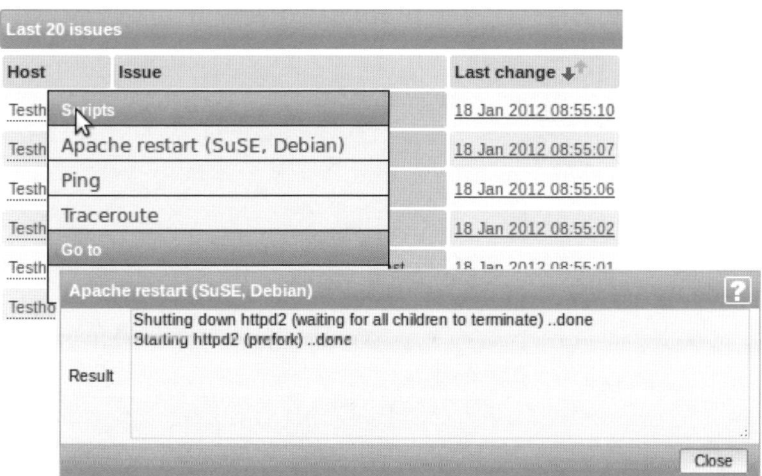

Abb. 13–21 *Ausführung eines Skriptes über die Weboberfläche*

14 Benutzer und Berechtigungen verwalten

14.1 Wer darf was und bekommt wie und wann eine Nachricht?

Zabbix bietet eine sehr umfangreiche Benutzerverwaltung, über die detailliert Berechtigungen und individuelle Benachrichtigungen konfiguriert werden können.

In der Benutzerverwaltung werden zwei zentrale Funktionen gesteuert:

- Wer darf was in Zabbix machen?
- Wer bekommt wie und wann eine Alarmierung?

Dabei unterscheidet Zabbix zwischen der Verwaltung von Gruppen und Benutzern. Berechtigungen werden weitgehend auf Gruppenebene eingerichtet. Alarmierungen hingegen werden nur auf Benutzerebene eingerichtet.

14.2 Benutzer hinzufügen

Klicken Sie im Hauptmenü auf *Administration|Users*. Es öffnet sich die Gruppenverwaltung. Wechseln Sie mit dem Dropdown-Menü rechts oben in den Modus »Benutzer (Users)«.

Sie sehen nun alle im System angelegten Benutzer. Rechts oben finden Sie den Button »Create User«, mit dem Sie einen neuen Benutzer anlegen.

Im Feld »Alias« geben Sie den Benutzernamen ein, mit dem man sich später in Zabbix anmeldet.

Die nachfolgenden Felder, Name, Surname und Password sind selbsterklärend.

Tipp

Achten Sie darauf, sichere Passwörter zu verwenden. Je nach Konfiguration ist der Zabbix-Server und damit auch die angemeldeten Benutzer in der Lage, beliebige Kommandos auf allen überwachten Hosts auszuführen. Schützen Sie den Zabbix-Server sehr gut vor ungebetenen Gästen.

Über das Dropdown-Menü **Usertype** legen Sie fest, welche Rolle der neue Benutzer im Monitoring-System spielt. Der »User Type« stellt die oberste Stufe der Berechtigungen dar. Alle Gruppenberechtigungen können dem Benutzer nicht mehr Rechte geben, als der Use Type erlaubt.

Die »User Types« bedeuten:

- **Zabbix User**
  Berechtigung nur auf den Monitoring-Tab. Das bedeutet, der Benutzer kann nur Messwerte, Graphen, Screens und das Dashboard sehen und benutzen. Welche Hosts der User sehen darf, wird über die Gruppenzugehörigkeit geregelt.
- **Zabbix Admin**
  Berechtigung auf das Monitoring- und Konfigurations-Tab. Das bedeutet, der Benutzer kann auch Host, Items, Actions etc. konfigurieren. Welche Hosts der User verwalten darf, wird über die Gruppenzugehörigkeit geregelt.
- **Zabbix Super Admin**
  Berechtigung für alles. Zabbix Super Admins dürfen alle Hosts unabhängig von Gruppenrechten verwalten. Eine Gruppenzugehörigkeit ist nur für das Versenden von Nachrichten an Gruppen notwendig.

Wenn Sie bereits Gruppen konfiguriert haben, können Sie einen neuen User direkt zu einer Gruppe hinzufügen. Alternativ können Sie dies auch über die Gruppenverwaltung erledigen. Das Feld »Groups« kann also leer bleiben.

Sie können vorgeben, in welcher **Sprache** und mit welcher grafischen Gestaltung (**Theme**) der neue Benutzer Zabbix verwenden soll. Der Benutzer kann dies aber jederzeit selbst ändern.

Wenn Sie den Haken bei **Auto-Login** setzen, wird der Benutzer einen Monat lang über einen Browser-Cookie identifiziert. Es wird kein Passwort verlangt. Wenn Sie diese Funktion aktivieren, bedenken Sie das resultierende Sicherheitsrisiko. Klickt der Benutzer explizit auf Logout, muss er sich erneut mit seinem Passwort anmelden. Schließt er hingegen den Browser ohne Logout, ist er beim nächsten Aufruf der Zabbix-URL sofort ohne Passworteingabe angemeldet. Die Cookie-Einstellungen des Browsers können das Auto-Login verhindern, wenn zum Beispiel Cookies beim Schließen des Browsers automatisch gelöscht werden.

Über **Auto-Logout** können Sie veranlassen, dass inaktive Benutzer nach der eingestellten Zeitspanne automatisch abgemeldet werden. Geben Sie »0« ein, um Auto-Logout zu deaktivieren.

Wenn Sie veranlassen wollen, dass der Benutzer nach der Anmeldung sofort eine bestimmte URL innerhalb von Zabbix als Startseite sehen soll, dann tragen Sie diese im Feld **URL after Login** ein. Geben Sie die URL ohne Hostname an, zum Beispiel »/zabbix/dashboard.php«.

Wenn Sie einen Benutzer angelegt haben, der kein Super Admin ist, und dieser Benutzer ist noch kein Mitglied in irgendeiner Gruppe, so kann sich dieser

Benutzer zwar anmelden, er oder sie kann aber weder Hosts sehen noch konfigurieren.

Benutzer ohne Login
Auch wenn Sie einen neuen Benutzer noch keiner Gruppe zuordnen, kann sich der Benutzer mit seinem Passwort anmelden. Wenn Sie einen Benutzer anlegen wollen, der sich nicht über die Weboberfläche in Zabbix anmelden darf, müssen Sie den Benutzer einer Gruppe zuordnen, bei der »Frontend Access = disabled« eingestellt ist.

- Benutzer anzulegen, die sich nicht anmelden dürfen, macht Sinn. Diese Benutzer können trotzdem Nachrichten per Mail, SMS oder anderen Medien empfangen. Wenn Sie alle Personen, die benachrichtigt werden sollen, in Zabbix anlegen, haben Sie eine bessere Kontrolle darüber, wer wann wie informiert wird. Außerdem führt Zabbix Buch über jede Nachricht, die an einen Benutzer verschickt wurde.
- Wenn Sie bis jetzt den Kreis der zu informierenden Personen als E-Mail-Verteiler im Mailserver gepflegt haben, sollten Sie dies überdenken und ggf. ändern. Alle diese Personen und E-Mailadressen in Zabbix zu pflegen, bringt viele Vorteile. Siehe die Möglichkeiten der Alarmierung im Kapitel »Aktionen anlegen«.

14.3 Media, die Kommunikation mit dem Benutzer

Damit ein Benutzer eine Nachricht empfangen kann, braucht er vorkonfigurierte Medien. Der Admin kann für einen Benutzer Medien anlegen. Der Benutzer kann dies in seinem Profil auch selbst machen, sofern er sich anmelden darf (siehe unten).

Klicken Sie im Bereich Media auf »Add«, und es öffnet sich ein neues Fenster. Nun können Sie eines der vorher zentral konfigurierten Medien hinzufügen. Im Feld »Send to« tragen Sie je nach Medium eine E-Mail-Adresse, Telefonnummer oder eine Jabber-Kennung ein. Sofern es sich um ein Medium vom Typ Skript handelt, wird der Wert des Feldes »Send to« als erster Parameter an das Skript übergeben.

Über die Einstellung »When active« steuert der Administrator oder der Benutzer selbst, wann er über das jeweilige Medium benachrichtigt werden möchte. Das Zeitintervall besteht aus zwei mit Komma getrennten Blöcken. Zuerst geben Sie die Wochentage an. 1 entspricht Montag und 7 entspricht Sonntag. Im zweiten Block geben Sie eine Start- und End-Uhrzeit an, zum Beispiel `1-5,08:00-17:00;`. Mit diesen Einstellungen erhält der Zabbix-Nutzer nur montags bis freitags zwischen 8 und 17 Uhr Benachrichtigungen.

Über die Checkboxen »Use if severity« regeln Sie, für welchen Schweregrad das jeweilige Medium benutzt werden soll.

Wenn Sie für gewisse Schweregrade unterschiedliche Zeitintervalle einrichten möchten, zum Beispiel, Sie möchten nachts keine Warnungen als SMS auf Ihr Handy geschickt bekommen, fügen Sie mehrere Medien mit unterschiedlichen Zeitintervallen hinzu. Eine E-Mail-Adresse oder Telefonnummer kann dabei im Feld »Send to« beliebig oft verwendet werden.

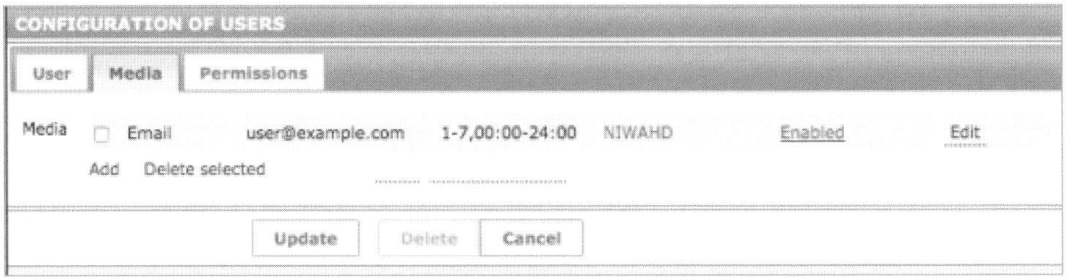

Abb. 14–1 *Konfiguration der E-Mailbenachrichtigung für einen Benutzer*

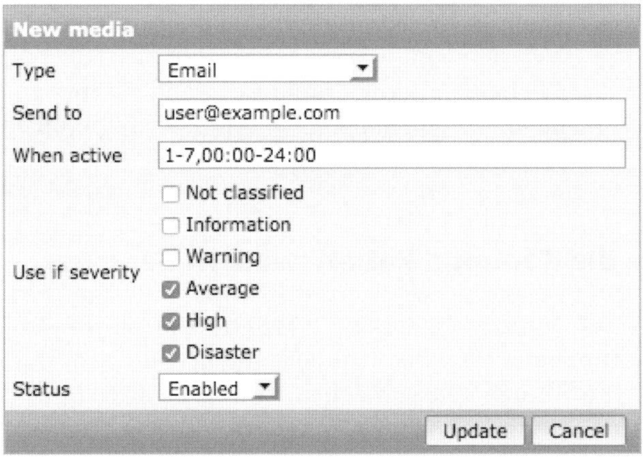

Abb. 14–2 *Der Benutzer erhält täglich und rund um die Uhr Nachrichten per Mail. Aber nur für Fehler vom Schweregrad »Average« und höher.*

Hinweis

Änderungen in der Benutzerverwaltung werden erst dann aktiv, wenn sich der User neu anmeldet.

14.4 Einstellungen vom Benutzer in seinem Profil

In der oberen rechten Ecke der Weboberfläche befindet sich ein kleiner Textlink »Profile«. Darüber gelangt der Benutzer zu den Einstellungen, die er oder sie selbst machen darf.

Der Administrator kann nicht unterbinden, dass Benutzer ihr Profil ändern.

Folgende Einstellungen kann der Benutzer selbstständig ändern:

- Passwort ändern
- Systemsprache und Theme ändern
- Auto-Login und Auto-Logout ein- bzw. ausschalten
- Medien hinzufügen und entfernen
- einstellen, wann sie oder er welche Nachrichten erhält
- **GUI Messaging** aktivieren. GUI Messages sind kleine Nachrichtenfenster, die auf der Weboberfläche erscheinen, solange der Benutzer angemeldet ist. Diese Meldungen werden von jedem Trigger ausgelöst. Sie sind keine regulären Aktionen und können nicht weiter konfiguriert werden. Diese Option kann der Administrator nicht für den User über die User-Verwaltung aktivieren.

Warnung

Sie können also weder verhindern, dass ein Benutzer ein unsicheres Passwort verwendet, noch können Sie einen Benutzer zwingen, bestimmte Nachrichten zu empfangen. Sie können dies zwar einstellen, der Benutzer kann diese Einstellungen aber jederzeit löschen oder überschreiben.

Tipp

Geben Sie nur solchen Personen »Frontend Access«, die Zabbix aktiv und verantwortungsvoll nutzen. Personen, die nur Nachrichten empfangen, sollten keinen Zugang zur Weboberfläche erhalten.

14.5 Gruppen anlegen und verwalten

Über die Gruppen legen Sie fest, welcher User welche Hosts verwalten darf. Die Gruppen spielen außerdem bei der Einrichtung von Alarmen eine wichtige Rolle, denn Sie können Nachrichten entweder an einzelne Benutzer oder eine Gruppe schicken.

Wenn Sie über das Hauptmenü Administration->User auswählen, sehen Sie die Liste der vorhandenen Gruppen. Über den rechts oben befindlichen Knopf »Create Group« legen Sie eine neue Gruppe an.

Klicken Sie auf den Namen einer vorhandenen Gruppe, können Sie die Einstellung einer Gruppe ändern.

Unterhalb des Eingabefeldes für den Gruppennamen befinden sich zwei Boxen. Benutzer in der linken Box sind Mitglieder der Gruppe. Mit den Pfeilbuttons können Sie Mitglieder hinzufügen oder entfernen.

Frontend Access, wer darf rein und wer bleibt draußen?
Über die Selectbox **Frontend Access** legen Sie fest, ob es Mitgliedern dieser Gruppe erlaubt ist, sich an der Zabbix-Weboberfläche anzumelden. Hierbei gilt die Regel: Verbote gelten mehr als Erlaubnisse. Sobald ein User Mitglied in einer Gruppe ohne Frontend Access ist, kann sie oder er sich nicht mehr anmelden. Dass der Nutzer zusätzlich Mitglied in Gruppen ist, denen die Anmeldung erlaubt ist, spielt keine Rolle.

Sie können die Frontend-Access-Einstellungen übrigens nur für solche Gruppen ändern, in denen Sie selbst kein Mitglied sind. Ebenso wenig können Sie sich zu einer Gruppe hinzufügen, bei der Frontend Access=disabled eingestellt ist. Das verhindert, dass Sie sich selbst aussperren.

Wenn der Zugang zur Weboberfläche für eine Gruppe verboten wird, erhalten die Mitglieder trotzdem Nachrichten.

Was »Frontend Access=disabled« bedeutet, ist nun klar. Was aber ist der Unterschied zwischen »System default« und »Internal«?

- **Frontend Access = System Default**
  Der User darf sich anmelden, wenn sein Passwort als gültig geprüft wurde. Diese Prüfung wird von der Authentifizierungsmethode vorgenommen, welche Sie im Menü Administration->Authentication eingestellt haben. Wenn Sie zum Beispiel eine Authentifizierung per LDAP eingerichtet haben, dürfen sich die Benutzer anmelden, wenn sie vom LDAP authentifiziert wurden.
- **Frontend Access = Internal**
  Der Benutzer in der Zabbix-Benutzerverwaltung existiert. Benutzern, die zum Beispiel im LDAP-Verzeichnis existieren, in der Zabbix-Benutzerverwaltung aber nicht, wird der Zugang verwehrt.

Wenn Sie als Standardauthentifizierung »Internal« gewählt haben, also keine externe Ressource verwenden, dann macht es keinen Unterschied, ob Sie den Frontend Access auf »Internal« oder »System Default« schalten.

User-Status, wer wird ignoriert?
Schalten Sie für eine Gruppe den User-Status auf »Disabled«, dann werden alle Mitglieder dieser Gruppe ignoriert. Die Benutzer können sich weder anmelden noch bekommen sie Nachrichten.

Hier gelten dieselben Regeln wie bei Frontend Access. Verbote kommen vor Erlaubnissen.

Hinweis

In der Zabbix-Version 2.2 heißt die Einstellung »GUI Access« anstatt »Frontend Access«.

Über den Schalter **Api Access** legen Sie fest, ob der Benutzer die API verwenden darf. (Ab Version 2.4 wurde dieser Schalter entfernt. Benutzer haben immer Zugriff auf die API.)

Wenn Sie für eine Gruppe den **Debug Mode** aktivieren, dann erscheint bei den Mitgliedern dieser Gruppen oben rechts ein Textlink »Debug«. Klickt man auf diesen Link, dann erhält man einen ausführlichen Report über die Internas, welche beim letzten Seitenaufruf im Zabbix-Server abgelaufen sind.

In der Debug-Ausgabe sind die Laufzeiten des Skriptes, der Speicherverbrauch und alle ausgeführten Datenbankabfragen enthalten.

Host-Gruppen Im unteren Bereich des Formulars befinden sich drei Boxen: Read-write, Read-only und Deny.

Mit den darunter befindlichen Knöpfen »Add« und »Delete selected« können Sie nun einer Benutzergruppe Host-Gruppen zuweisen. Nur auf diese zugewiesenen Host-Gruppen haben die Gruppenmitglieder Zugriff.

- **Read-only**
  Die Mitglieder dürfen die Messwerte der Hosts ablesen und Nachrichten fur diese Hosts erhalten.
- **Read-write**
  Die Mitglieder der Gruppe können zusätzlich die Hosts konfigurieren. Die Liste der Read-Write-Hosts wird nur bei Benutzern vom Typ »Zabbix Admin« ausgewertet. »Zabbix User« dürfen grundsätzlich nicht konfigurieren und »Zabbix Superadmins« dürfen immer alle Hosts konfigurieren.
- **Deny**
  Die Mitglieder haben keinen Zugriff. Die Deny-Liste können Sie dazu verwenden, den Zugriff auf Hosts zu verweigern, der durch eine andere Gruppe schon gewährt wurde. Auch gilt wieder: Verbote kommen vor Erlaubnissen. Wenn Sie sicherstellen wollen, dass ein User keinen Zugriff auf eine Hostgruppe hat, dann fügen Sie die Hostgruppe in die Box »Deny« ein. Eventuelle Einstellungen in anderen Gruppen, die den Zugriff erlauben würden, können dieses Deny nicht überschreiben.

Hinweis

Viele Zabbix-Neulinge wundern sich, dass Benutzer keine Nachrichten erhalten, obwohl die Konfiguration der Alarmierung (Actions) korrekt ist. Oft liegt der Fehler in den fehlenden Berechtigungen für die Host-Gruppen.

15 Effizientes Arbeiten mit Templates

15.1 Effiziente Konfigurationen mit Templates

Templates sind Vorlagen, die aus einem Set von Items, Triggern und Graphen bestehen. Seit der Version 2.0 können auch Screens und sogenannte Discovery Rules in Vorlagen hinterlegt werden.

Sie müssen nicht für jeden Hosts immer die gleichen Items und Trigger anlegen. Sie definieren eine Konfiguration (Item, Trigger, evtl. Graphen und Screens) einmal in einem Template und weisen dann dem Host die passenden Templates zu. Das erspart zum einen Arbeit und hält die Konfiguration zum anderen konsistent.

Hinweis

Wenn Sie mehr als einen Host mit Zabbix überwachen, dann sollten Sie den Großteil der Konfiguration in Templates abbilden. Arbeiten Sie nach der bekannten DRY-Regel der Programmierer. Don't repeat yourself! Für Zabbix bedeutet das, dass Sie Konfigurationsschritte nicht doppelt vornehmen sollten.

Angenommen, Sie überwachen für einen Linux-Host den Füllstand der Festplatte, und über einen Trigger lösen Sie beim Unterschreiten eines Wertes Alarm aus. Nun kommt der nächste Server in Ihr Netzwerk, und bei diesem Host soll der Festplattenzustand wie beim ersten Host überwacht werden. Dann ist es Zeit, die Konfiguration in ein Template zu verlagern. Beide Hosts verwenden dann dasselbe Template.

15.1.1 Die mitgelieferten Standardtemplates

Wenn Sie ein Template in der Gruppe »Templates« anlegen, stellen Sie fest, dass in dieser Gruppe bereits viele Templates vorhanden sind. Dies sind Beispiele, die fester Bestandteil von Zabbix sind.

Diese Templates sollen die Möglichkeiten von Zabbix verdeutlichen. Nutzen Sie die Beispiele, um sich abzuschauen, wie man spezielle Hard- und Software monitoren kann. Für den produktiven Einsatz sind diese Templates nicht oder nur sehr eingeschränkt zu empfehlen. Pro Templates sind oft mehr als 100 Items und Trigger hinterlegt. In den seltensten Fällen wollen Sie diese Menge an Informationen sammeln. Außerdem würde das Anwenden eines Beispieltemplates zu zahlreichen Fehlalarmen führen, weil die Beispiele Systembereiche überwachen, die bei Ihnen wahrscheinlich nicht vorhanden sind.

Schauen Sie sich die Beispiele an und übernehmen Sie dann gezielt einzelne Items und Trigger in Ihre eigenen Templates.

Wenn Sie Ihre eigenen Templates auch in der Gruppe Templates ablegen wollen, dann sollten Sie die Gruppe mit den Beispielen vorher umbenennen. Klicken Sie auf *Configuration|Host groups* und nennen Sie die Gruppe Templates zum Beispiel Templates Zabbix Examples.

15.2 Templates anlegen

Templates werden über das Hauptmenü *Configuraton|Templates* angelegt. Wie gewohnt befindet sich oben rechts der Knopf »Create Template«. Templates können wie Hosts in Gruppen sortiert werden. Sie müssen Ihre Templates nicht in die Gruppe »Templates« packen. Die Gruppen können beliebige Namen tragen.

Geben Sie den Templates einen aussagekräftigen Namen. Es kann hilfreich sein, wenn Sie im Namen des Templates schon angeben, ob die enthaltenen Items auf den Zabbix-Agenten angewiesen sind oder ob es rein passive Checks sind. So könnten Templates zum Beispiel »Base Availability (Passiv)« oder »Base Availability (Agent)« heißen. Solche Angaben erleichtern später das Auffinden eines passenden Templates, wenn Sie einen neuen Host anlegen.

Über das Auswahlmenü »Hosts in Template« wenden Sie ein neu angelegtes Template sofort auf Hosts an. Sie können diese Liste auch leer lassen und später über die Konfiguration der Hosts auswählen, welche Templates ein Host verwenden soll.

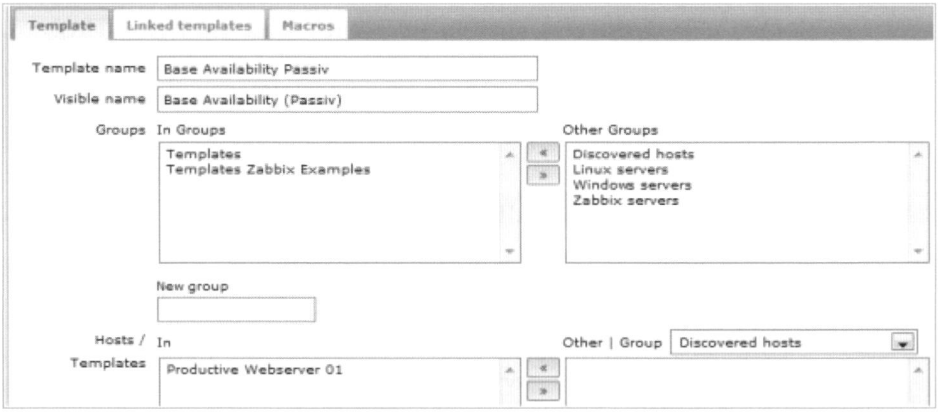

Abb. 15–1 *Anlegen eines neuen Templates*

Über den Reiter (**Linked Templates**) können Sie Templates verschachteln. Das bedeutet, ein Template kann Konfigurationen aus anderen Templates verwenden. Nutzen Sie diese Möglichkeit, um doppelte Konfigurationen zu vermeiden. Wenn Sie ein Paar aus Item und Trigger in mehreren Templates verwenden möchten, dann legen Sie für dieses Item-Trigger-Paar ein eigenes Template an. Dieses Template können Sie dann in anderen Templates verwenden, so dass keine Items oder Trigger doppelt angelegt werden. Siehe auch die Beispiele am Ende dieses Kapitels.

Sobald Sie ein Template angelegt haben, finden Sie es in der Liste der Templates wieder. Zum Hinzufügen von Items, Triggern, Graphs etc. klicken Sie in der Liste auf den entsprechenden Link in der Zeile des Templates. Die Konfiguration erfolgt analog zur Konfiguration eines Hosts. Statt eines Hostnamens enthalten die Items den Namen des Templates.

Beim Anlegen eines Triggers für ein Template müssen Sie Acht geben. Bei der Auswahl des Items für einen Trigger können Sie sowhl ein Host-Item als auch ein Template-Item verwenden. Host-Items sind die vom Template an den Host vererbten Items. Achten Sie darauf, dass Sie die Trigger in Templates immer für die Templates-Items anlegen. Die Trigger-Expression muss immer mit dem Namen des Templates beginnen.

Trigger	
Name	SSH not listening on {$SSH_PORT}
Expression (Toggle input method)	{Base Linux Passive:net.tcp.service[ssh,,{$SSH_PORT}].last(0)}=0
The trigger depends on	No dependencies defined.

Abb. 15–2 *Definition eines Triggers innerhalb eines Templates. Die Trigger-Expression beginnt nicht mit einem Hostnamen, sondern dem Namen des Templates.*

15.2.1 Beispiel: Ping-Check-Template

Lassen Sie sich über *Configuration|Templates* die Liste aller Templates anzeigen. Klicken Sie oben rechts auf *Create Template* und tragen Sie die nachfolgenden Werte ins Formular »Template« ein. Die Formulare auf den Reitern »Linked Templates« und »Macro« füllen Sie nicht aus.

- Template name: Passive Ping Check
- New Group: My own templates
- Description: Check if host responds to pings and rise action if not.

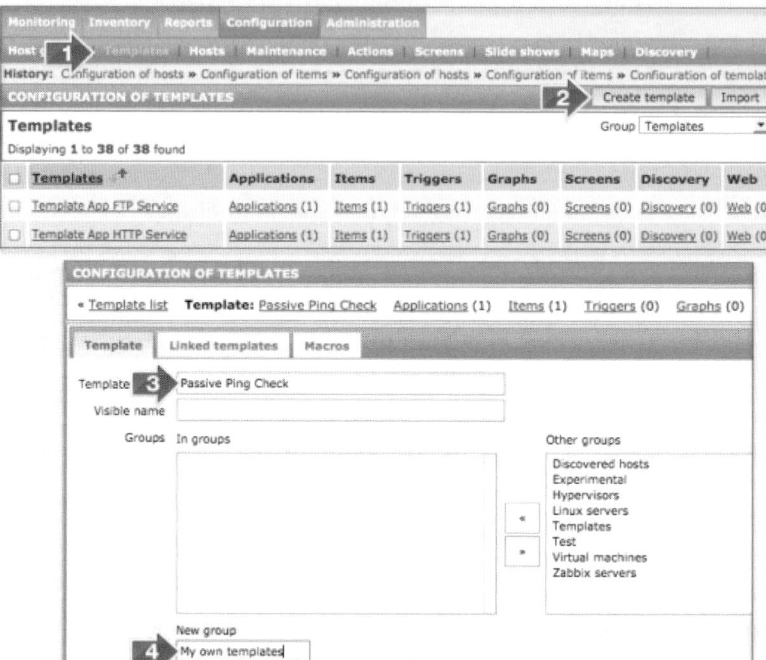

Abb. 15–3 *Anlegen eines neuen Templates*

Nach dem Speichern wählen Sie in der Liste der Templates oben rechts die neu angelegte Gruppe »My own templates« aus. Sie sehen nun, dass dieses Template noch über keine Items und Trigger verfügt. Klicken Sie auf den Link *Items (0)* und anschließend oben rechts auf *Create item*. Nun legen Sie wie gewohnt ein Item mit folgenden Parametern an:

- Name: ICMP Ping Check
- Type: Simple Check
- Key: `icmpping`
- Type of information: Numeric (unsigned)
- Update Interval (in sec): 30
- New Application: Availability PASSIV

Nachdem Sie das Item gespeichert haben, klicken Sie oberhalb der Tabelle auf den Link *Triggers (0)* und legen mit dem Button oben rechts *Create trigger* einen neuen Trigger mit den folgenden Parametern an:

- Name: No Ping to host
- Expression: `{Passive Ping Check:icmpping.last()}=0`
- Severity: Average

Wenn Sie den Trigger angelegt haben, werfen Sie noch einmal einen Blick auf die tabellarische Übersicht der Templates in der Gruppe »My own templates«. Sie sollten nun sehen, dass das Template »Passive Ping Check« über ein Item und einen Trigger verfügt. Damit ist die Einrichtung des Templates abgeschlossen.

Wählen Sie nun über *Configuration|Hosts* eine Hostgruppe aus und klicken Sie auf den Namen eines Hosts. Wählen Sie den Reiter »Templates an«. Im Eingabefeld »Link new templates« geben Sie den Namen des zuvor erstellten Templates ein: »Passive Ping Check«. Mit dem kleinen Link *Add* unterhalb des Templatenamens weisen Sie nun das Template dem Host zu. Speichern Sie die geänderte Host-Konfiguration mit der Schaltfläche »Save«. Sie gelangen zurück in die tabellarische Übersicht der Hosts. Nun sollten Sie sehen, dass der Host ein Item und einen Trigger mehr hat. In der Spalte »Templates« sollte das soeben angewandte Template verzeichnet sein.

15.3 Templates individualisieren mit Makros

Die Verwendung von Makros gibt Ihnen die Möglichkeit, die Regeln eines Templates für einzelne Hosts zu individualisieren. Makros sind Variablen, die an die Hosts vererbt, aber an verschiedenen Stellen überschrieben werden können.

15.3.1 Beispiel 1: Makros in Items

Definieren Sie über *Administration|General|Macros* zum Beispiel `{$SSH_PORT} = 22` als globales Makro. Danach legen Sie ein Item vom Typ Simple Check an: `net.tcp.service[ssh,,{$SSH_PORT}]`. Wenn nun ein Host den SSH-Dienst nicht an den Port 22 bindet, geben Sie für den entsprechenden Hosts das Makro `{$SSH_PORT}` an und überschreiben den Standard.

Abb. 15–4 *Verwendung eines Makros in einem Item*

An folgenden Stellen können Sie Makros definieren:

- globale Makros, gelten für alle Bereiche, Hosts und Templates (niedrigste Priorität)
- Templates
- Host (höchste Priorität)

15.3.2 Beispiel 2: Makros in Triggern

Sie legen zum Beispiel ein Template mit einem Trigger an, der bei weniger als 2 GB freien Festplattenplatz alarmiert. Für den Großteil Ihrer Hosts passt diese Regel. Nun gibt es aber auch Hosts, bei denen schon bei weniger als 5 GB alarmiert werden soll. Sie brauchen keine getrennten Templates anlegen. Makros sind die Lösung.

Definieren Sie im Template über den Reiter Makros zum Beispiel ein Makro `{$MIN_FREE_SPACE}` mit dem Wert 2. Dieser Wert ist der Standardwert für alle Hosts, die das Template verwenden.

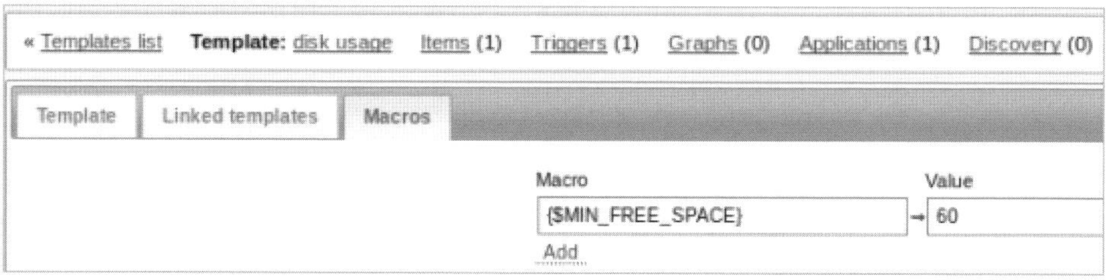

Abb. 15–5 Template mit einem Makro

Legen Sie nun ein Item und einen Trigger an, wobei Sie in der Trigger-Expression das Makro als Vergleichswert verwenden.

```
{disk usage:vfs.fs.size[/,free].last(0)}<{$MIN_FREE_SPACE}*1024*1024*1024
```

Im Makro {$MIN_FREE_SPACE} geben Sie an, welchen Füllstand in GB die Festplatte nicht unterschreiten darf.

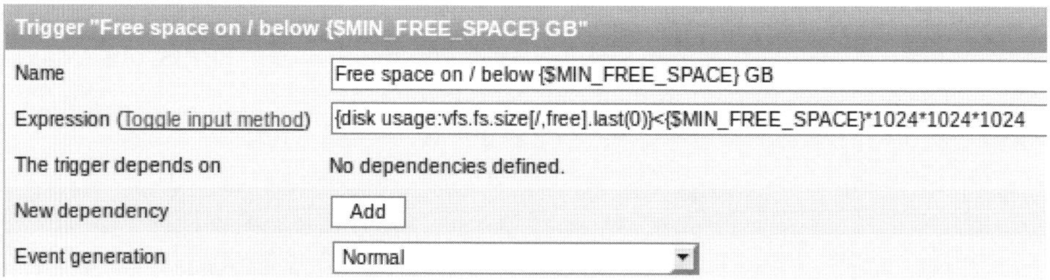

Abb. 15–6 Trigger mit Makro

Wenn nun für einige Hosts ein abweichender Wert für `{$MIN_FREE_SPACE}` verwendet werden soll, überschreiben Sie das Makro in der Konfiguration des Hosts. Die Angaben auf Host-Ebene haben eine höhere Priorität als die Angaben auf Templateebene.

15.3.3 Beispiel 3: Makros in Aktionen

Legen Sie in der Host-Konfiguration über den Reiter Makros die beiden Makros `{$ROOM_NO}` und `{$RESPONSIBLE_PERSON}` an und tragen Sie ein, in welchem Raum sich der Server befindet und welche Person für das Gerät verantwortlich ist.

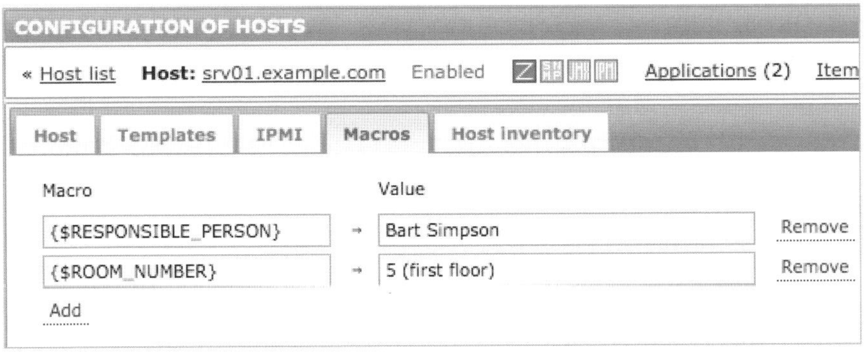

Abb. 15–7 *Pro Host hinterlegen Sie in Makros Informationen für die schnellere Bearbeitung von Störungen.*

Wechseln Sie nun über das Menü *Configuration|Actions* in die Einstellungen einer beliebigen Aktion. Fügen Sie dann zum Beispiel in der Standardnachricht den folgenden Textblock ein:

```
Server located in room {$ROOM_NUMBER}
Please contact {$RESPONSIBLE_PERSON}
```

Hinweis

Missbrauchen Sie die Makros nicht, um eine komplette Inventarverwaltung zu pflegen. Zabbix hat eine umfangreiche Inventarverwaltung an Bord. Mit dieser können Sie Zusatzinformationen zu Hosts und Geräten strukturiert erfassen.

15.4 Templates strukturieren

Es ist nicht ratsam, viele Items in wenige Templates zu konfigurieren. Legen Sie besser viele Templates an, die nur wenige Items enthalten. Das gibt Ihnen mehr Flexibilität.

Legen Sie Simple Checks und Agent Checks nach Möglichkeit nicht in ein Template. Geben Sie im Templatenamen an, ob das Template den Zabbix-Agenten voraussetzt. Je mehr Hosts Sie überwachen, desto häufiger wird es Ihnen nicht möglich sein, den Zabbix-Agenten zu installieren. Deshalb ist es sinnvoll, ein Set an Templates vorzuhalten, die keinen Agenten brauchen. Wenn Sie ein Template für Linux-Hosts anlegen, sollten Sie den Check, ob der SSH-Server Verbindungen akzeptiert, nicht mit den Festplattenchecks im selben Template anlegen.

Legen Sie betriebssystemunabhängige Items nicht mit betriebssystemspezifischen Items in ein Template. Items wie zum Beispiel das Prüfen der Systemzeit funktionieren unter allen Betriebssystemen gleich. Würden Sie dieses Item zum Beispiel in ein Template »Linux« einbinden, dann müssten Sie dieses Item doppelt anlegen, wenn Sie ein Template für Windows-Systeme anlegen.

Eine Beispielstruktur:

Template	Checks
Base Availability (agentless)	ICMP Ping
Base Availability (agent)	agent.ping
Base osindipendend (agent)	system.boottime, system.hotsname, system.localtime
Linux (agentless)	ssh
Windows (agentless)	tcp,3389
Linux (agent)	system.cpu.util, vfs.fs.size, net.if.in, net.if.out etc.
Windows (agent)	vfs.fs.size, perf_counter[\Speicher\Verfügbare Bytes], perf_counter[\Prozessor(_Total)\Prozessorzeit (%)], etc.
MySQL (agentless)	tcp,3306
MySQL (agent)	mysql.ping, mysql,queries etc.
Linux (combined)	Base Availability (agentless)+Base Availability (agent)+Base osindipendend (agent)+Linux (agentless)+Linux (agent)
Windows (combined)	Base Availability (agentless)+Base Availability (agent)+Base osindipendend (agent)+Windows (agentless)+Windows (agent)

Tab. 15–1 *Beispielstruktur für Templates*

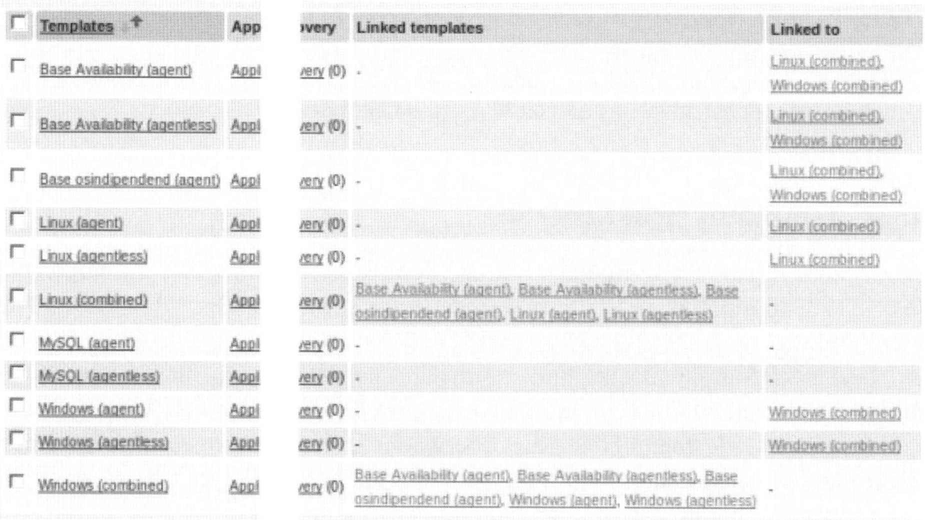

Templates	App	ıvery	Linked templates	Linked to
Base Availability (agent)	Appl	/ery (0)	-	Linux (combined), Windows (combined)
Base Availability (agentless)	Appl	/ery (0)	-	Linux (combined), Windows (combined)
Base osindipendend (agent)	Appl	/ery (0)	-	Linux (combined), Windows (combined)
Linux (agent)	Appl	/ery (0)	-	Linux (combined)
Linux (agentless)	Appl	/ery (0)	-	Linux (combined)
Linux (combined)	Appl	/ery (0)	Base Availability (agent), Base Availability (agentless), Base osindipendend (agent), Linux (agent), Linux (agentless)	-
MySQL (agent)	Appl	/ery (0)	-	-
MySQL (agentless)	Appl	/ery (0)	-	-
Windows (agent)	Appl	/ery (0)	-	Windows (combined)
Windows (agentless)	Appl	/ery (0)	-	Windows (combined)
Windows (combined)	Appl	/ery (0)	Base Availability (agent), Base Availability (agentless), Base osindipendend (agent), Windows (agent), Windows (agentless)	-

Abb. 15–8 *Templatestruktur mit verschachtelten Templates*

15.5 Hostspezifische Items automatisch erzeugen (Low Level Discovery)

Mit der Version 2.0 wurde eine neue Funktion namens Low Level Discovery in Zabbix aufgenommen. Eine Discovery-Regel entdeckt zum Beispiel alle verfügbaren Festplatten eines Hosts und erzeugt dann Items, die alle entdeckten Festplatten überwachen.

> **Hinweis**
>
> Nachfolgend wird die Funktionsweise der Low Level Discovery mit dem Zabbix-Agenten oder dem Zabbix-Trapper erklärt. Low Level Discovery ist auch per SNMP möglich, welches im Kapitel 16 erklärt wird.

Das automatische Hinzufügen hostspezifischer Items geschieht in zwei Schritten. Der erste Schritt ist die sogenannte **Discovery Rule**. Diese Regel ist letztendlich ein »normales« Item, welches aber nicht einen einzelnen Wert, sondern eine Liste mit Werten enthält. Diese Liste wird im Format JSON gespeichert. Diese Liste kann von jeder Quelle generiert werden, die als Item-Typ zur Verfügung steht. In der Regel wird diese Liste vom Zabbix-Agenten generiert und listet Hardwarekomponenten auf. Im Zabbix-Agent ab Version 2.0 sind die beiden Items `vfs.fs.discovery` und `net.if.discovery` integriert, welche die verfügbaren Festplatten und Netzwerkkarten auflisten.

Verdeutlichen Sie sich die Funktionsweise einer Discovery-Regel und das Format der zurückgelieferten Liste, indem Sie auf einem Host den Wert des Items `vfs.fs.discovery` auf der Konsole ausgeben lassen.

```
root@zabbix:~# zabbix_agent -t vfs.fs.discovery
vfs.fs.discovery                                  [s|{
    "data":[
        {
            "{#FSNAME}":"\/",
            "{#FSTYPE}":"rootfs"},
        {
            "{#FSNAME}":"\/sys",
            "{#FSTYPE}":"sysfs"},
        {
            "{#FSNAME}":"\/proc",
            "{#FSTYPE}":"proc"},
        {
            "{#FSNAME}":"\/dev",
            "{#FSTYPE}":"devtmpfs"},
        {
            "{#FSNAME}":"\/dev\/pts",
            "{#FSTYPE}":"devpts"},
        {
            "{#FSNAME}":"\/run",
            "{#FSTYPE}":"tmpfs"},
        {
            "{#FSNAME}":"\/",
            "{#FSTYPE}":"ext4"},
        {
            "{#FSNAME}":"\/run\/lock",
            "{#FSTYPE}":"tmpfs"},
```

```
{
    "{#FSNAME}":"\/run\/shm",
    "{#FSTYPE}":"tmpfs"},
{
    "{#FSNAME}":"\/var",
    "{#FSTYPE}":"ext4"},
{
    "{#FSNAME}":"\/var\/lib\/mysql",
    "{#FSTYPE}":"ext4"}]}]
```

Damit der Zabbix-Server für jeden Eintrag einer Liste später ein Item erzeugt, muss ein sogenannter **Prototyp** eingerichtet werden. Der Prototyp ist ein Item, bei dem die Elemente der Liste als Makros verwendet werden, zum Beispiel `vfs.fs.size[{#FSNAME},free]`. Für jedes Element der Liste erzeugt der Zabbix-Server ein neues Item.

Nachdem Sie eine Discovery-Regel angelegt haben, legen Sie die Items nicht für das Template, sondern für die Discovery-Regel an.

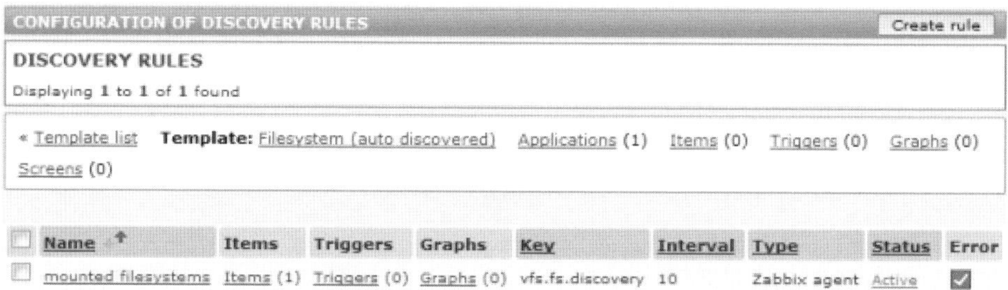

Abb. 15–9 *Liste der Discovery-Regeln*

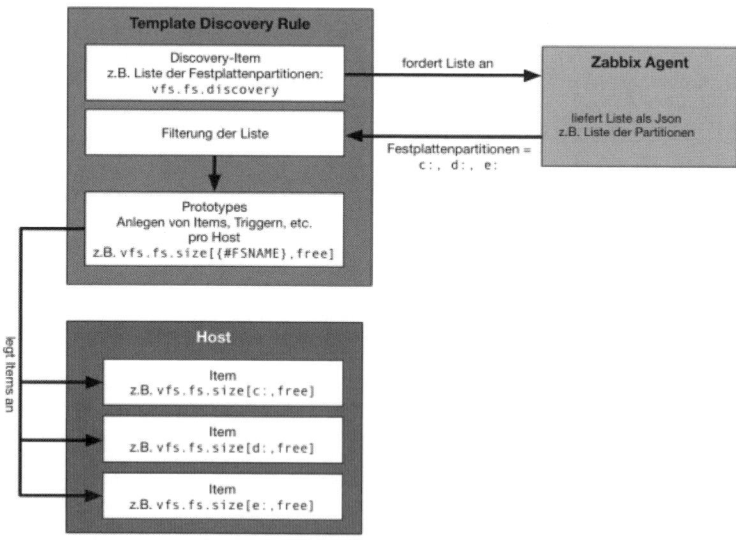

Abb. 15–10 *Interner Ablauf der Low-Level-Discovery*

15.5.1 Beispiel 1: Dateisysteme erkennen

Im nachfolgenden Beispiel erfahren Sie, wie Sie ein Item in einem Template einrichten, so dass alle in einem Host verfügbaren Dateisysteme (Festplatten) automatisch überwacht werden.

Wählen Sie über das Hauptmenü *Configuration|Templates* aus. In der tabellarischen Übersicht der Templates klicken Sie hinter einem Template auf den Link *Discovery*. Sie sehen die Liste der Discovery-Regeln für das Template. Klicken Sie oben rechts auf die Schaltfläche *Create Rule*.

Legen Sie eine Regel vom Typ »Zabbix-Agent« an, als Item-Key verwenden Sie `vfs.fs.discovery`. Der Zabbix-Server fragt dann alle Hosts nach einer Liste der verfügbaren Dateisysteme. Diese Liste enthält neben den Pfaden zu den Mountpoints auch den Dateisystemtyp. Sofern Sie die Dateisysteme wie /proc, /dev etc. nicht überwachen wollen, geben Sie als Filter auf das Makro `{#FSTYPE}` den Regulären Ausdruck `ext[3,4]|xfs` an. Es werden nur die Einträge aus der zurückgelieferten Liste verwendet, für die die Filterregel zutrifft.

Da sich die Dateisysteme in einem Host in der Regel nicht sehr häufig ändern, sollten Sie das Update-Intervall auf 3600 Sekunden einstellen. Zum Testen der Funktionsweise von Discovery-Regeln können Sie, bis alles zufriedenstellend läuft, auch 30 Sekunden wählen.

Rule
Name mounted filesystems
Type Zabbix agent
Key vfs.fs.discovery
Filter Macro {#FSTYPE} Regexp ext[3,4]|xfs
Update interval (in sec) 3600

Abb. 15–11 *Regeln zum Auslisten aller Dateisysteme eines Hosts in Zabbix 2.2*

Abb. 15–12 *Ab Version 2.4 können mehrere Filter auf das Resultat einer Discovery-Regel angewendet werden*

Nachdem Sie die neue Regel gespeichert haben, sehen Sie die Liste aller Discovery-Regeln. Klicken Sie in der Zeile der zuvor angelegten Regel auf den Link *Items*, und über den Knopf oben rechts legen Sie ein neues Item an.

Sie legen nun wie gewohnt ein Item an. Sobald Sie im Item-Key das Makro `{#FSNAME}` verwenden, wird das Item für jedes gefundene Dateisystem angelegt.

Item prototype "Filesystem (auto discovered) : Free disk space on $1"	
Name	Free disk space on $1
Type	Zabbix agent
Key	vfs.fs.size[{#FSNAME},free] Select
Type of information	Numeric (unsigned)
Data type	Decimal
Units	B

Abb. 15–13 *Item basierend auf einer Discovery-Regel anlegen*

15.5.2 Beispiel 2: Netzwerkgeräte automatisch hinzufügen

Zum automatischen Hinzufügen von Netzwerkkarten verfahren Sie ähnlich wie bei den Festplatten. Legen Sie eine Discovery-Regel an, welche über den Zabbix-Agenten und den Item-Key `net.if.discovery` alle auf dem Host verfügbaren Netzwerkkarten auslistet. Wenn Sie das Loopback-Interface nicht ins Monitoring aufnehmen möchten, verwenden Sie einen Filter auf das Makro `{#IFNAME}`.

Rule	
Name	network interfaces
Type	Zabbix agent
Key	net.if.discovery
Filter	Macro {#IFNAME} Regexp ^eth|^bon|^tun|^tap
Update interval (in sec)	3600

Abb. 15–14 *Der Zabbix-Agent listet alle Netzwerkgeräte auf.*

Richten Sie für die zuvor erstelle Discovery-Regel zwei Items mit den Item-Keys `net.if.in[{#IFNAME}]` und `net.if.out[{#IFNAME}]`.

Item prototype "Filesystem (auto discovered) : Networ	
Name	Network Traffic Incoming on $1
Type	Zabbix agent
Key	net.if.in[{#IFNAME}]
Type of information	Numeric (unsigned)
Data type	Decimal
Units	Bps

Abb. 15–15 *Netzwerkkarten werden automatisch erkannt und gemonitort.*

Wenn Sie einen Graphen für eine Discovery-Regel anlegen, muss das Makro der entdeckten Elemente im Namen des Graphen vorkommen.

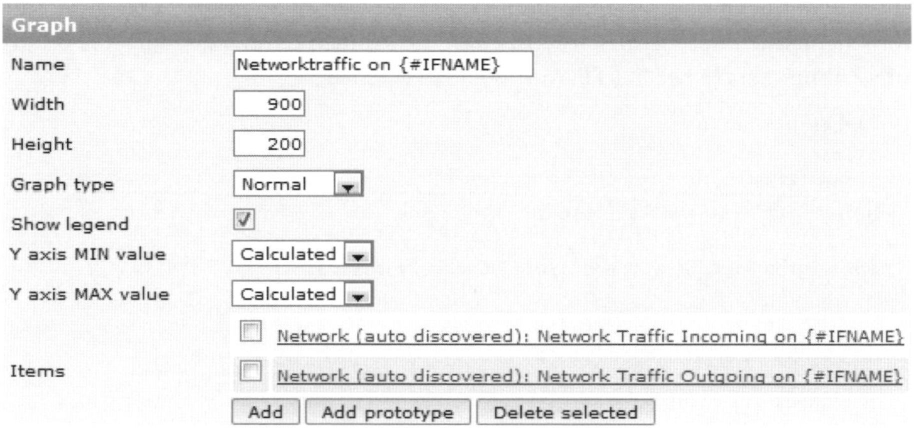

Graph	
Name	Networktraffic on {#IFNAME}
Width	900
Height	200
Graph type	Normal
Show legend	☑
Y axis MIN value	Calculated
Y axis MAX value	Calculated
Items	☐ Network (auto discovered): Network Traffic Incoming on {#IFNAME} ☐ Network (auto discovered): Network Traffic Outgoing on {#IFNAME}
	Add · Add prototype · Delete selected

Abb. 15–16 *Graph basierend auf einer Discovery-Regel*

Nachdem Sie das Template mit den Discovery-Regeln auf einen Host angewendet haben, sollte der Zabbix-Server diesem Host neue Items hinzufügen. Wenn Sie im Hauptmenü *Configuration|Hosts* auswählen und in der Zeile eines Hosts auf den Link *Items* klicken, sehen Sie die automatisch hinzugefügten Items. Dass diese Items von einer Discovery-Regel stammen, erkennen Sie an dem in Gelb vorangestellten Namen der Regel.

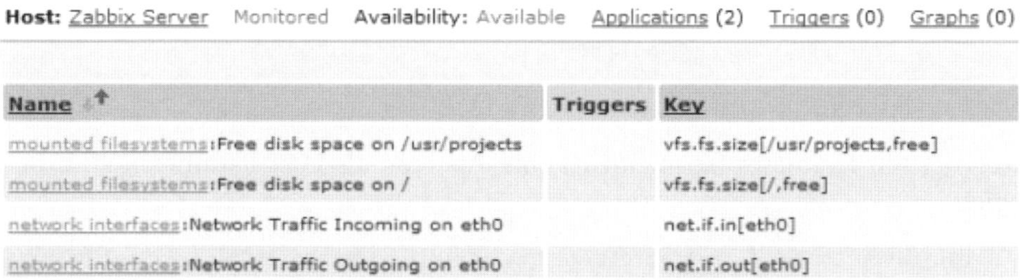

Host: Zabbix Server Monitored **Availability:** Available Applications (2) Triggers (0) Graphs (0)

Name	Triggers	Key
mounted filesystems: Free disk space on /usr/projects		vfs.fs.size[/usr/projects,free]
mounted filesystems: Free disk space on /		vfs.fs.size[/,free]
network interfaces: Network Traffic Incoming on eth0		net.if.in[eth0]
network interfaces: Network Traffic Outgoing on eth0		net.if.out[eth0]

Abb. 15–17 *Items, welche automatisch zu einem Host hinzugefügt wurden.*

Hinweis

Items, die auf Elementen basieren, die von einer Regel nicht mehr gefunden werden, zum Beispiel Dateisysteme, die ausgehängt wurden, entfernt der Zabbix-Server nicht. Es werden nur neu entdeckte Elemente hinzugefügt. Von einer Discovery-Regel gefundene, aber nicht mehr vorhandene Elemente können Sie nur entfernen, indem Sie das entsprechende Template mit »Unlink and Clear« entfernen und dann wieder neu hinzufügen.

15.5.3 Eigene Discovery-Regeln erstellen

Sie können auch eigene Discovery-Regeln erstellen. Das nachfolgende Beispiel durchsucht die Konfigurationsdateien des Apache-Webservers und listet alle Domänennamen der virtuellen Hosts auf. Sie können dann jeden virtuellen Host vom Zabbix-Server per HTTP-Anfrage überwachen.

```
#!/usr/bin/perl
$first = 1;
print "{\n";
print "\t\"list.vhosts\":[\n";

for (`grep -h " ServerName" /etc/apache2/vhosts.d/*`)
{
    ($host) = m/ServerName\s+(.*)/;
    print ",\n" if not $first;
    $first = 0;
    print "\t{ \"{#HOST}\":\"$host\" }";
}

print "\n\t]\n";
print "}\n";
```

Passen Sie ggf. den Ordner an, in denen das Skript die Konfigurationsdateien sucht. Machen Sie das Skript ausführbar und testen Sie es. Es sollte eine ähnliche Ausgabe wie die folgende produzieren:

```
{
    "list.vhosts":[
    { "{#HOST}":"dummy-host.example.com" },
    { "{#HOST}":"www.mywebsite.com" },
    { "{#HOST}":"www.myblog.com" }
    ]
}
```

Registrieren Sie dieses Skript im Zabbix-Agenten als User-Parameter, zum Beispiel:

```
UserParameter=list.vhosts,/etc/zabbix/scripts/list.vhosts.pl
```

16 SNMP

16.1 Zabbix und SNMP

16.1.1 Simple Network Management Protocol (SNMP)

Eine Monitoring-Software, die das **Simple Network Management Protocol** (SNMP) nicht beherrscht, würde nicht viel taugen. Deshalb kann Zabbix selbstverständlich auch mit SNMP umgehen und Geräte über dieses Protokoll überwachen.

SNMP ist ein weit verbreiteter Standard, wenn es um die Überwachung von IT-Komponenten geht. SNMP kommt hauptsächlich auf Geräten mit sogenannten »Embedded Systems« zum Einsatz. Hierbei handelt es sich um Geräte mit einem sehr spezialisierten Betriebssystem, an welchem der Benutzer nichts ändern kann. Router, Switches und Drucker sind die bekanntesten Beispiele. Aber auch auf Appliances, die im Inneren auf einem vollwertiges Linux-Betriebssystem basieren, wird SNMP verwendet. Der Hersteller gibt Ihnen in den meisten Fällen keinen Zugriff auf das Betriebssystem der Appliance, so dass die Installation des Zabbix-Agenten nicht möglich und aus Gründen der Garantie- und Supportbedingungen auch nicht empfohlen ist.

In der Regel hat der Hersteller aber an das Monitoring gedacht und auf seinen Geräten einen SNMP-Agenten installiert. Es ist selbstverständlich auch möglich, Hosts mit »kompletten« Betriebssystemen wie Linux und Windows per SNMP zu überwachen. Für fast alle Betriebssysteme können Sie einen SNMP-Daemon installieren.

16.1.1.1 SNMP vs. Zabbix-Agent

Vorausgesetzt Sie haben die Möglichkeit, auf einem System den Zabbix-Agent zu installieren, dann kann man nicht pauschal empfehlen, der Zabbix-Agent sei immer einer Überwachung per SNMP vorzuziehen. Es gibt einige Gründe, warum in bestimmten Fällen die Installation eines SNMP-Daemons vorzuziehen ist:

- Die SNMP-Kern-Komponenten werden von der Distribution bzw. von Microsoft mitgeliefert. SNMP fällt in der Regel in den Bereich des Hersteller- oder Distributionssupports. Der Zabbix-Agent fällt aus den Supportleistungen raus.

- Die Software zur Überwachung bestimmter Hardware, beispielsweise der Raidcontroller, klinkt sich in einen laufenden SNMP-Dienst ein.
- Es gibt Szenarien, in denen nicht nur eine Monitoring-Lösung im Einsatz ist. SNMP ist neutral und kann Daten an Zabbix und diverse andere Monitoring-Software liefern.

Argumente, die für den Zabbix-Agenten und gegen ein SNMP-Monitoring sprechen, könnten die folgenden sein:

- Zabbix-Server und Zabbix-Agent sind aufeinander abgestimmt. Sie können auf der Weboberfläche zahlreiche Monitoring-Aufgaben durch einfaches Anklicken einrichten. Die Suche nach passenden OIDs oder die Installation von zusätzlichen MIBs bleibt Ihnen erspart.
- Software zur Überwachung bestimmter Hardware, beispielsweise von Raidcontrollern, die sich in einen SNMP-Dienst einklinkt, ist oft unnötig kompliziert. In den meisten Fällen liefert ein kleines Kommandozeilenprogramm die Daten. Dieses Programm kann oft einfacher und ressourcenschonender in den Zabbix-Agenten anstatt in einen SNMP-Dienst integriert werden.
- Per SNMP können Sie keine Autoregistrierung verwenden. SNMP-Dienste können sich nicht eigenständig in den Zabbix-Server eintragen.
- Per SNMP können Sie keine Skripte zur autonomen Fehlerbeseitigung ausführen.

16.1.1.2 Wie funktioniert SNMP?

Wie der Name Simple Network Management Protocol schon andeutet, ist das Protokoll nicht nur auf das Lesen von Daten beschränkt. Per SNMP ist es auch möglich, Geräte zu konfigurieren. Zabbix beschränkt sich aber auf einen rein lesenden Zugriff und kann keine Anfragen senden, die Daten per SNMP schreiben würden.

Die Kommunikation per SNMP ist sehr simpel aufgebaut. Ein Manager, zum Beispiel der Zabbix-Server, fragt einen SNMP-Agenten nach Daten. Zurück kommen einzelne Daten in Form von **Schlüssel-Wert-Paaren**. Diese geben beispielsweise den Status einer Komponente des überwachten Systems an.

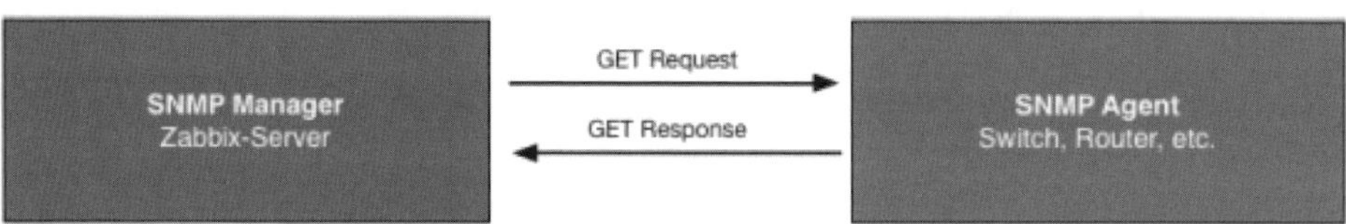

Abb. 16–1 *Frage-Antwort-Kommunikation per SNMP*

Es gibt unzählige SNMP-Manager (abfragende Clients). Auf der Kommandozeile sind `snmpwalk` und `snmpget` unverzichtbare Helfer. Schauen Sie sich das nachfolgende Beispiel an (die Ausgabe wurde gekürzt). Ein Gerät, zum Beispiel ein Ethernet-Switch, wurde nach all seinen Daten gefragt, die er preisgeben kann. Sie erhalten eine Liste mit Schlüsseln (OIDs) und den aktuellen Werten zurück.

Den Schlüssel in der Liste der Werte bezeichnet man als **Object Identifier (OID)**. Dieser besteht aus einer mit Punkten getrennten Zahlenkette. Man kann anhand der OID nicht erkennen, was die vom SNMP-Agenten gelieferten Daten bedeuten. OIDs sind in einer Baumstruktur hierarchisch geordnet.

```
snmpwalk -v 1 -c public -O n 192.168.1.20
.1.3.6.1.2.1|1.1.0 = STRING: Linux 2.6.32.49 #1 Wed Jul 24 16:58:15
.1.3.6.1.2.1|1.2.0 = OID: .1.3.6.1.4.1.10002.1
.1.3.6.1.2.1|1.3.0 = Timeticks: (60200) 0:10:02.00
.1.3.6.1.2.1|1.4.0 = STRING: unset
.1.3.6.1.2.1|1.5.0 = STRING: TOUGHSwitch PoE
.1.3.6.1.2.1|2.1.0 = INTEGER: 4
.1.3.6.1.2.1|2.2.1.1.1 = INTEGER: 1
.1.3.6.1.2.1|2.2.1.1.2 = INTEGER: 2
.1.3.6.1.2.1|2.2.1.1.3 = INTEGER: 3
.1.3.6.1.2.1|2.2.1.1.4 = INTEGER: 4
.1.3.6.1.2.1|2.2.1.2.1 = STRING: lo
.1.3.6.1.2.1|2.2.1.2.2 = STRING: eth0
.1.3.6.1.2.1|2.2.1.2.3 = STRING: eth1
.1.3.6.1.2.1|2.2.1.2.4 = STRING: br0
.1.3.6.1.2.1|2.2.1.3.1 = INTEGER: softwareLoopback(24)
.1.3.6.1.2.1|2.2.1.3.2 = INTEGER: ethernetCsmacd(6)
```

OIDs aus dem Bereich IF-MIB
„Interface Group Definitions“

Abb. 16–2 *Numerische Ausgabe vom Kommando snmpwalk*

Die ersten vier Ebenen bedeuten »iso.org.dod.internet« (.1.3.6.1). Alle Daten, die unterhalb der Ebene `..1.3.6.1.2.1.1` einsortiert werden, befinden sich in der Standard-MIB »SNMP MIB-II«. Daten, die mit der Zahlenfolge `.1.3.6.1.2.1.2` beginnen, sind Teil der sogenannten »IF-MIB« (The Interfaces Group MIB). Um den Aufbau der MIBs zu standardisieren, wurde das Rahmenwerk SNMP MIB-II erstellt. In dieser MIB werden allgemeingültige Strukturen vorgegeben. Außerdem wird festgelegt, wo hersteller- oder gerätespezifische Datenbeschreibungen in den MIB-Baum einsortiert werden.

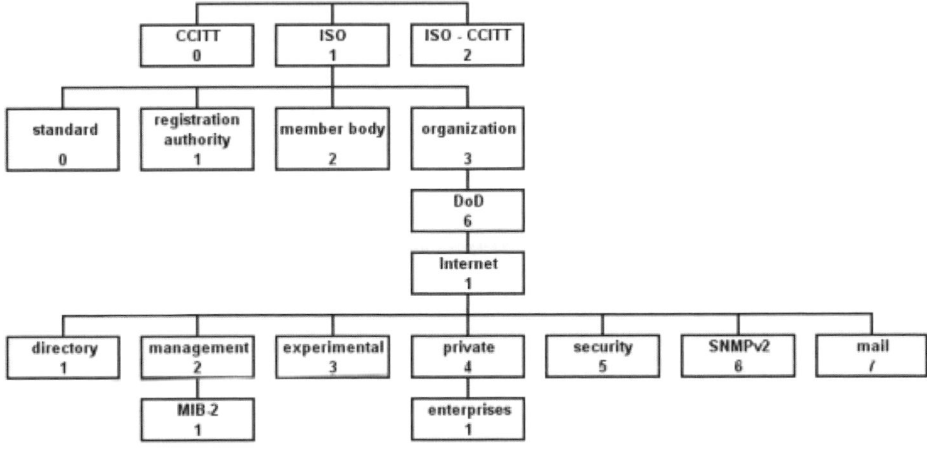

Abb. 16–3 *Baumstruktur der OIDs*

16.1.1.3 Object Identifier (OID) und die Management Information Base (MIB)

Elemente, deren Status man per SNMP abfragen kann, werden als Managementobjekte bezeichnet.

Damit der Zugriff auch herstellerübergreifend und mit unterschiedlichen Manager-Agent-Kombinationen funktioniert, wurde die »Management Information Base« (MIB) als unabhängiges Format zur Speicherung von Geräteinformationen entwickelt. MIBs sind Dateien, die eine Zuordnung von numerischen OIDs zu Beschreibungen in Textform enthalten. In dieser Datei werden alle in einem Gerät abfragbaren Objekte mittels »Object Identifier« (OID) beschrieben. Über diese OIDs werden SNMP-Objekte mit einer eindeutigen Adresse, einem Namen und Informationen über Typ, Zugriffsrechte und Beschreibung definiert. Wenn Sie das zuvor genannte Beispiel so ändern, dass statt der numerischen OIDs deren Repräsentationen in Textform zurückgegeben werden, ist die Ausgabe schon viel verständlicher:

```
snmpwalk -v 1 -c public 192.168.1.20
SNMPv2-MIB::sysDescr.0 = STRING: Linux 2.6.32.49 #1 Wed Jul 24 16:58
SNMPv2-MIB::sysObjectID.0 = OID: SNMPv2-SMI::enterprises.10002.1
DISMAN-EVENT-MIB::sysUpTimeInstance = Timeticks: (17500) 0:02:55.00
SNMPv2-MIB::sysContact.0 = STRING: unset
SNMPv2-MIB::sysName.0 = STRING: TOUGHSwitch PoE
IF-MIB::ifNumber.0 = INTEGER: 4
IF-MIB::ifIndex.1 = INTEGER: 1
IF-MIB::ifIndex.2 = INTEGER: 2
IF-MIB::ifIndex.3 = INTEGER: 3
IF-MIB::ifIndex.4 = INTEGER: 4
IF-MIB::ifDescr.1 = STRING: lo
IF-MIB::ifDescr.2 = STRING: eth0
IF-MIB::ifDescr.3 = STRING: eth1
IF-MIB::ifDescr.4 = STRING: br0
IF-MIB::ifType.1 = INTEGER: softwareLoopback(24)
IF-MIB::ifType.2 = INTEGER: ethernetCsmacd(6)
```

Abb. 16–4 *Ein Switch gibt seine Daten per SNMP preis.*

Der Aufbau der MIBs ist standardisiert und im Rahmenwerk **SNMP MIB-II** definiert. Neben der SNMP MIB-II gibt es weitere Standard-MIBs, beispielsweise die IF-MIB. In einer MIB ist in Abstract Syntax Notation One[1] beschrieben, von welchem Datentyp die Antwort auf die Abfrage einer OID ist. Zeichenketten (Octetstring), Ganzzahlen (Integer o. Gauge), Zeit (Timetick) oder Zähler (Counter) kommen als Datentypen in Frage. Zusätzlich ist in der MIB definiert, ob es sich um einen einzelnen Rückgabewert oder eine dynamische Tabelle handelt. Ein Switch zum Beispiel hat mehrere Ports, welche in einer Indextabelle angezeigt werden. Die Tabelle der vorhandenen Netzwerkschnittstellen in einem Switch lesen Sie wie folgt aus:

1. *https://de.wikipedia.org/wiki/Abstract_Syntax_Notation_One*

```
root@debian:~# snmpwalk  -v 1 -c public 192.0.2.20 IF-MIB::ifIndex
IF-MIB::ifIndex.1 = INTEGER: 1
IF-MIB::ifIndex.2 = INTEGER: 2
IF-MIB::ifIndex.3 = INTEGER: 3
IF-MIB::ifIndex.4 = INTEGER: 4
```

Dieser Switch verfügt über vier Ports, welche von eins bis vier durchnummeriert werden. Die Abfrage des Datendurchsatzes pro Port funktioniert demnach nach folgendem Schema:

```
snmpget -v 1 -c public 192.0.2.20 IF-MIB::ifOutOctets.<1-4>
snmpget -v 1 -c public 192.0.2.20 IF-MIB::ifInOctets.<1-4>
```

Wenn Sie mit den Standard-MIBs die OIDs nicht in verständlichen Klartext übersetzen können, suchen Sie auf der Webseite des Herstellers nach MIB-Dateien für das Gerät, welches Sie per SNMP überwachen wollen.

16.1.1.4 Notationen von OIDs

Zur Adressierung dieser Managementobjekte sind drei Notationen gebräuchlich. Im nachfolgenden Beispiel wird ein Switch dreimal per `snmpget` abgefragt. Dabei wird der eingehende Datenverkehr in Octets (=Bytes) des Switchports 1 ausgelesen.

Numerische Notation:

```
root@debian:~# snmpget -v 1 -c public 192.0.2.20 .1.3.6.1.2.1.2.2.1.10.1
IF-MIB::ifInOctets.1 = Counter32: 1728
```

Die OIDs werden über Zahlenketten identifiziert. Die Antwort wird von `snmpget` in ASN.1-Notation ausgegeben. Für diese Abfragen sind keine MIBs notwendig. Sollten keine passenden MIBs vorhanden sein, erfolgt die Ausgabe auch in numerischer Notation. Mit der Option `-Of` oder `-On` können Sie das Ausgabeformat der snmp-Kommandos ändern. Beispielsweise:

```
root@debian:~#  snmpget -On -v 1 -c public 192.0.2.20 .1.3.6.1.2.1.2.2.1.10.1
.1.3.6.1.2.1.2.2.1.10.1 = Counter32: 1728
root@debian:~# snmpget -Of -v 1 -c public 192.0.2.20 .1.3.6.1.2.1.2.2.1.10.1
.iso.org.dod.internet.mgmt.mib-2.interfaces.ifTable.ifEntry.ifInOctets.1 =
 Counter32: 1728
```

ASN.1-Notation:

```
root@debian:~# snmpwalk  -v 1 -c public 192.0.2.20 IF-MIB::ifInOctets.1
IF-MIB::ifInOctets.1 = Counter32: 1728
```

Die OIDs werden per ASN.1-Notation adressiert und die Rückgabe erfolgt ebenfalls in ASN.1-Notation. Diese Adressierung setzt voraus, dass eine passende MIB installiert ist.

Textuelle Repräsentation:

```
root@debian:~# snmpget  -v 1 -c public 192.0.2.20
  .iso.org.dod.internet.mgmt.mib-2.interfaces.ifTable.ifEntry.ifInOctets.1
IF-MIB::ifInOctets.1 = Counter32: 1728
```

Die OIDs werden mit einer textuellen Repräsentation der OIDs adressiert. Jedes Segment der numerischen OID wird durch ein beschreibendes Wort ersetzt.

Beim Anlegen von SNMP-Items im Zabbix-Server können alle drei Notationen verwendet werden. Der Zabbix-Server greift auf die im Betriebssystem installierten MIBs zu. Wenn Sie die ASN.1-Notation oder die textuelle Repräsentation einer OID in Zabbix verwenden möchten, testen Sie eine entsprechende Abfrage vorher auf der Kommandozeile des Zabbix-Servers. Wenn die Kommandozeilenwerkzeuge wie `snmpget` mit ASN.1-Notation oder der textuellen Repräsentation nichts anfangen können, wird der Zabbix-Server diese Notation auch nicht verstehen. Prüfen Sie in diesem Fall, ob die MIBs korrekt installiert sind.

Beachten Sie, dass die Anzahl der installierten MIBs auf jedem System unterschiedlich sein kann. Wenn Sie zum Beispiel den MIB-Browser unter Windows zum Testen verwenden, können Sie nicht davon ausgehen, dass der Zabbix-Server auf die gleichen MIBs zurückgreifen kann. Legen Sie die Items im Zweifelsfall mit der numerischen Notation an. Diese funktioniert immer, da sie keine MIBs braucht.

16.1.1.5 SNMP Community

Was passiert bei einer SNMP-Abfrage genau? Im Header wird die Versionsnummer (SNMPv1, SNMPv2 oder SNMPv3) und der sogenannte Community-Name übertragen. Durch das Zuweisen von Communities werden Zugriffsrechte vergeben. In den meisten Fällen wird für lesenden Zugriff (read-only) standardmäßig der Community-Name »public«, für Schreib-/Lesezugriff (read-write) »private« verwendet. Da diese beiden Community-Namen als Standardeinstellung bekannt sind, ist es oft ratsam, diese zu ändern. Einige Geräte verfügen über einen IP-Adressen-Filter, über den Sie eine Liste der zur Abfrage berechtigten Manager pflegen können. Fehlt solch ein Filter, kann das Gerät von beliebigen Managern abgefragt werden. Das ist aber nicht immer gewollt. Das Ändern der Community-Namen erhöht die Sicherheit, aber nur bedingt, da die Community-Namen als Klartext über das Netzwerk übertragen werden. Zuverlässige Sicherheit erhalten Sie nur mit einer Authentifizierung, wie sie SNMP v3 bietet. Wenn ein Gerät weder IP-Adressen-Filter noch SNMP v3 beherrscht, ist das Ändern des Community-Namens das Einzige, was Sie zur Steigerung der Sicherheit tun können.

16.1.1.6 SNMP-Protokollversionen

Das SNMP-Protokoll wurde im Laufe der Jahre immer weiter entwickelt, weshalb es verschiedene Versionen gibt. In erster Linie werden heute nur drei Versionen verwendet. Zabbix beherrscht diese ebenfalls.

- **SNMP Version 1**
  Initiale Implementierung und erste Version des Protokolls. SNMPv1 wird häufig wegen seiner mangelnden Sicherheit kritisiert. Eine Art Authentifizierung erfolgt nur über den Namen der Community. Dieser wird im Klartext übertragen. SNMPv1 ist weit verbreitet und auf vielen Geräten die einzige Möglichkeit zum Monitoring.
- **SNMP Version 2**
  Die zweite Version von SNMP erhielt zahlreiche Verbesserungen, beispielsweise die Möglichkeit zur Bulk-Abfrage. Get-Bulk-Requests sind eine effizientere Alternative zum Get-Next-Request, um große Datenmengen in nur einer Abfrage zu übertragen. Das in V2 eingeführte Sicherheitssystem konnte sich nicht durchsetzen und ist nicht im Einsatz. Die Datenübertragung erfolgt im Klartext.
- **SNMP Version 2c**
  V2c ist eine weiterentwickelte Version 2 von SNMP. Das umstrittene Sicherheitssystem von V2 wurde entfernt. Sicherheit basiert wieder auf den Communities, welche schon in V1 implementiert wurden. Lange Zeit galt SNMP-V2c als der De-facto-Standard. Diese Version ist noch sehr weit verbreitet. SNMPv2c ist bezüglich Nachrichtenformat und Protokolloperationen nicht kompatibel mit SNMPv1. SNMPv2 verwendet unterschiedliche Header und PDUs.
- **SNMP Version 3**
  SNMPv3 fügt dem Protokoll kryptografische Sicherheitsfunktionen hinzu. Eine verschlüsselte Datenübertragung ist möglich. Authentifizierung mit Benutzernamen und Passphrase ist möglich. Damit ist beispielsweise das Manipulieren von Daten während der Übertragung nicht mehr möglich.

16.1.1.7 Debian, Ubuntu und die MIBs

Aus lizenzrechtlichen Gründen werden bei Debian und Ubuntu keine Standard-MIBs installiert, wenn Sie das Paket snmp installieren. snmpwalk wird die OIDs nur in Form von unverständlichen Zahlenketten ausgeben. Im Zabbix-Server können Sie Items nur mit der numerischen Notation anlegen. Wenn Sie beispielsweise auf der Kommandozeile des Zabbix-Servers ein Gerät per `snmpwalk` abfragen, erhalten Sie nur numerische OIDs als Rückgabe.

Abhilfe schaffen zusätzliche »nicht freie« Pakete.

Auf Debian-Systemen aktivieren Sie die Installation von »nicht freier Software« in der Datei `/etc/apt/sources.list`, in dem Sie das Repository non-free hinzufügen. Ubuntu hat dieses Repository schon »von Haus aus« freigeschaltet.

```
deb http://ftp.de.debian.org/debian/ jessie main non-free
deb http://security.debian.org/ jessie/updates main non-free
deb http://ftp.de.debian.org/debian/ jessie-updates main non-free
```

Nutzer von Debian- oder Ubuntu-Linux installieren nun die SNMP MIB-II sowie zahlreiche andere Standard-MIBs wie folgt:

```
apt-get update
apt-get install snmp-mibs-downloader
```

Damit die MIBs auch verwendet werden, müssen Sie noch eine Änderung an der Datei `/etc/snmp/snmp.conf` vornehmen. Setzten Sie ein Kommentarzeichen vor das Wort »mibs«.

```
# As the snmp packages come without MIB files due to license reasons, loading
# of MIBs is disabled by default. If you added the MIBs you can reenable
# loading them by commenting out the following line.
#mibs :
```

In welchen Ordnern nach SNMP MIBs gesucht wird, verrät Ihnen folgendes Kommando:

```
net-snmp-config --default-mibdirs
```

Testen Sie, ob die Installation erfolgreich war, indem Sie ein Gerät per `snmpwalk` abfragen. Sie sollten jetzt OIDs in Textform als Rückgabe erhalten.

Mit dem Kommando snmptranslate können Sie testen, ob die MIBs richtig installiert wurden und zur »Übersetzung« der OIDs verwendet werden. Zum Beispiel sollte Ihnen `snmptranslate .iso.3.6.1.6.3.1.1.5.3` als Übersetzung `IF-MIB::linkDown` ausgeben.

Hinweis

Wenn Sie die MIBs installieren, nachdem Sie bereits den Zabbix-Server installiert haben, müssen Sie den Zabbix-Server neu starten, damit dieser die MIBs verwendet.

16.1.2 OIDs identifizieren

Bevor Sie ein Gerät per SNMP mit Zabbix überwachen, sollten Sie herausfinden, welche Daten das Gerät per SNMP preisgibt und mit welchen OIDs diese gekennzeichnet sind.

16.1.2.1 Die Helfer auf der Kommandozeile, snmpwalk und snmpget

Unter Linux stehen die beiden Programme snmpwalk und snmpget zum testweisen Abrufen von SNMP-Daten zur Verfügung. Alle Distributionen liefern fertige Pakete mit.

- `snmpwalk` kann alle verfügbaren Schlüssel-Wert-Paare einer Community rekursiv auslesen und auf der Konsole anzeigen.
- `snmpget` ruft die Werte für einen vorgegebenen Schlüssel (OID) ab.

Um alle verfügbaren Daten eines SNMP-Agenten rekursiv abzurufen, verwenden Sie `snmpwalk` wie folgt:

```
snmpwalk -v <VERSION> -c <COMMUNITY> <IP_FROM_HOST>
```

Die Ausgabe von snmpwalk ist in der Regel sehr lang. Das Auslesen aller Werte kann auch mehrere Minuten dauern. Speichern Sie die Ausgabe in einer Textdatei und schauen Sie sich das Ergebnis mit einem Editor an.

Hier ein Beispiel von einem HP-ProCurve Switch:

```
snmpwalk -v 2c -c public 192.0.2.11>/tmp/snmpwalk_out.txt
wc -l /tmp/snmpwalk_out.txt
13034 /tmp/snmpwalk_out.txt
```

Bei über 13.000 Schlüssel-Wert-Paaren kann die Suche nach den passenden Daten zuweilen eine schwierige Aufgabe werden.

Snmpwalk zeigt die Schlüssel-Wert-Paare in ASN.1-Notation an, zum Beispiel:

```
# snmpwalk -v 2c -c public 192.0.2.1|grep "ifInOctets\.[1-4] "
IF-MIB::ifInOctets.1 = Counter32: 0
IF-MIB::ifInOctets.2 = Counter32: 0
IF-MIB::ifInOctets.3 = Counter32: 942560727
IF-MIB::ifInOctets.4 = Counter32: 2380892482
```

Diese Anzeige hilft Ihnen, die Werte zu identifizieren, welche Sie später per Zabbix monitoren wollen. Sollten auf dem Zabbix-Server nicht alle benötigten MIBs installiert sein, können Sie `snmpwalk` auch anweisen, die OIDs in numerischer Notation auszugeben, so dass eine Abfrage auch ohne MIBs funktioniert:

```
snmpwalk -On -v 2c -c public 192.0.2.1|grep "ifInOctets\.[1-4] "
```

Mit snmptranslate können Sie die OIDs zwischen den Notationen übersetzen, zum Beispiel:

```
snmptranslate -On IF-MIB::ifInOctets.1
.1.3.6.1.2.1.2.2.1.10.1
```

Wenn Sie vor dem Einrichten eines Items beobachten möchten, wie sich die Werte eines SNMP-Schlüssels ändern, verwenden Sie `snmpget`, um die Daten abzurufen.

```
snmpget -v 2c -c public 192.0.2.1 .iso.org.dod.internet.mgmt.mib-
 2.interfaces.ifTable.ifEntry.ifInOctets.3
```

16.1.2.2 Der Helfer für den Desktop: MIB-Browser

Eine Alternative zum Kommandozeilenprogramm `snmpwalk` stellen sogenannte MIB-Browser dar. Wenn Sie mit einer Internetsuchmaschine danach suchen, werden Sie zahlreiche finden.

Einer der vielen MIB-Browser ist der [iReasoning MIB-Browser[2]], den Sie als »Free Personal Edition« kostenlos herunterladen können. Die Software basiert auf Java und läuft unter allen Betriebssystemen, für die Java verfügbar ist. Die Standard-SNMP-MIB-II ist bereits enthalten.

Der MIB-Browser listet alle Daten auf, die ein Host per SNMP preisgibt. Es werden alle OIDs in Zahlen- und ASN.1-Notation angezeigt.

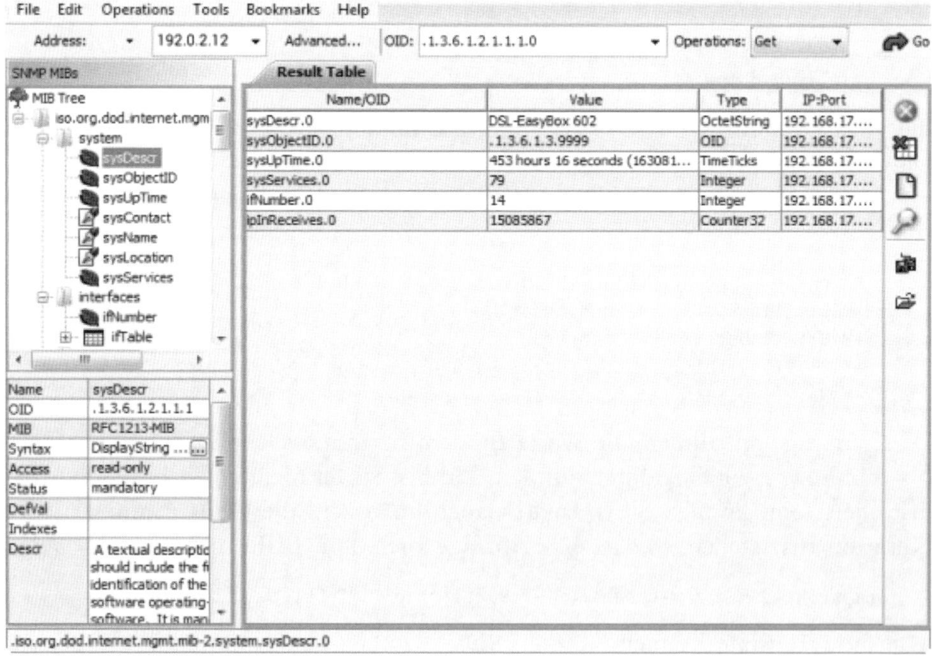

Abb. 16–5 *OIDs per MIB-Browser auslesen*

2. *http://ireasoning.com/mibbrowser.shtml*

16.1.3 Geräte per SNMP mit Zabbix überwachen

16.1.3.1 SNMP-Interface anlegen

Für jeden Hosts, den Sie per SNMP überwachen möchten, müssen Sie dem Zabbix-Server mitteilen, auf welcher IP-Adresse oder auf welchem Hostnamen ein SNMP-Agent auf Anfragen antwortet. Der Zabbix-Server verwendet dazu nicht das Standard-Interface. Wenn Sie im Hauptmenü über **Configuration|Hosts** einen Host auswählen oder neu anlegen, klicken Sie auf den Link **Add** im Kasten »SNMP Interface«. Tragen Sie die IP-Adresse oder den Hostnamen ein, über den Sie ein SNMP-Gerät überwachen.

Seit Version 2.4 werden SNMP-Daten standardmäßig mit SNMP GETBULK abgerufen, was Sie mit dem Kommandozeilenwerkzeug `snmpbulkwalk` simulieren können. Bulk-Abfragen sind effizienter als viele einzelne SNMP-Abfragen. Sollte das überwachte Gerät keine Bulk-Abfragen unterstützen, deaktivieren Sie diesen Modus.

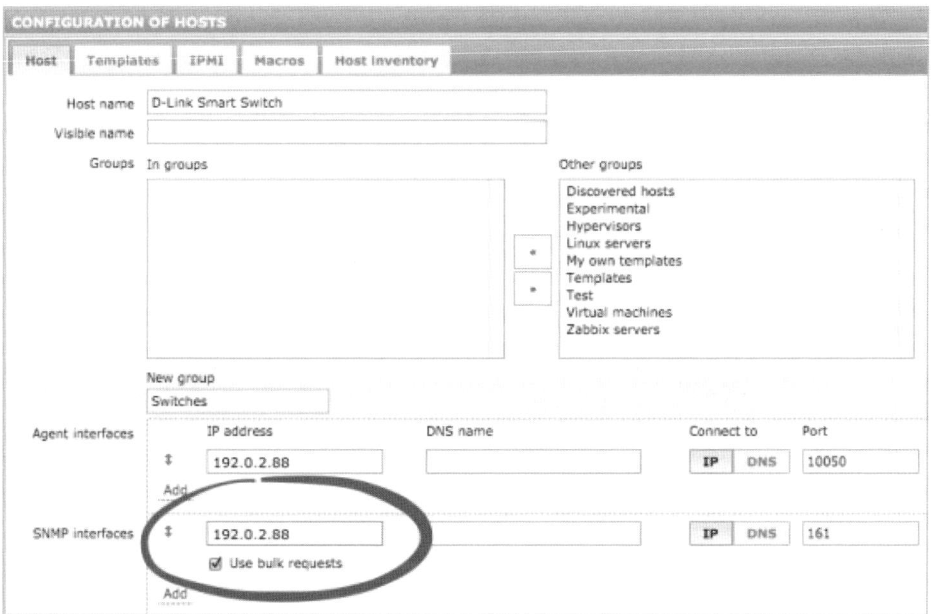

Abb. 16–6 *Hinzufügen eines SNMP-Interface für einen Host*

16.1.3.2 SNMP-Items in Zabbix einrichten

Wenn Sie mit einem MIB-Browser oder `snmpwalk` die OIDs identifiziert haben, ist der schwierigste Teil der Arbeit schon getan.

Ab Zabbix-Version 2.0 müssen Sie in der Konfiguration des Hosts ein Interface (IP oder DNS-Name) auswählen, über welches der Zabbix-Server die

SNMP-Daten abruft. Wenn Sie einen Host per Zabbix-Agenten und per SNMP überwachen wollen, fügen Sie zwei Interface hinzu, wobei Sie eines für den Agenten und das andere für SNMP verwenden.

- Beim Anlegen von Items wählen Sie als Type »SNMP Agent«, wobei Sie die zum Host passende Version von SNMP auswählen müssen. Wenn Sie die Daten per `snmpwalk` mit der Version 2c abgerufen haben, wählen Sie als Item-Type »SNMPv2 Agent« aus.
- Geben Sie außerdem die sogenannte »Community« an. In der Regel werden die Daten über den Standardwert `public` abgerufen.
- Geben Sie die OID in der ASN.1, in der numerischen Notation oder mit einer textuellen Repräsentation der OID an.
- Als Item-Key können Sie einen beliebigen Key vergeben, der weder Sonder- noch Leerzeichen enthalten darf. Über diesen Key identifizieren Sie später in den Triggern das Item.
- Achten Sie wie bei jedem Item auf den korrekten Type of Information. Sowohl `snmpwalk` als auch der MIB-Browser geben schon an, von welchem Typ die per SNMP gelieferten Daten sind.

Die restliche Konfiguration eines SNMP-Items ist identisch zu jedem anderen Item.

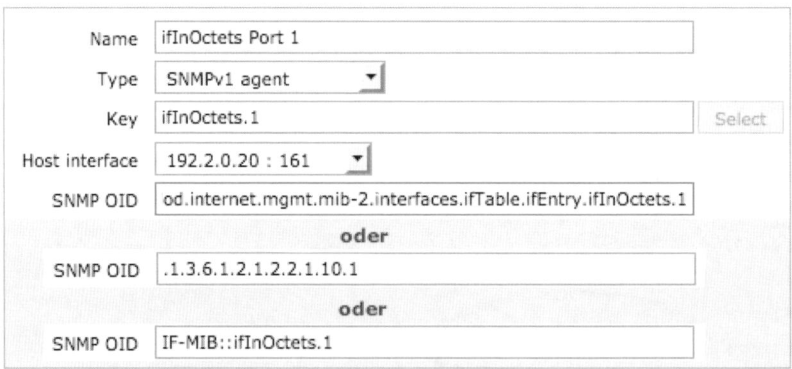

Abb. 16–7 *Die Angabe der OID kann in drei verschiedenen Notationen erfolgen.*

16.1.3.3 Beispiel Netzwerkgerät per SNMP überwachen

Sobald Sie für einen Host ein SNMP-Interface angelegt haben, können Sie Items vom Typ »SNMP« anlegen. Die Auswahl des »Host Interface« wechselt automatisch zum hinterlegten SNMP-Interface. Den Key für ein SNMP-Item vergeben Sie selbst nach Ihren eigenen Vorstellungen. Im Feld »SNMP OID« tragen Sie die OID in einem der drei gültigen Formate ein. Legen Sie zu Testzwecken zum Beispiel ein Item mit der OID `IF-MIB::ifInOctets.1`. Dies entspricht der numerischen OID `.1.3.6.1.2.1.2.2.1.10.1`. Hinter dieser OID verbirgt sich der Zähler für den ausgehenden Netzwerkverkehr in Bytes (Octets) auf Port 1 eines Switches. Diese OID liefern fast alle Netzwerkgeräte aus. Für jedes Byte, welches den Port »verlässt«, wird der Zähler erhöht. Wenn Sie die Messwerte des Items als »Delta (Speed per second)« speichern, erhalten Sie den Durchsatz in Bytes per seconds (Bps).

Hinweis

Wenn Sie die Fehlermeldung »snmp_parse_oid(): cannot parse OID "IF-MIB::ifInOctets.1"« erhalten, basiert Ihr Zabbix-Server höchstwahrscheinlich auf einem Ubuntu- oder Debian-Linux-System. Sie müssen in diesem Fall zuerst die Standard-MIBs installieren (siehe vorangegangene Seiten).

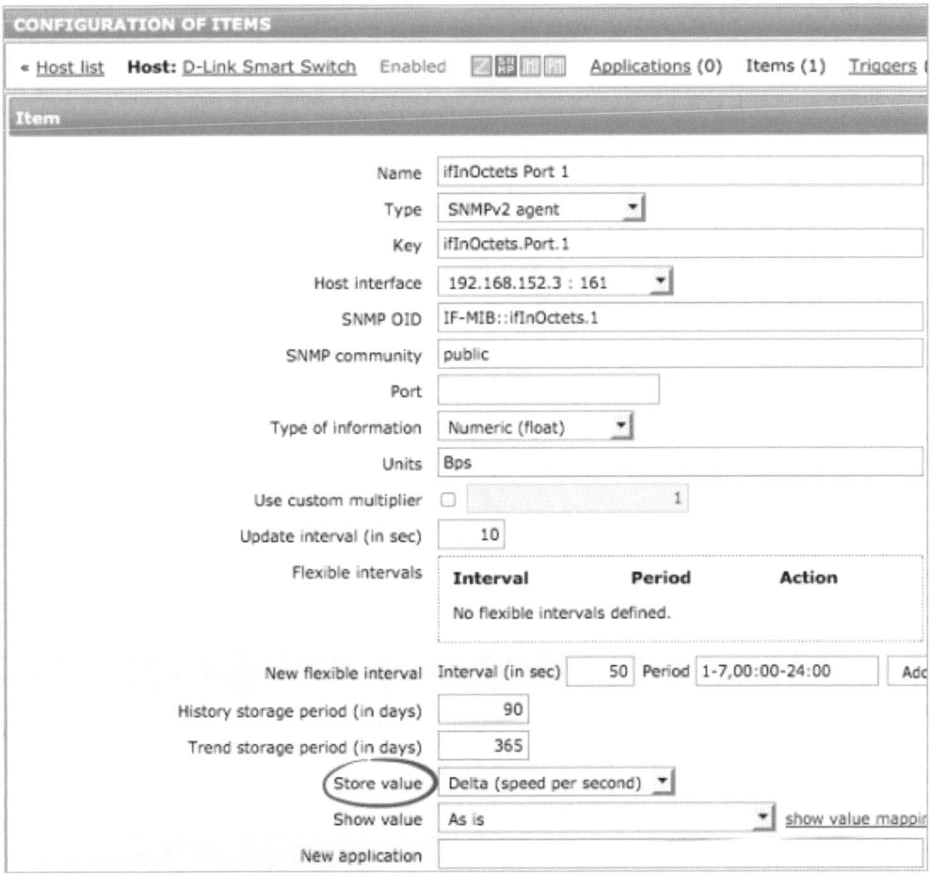

Abb. 16–8 *Anlegen eines SNMP-Items*

16.1.4 Dynamische Schlüssel-Wert-Paare

Bei vielen Schlüssel-Wert-Paaren ist trotz einer Beschreibung in der MIB immer noch nicht erkennbar, welche Daten genau das Schlüssel-Wert-Paar enthält. Häufig liefert dann ein weiteres Schlüssel-Wert-Paar zusätzliche Informationen. Dies wird zur Identifizierung von Netzwerkschnittstellen eingesetzt.

Die Netzwerkschnittstellen werden in der Regel von 1 bis N durchnummeriert. Folgendes Beispiel ruft den ein- und ausgehenden Traffic auf den Schnittstellen eins bis vier eines Routers ab.

```
# snmpwalk -v 2c -c public 192.0.2.1 ifTable|grep -e "if.*Octets\.[1-4] "
IF-MIB::ifInOctets.1 = Counter32: 16080
IF-MIB::ifInOctets.2 = Counter32: 4220800912
IF-MIB::ifInOctets.3 = Counter32: 2739232906
IF-MIB::ifInOctets.4 = Counter32: 1526962690
IF-MIB::ifOutOctets.1 = Counter32: 0
IF-MIB::ifOutOctets.2 = Counter32: 330030035
IF-MIB::ifOutOctets.3 = Counter32: 0
IF-MIB::ifOutOctets.4 = Counter32: 4291320708
```

Mit dieser Information können Sie nicht viel anfangen, weil Sie nicht wissen, welche die Schnittstellen sind. Eine Beschreibung der Schnittstelle wird in einem weiteren Schlüssel-Wert-Paar geliefert.

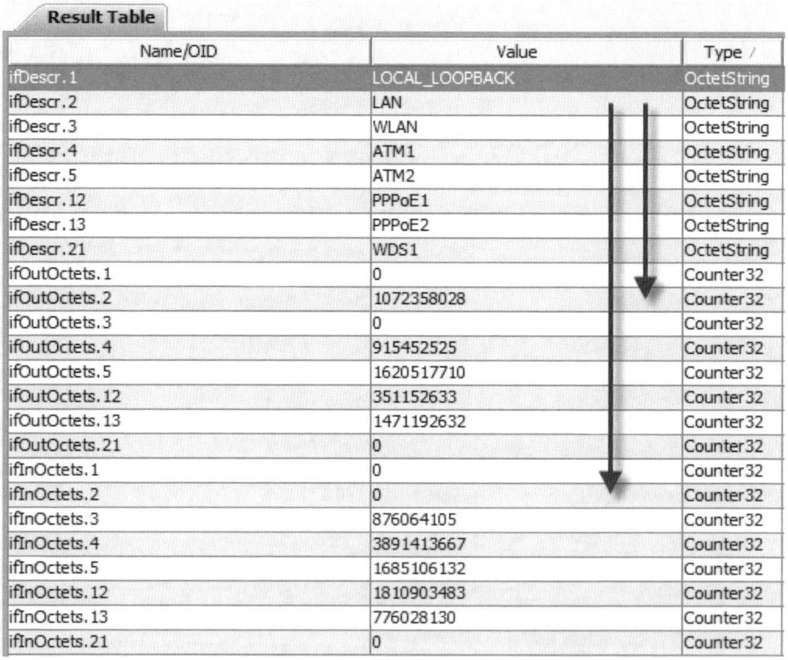

Result Table

Name/OID	Value	Type
ifDescr.1	LOCAL_LOOPBACK	OctetString
ifDescr.2	LAN	OctetString
ifDescr.3	WLAN	OctetString
ifDescr.4	ATM1	OctetString
ifDescr.5	ATM2	OctetString
ifDescr.12	PPPoE1	OctetString
ifDescr.13	PPPoE2	OctetString
ifDescr.21	WDS1	OctetString
ifOutOctets.1	0	Counter32
ifOutOctets.2	1072358028	Counter32
ifOutOctets.3	0	Counter32
ifOutOctets.4	915452525	Counter32
ifOutOctets.5	1620517710	Counter32
ifOutOctets.12	351152633	Counter32
ifOutOctets.13	1471192632	Counter32
ifOutOctets.21	0	Counter32
ifInOctets.1	0	Counter32
ifInOctets.2	0	Counter32
ifInOctets.3	876064105	Counter32
ifInOctets.4	3891413667	Counter32
ifInOctets.5	1685106132	Counter32
ifInOctets.12	1810903483	Counter32
ifInOctets.13	776028130	Counter32
ifInOctets.21	0	Counter32

Abb. 16–9 *Zuordnung der Bezeichnung von Netzwerkschnittstellen zu den OIDs*

```
snmpwalk -v 2c -c public 192.0.2.1 ifTable|grep -i "ifDescr\.[1-4] "
IF-MIB::ifDescr.1 = STRING: LOCAL_LOOPBACK
IF-MIB::ifDescr.2 = STRING: LAN
IF-MIB::ifDescr.3 = STRING: WLAN
IF-MIB::ifDescr.4 = STRING: ATM1
```

Nun wissen Sie, wie die Schnittstellen durchnummeriert werden.

Zabbix nimmt Ihnen diese Zuordnungen ab. Wenn Sie zum Beispiel den Traffic auf der Schnittstelle `eth0` eines Routers messen wollen, können Sie anstatt `IF-MIB::ifOutOctets.N` oder `.1.3.6.1.2.1.2.2.1.16.N` auch `IF-MIB::ifOutOctets["index","ifDescr","eth0"]` bzw. `.1.3.6.1.2.1.2.2.1.16.["index","ifDescr","eth0"]` als OID angeben.

Item

Name	ifOutOctets eth0
Type	SNMPv2 agent
Key	ifOutOctets.eth0
Host interface	192.168.152.3 : 161
SNMP OID	.1.3.6.1.2.1.2.2.1.16.["index","ifDescr","eth0"]
SNMP community	public
Port	
Type of information	Numeric (unsigned)
Data type	Decimal
Units	Bps
Use custom multiplier	1
Update interval (in sec)	30
Flexible intervals	Interval / Period / Action — No flexible intervals defined.
New flexible interval	Interval (in sec) 50 Period 1-7,00:00-24:00 Add
History storage period (in days)	90
Trend storage period (in days)	365
Store value	Delta (speed per second)

Abb. 16–10 *Verwendung eines dynamischen Indexes in der SNMP-OID*

In vielen Fällen enthält der Rückgabewert der sogenannten »ifDescr« nur den Typen der Schnittstelle und keine eindeutige Beschreibung. Das Gerät aus dem nachfolgenden Beispiel eignet sich nicht, um die Netzwerkschnittstellen mit einem Namen zu referenzieren, weil alle Schnittstellen »Ethernet Interface« heißen.

```
root@zabbix:~# snmpwalk -v 2c -c public 192.0.2.3|grep -i "ifDescr\.[1-4] "
IF-MIB::ifDescr.1 = STRING: Ethernet Interface
IF-MIB::ifDescr.2 = STRING: Ethernet Interface
```

```
IF-MIB::ifDescr.3 = STRING: Ethernet Interface
IF-MIB::ifDescr.4 = STRING: Ethernet Interface
```

16.1.4.1 Beispiel: Dynamische Indizes für Switchports

Zabbix macht Ihnen das Finden von passenden OIDs ein wenig bequemer. OIDs, die über einen Index durchnummeriert werden, können Sie auch über eine Art Index-Lookup adressieren.

Wenn Sie im Eingabefeld der OID eckige Klammern verwenden, wird der Ausdruck in den Klammern vom Zabbix-Server interpretiert und ersetzt. Der Ausdruck `["index","ifDescr","WAN2"]` beispielsweise veranlasst, dass der Zabbix-Server vor dem SNMP-GET-Request Folgendes macht:

- sucht in den OIDs nach einer Beschreibung, bei der die ASN.1-Bezeichnung auf den Ausdruck »ifDescr« passt
- bildet mit den Fundstellen eine Liste
- sucht in der Liste den Index, bei dem der OID-Wert gleich »WAN2« ist
- ersetzt den kompletten Ausdruck samt der eckigen Klammern durch diesen Index

Im nachfolgenden Beispiel wird `["index","ifDescr","WAN2"]` durch 25 ersetzt, weil die Schnittstelle mit der Bezeichnung »WAN2« den Index 25 hat.

Probieren Sie es aus. Laden Sie sich die kostenlose Version des iReasoning MIB-Browser herunter (siehe unten) und starten Sie die Software. Tragen Sie im Feld »Address« den Hostnamen oder die IP-Adresse eines Gerätes ein, welches per SNMP (Version 2 oder 2c) Daten preisgibt. Als OID können Sie den Bereich `.1.3` beibehalten. Wählen Sie als Operations »Walk« aus. Durch Klick auf Go werden alle Informationen ausgelesen, welche das Gerät ausliefern kann (siehe Abbildung 16–11).

Suchen Sie in der Liste der OIDs nach `ifDescr.N`. Fast alle Netzwerkgeräte liefern über diese OIDs die Beschreibung oder Bezeichnung der Netzwerkschnittstellen oder Switchports aus.

```
# snmpwalk -v 2c -c public 192.0.2.1 ifTable|grep ifDescr
IF-MIB::ifDescr.1 = STRING: LOCAL_LOOPBACK
IF-MIB::ifDescr.2 = STRING: LAN
IF-MIB::ifDescr.3 = STRING: WLAN
IF-MIB::ifDescr.4 = STRING: ATM1
IF-MIB::ifDescr.5 = STRING: ATM2
IF-MIB::ifDescr.12 = STRING: PPPoE1
IF-MIB::ifDescr.13 = STRING: PPPoE2
IF-MIB::ifDescr.21 = STRING: WDS1
IF-MIB::ifDescr.22 = STRING: WDS2
```

```
IF-MIB::ifDescr.23 = STRING: WDS3
IF-MIB::ifDescr.24 = STRING: WDS4
IF-MIB::ifDescr.25 = STRING: WAN2
IF-MIB::ifDescr.26 = STRING: COM1
```

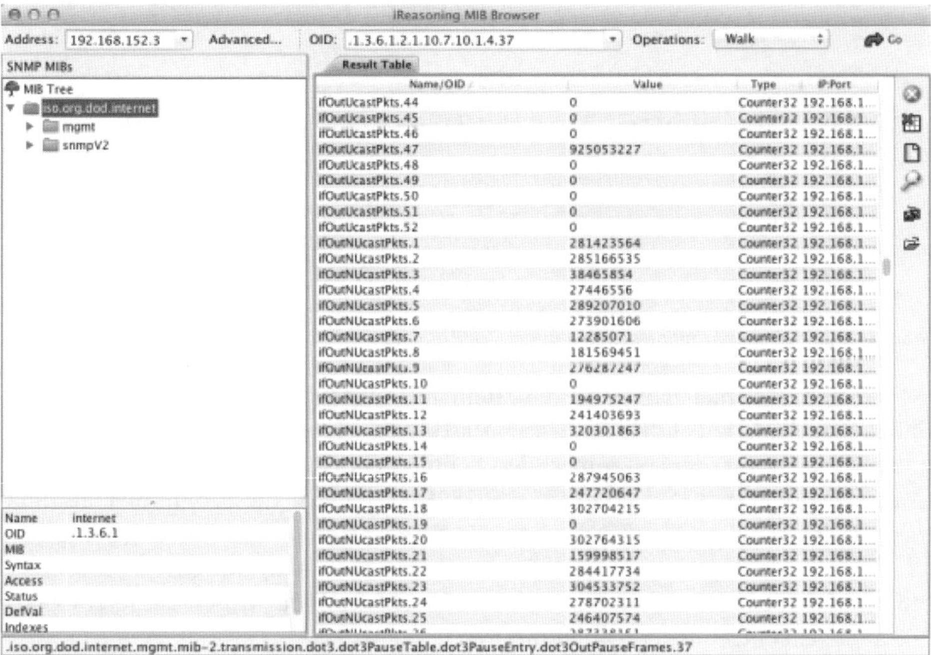

Abb. 16–11 *Der MIB-Browser liest alle verfügbaren Informationen aus.*

Legen Sie einen neuen Host an. In der Konfiguration des Interface legen Sie ein Interface vom Typ »SNMP« an. Als Port wird automatisch 161 eingetragen. Sobald der Host existiert, legen Sie für diesen ein neues Item an. Geben Sie dabei nachfolgende Werte ein. Ersetzen Sie `INTERFACE` durch den Namen einer Netzwerkschnittstelle, die Sie per MIB-Browser oder snmpwalk ausgelesen haben.

- Description: Outgoing traffic on interface $1
- Type: Choose SNMPv2 agent
- SNMP OID: `IF-MIB::ifOutOctets["index","ifDescr","INTERFACE"]`
- Key: `ifOutOctets[INTERFACE]`
- Type of information: Numeric (float)
- Units: Bps
- Store value: Delta (speed per second)

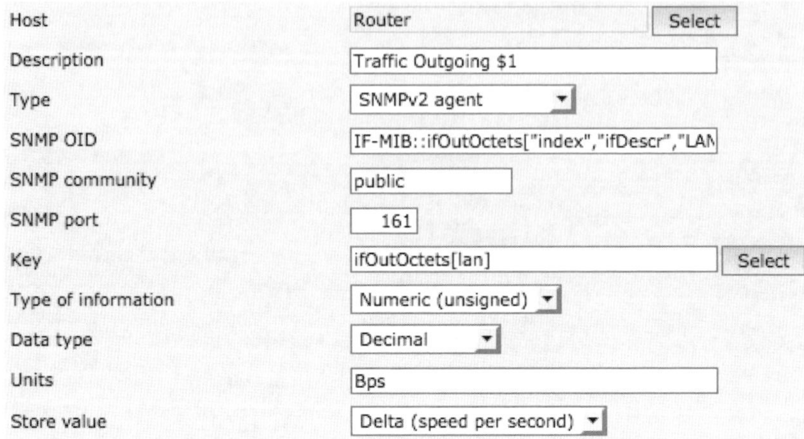

Abb. 16–12 *Netzwerktraffic eines Routers per SNMP auslesen*

Mit diesem Beispiel haben Sie ein Item mit einem sogenannten dynamischen Index angelegt. Die OID `IF-MIB::ifOutOctets` bzw. `.1.3.6.1.2.1.2.2.1.16` müsste noch mit der Nummer der Schnittstelle ergänzt werden. Durch die Angabe von `["index","ifDescr","INTERFACE"]` wird diese Nummer automatisch in den Schnittstellenbeschreibungen gesucht und an die OID angehängt.

Klonen Sie das soeben angelegte Item. Ersetzen Sie in der OID `ifOutOctets` durch `ifInOctets`. Im Item-Key ersetzen Sie ebenfalls `Out` durch `In`. Jetzt messen Sie auch den eingehenden Datendurchsatz.

Sollten Sie mit den zuvor erwähnten OIDs keinen Erfolg haben, könnte dies an fehlenden MIBs liegen. Geben Sie dann die OID in einer numerischen Notation an, die keine MIBs benötigt:

- Eingehender Datendurchsatz: SNMP OID=`.1.3.6.1.2.1.2.2.1.10["index","ifDescr","INTERFACE"]`
- Ausgehender Datendurchsatz: SNMP OID=`.1.3.6.1.2.1.2.2.1.16.["index","ifDescr","INTERFACE"]`

16.1.5 Low-Level-Discovery per SNMP

Mit dem Begriff »Low-Level-Discovery« bezeichnet Zabbix Regeln, die automatisch Items, Trigger und Graphen für erkannte Komponenten anlegt. Auch für SNMP-Items können Sie diese Funktion nutzen. Dies ist besonders bei Netzwerkhardware wie Switches und Router sehr hilfreich. Der Zabbix-Server kann alle verfügbaren Ports erkennen und dann Standard-Items wie den Durchsatz oder die Fehlerrate pro Port als Item anlegen.

16.1.5.1 Beispiel Switchports automatisch erkennen

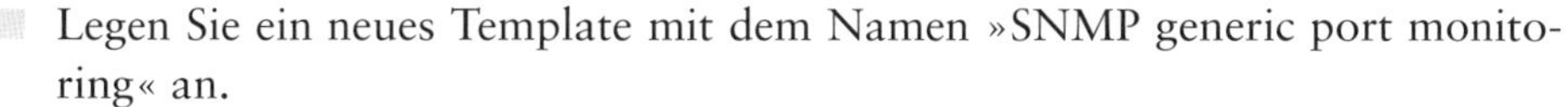

- Legen Sie ein neues Template mit dem Namen »SNMP generic port monitoring« an.

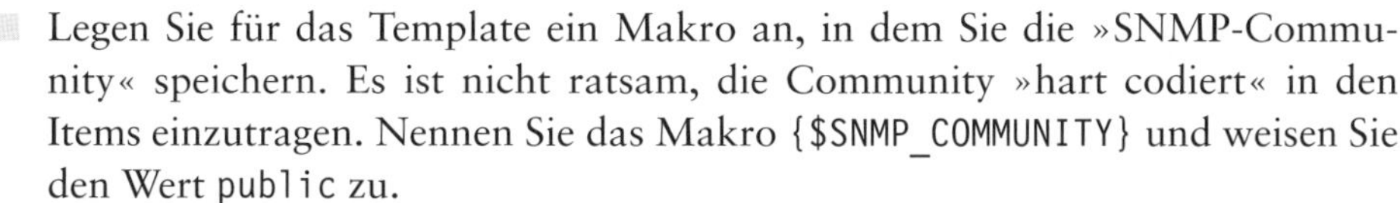

- Legen Sie für das Template ein Makro an, in dem Sie die »SNMP-Community« speichern. Es ist nicht ratsam, die Community »hart codiert« in den Items einzutragen. Nennen Sie das Makro `{$SNMP_COMMUNITY}` und weisen Sie den Wert `public` zu.
- Weisen Sie dieses Template einem Host zu, für den Sie zuvor ein »SNMP-Interface« eingerichtet haben. Der Host sollte ein Switch mit aktiviertem SNMP-Monitoring sein. Sollte dieser Switch nicht die Community »public« verwenden, fügen Sie ein Makro `{$SNMP_COMMUNITY}` mit der abweichenden Community für diesen Host hinzu.

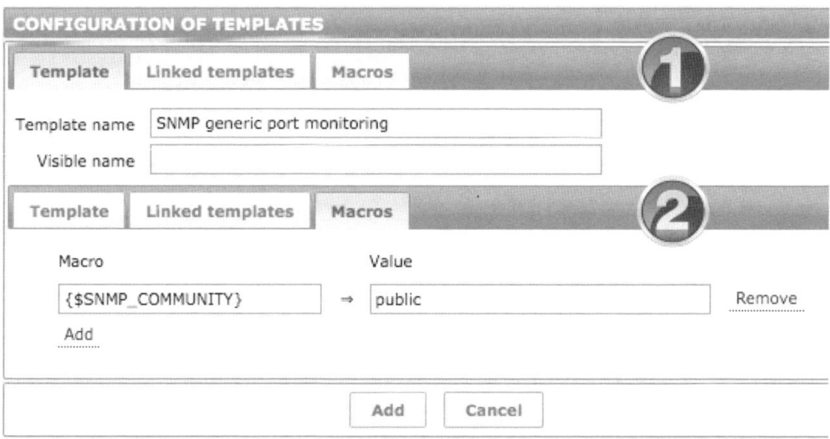

Abb. 16–13 Anlegen eines neuen universellen Templates für die Überwachung von Switches

- Wählen Sie die Übersicht der Templates aus und klicken Sie in der Zeile für das Template »SNMP generic port monitoring« auf den Link **Discovery** und legen Sie eine neue Regel mit den folgenden Daten an.
- Name: Interface Discovery
- Type: SNMPv2 Agent
- Key: `snmp.interface.discovery`
- SNMP OID: `ifDescr`
- SNMP Community: `{$SNMP_COMMUNITY}`
- Update interval (in sec): 30 sek. Sobald Ihre Discovery-Regel funktioniert, sollten Sie den Wert erhöhen, zum Beispiel auf 3600, da sich die Anzahl der Switchports im Allgemeinen nicht ständig ändert.

Diese Regel können Sie sich wie den nachfolgenden Aufruf auf der Kommandozeile vorstellen.

```
root@zabbix:~# snmpwalk -v 2c -c public 192.0.2.4 IF-MIB::ifDescr
IF-MIB::ifDescr.1 = STRING: Port1
IF-MIB::ifDescr.2 = STRING: Port2
IF-MIB::ifDescr.3 = STRING: Port3
IF-MIB::ifDescr.4 = STRING: Port4
IF-MIB::ifDescr.5 = STRING: Port5
IF-MIB::ifDescr.6 = STRING: Port6
IF-MIB::ifDescr.7 = STRING: Port7
IF-MIB::ifDescr.8 = STRING: Port8
```

Der Zabbix-Server hält nun intern eine json-codierte Liste aller Switch-Ports vor. In der Liste sind die beiden Key-Value-Paare `{#SNMPINDEX}` und `{#SNMPVALUE}` gespeichert. `{#SNMPINDEX}` ist ein interner Zähler.

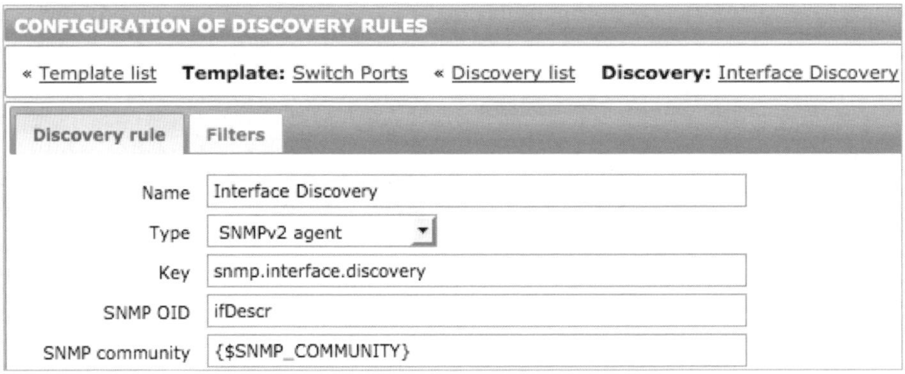

CONFIGURATION OF DISCOVERY RULES
« Template list **Template:** Switch Ports « Discovery list **Discovery:** Interface Discovery
Discovery rule | Filters
Name: Interface Discovery
Type: SNMPv2 agent
Key: snmp.interface.discovery
SNMP OID: ifDescr
SNMP community: {$SNMP_COMMUNITY}

Abb. 16–14 *Zabbix erkennt Switchports automatisch per »Discovery Rule«.*

- Nachdem Sie die Discovery-Regel angelegt haben, fügen Sie dieser einen Item-Prototypen hinzu. Der Prototyp ist eine Item-Vorlage, welche aus Items automatisch erstellt werden. Für jedes Element aus der Discovery-Regel wird ein Item erzeugt, welches mindestens einen Prototyp verwendet. Ihr erster Prototyp sollte wie folgt konfiguriert werden:
- Name: ifInOctets Port {#SNMPVALUE}
- Type: SNMPv2 Agent
- Key: `inInOctets["Port_{#SNMPINDEX}"]`
- SNMP OID: `IF-MIB::ifInOctets.{#SNMPINDEX}`
- SNMP Community: `{$SNMP_COMMUNITY}`
- Type of information: Numeric (float)
- Units: Bps
- Store Value: Delta (speed per second)

Für jeden Switch-Port legt der Zabbix-Server nun ein Item an, so dass der eingehende Netzwerkverkehr als »Bytes per Second« gemessen wird.

Hinweis

Sollte das überwachte Gerät keine eineindeutigen Portbezeichnungen haben, beispielsweise leifert `IF-MIB::ifDescr.N` immer »Ethernet Interface« zurück. Verwenden Sie in diesem Fall den internen Zähler von Zabbix im Namen des Prototyps: `ifInOctets Port {#SNMPINDEX}`.

CONFIGURATION OF ITEM PROTOTYPES

« Template list **Template:** Switch Ports « Discovery list **Discovery:** Interface Discovery

Item prototype

Name	ifInOctets {#SNMPVALUE} $1
Type	SNMPv2 agent
Key	inInOctets["{#SNMPINDEX}"]
SNMP OID	IF-MIB::ifInOctets.{#SNMPINDEX}
SNMP community	{$SNMP_COMMUNITY}
Port	
Type of information	Numeric (float)
Units	Bps
Use custom multiplier	1
Update interval (in sec)	30
Flexible intervals	**Interval** **Period** **Action** No flexible intervals defined.
New flexible interval	Interval (in sec) 50 Period 1-7,00:00-24:00 Add
History storage period (in days)	90
Trend storage period (in days)	365
Store value	Delta (speed per second)

Abb. 16–15 *Der Zabbix-Server legt Items für jeden erkannten Switch-Port an.*

Prüfen Sie, ob die Discovery-Regel erfolgreich war. Klicken Sie auf *Configuration|Hosts* und wählen Sie einen Host aus, der das zuvor angelegte Template »SNMP generic port monitoring« anwendet. In der Spalte »Items« sollte nun eine den Ports entsprechende Anzahl an Items angezeigt werden. Klicken Sie auf den Link »Items« und schauen Sie sich die Liste der Items an. Die automatisch angelegten Items enthalten gelb markiert den Namen der Discovery-Regel als Präfix.

CONFIGURATION OF ITEMS

Create item

Items

Displaying 1 to 16 of 16 found

Show filter

Host list **Host:** 16 Port Switch Enabled Applications (0) Items (16) Triggers (0) Graphs (0) Discovery rules (1) Web scenarios (0)

Wizard	Name	Triggers	Key	Interval	History	Trends	Type	Applications	Status	Info
	Interface Discovery: ifInOctets Port 1		inInOctets["Port_1"]	30	90	365	SNMPv2 agent		Enabled	
	Interface Discovery: ifInOctets Port 2		inInOctets["Port_2"]	30	90	365	SNMPv2 agent		Enabled	
	Interface Discovery: ifInOctets Port 3		inInOctets["Port_3"]	30	90	365	SNMPv2 agent		Enabled	
	Interface Discovery: ifInOctets Port 4		inInOctets["Port_4"]	30	90	365	SNMPv2 agent		Enabled	
	Interface Discovery: ifInOctets Port 5		inInOctets["Port_5"]	30	90	365	SNMPv2 agent		Enabled	
	Interface Discovery: ifInOctets Port 6		inInOctets["Port_6"]	30	90	365	SNMPv2 agent		Enabled	
	Interface Discovery: ifInOctets Port 7		inInOctets["Port_7"]	30	90	365	SNMPv2 agent		Enabled	
	Interface Discovery: ifInOctets Port 8		inInOctets["Port_8"]	30	90	365	SNMPv2 agent		Enabled	
	Interface Discovery: ifInOctets Port 9		inInOctets["Port_9"]	30	90	365	SNMPv2 agent		Enabled	
	Interface Discovery: ifInOctets Port 10		inInOctets["Port_10"]	30	90	365	SNMPv2 agent		Enabled	
	Interface Discovery: ifInOctets Port 11		inInOctets["Port_11"]	30	90	365	SNMPv2 agent		Enabled	
	Interface Discovery: ifInOctets Port 12		inInOctets["Port_12"]	30	90	365	SNMPv2 agent		Enabled	
	Interface Discovery: ifInOctets Port 13		inInOctets["Port_13"]	30	90	365	SNMPv2 agent		Enabled	
	Interface Discovery: ifInOctets Port 14		inInOctets["Port_14"]	30	90	365	SNMPv2 agent		Enabled	
	Interface Discovery: ifInOctets Port 15		inInOctets["Port_15"]	30	90	365	SNMPv2 agent		Enabled	
	Interface Discovery: ifInOctets Port 16		inInOctets["Port_16"]	30	90	365	SNMPv2 agent		Enabled	

Abb. 16–16 *Zabbix hat 16 Ports erkannt und für jeden Port ein Item angelegt.*

Klonen Sie anschließend den Item-Prototypen und legen Sie weitere Prototypen mit den Parametern der nachfolgenden Tabelle an.

Name	Key	SNMP OID	Beschreibung
ifOutOctets Port {#SNMPVALUE} {#SNMPINDEX}	`inOutOctets["Port_{#SNMPINDEX}"]`	`IP-MIB::ifOutOctets.{#SNMPINDEX}`	Ausgehender Netzwerkverkehr Bytes/sec
ifInErrors Port {#SNMPVALUE} {#SNMPINDEX}	`ifInErrors["Port_{#SNMPINDEX}"]`	`IP-MIB::ifInErrors.{#SNMPINDEX}`	Fehler pro Sekunde eingehender Netzwerkverkehr
ifOutErrors Port {#SNMPVALUE} {#SNMPINDEX}	`ifOutErrors["Port_{#SNMPINDEX}"]`	`IP-MIB::ifOutErrors.{#SNMPINDEX}`	Fehler pro Sekunde ausgehender Netzwerkverkehr
ifOutDiscards Port {#SNMPVALUE} {#SNMPINDEX}	`ifOutDiscards["Port_{#SNMPINDEX}"]`	`IP-MIB::ifOutDiscards.{#SNMPINDEX}`	Verworfene ausgehende Pakete pro Sekunde
ifInDiscards Port {#SNMPVALUE} {#SNMPINDEX}	`ifInDiscards["Port_{#SNMPINDEX}"]`	`IP-MIB::ifInDiscards.{#SNMPINDEX}`	Verworfene eingehende Pakete pro Sekunde

Ein Graph, der übersichtlich eingehenden und ausgehenden Datenverkehr visualisiert, sollte auch nicht fehlen. Wählen Sie für das Template »SNMP generic port monitoring« die tabellarische Ansicht der Discovery-Regeln aus. Klicken Sie in der Zeile »Interface Discovery« auf den Link *Graph prototypes* und legen Sie mit der Schaltfläche oben rechts »Create Graph Prototype« einen neuen Prototypen für Graphen an. Geben Sie diesem zum Beispiel den Namen »Network In-Out-Overview«. Fügen Sie dem Graphen mit dem Link »Add prototyp« Items hinzu.

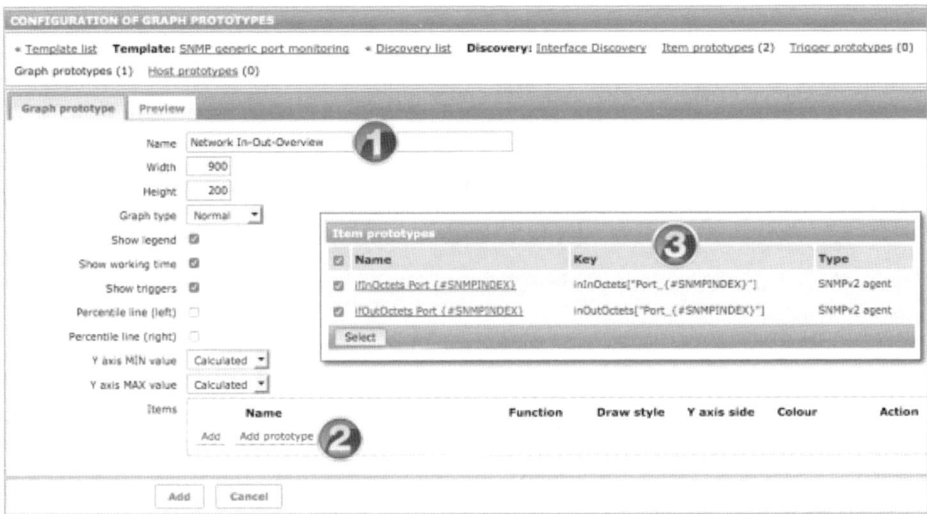

Abb. 16–17 *Anlegen eines Graph-Prototyps*

16.2 SNMP-Traps empfangen

16.2.1 snmptrapd und snmptt installieren

Auf Debian-Systemen installieren Sie folgende Pakete:

```
apt-get install snmp snmpd snmptt
```

Installieren Sie außerdem die gängigen MIBs, wie im Kapitel beschrieben. Standardmäßig wird der snmpd gestartet, also der Daemon, der den Systemstatus per SNMP von extern abfragbar macht. Der snmptrapd ist per Default nicht aktiviert. Dies müssen Sie durch Anpassen der Datei `/etc/default/snmpd` ändern.

```
TRAPDRUN=yes
SNMPDRUN=no
```

Öffnen Sie die Konfigurationsdatei des Trapper Daemons und veranlassen Sie, dass der Trapper Daemon alle empfangenen Traps an den Trap Translate Daemon weiterleitet. In `/etc/snmp/snmptrapd.conf` tragen Sie folgenden ein:

```
traphandle default /usr/sbin/snmptt
disableAuthorization yes
```

Der Zabbix-Server erwartet, dass die Meldungen der Traps in einem bestimmten Format »reinkommen«, was nicht dem Standard entspricht. Öffnen Sie die Datei `/etc/snmp/snmptt.ini` und ändern Sie die nachfolgenden Einstellungen:

```
mode = standalone
translate_log_trap_oid = 2
net_snmp_perl_enable = 1
date_time_format = %H:%M:%S %Y/%m/%d
log_file = /tmp/zabbix_traps.tmp
log_system_enable = 1
mibs_environment = ALL
```

Legen Sie ein Backup der Datei `/etc/snmp/snmptt.conf` an:

```
mv /etc/snmp/snmptt.conf /etc/snmp/snmptt.conf.orig
```

Tragen Sie anschließend in eine neue leere Datei /etc/snmp/snmptt.conf nur die folgenden zwei Zeilen ein.

```
EVENT general .* "General event" Normal
FORMAT ZBXTRAP $aA $ar severity:$s $Fn$+*
```

Wenn Sie mehr Information aus einem SNMP-Trap an Zabbix weiterleiten wollen, fügen Sie ggf. mehr Variablen ein. Eine Liste aller Variablen, die snmptt befüllen kann, finden Sie auf der Projekt-Webseite[3].

Senden Sie einen Test-Trap und schauen Sie sich an, was snmptt in die Datei schreibt, die später vom Zabbix-Server eingelesen wird. Das folgende Beispiel informiert per SNMP, dass ein Netzwerklink nicht mehr verfügbar ist.

```
snmptrap -v 1 -c public 127.0.0.1 '.1.3.6.1.6.3.1.1.5.3' '0.0.0.0' 6 33 '55'
 .1.3.6.1.6.3.1.1.5.3 s "teststring000"
tail /tmp/zabbix_traps.tmp
16:31:18 2013/10/28 IF-MIB::linkDown.0.33 Normal "General event" localhost -
 ZBXTRAP 127.0.0.1 127.0.0.1
```

16.2.2 Zabbix-Server und Proxy konfigurieren

Per Standard empfängt der Zabbix-Server keine SNMP-Traps. Öffnen Sie die Datei `zabbix_server.conf` und ändern Sie die nachfolgenden zwei Zeilen. Wenn Sie Proxys einsetzen, müssen Sie den Empfang von Traps analog zum Server auch in der Datei `zabbix_proxy.conf` aktivieren. Die Datei, aus der Zabbix-Server oder -Proxy die Meldungen der Traps liest, muss exakt mit der Datei übereinstimmen, in die snmptt die Meldungen schreibt.

```
SNMPTrapperFile=/tmp/zabbix_traps.tmp
StartSNMPTrapper=1
```

Starten Sie anschließend den Zabbix-Server oder den Proxy neu.

3. *http://snmptt.sourceforge.net/docs/snmptt.shtml#Variable-substitutions*

16.2.3 Items und Trigger einrichten

Sobald der snmpd und snmptt eingerichtet sind und die Traps an den Zabbix-Server weiterleiten, können Sie für einen Host oder ein Template Items vom Typ »SNMP-Trap« einrichten. Achten Sie darauf, dass für die Hosts, die SNMP-Traps senden, ein SNMP-Interface in Zabbix eingerichtet werden muss. Die Zuordnung der empfangenden Traps zu den Hosts erfolgt nicht über die IP-Adresse oder den DNS-Namen des Agent-Interface.

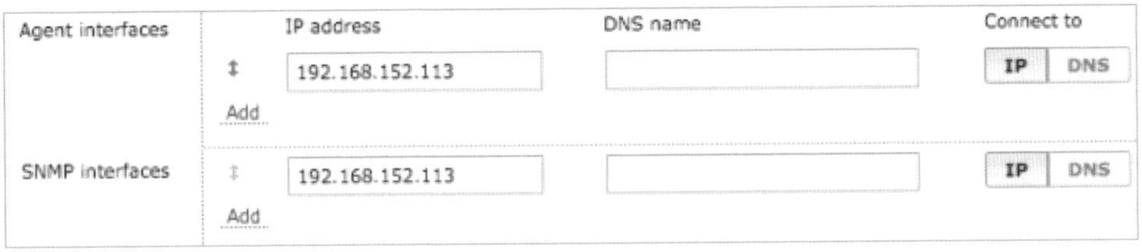

Abb. 16–18 *Zum Empfang von Traps brauchen Hosts ein SNMP-Interface.*

Legen Sie nun für einen Host oder ein Template ein neues Item vom Typ »SNMP-Trap« an. Als Key wählen Sie snmptrap[<regex>] aus. Sobald Zabbix einen Trap empfängt, wird der gesamte Inhalt des Traps mit dem angegebenen Regulären Ausdruck verglichen. Ist der Ausdruck im Trap enthalten, speichert Zabbix den gesamten Trap als Item-Value ab. Der *Type of Information* ist bei Items vom *Typ SNMP-Trap* immer Text. Traps können mitunter sehr lang sein. Beim Datentyp Character ist nicht sichergestellt, dass alle Informationen gespeichert werden, da dieser Typ nur maximal 255 Zeichen speichert (siehe Abbildung 16–19).

Für den Fall, dass Sie alle Traps speichern möchten, die ein Gerät sendet, gibt es noch den Item-Key `snmptrap.fallback`. Wenn Sie diesen Key für einen Host verwenden, speichert Zabbix alle Traps, die noch nicht von anderen Items »aufgefangen« wurden, in diesem Item ab.

Mit der Trigger-Funktion `diff(0)}#0` können Sie eine Aktion auslösen, sobald ein neuer unbekannter Trap empfangen wird. Beachten Sie, dass SNMP-Traps in der Regel statuslos sind. Das bedeutet, Geräte melden per SNMP-Trap nur, dass ein Fehler aufgetreten ist. Der Normalzustand wird hingegen nicht regelmäßig gemeldet. Meldet ein Gerät einen Fehler, die Rückkehr zum Normalzustand aber nicht, wird der Trigger in Zabbix dauerhaft ausgelöst bleiben. Eine mögliche Lösung ist, die Funktion `nodata()` in den Trigger zu integrieren. Der Trigger löst dann nur für eine gewisse Zeitspanne aus und kehrt nach Ablauf der Zeitpanne, wenn das Item keine neuen Daten mehr liefert, wieder in den Status OK zurück (siehe Abbildung 16–20).

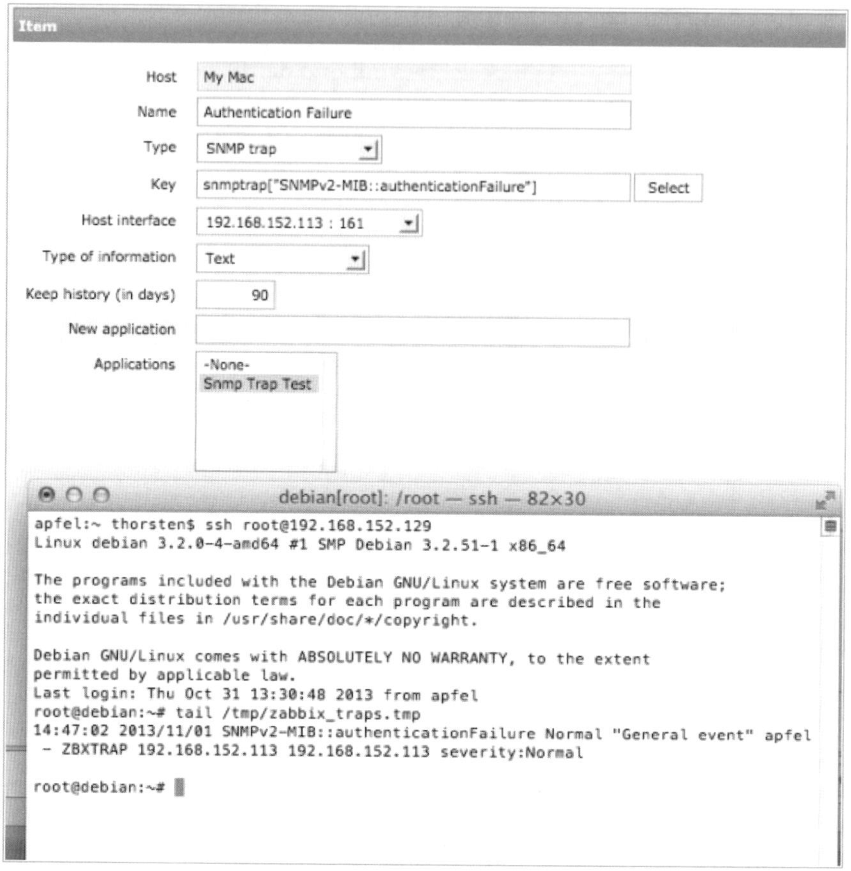

Abb. 16–19 *SNMP-Trap Item. Darunter Ausgabe von SNMPTT in Datei zabbix_traps.tmp*

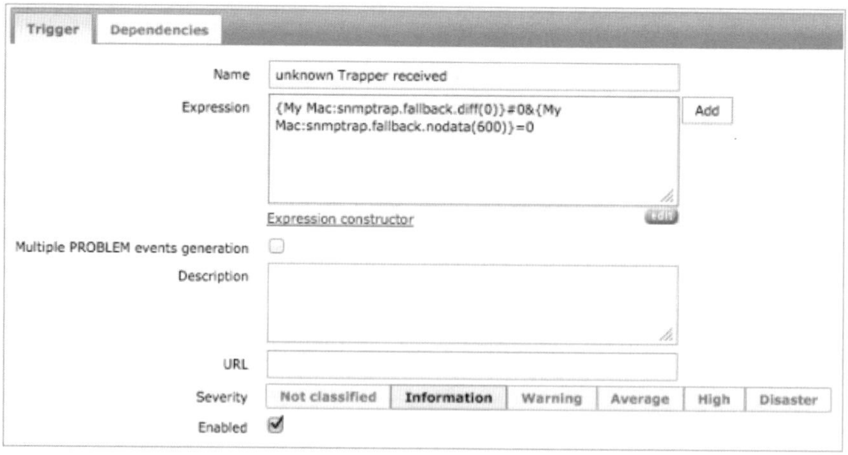

Abb. 16–20 *Ein Trigger löst für fünf Minuten aus, nachdem unbekannte Traps reinkommen.*

16.3 Beispiel: Dell iDrac per SNMP überwachen

16.3.1 Dell iDrac spricht SNMP

Seit iDrac Version 1.30.30 verfügt das integrierte Managementboard von Dell-Servern über einen SNMP-V3-Dienst[4], über den alle Details des Hardwarestatus ausgelesen werden können. Die Überwachung der Hardware per SNMP ist viel granularer und der Überwachung per IPMI vorzuziehen.

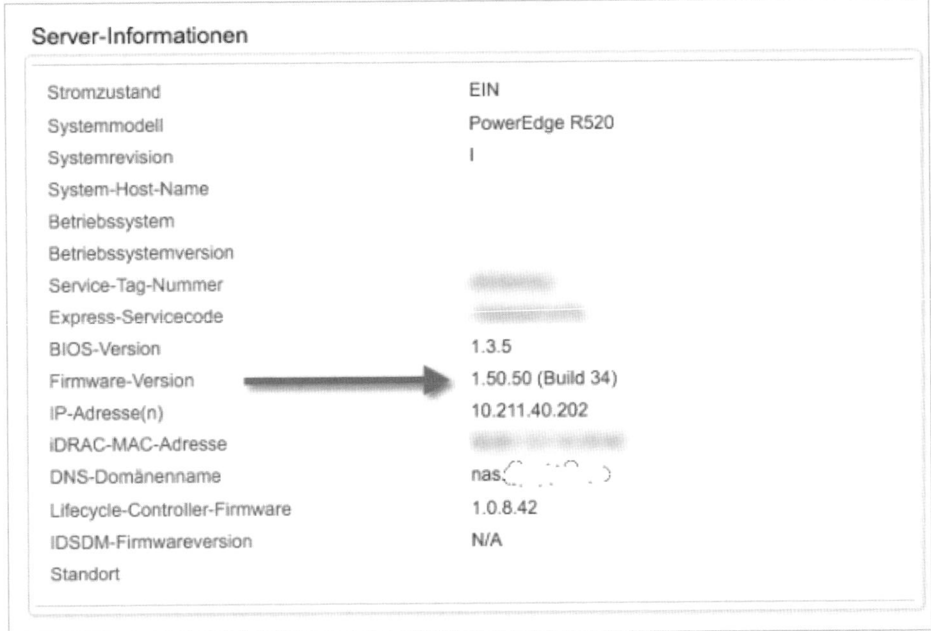

Abb. 16–21 *SNMP funktioniert nur mit aktueller Firmware. Dell stellt außerdem MIB-Dateien zum Download[5] bereit.*

16.3.2 SNMP in iDrac aktivieren

In den Standardeinstellungen ist der SNMP-Agent in iDrac zwar aktiviert, aber kein Benutzer hat die Berechtigung, eine SNMP-Abfrage durchzuführen. Legen Sie in der Benutzerverwaltung von iDrac einen neuen Benutzer, zum Beispiel »zabbix«, an und aktivieren Sie *SNMP V3*. Stellen Sie *Authentication type=SHA* und *Privacy type=AES* ein. Legen Sie außerdem ein Kennwort für den Benutzer an.

4. *http://goo.gl/WTUvp7*
5. *http://goo.gl/IhIYvk*

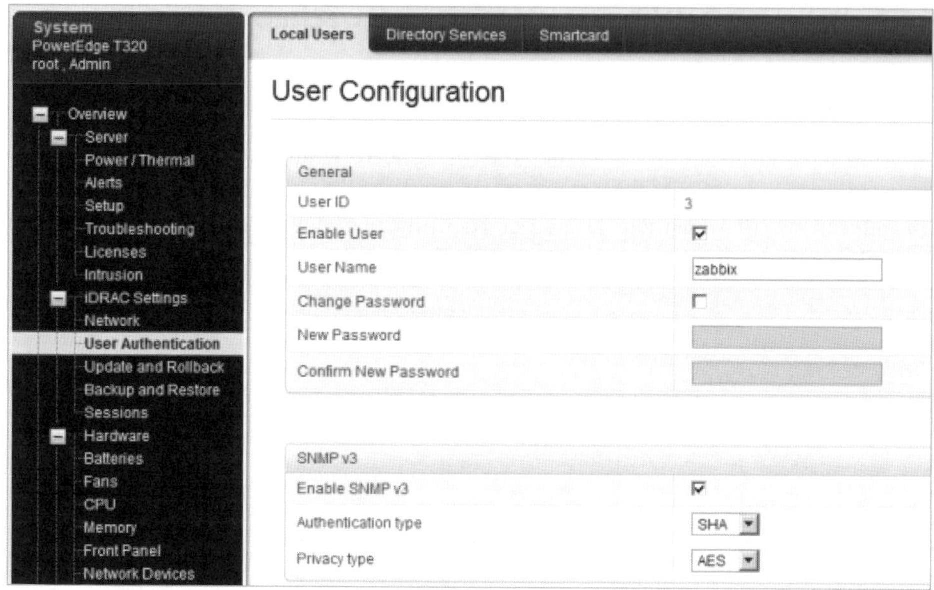

Abb. 16–22 *SNMP für den Benutzer zabbix einrichten*

16.3.2.1 SNMP-v3-Abfragen

Testen Sie mit snmpwalk, ob Sie den Controller abfragen können.

```
root@monitoring:~# snmpwalk -v 3 -u zabbix -l authPriv -a SHA -A geheim -x
 AES -X geheim 192.168.152.40 .1.3.6.1.4.1.674.10892
iso.3.6.1.4.1.674.10892.2.1.1.1.0 = STRING: "Integrated Dell Remote Access
 Controller 7"
iso.3.6.1.4.1.674.10892.2.1.1.2.0 = STRING: "iDRAC7"
iso.3.6.1.4.1.674.10892.2.1.1.3.0 = STRING: "This system component provides a
 complete set of remote management functions for Dell PowerEdge Servers"
iso.3.6.1.4.1.674.10892.2.1.1.4.0 = STRING: "Dell"
iso.3.6.1.4.1.674.10892.2.1.1.5.0 = STRING: "1.46.45"
iso.3.6.1.4.1.674.10892.2.1.1.6.0 = ""
iso.3.6.1.4.1.674.10892.2.1.1.7.0 = STRING: "https://192.168.152.40:443"
```

Wenn Sie ein grafisches Tool für den Desktop verwenden möchten, können Sie den Free SNMP MIB Browser[6] verwenden. Dieser beherrscht SNMP v3 und kann außerdem die MIBs von Dell laden. Über das Menü *File|Load MIB* laden Sie alle MIB-Dateien, die Sie über den genannten Link von der Dell-Webseite heruntergeladen haben.

6. *http://www.manageengine.com/products/mibbrowser-free-tool/*

Nachdem Sie in die Felder »Host« und »Community« die entsprechenden Daten der iDrac-Verwaltungskonsole eingetragen haben, aktivieren Sie über *Edit|Settings* SNMP v3 und fügen in den »V3 Settings« den Benutzernamen und das Passwort für die SNMP-Abfragen hinzu. Achten Sie darauf, dass die Verschlüsselungsprotokolle so eingestellt sind, wie Sie es zuvor in den iDrac-Einstellungen konfiguriert haben.

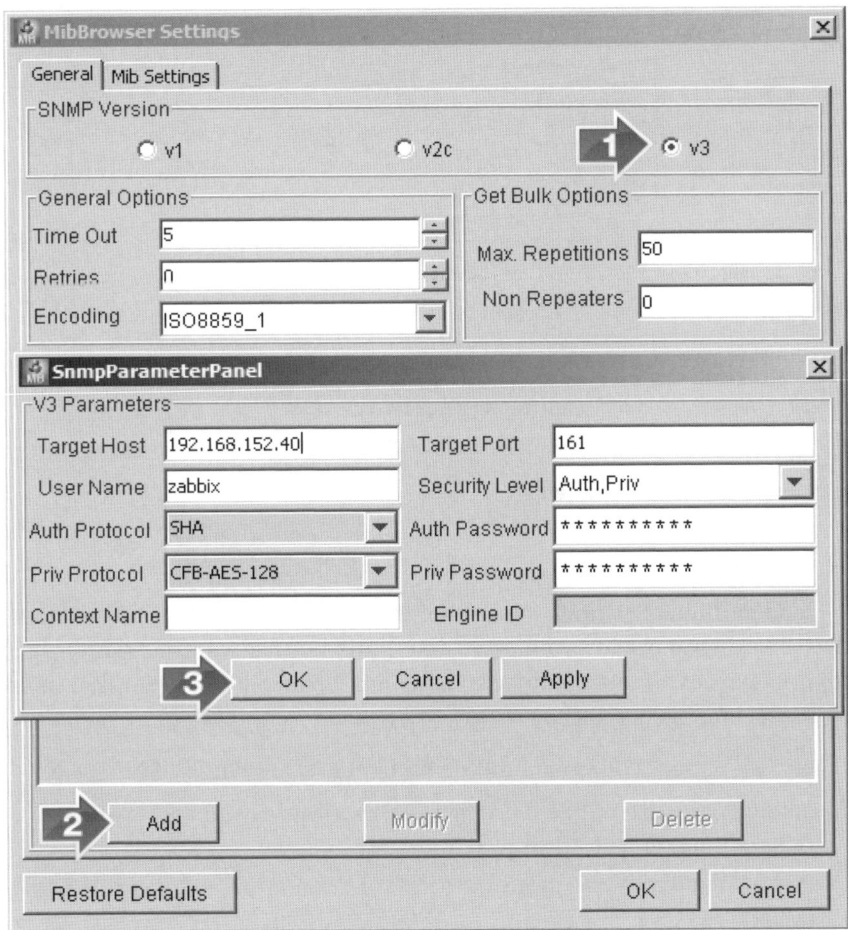

Abb. 16–23 *Aktivierung von SNMP v3 im MIB-Browser*

Nachdem Sie die Zugangsdaten für den Host hinterlegt haben, tragen Sie in das Feld »Object ID« `.1.3.6.1.4.1.674.10892` ein. Dies ist der Startwert für die iDrac-spezifischen SNMP-OIDs. Lesen Sie nun durch Klick auf die Schaltfläche »GETBULK SNMP Data« alle verfügbaren OIDs und Messwerte rekursiv aus.

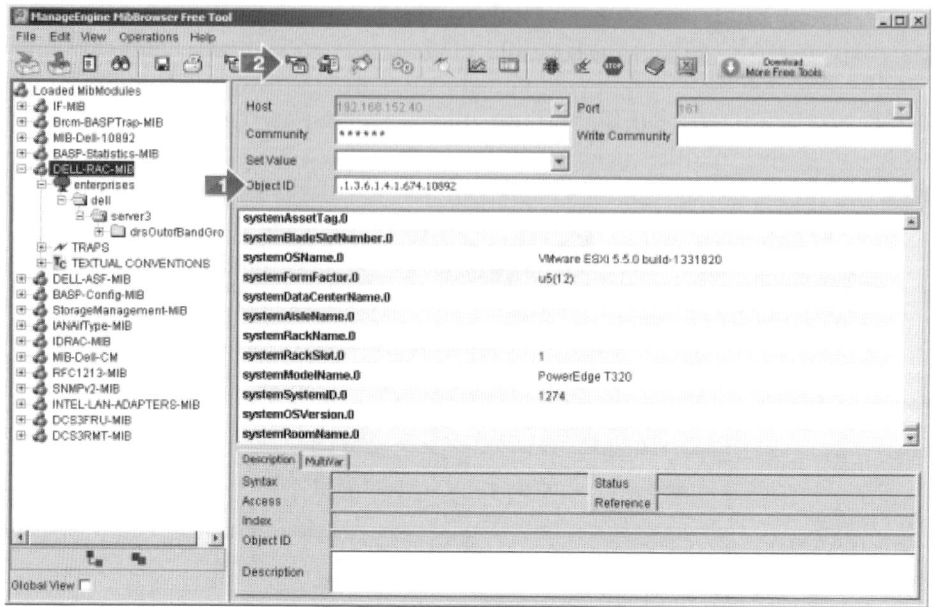

Abb. 16–24 *Auslesen des Hardwarestatus eines Dell-Servers per SNMP v3*

16.3.3 Ein Template erstellen

16.3.3.1 Items anlegen

Im Folgenden finden Sie einige Hinweise, wie Sie ein Template zur Überwachung von Dell-Hardware per Idrac anlegen. Alternativ können Sie auch das fertige Beispieltemplate[7] downloaden und importieren. Wenn Sie das Template manuell erstellen möchten, gehen Sie wie folgt vor:

- Legen Sie ein neues Template mit dem Namen »Dell iDrac7 SNMP« an.
- Fügen Sie diesem Template die folgenden drei Makros hinzu:
  - `{$SNMP_COMMUNITY}` = public
  - `{$SNMP_USERNAME}` = zabbix
  - `{$SNMP_PASSWORD}` = geheim

Wählen Sie im MIB-Browser im linken Bereich »DELL-RAC-MIB« aus und suchen Sie das Element »drsGlobalSystemStatus« aus. Mit der rechten Maustaste rufen Sie den Messwert ab. Beachten Sie, dass »drsGlobalSystemStatus« oder `.1.3.6.1.4.1.674.10892.2.2.1` eine OID-Gruppe ist. Sobald Sie die Daten per GET abrufen, erkennen Sie im rechten Fenster, dass der Host in dieser OID-

7. *http://lab4.org/files/dell_idrac_snmp_template.xml*

Gruppe nur ein Element mit dem Index 0 ausliefert. Diesen Index müssen Sie beim Anlegen des Items zwingend angeben.

Legen Sie nun das erste Item für das neue Template an:

- Name: drsGlobalSystemStatus
- Type: SNMPv3 Agent
- Key: drsGlobalSystemStatus
- SNMP OID: `.1.3.6.1.4.1.674.10892.2.2.1.0`
- Verwenden Sie die zuvor angelegten Makros in den Feldern »Security Name«, »Authentication passphrase« und »Privacy passphrase«.
- Stellen Sie die Protokolle zur Verschlüsselung so ein, wie Sie es in der iDrac-Konfiguration eingerichtet haben.

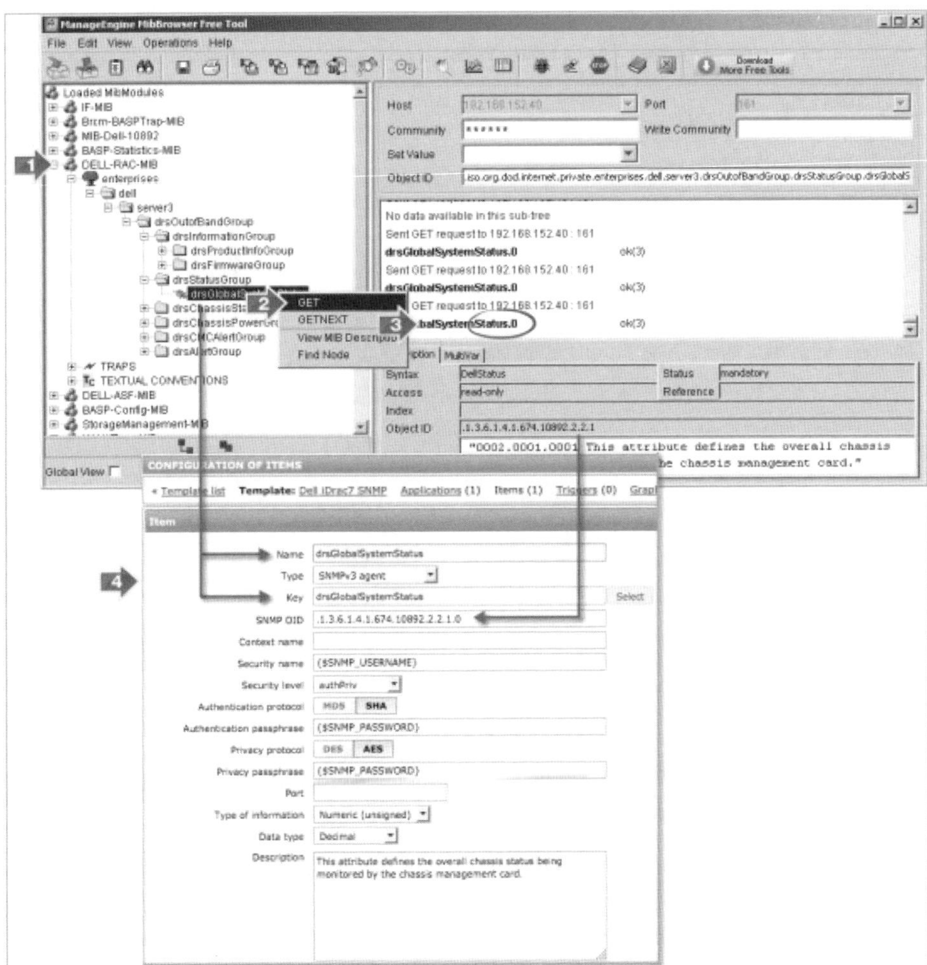

Abb. 16–25 *Anlegen eines SNMPv3-Items mit Hilfe des MIB-Browsers*

16.3.3.2 Discovery-Regeln erstellen

Physikalische Festplatten überwachen

Die iDrac-Konsole liefert per SNMP den Zustand jeder Festplatte im System einzeln aus. Da die Anzahl der Festplatten aber von Server zu Server variieren kann, müssen Sie eine Discovery-Regel einrichten, die zuerst die Liste aller Festplatten abruft. Die Liste der physikalischen Festplatten liefert der Server über die OID `.1.3.6.1.4.1.674.10892.5.5.1.20.130.4.1.1` aus.

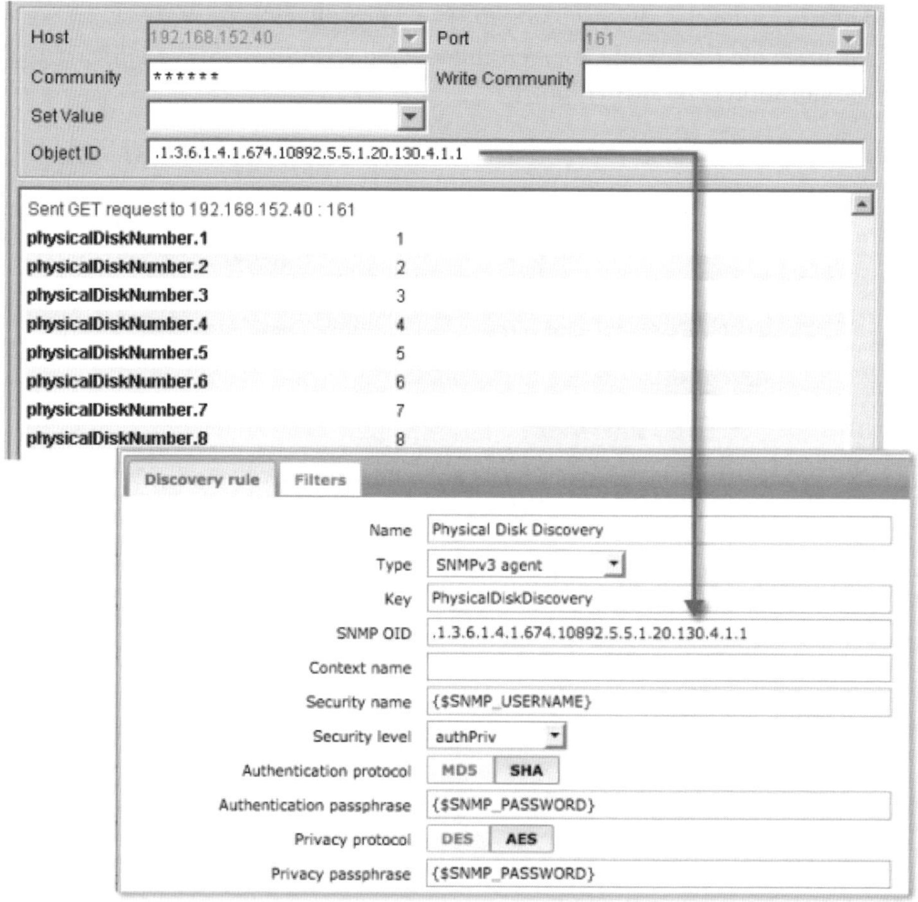

Abb. 16–26 *Eine Discovery-Regel listet alle Festplatten des Systems auf.*

Basierend auf dieser Discovery-Regel sollten Sie Item- und Trigger-Prototypen anlegen, die den Zustand jeder einzelnen Festplatte abrufen und ein Problem melden, sobald der Status einer Festplatte nicht als »normal« gemeldet wird.

Status der physikalischen Festplatten	
Name	physicalDiskComponentStatus Disk {#SNMPINDEX}
Key	`physicalDiskComponentStatus[{#SNMPINDEX}]`
SNMP-OID	`.1.3.6.1.4.1.674.10892.5.5.1.20.130.4.1.24.{#SNMPINDEX}`
Hinweis	The status of the physical disk itself without the propagation of any contained component status. Possible values: 1=Other, 2=Unknown, 3=OK, 4=Non-critical, 5=Critical, 6=Non-recoverable
SMART-Alarm der physikalischen Festplatten	
Name	physicalDiskSmartAlertIndication Disk {#SNMPINDEX}
Key	`physicalDiskSmartAlertIndication[{#SNMPINDEX}]`
SNMP-OID	`.1.3.6.1.4.1.674.10892.5.5.1.20.130.4.1.31.{#SNMPINDEX}`
Hinweis	0=Normal Status, indicates whether the physical disk has received a predictive failure alert.

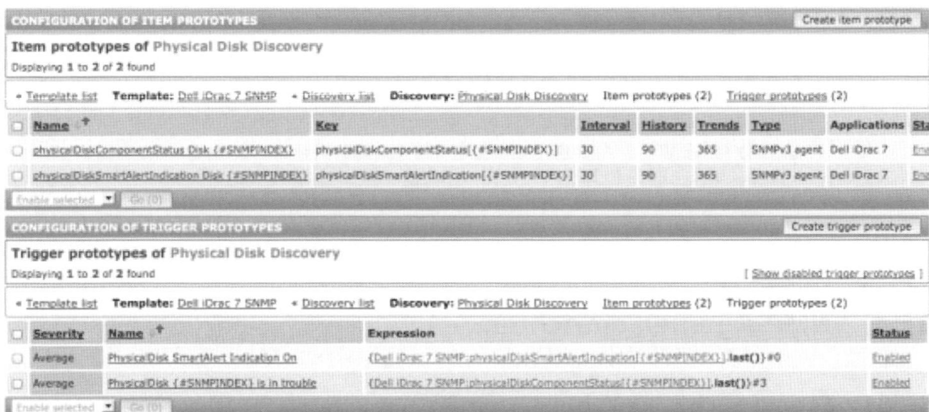

Abb. 16–27 *Item- und Trigger-Prototypen für die Festplattenüberwachung*

Virtuelle Laufwerke überwachen

Analog zur Überwachung der physikalischen Festplatten sollten Sie auch die virtuellen Laufwerke überwachen.

Über die SNMP-OID `.1.3.6.1.4.1.674.10892.5.5.1.20.140.1.1.1` erhalten Sie die Liste der virtuellen Laufwerke. Diese OID dient als Grundlage für die Discovery Regel. Aufbauend auf dieser Regel sollten Sie dann Item- und Trigger-Prototypen mit folgenden Parametern einrichten.

Name	virtualDiskComponentStatus Disk {#SNMPINDEX}
Key	`virtualDiskComponentStatus.[{#SNMPINDEX}]`
SNMP-OID	`.1.3.6.1.4.1.674.10892.5.5.1.20.140.1.1.20.{#SNMPINDEX}`
Hinweis	The status of the virtual disk itself without the propagation of any contained component status. Possible values: 1=Other, 2=Unknown, 3=OK, 4=Non-critical, 5=Critical, 6=Non-recoverable

Name	virtualDiskRemainingRedundancy on Disk {#SNMPINDEX}
Key	`virtualDiskRemainingRedundancy.[{#SNMPINDEX}]`
SNMP-OID	`.1.3.6.1.4.1.674.10892.5.5.1.20.140.1.1.34.{#SNMPINDEX}`
Hinweis	ok

Name	virtualDiskState Disk {#SNMPINDEX}
Key	`virtualDiskState.[{#SNMPINDEX}]`
SNMP-OID	`.1.3.6.1.4.1.674.10892.5.5.1.20.140.1.1.4.{#SNMPINDEX}`
Hinweis	The current state of this virtual disk (which includes any member physical disks). Possible states: 1=The current state could not be determined, 2=The virtual disk is operating normally or optimally, 3=The virtual disk has encountered a failure. The data on disk is lost or is about to be lost, 4=The virtual disk encountered a failure with one or all of the constituent redundant physical disks. The data on the virtual disk might no longer be fault tolerant.

16.4 SNMP-Agenten einrichten

16.4.1 Es geht auch ohne Zabbix-Agenten

Es gibt viele denkbare Szenarien, in denen der Einsatz des Zabbix-Agenten auf einem »vollwertigen« Betriebssystem nicht möglich ist. Vorgaben an Datensicherheit oder ein sehr restriktiv konfigurierter Satellite-Server des Red-Hat-Networks könnten einige Gründe sein.

Alle Linux-Betriebssysteme und Microsoft Windows in allen Varianten bringen einen SNMP-Agenten mit. Über diesen können Sie mit dem Zabbix-Server alle Performance-Daten des Systems überwachen.

16.4.2 SNMP-Agent einrichten

Der Dienst, welcher SNMP-Anfragen beantwortet, heißt SNMP-Agent. Dabei handelt es sich um einen Daemon, und die Pakete der Distributionen heißen »snmpd«.

16.4.2.1 Ubuntu und Debian

Installieren Sie den SNMP-Agenten über den Paketmanager:

```
apt-get install snmpd
```

Aktivieren Sie diesen in der Datei /etc/default/snmpd mit der Variablen SNMP-DRUN=yes Per Standard lauscht der SNMPD nur auf Localhost. Das bringt leider nichts, wenn wir das System über das Netzwerk überwachen möchten. Öffnen Sie die Datei /etc/snmp/snmpd.conf und aktivieren Sie, dass der SNMPD auf allen verfügbaren Netzwerkschnittstellen Anfragen beantwortet, und starten Sie den SNMPD danach neu:

```
#  Listen for connections on all interfaces (both IPv4 *and* IPv6)
agentAddress udp:0.0.0.0:161
```

Prüfen Sie, ob der SNMPD »läuft« und Verbindungen aus allen Netzen annimmt:

```
# netstat  lpanu
Active Internet connections (servers and established)
Proto Recv-Q Send-Q Local Address    Foreign Add    PID/Program
udp        0      0 0.0.0.0:161      0.0.0.0:*      14895/snmpd
udp        0      0 0.0.0.0:50151    0.0.0.0:*      14895/snmpd
```

SNMPv2c konfigurieren

Wenn Sie nun Ihr System per snmpwalk über Community »public« abfragen, erhalten Sie eine recht reduzierte Ausgabe. Legen Sie eine neue Community an, die für Anfragen aus dem lokalen Netz alle verfügbaren Daten preisgibt. Fügen Sie in der Datei /etc/snmpd/snmpd.conf im Block »ACCESS CONTROL« folgende Zeile ein:

```
rocommunity myCommunity 192.168.0.0/16
```

Wenn Sie keine neue Community anlegen und stattdessen den Standard »public« verwenden möchten, ändern Sie die Zeilen wie folgt:

```
#rocommunity public  default    -V systemonly
rocommunity public 192.168.0.0/16
```

SNMPv3 konfigurieren

Wenn Sie nur für authentifizierte Benutzer Information per SNMP freigeben möchten, sollten Sie SNMPv3 aktivieren. Der SNMPD ist in der Lage, Abfragen per SNMPv2c und SNMPv3 gleichzeitig zu bedienen. Wenn Sie nur sichere Abfragen per SNMPv3 zulassen möchten, müssen Sie in der Datei /etc/snmpd/snmpd.conf im Block »ACCESS CONTROL« alle Zeilen auskommentieren, die mit rocommunity beginnen.

Stoppen Sie anschließend den SNMP. Danach können Sie mit dem nachfolgenden Kommando einen Benutzer anlegen und für diesen eine Passphrase setzen. Nach dem erneuten Start des SNMPD sollte eine Abfrage nur noch per SNMPv3 und mit den korrekten Zugangsdaten möglich sein. Die Passphrase muss mindestens acht Zeichen lang sein:

```
service snmpd stop
net-snmp-config --create-snmpv3-user -ro -A geheim123 zabbix
service snmpd start
```

Hinweis

Prüfen Sie mit `netstat -lpanu`, ob der SNMPD auf allen IP-Adressen oder nur auf localhost lauscht. Der Aufruf des Kommandos `net-snmp-config` hat möglicherweise Einstellungen überschrieben. Setzen Sie `agentAddress udp:0.0.0.0:161`. Siehe »SNMPv2c konfigurieren«.

16.4.2.2 CentOS und Red Hat Version 7

Installieren Sie den SNMP-Agenten über den Paketmanager:

```
yum install net-snmp net-snmp-utils
```

Die Beispieldatei `/etc/snmp/snmpd.conf` ist unübersichtlich aufgebaut und enthält viele Kommentare zu erweiterten Funktionen des SNMP-Agenten. Deaktivieren Sie im Bereich »Access Control« die Zeile beginnend mit »com2sec« durch ein Kommentarzeichen. Fügen Sie darunter die folgende Zeile ein und starten Sie den SNMP-Dienst neu:

```
#com2sec notConfigUser  default       public
rocommunity public 192.168.0.0/16
systemctl restart  snmpd
```

Nun sollte eine Abfrage per `snmpwalk` zahlreiche Daten zurückliefern. Beachten Sie, dass nur Abfragen aus dem lokalen Netz, nicht aber von »localhost« beantwortet werden.

16.4.2.3 Windows Server 2012

Im Windows Server 2012 RC2 wählen Sie im Server-Manager »Rollen und Features hinzufügen« aus. In der Auswahl der Features haken Sie »SNMP-Dienst« an und klicken anschließend auf »Installieren«.

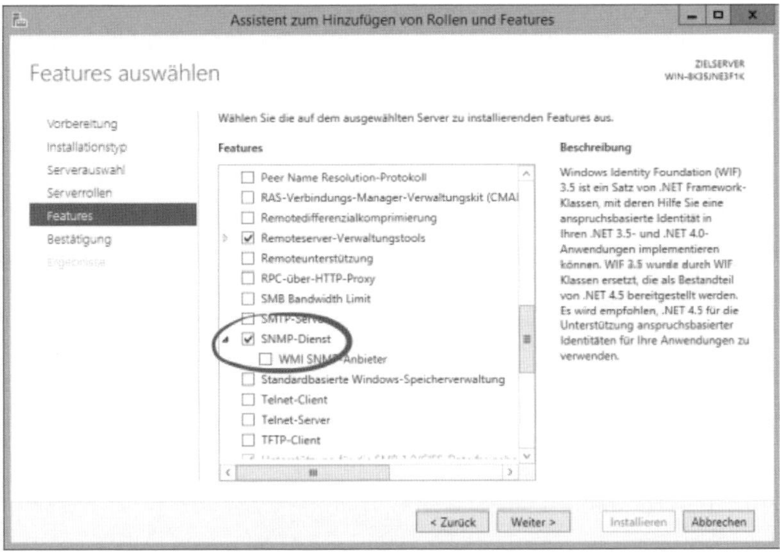

Abb. 16–28 *Installieren des SNMP-Agenten unter Windows Server 2012*

Der neue Dienst »SNMP-Dienst« sollte nun in der Diensteverwaltung aufgelistet sein. Wählen Sie den Dienst aus, klicken Sie auf »weitere Aktionen« und öffnen Sie die Einstellungen für den SNMP-Dienst.

- Fügen Sie eine Community mit Leserechten hinzu, zum Beispiel »public«.
- Fügen Sie ein Netzwerksegment hinzu, welches den Dienst abfragen kann, oder wählen Sie »SNMP-Pakete von jedem Host annehmen« aus.

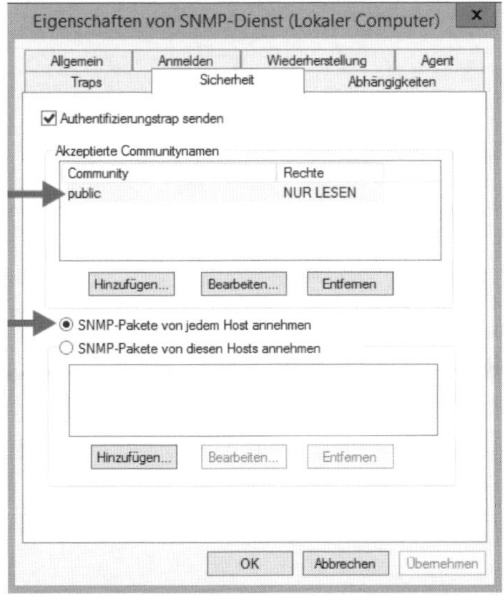

Abb. 16–29 *Eigenschaften des SNMP-Dienstes*

Nun sollte einer Abfrage des SNMP-Dienstes nichts mehr im Wege stehen. Ein Standard-Windows-Server 2012 RC liefert stolze 2162 SNMP-Items zurück.

```
apfel:~ thorsten$ snmpwalk -v 2c -c public windows-server.local|wc -l
  2162
```

17 Hardware per IPMI überwachen

17.1 Hardware überwachen mit IPMI

Mit dem Intelligent Platform Management Interface (IPMI) haben verschiedene Hardwarehersteller eine Schnittstelle geschaffen, um Server zu verwalten und zu warten. Das IPMI funktioniert unabhängig vom Betriebssystem mit einer eigenen Firmware. Das IPMI benutzt deshalb auch eine eigene IP-Adresse und kann auch bei ausgeschaltetem Server-Betriebssystem erreicht werden. Die Netzteile des Servers müssen ans Stromnetz angeschlossen sein, damit das Managementboard funktionieren kann. Neben Verwaltungsfunktionen wie Ein- und Ausschalten des Geräts kann das IPMI auch zu Abfragen des Hardwarestatus genutzt werden. Die Schnittstellen liefern in der Regel einen umfangreichen Bericht über den Zustand von Lüftern, Temperaturen und sonstigen Komponenten des Servers.

17.2 IPMI auf der Hardware aktivieren

IPMI muss ist bei fast allen Hardwareherstellern standardmäßig deaktiviert. Sie müssen IPMI erst aktivieren und die Netzwerkeinstellungen des Interface vornehmen, damit Sie die IPMI-Schnittstelle abfragen können. Bei einigen Herstellern können Sie die Einstellungen im BIOS vornehmen. Bei anderen Herstellern müssen Sie während des Bootvorgangs eine bestimmte Tastenkombination drücken, damit Sie in die Einstellungen des sogenannten Managementboards gelangen. Dort finden Sie in der Regel die Möglichkeit, IPMI zu aktivieren. Nachfolgend finden Sie einige Beispiele.

17.2.1 Beispiel 1: IPMI mit Dell-iDrac

Dell-Server verfügen in der Regel über den sogenannten Integrated Dell Remote Access Controller (iDrac). Dieser Controller liest den Status vieler Hardwarekomponenten aus. Per IPMI kann man so Temperaturen, Netzspannungen, Lüfterumdrehungen und vieles mehr mit Zabbix auslesen und überwachen.

IPMI aktivieren

Die IPMI-Schnittstelle ist standardmäßig im iDrac abgeschaltet. Melden Sie sich per Webbrowser am Controller an. Im Menü links wählen Sie *iDRAC Einstellungen* und über die Reiter rechts *Netzwerk/Sicherheit|Netzwerk* aus. Im Bereich IPMI-Einstellungen setzen Sie nun den Haken bei IPMI-Über-LAN aktivieren. Da zum Auslesen der Sensoren keine Administrationsrechte erforderlich sind, wählen Sie als »Beschränkung der Kanalberechtigungsebene« Benutzer aus. Aktivieren Sie die Konfiguration mit dem Button »Anwenden« rechts unten.

Abb. 17–1 Aktivierung von IPMI bei einem Dell-Server mit iDrac6

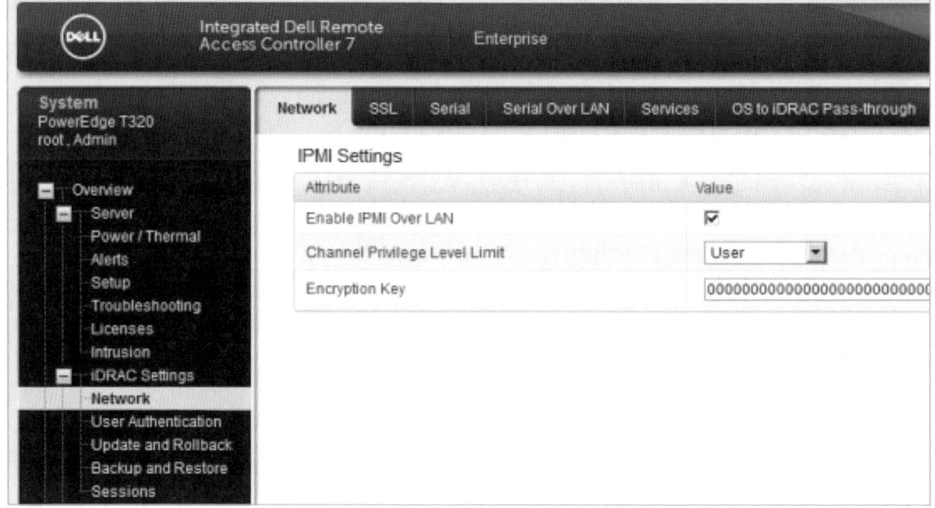

Abb. 17–2 Aktivierung von IPMI bei einem Dell-Server mit iDrac7 und englischer Oberfläche

Benutzer anlegen

Der Zugriff auf IPMI erfolgt immer mit einem Benutzernamen und einem Passwort. Aus Sicherheitsgründen sollte Zabbix nicht mit einem privilegierten Benutzer wie root auf das IPMI zugreifen. Legen Sie über das Menü *Netzwerk/Sicher-*

heit|Benutzer einen neuen Benutzer an. Als »Maximale LAN-Benutzerberechtigung gewährt« wählen Sie Benutzer aus. Als »iDRAC-Benutzerberechtigungen« sollten Sie »Keine« auswählen. Der neue Benutzer soll sich nicht am iDrac anmelden können.

Abb. 17–3 *Unprivilegierten Benutzer für Zabbix anlegen*

17.2.2 Beispiel 2: Supermicro KVM

Bei den Mainboards von Supermicro sind die Standardeinstellungen bereits so gewählt, dass Sie den Hardwarestatus per IPMI abfragen können. Sie sollten aber einen unprivilegierten Benutzer einrichten. Es ist ein unnötiges Sicherheitsrisiko, wenn sich der Zabbix-Server mit dem Benutzer »ADMIN« verbindet.

Melden Sie sich auf dem Webfrontend der Remote-Management-Karte als Benutzer »ADMIN« an. Über das Menü *Configuration|Users* legen Sie einen neuen Benutzer an, zum Beispiel »zabbix«. Bei den *Network Privileges* wählen Sie »User« aus. Mehr muss bei den Mainboards von Supermicro nicht gemacht werden.

Add New User

Enter the information for the new user below and press Add. Press Cancel

User Name: zabbix

Password: ●●●●●●

Confirm Password: ●●●●●●

Network Privileges: User

Add Cancel

Abb. 17–4 *Zabbix-Benutzer für den IPMI Zugriff hinzufügen*

17.2.3 Beispiel 3: Intel RMM3

Viele Server-Mainboards vom Hersteller Intel verfügen über ein sogenanntes »Remote Management Module«, welches eine IPMI-Schnittstelle integriert hat. Im Menü *Configuration|Security Settings* können Sie mit der Option »IPMI over LAN« diese Schnittstelle »öffnen«. Anschließend sollten Sie im Menü *Configuration|Users* einen unprivilegierten Benutzer anlegen.

Wenn Sie das IPMI-Interface im Zabbix-Server anlegen, wählen Sie als »IPMI Authentication algorithm« »straight« aus.

Abb. 17–5 *Hinzufügen eines Benutzer »zabbix« für das IPMI-Monitoring*

17.3 IPMI-Poller starten

Damit Sie Ihre Hardware per IPMI abfragen können, muss der Zabbix-Server oder der Zabbix-Proxy mit der IPMI-Option kompiliert worden sein. Wenn Sie fertige RPM- oder DEB-Pakete verwenden, haben Sie das IPMI-Monitoring schon an Bord.

Wenn Sie den Zabbix-Server aus den Quellen übersetzt haben, stellen Sie sicher, dass der Zabbix-Server/Proxy mit der Option `--with-openipmi` kompiliert wurde.

Im Log sollten beim Starten des Zabbix-Servers/Proxy folgende Zeilen vermerkt werden:

```
4174:20111024:081346.118 ****** Enabled features ******
4174:20111024:081346.118 SNMP monitoring:           YES
4174:20111024:081346.118 IPMI monitoring:           YES
```

Wenn Sie eine Standardkonfiguration bei der Installation des Zabbix-Servers verwenden, dann ist die IPMI-Funktion, die sogenannten IPMI-Poller, mit Sicherheit abgeschaltet.

- Öffnen Sie die Datei `zabbix_server.conf` oder `zabbix_proxy.conf` mit einem Editor.
- Setzen Sie `StartIPMIPollers=5` in der Konfiguration.
- Starten Sie den Zabbix-Server neu.

```
### Option: StartIPMIPollers
#       Number of pre-forked instances of IPMI pollers.
#
# Mandatory: no
# Range: 0-1000
# Default:
StartIPMIPollers=5
```

17.4 IPMI-Item einrichten

17.4.1 Den Zugriff per IPMI testen

Bevor Sie die Überwachung per IPMI in Zabbix anlegen, sollten Sie testen, ob die Schnittstelle funktioniert und der für Zabbix angelegte Benutzer Zugriff hat. Außerdem müssen Sie die Bezeichnungen der Sensoren ermitteln. Der Zabbix-Server oder die Weboberfläche bieten keine Möglichkeit, eine Liste der Sensoren abzurufen.

Installieren Sie die IPMI-Tools, um zu testen, ob Daten über IPMI ausgelesen werden können. Alle Distributionen verfügen über fertige Pakete, die Sie unter dem Namen ipmitool (Debian,SUSE) bzw. OpenIPMI-tools (Red Hat) finden.

Wenn Sie ein grafisches Tool bevorzugen oder den IPMI-Zugriff mit einem Windows- oder MAC-Rechner testen, können Sie das kostenlose Java-Programm IPMI View[1] von Supermicro verwenden. Das Programm verbindet sich auch mit Servern, die nicht von Supermicro stammen.

Testen Sie, ob Sie Ihr IPMI-Device erreichen und was es für Infos ausgibt.

```
ipmitool -H <IP_ADRESSE> -U <USERNAME> -P <PASSWORD> -L USER sdr
ipmitool -H <IP_ADRESSE> -U <USERNAME> -P <PASSWORD> -I lanplus -L USER sdr #
 For HP ilo
```

Sie sollten ähnliche Informationen wie diese erhalten (Ausgabe stammt von einem Dell PowerEdge R510).

```
Temp              | -42 degrees C     | ok
Temp              | -43 degrees C     | ok
Temp              | 41 degrees C      | ok
Temp              | 42 degrees C      | ok
Ambient Temp      | 22 degrees C      | ok
Planar Temp       | 45 degrees C      | ok
CMOS Battery      | 0x00              | ok
VCORE PG          | 0x01              | ok
VCORE PG          | 0x01              | ok
0.75 VTT PG       | 0x01              | ok
0.75 VTT PG       | 0x01              | ok
CPU VTT PG        | 0x01              | ok
1.5V PG           | 0x01              | ok
1.8V PG           | 0x01              | ok
5V PG             | 0x01              | ok
MEM CPU2 FAIL     | 0x01              | ok
5V Riser PG       | 0x01              | ok
MEM CPU1 FAIL     | 0x01              | ok
VTT CPU2 FAIL     | 0x01              | ok
VTT CPU1 FAIL     | 0x01              | ok
0.9V PG           | 0x01              | ok
CPU2 1.8 PLL PG   | 0x01              | ok
CPU1 1.8 PLL PG   | 0x01              | ok
```

Eine detailliertere Übersicht der verfügbaren IPMI-Sensoren und deren Status erhalten Sie mit den folgenden Kommandos:

```
ipmitool -H <HOST> -U zabbix -P geheim -L USER sensor
ipmitool -H <HOST> -U zabbix -P geheim -L USER sdr get "<SENSOR_NAME>"
```

1. *http://www.supermicro.com/products/nfo/SMS_IPMI.cfm*

Name	Last check	Last value
Dell iDrac IMPI (7 Items)		
FAN MOD 1A RPM	24 Oct 2011 13:35:47	3240 rpm
FAN MOD 2A RPM	24 Oct 2011 13:35:48	3240 rpm
FAN MOD 3A RPM	24 Oct 2011 13:35:49	3240 rpm
FAN MOD 4A RPM	24 Oct 2011 13:35:52	3240 rpm
Power Consumption	24 Oct 2011 13:36:10	0.8 A
Temperature	24 Oct 2011 13:36:14	45 C
Voltage	24 Oct 2011 13:36:11	228 V

Abb. 17–6 *Zabbix überwacht die Hardware eines Dell-Servers.*

17.4.2 IPMI-Überwachung für einen Host hinzufügen

Damit ein Host per IPMI überwacht werden kann, muss Zabbix die Zugangsdaten für das IPMI-Device kennen.

In den Zabbix-Versionen vor 2.0 setzen Sie in der Konfiguration des Hosts den Haken »Use IPMI«. Daraufhin erweitert sich die Eingabemaske und Sie können die Zugangsdaten eingeben. Ab Version 2.0 fügen Sie einem Host ein weiteres Interface vom Typ IPMI hinzu. Über den Reiter IPMI geben Sie die Zugangsdaten an.

- **IPMI IP address**
  Die IP-Adresse des IPMI-Geräts, die in der Regel nicht dieselbe ist wie vom Host
- **IPMI Port**
  In der Regel 623
- **IPMI authentication algorithm**
  Verwenden Sie dieselbe Methode zum Authentifizieren, die Sie auch in Ihrem IPMI Gerät eingestellt haben. Wenn Sie zum Beispiel in einer Dell-iDrac- oder Supermicro-KVM-Karte einen User hinzugefügt haben, dann ist die Authentifizierungsmethode »Default«. Probieren Sie notfalls verschiedene Möglichkeiten aus. Wenn Sie Fehlermeldungen wie »cannot connect to IPMI host: [22] Invalid argument« oder »cannot connect to IPMI host: [33554441] Unknown error 33554441« erhalten, kann ein falsch ausgewählter Authentifizierungsalgorithmus der Grund dafür sein.
- **IPMI privilege level**
  Auch diesen Wert müssen Sie so einstellen, wie Sie den User im Gerät angelegt haben. In der Regel sollten Sie »User« verwenden. Zabbix verbindet sich mit eingeschränkten Rechten zum Gerät.

- **IPMI username und IPMI password**
  Zugangsdaten, so wie Sie es im Gerät angelegt haben

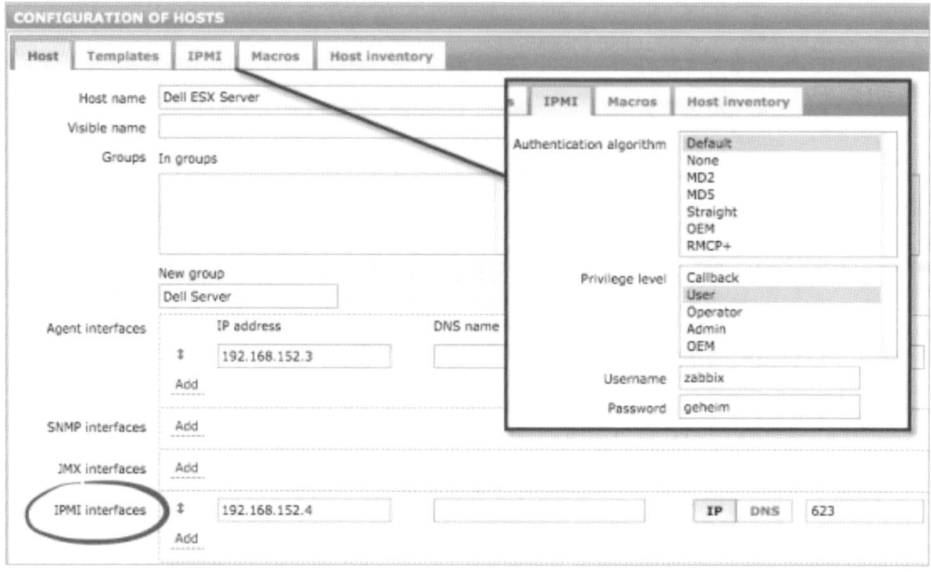

Abb. 17–7 *Hinzufügen des IPMI-Interface für einen Host*

17.4.3 Ein IPMI-Item einrichten

- Legen Sie ein Item für einen Host oder ein Template wie gewohnt an.
- Wählen Sie als Type »IPMI-Agent« aus.
- Ab Version Zabbix 2.0 müssen Sie noch das Host-Interface auswählen, welches die Verbindung zum IPMI herstellt. Wenn Sie das Item für ein Template anlegen, wird das passende Interface automatisch ausgewählt.
- Geben Sie als »IPMI Sensor« die Datenbezeichnung ein, die Ihnen mit ipmitool in der ersten Spalte ausgegeben wird. Wenn Sie das grafische Tool IPMI View verwenden, geben Sie die Sensorbezeichnung ein, so wie Sie unterhalb der Grafik steht.
- Als Key können Sie eine beliebige Zeichenkette eingeben, zum Beispiel den Sensornamen, bei dem Sie Leerzeichen gegen Unterstriche ersetzen.
- Alle restlichen Angaben treffen Sie wie bei jedem Item.

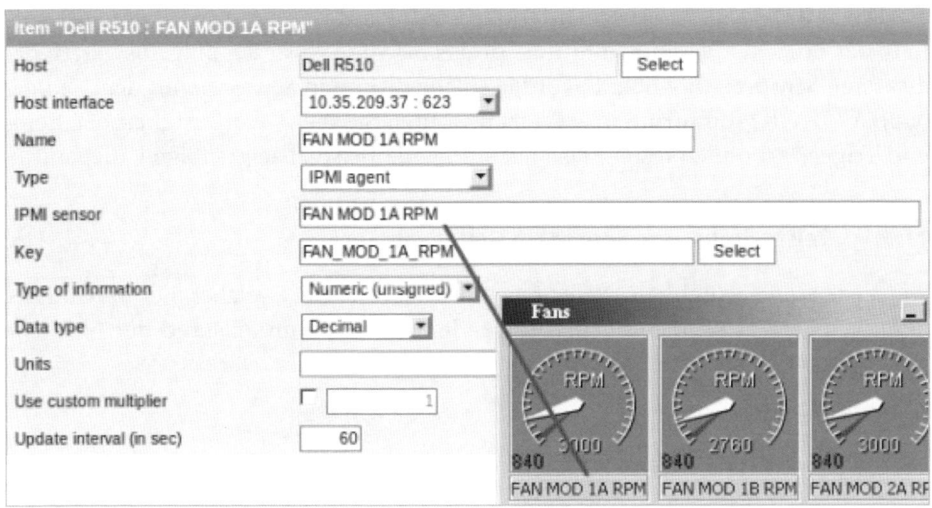

Abb. 17–8 *Hinzufügen eines IPMI-Items. Sensorname wird aus IPMI View übernommen.*

17.5 Problemfall »Discrete Sensors«

Wenn Sie mit dem ipmitool die verfügbaren Sensoren auslesen, werden Sie feststellen, dass einige Sensoren anstatt einer Einheit das Wort »discrete« vermerken. Zum Beispiel:

```
ipmitool -H 10.35.209.37 -U zabbix -P zabbix -L USER sensor
Ambient Temp     | na          | degrees C  |
Ambient Temp     | na          | degrees C  |
vFlash           | 0x0         | discrete   |
iDRAC6 Upgrade   | na          | discrete   |
PS Redundancy    | 0x0         | discrete   |
Fan Redundancy   | 0x0         | discrete   |
```

In der IPMI-Spezifikation werden Sensoren in zwei Kategorien eingeordnet: »Threshold« und »Discrete«. Grenzwertsensoren (Threshold) sind analoge Sensoren, die kontinuierlich Daten liefern, zum Beispiel Stromaufnahme in Ampere oder RPM eines Lüfters. Unstetige oder ganzzahlige Sensoren (discrete) können mehrere Statusinformationen in einem Binärcode zurückliefern. Beispielsweise kann der Sensor eines Netzteils in einem Rückgabewert sowohl den aktuellen Status als auch die Prognose für einen zu erwartenden Fehler »verschlüsseln«. Jedes Bit der Antwort gibt dabei den Status einzelner Subkomponenten oder Sensordetailbereiche an.

Sensoren, die als »discrete« markiert sind, kann Zabbix nur schwer auslesen. Laut der offiziellen Dokumentation[2] ist das bitweise Auslesen und Auswerten der diskreten Sensoren möglich. Bevor Sie solche diskreten Sensoren mit dem »eingebauten« IPMI-Monitoring überwachen, sollten Sie die Zuverlässigkeit der Items und Trigger gründlich testen. Das nachfolgende Beispiel zeigt einige Fallen auf.

17.5.1 Beispiel: Discrete Sensors in Dell-iDrac

Die Liste der verfügbaren Sensoren eines Dell T320, welcher per IPMI über iDrac7 abgefragt wird, listet u.a. folgende Sensoren zum Zustand der Netzteile auf:

```
PS Redundancy     | 0x0        | discrete   | 0x0180|
PS1 PG Fail       | 0x0        | discrete   | 0x0180|
PS2 PG Fail       | 0x0        | discrete   | 0x0180|
```

Diese Sensoren kann der Zabbix-Server auslesen, und alle drei Items nehmen bei hergestellter Redundanz der Netzteile den Wert 1 an. Sobald zum Beispiel das zweite Netzteil von der Stromversorgung getrennt wird, wechseln die Items »PS Redundancy« und »PS2 PG Fail« in den Status »not supported (sensor data is not available)«.

Power Consumtion Current 1	Current.1	IPMI agent	IMPI Sensors	Enabled	
Power Consumtion Current 2	Current.2	IPMI agent	IMPI Sensors	Enabled	
PS1 PG Fail	PS1.PG.Fail	IPMI agent	IMPI Sensors	Not supported	☒
PS2 PG Fail	PS2.PG.Fail	IPMI agent	IMPI Sensors	Not supported	☒
PS Redundancy	PS.Redundancy	IPMI agent	IMPI Sensors	Not supported	☒
Pwr Consumption	Pwr.Consumption	IPMI agent	IMPI Sensors	Enabled	sensor data is not available
Sys Fan1 RPM	Sys.Fan1	IPMI agent	IMPI Sensors	Enabled	

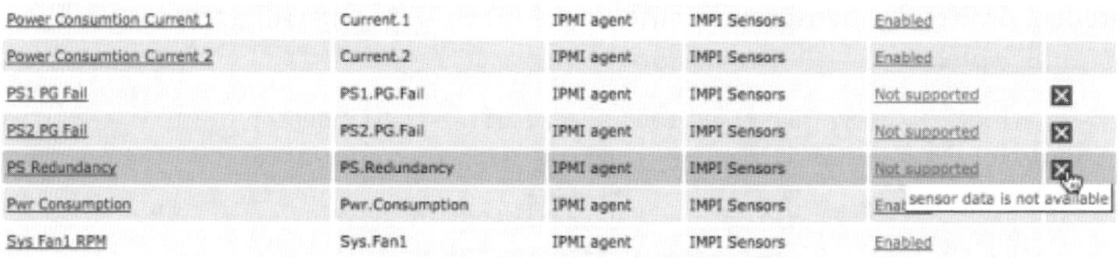

Abb. 17–9 *Diskrete Sensoren sind angeblich nicht mehr vorhanden.*

Im Logfile des Zabbix-Servers sind Einträge wie der folgende zu finden:

```
10386:20141012:124925.487 sensor 'PS Redundancy@[192.168.152.40]:623' deleted
```

Der Server meldet den Ausfall eines Netzteils aber korrekt, was die nachfolgende Ausgabe von impitool verdeutlicht.

2. *https://www.zabbix.com/documentation/2.4/manual/config/items/itemtypes/ipmi*

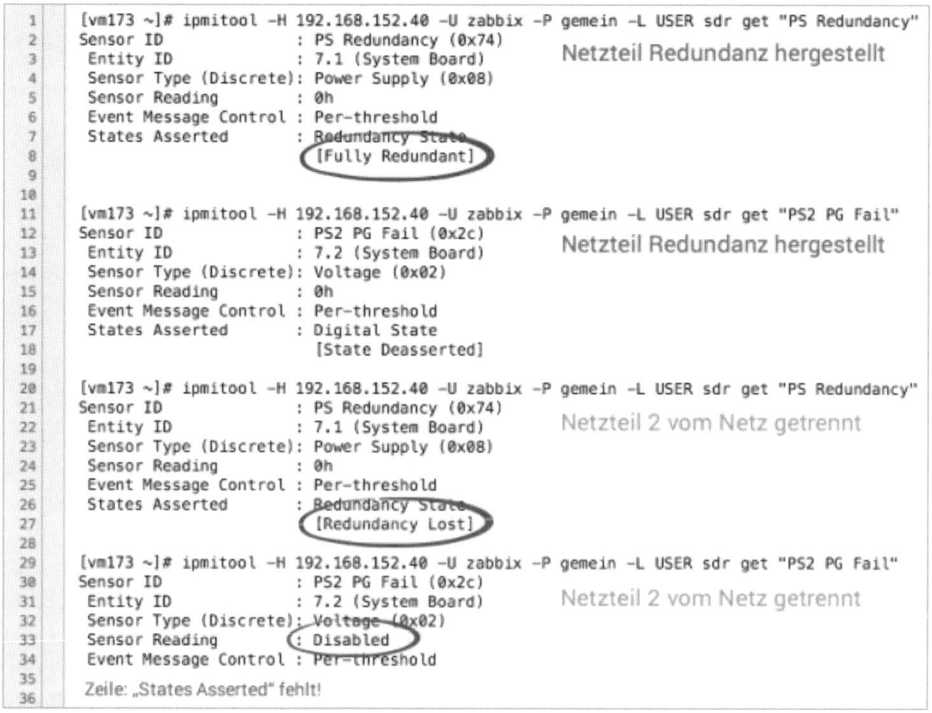

```
[vm173 ~]# ipmitool -H 192.168.152.40 -U zabbix -P gemein -L USER sdr get "PS Redundancy"
Sensor ID              : PS Redundancy (0x74)
 Entity ID             : 7.1 (System Board)          Netzteil Redundanz hergestellt
 Sensor Type (Discrete): Power Supply (0x08)
 Sensor Reading        : 0h
 Event Message Control : Per-threshold
 States Asserted       : Redundancy State
                         [Fully Redundant]

[vm173 ~]# ipmitool -H 192.168.152.40 -U zabbix -P gemein -L USER sdr get "PS2 PG Fail"
Sensor ID              : PS2 PG Fail (0x2c)
 Entity ID             : 7.2 (System Board)          Netzteil Redundanz hergestellt
 Sensor Type (Discrete): Voltage (0x02)
 Sensor Reading        : 0h
 Event Message Control : Per-threshold
 States Asserted       : Digital State
                         [State Deasserted]

[vm173 ~]# ipmitool -H 192.168.152.40 -U zabbix -P gemein -L USER sdr get "PS Redundancy"
Sensor ID              : PS Redundancy (0x74)
 Entity ID             : 7.1 (System Board)          Netzteil 2 vom Netz getrennt
 Sensor Type (Discrete): Power Supply (0x08)
 Sensor Reading        : 0h
 Event Message Control : Per-threshold
 States Asserted       : Redundancy State
                         [Redundancy Lost]

[vm173 ~]# ipmitool -H 192.168.152.40 -U zabbix -P gemein -L USER sdr get "PS2 PG Fail"
Sensor ID              : PS2 PG Fail (0x2c)
 Entity ID             : 7.2 (System Board)          Netzteil 2 vom Netz getrennt
 Sensor Type (Discrete): Voltage (0x02)
 Sensor Reading        : Disabled
 Event Message Control : Per-threshold

 Zeile: „States Asserted“ fehlt!
```

Abb. 17–10 *Auslesen eines Netzteilausfalls*

17.5.2 Diskrete Sensoren per ipmitool auslesen

Viele wichtige Informationen sind aber nur über diskrete Sensoren abzulesen, zum Beispiel der Status von redundanten Netzteilen. Eine zuverlässige Lösung ist ein externes Skript, welches das impitool aufruft, zum Beispiel:

```
ipmitool -H 10.35.209.37 -U zabbix -P zabbix -L USER sensor get "Fan
 Redundancy"|grep -o "\[.*\]"
[Fully Redundant]
```

Ein Skript namens `ipmitool.get`, welches den zu prüfenden Sensor übergeben bekommt, könnte beispielsweise wie folgt aussehen:

```
#!/bin/bash
ipmitool -H $1 -U $2 -P $3 -L USER sdr get "$4" 2>/dev/null\
|egrep -A1 "(Sensor Reading|States Asserted)"\
|xargs echo
```

Richten Sie ein Item vom Typ »External Script« ein. Als Item-Key fügen Sie `ipmitool.get[{HOST.CONN},zabbix,geheim,"PS Redundancy"]` ein. Achten Sie beim Anlegen des Items auf die korrekte Auswahl des Host-Interface.

Item	
Name	PS Redundancy (ipmitool)
Type	External check
Key	ipmitool.get[{HOST.CONN},zabbix,geheim,"PS Redundancy"] Select
Host interface	192.168.152.40 : 623 Agent 192.168.152.3 : 10050 IPMI 192.168.152.40 : 623
Type of information	Text
Update interval (in sec)	60
Flexible intervals	Interval Period Action No flexible intervals defined.
New flexible interval	Interval (in sec) 50 Period 1-7,00:00-24:00 Add
History storage period (in days)	90
New application	
Applications	-None- IMPI Sensors

Abb. 17–11 *Ein externes Skript prüft die Redundanz des Netzteils.*

Das Item muss den Datentyp »Text« haben. Mit einem Trigger prüfen Sie anschließend, ob die Zeichenketten »Sensor Reading : 0h« und »Redundancy State [Fully Redundant]« im Item-Wert enthalten sind. Andernfalls löst der Trigger aus und nimmt den Status »Problem« an. Fügen Sie in den Trigger außerdem noch eine Prüfung ein, ob der Zabbix-Server regelmäßig Daten vom externen Skript enthält. Die Trigger-Expression könnte beispielsweise so aufgebaut sein:

```
{Dell ESX Server:ipmitool.get[{HOST.CONN},zabbix,geheim,"PS
 Redundancy"].str(Sensor Reading : 0h)}=0 or
{Dell ESX Server:ipmitool.get[{HOST.CONN},zabbix,geheim,"PS
 Redundancy"].str(Redundancy State [Fully Redundant])}=0 or
{Dell ESX Server:ipmitool.get[{HOST.CONN},zabbix,geheim,"PS
 Redundancy"].nodata(1800)}=1
```

Dell ESX Server: PS Redundancy (ipmitool) — Values — As plain text

Show filter

Value
Sensor Reading : 0h Event Message Control : Per-threshold States Asserted : Redundancy State [Redundancy Lost]
Sensor Reading : 0h Event Message Control : Per-threshold States Asserted : Redundancy State [Redundancy Lost]
Sensor Reading : 0h Event Message Control : Per-threshold States Asserted : Redundancy State [Fully Redundant]
Sensor Reading : 0h Event Message Control : Per-threshold States Asserted : Redundancy State [Fully Redundant]
Sensor Reading : 0h Event Message Control : Per-threshold States Asserted : Redundancy State [Fully Redundant]
Sensor Reading : 0h Event Message Control : Per-threshold States Asserted : Redundancy State [Fully Redundant]
Sensor Reading : 0h Event Message Control : Per-threshold States Asserted : Redundancy State [Fully Redundant]
Sensor Reading : 0h Event Message Control : Per-threshold States Asserted : Redundancy State [Fully Redundant]
Sensor Reading : 0h Event Message Control : Per-threshold States Asserted : Redundancy State [Fully Redundant]

Abb. 17–12 *Rückgabewerte von ipmitool in Zabbix*

18 Geräte per SSH und Telnet überwachen

18.1 Warum SSH und Telnet?

Der Zabbix-Server und die Proxys sind in der Lage, Daten von einem Host per SSH oder Telnet »abzuholen«. Dazu ist auf dem überwachten Host die Installation des Zabbix-Agenten nicht nötig. Die Verbindung wird per SSH oder Telnet aufgebaut. Der Zabbix-Server loggt sich ein und führt dann remote ein Kommando aus. Der Rückgabewert dieses Kommandos wird dann als Value für ein Item gespeichert.

Um Items von Type SSH anzulegen, müssen der Zabbix-Server und die Proxys mit der Option `--with-ssh` kompiliert worden sein. Schauen Sie in das Logfile vom Zabbix-Server, dort muss beim Start des Servers bestätigt werden, dass die SSH-Option verfügbar ist. Für die Telnetverbindngen sind keine Optionen während des Kompilierens notwendig. Wenn Sie die von Zabbix LLC zur Verfügung gestellten RPM- und DEB-Pakete verwenden, können Sie SSH- und Telnet-Checks ohne weitere Anpassungen verwenden.

Die Option, Daten per SSH »abzuholen«, ist eine sehr nützliche Erweiterung, doch sollten Sie damit nicht den Zabbix-Agenten oder ein SNMP-Monitoring ersetzen. Einen Host per SSH zu überwachen, ist dann sinnvoll, wenn man den Zabbix-Agenten nicht installieren kann und man nur wenige Daten sammeln will. Dies kann zum Beispiel bei NAS Appliances sinnvoll sein. Oft verfügen NAS-Systeme und sonstige Appliances über einen SNMP-Agenten.

Warnung

Je nach Umfang des Monitorings ist es erheblich performanter, Daten per SNMP als per SSH abzurufen. SNMP basiert auf UDP, und der Datenaustausch ist erheblich »schlanker«. Beim Monitoring per SSH muss das System bei jedem Abruf der Daten ein komplettes SSH-Login durchführen. Wählen Sie beim Anlegen von SSH-Items das Update-Intervall mit Bedacht aus.

Eine Überwachung per Telnet ist nur für Geräte empfehlenswert, die über keine andere Schnittstelle verfügen.

Bevor Sie SSH- oder Telnet-Items einrichten, sollten Sie sich folgende Probleme klarmachen:

- Die Ausgabe von Programmen auf den entfernten Systemen kann je nach Distribution unterschiedlich sein. Besonders bei Embedded-Systemen sind nur abgespeckte Versionen von zahlreichen Programmen installiert.
- Die Ausgabe von Programmen kann je nach eingestellter Standardsprache variieren. Dies ist besonders problematisch, wenn Sie mit `grep` nach Stichworten suchen.
- Ein SSH- oder Telnet-Login dauert deutlich länger und verbraucht mehr Ressourcen als das Abfragen von Daten per Zabbix-Agent. Stellen Sie das Update-Intervall für SSH-Items also nicht zu klein ein.
- Denken Sie an die Sicherheit! Über ein SSH- oder Telnet-Login ist ein Host in der Regel komplett fernsteuerbar. Wer also Kontrolle über den Zabbix-Server bekommt, kann sich auch auf den überwachten Hosts einloggen. Vermeiden Sie es, die SSH-Items mit dem Root-User einzurichten. Telnet ist ein unverschlüsseltes Protokoll, welches leicht abgehört werden kann.

Das Ausführen von Kommandos per Telnet setzt einen sogenannten Telnet-Prompt voraus. Nach dem Login muss der Telnet-Server einen Prompt ausgeben, der mit `$, #, > oder %` beginnt. Das Simulieren von zum Beispiel HTTP- oder SMTP-Verbindungen ist aus diesem Grund mit dem integrierten Telnet-Client nicht möglich. Wenn Sie HTTP- oder SMTP-Verbindungen per Telnet prüfen möchten, müssen Sie ein Skript anlegen und dieses als »external Skript« einbinden (siehe Abschnitt 20.8).

18.2 Authentifizierung

18.2.1 Passwort

Wenn Sie ein SSH- oder Telnet-Item anlegen, müssen Sie festlegen, mit welchem Benutzerkonto sich der Zabbix-Server an dem überwachten Host anmelden soll. Das passende Passwort geben Sie im Klartext in die Webgui ein. Nach dem Speichern wird das Passwort ebenfalls im Klartext in der Datenbank gespeichert. Wenn Sie die Zabbix-Weboberfläche nicht per HTTPS verschlüsseln, können die eingegebenen Passwörter über das Netzwerk »abgehört« werden. Wenn Sie Telnet einsetzen, kann das Passwort auch abgehört werden, während sich der Zabbix-Server auf dem entfernten Host anmeldet.

18.2.2 SSH-Keys

Als Alternative zur Authentifizierung per Passwort steht auch die Nutzung von SSH-Keys zur Auswahl. In der Konfiguration des Zabbix-Servers und der Proxys gibt es eine Option SSHKeyLocation. Diese ist in der Standardkonfiguration deaktiviert.

```
### Option: SSHKeyLocation
#       Location of public and private keys for SSH checks and actions.
#
# Mandatory: no
# Default:
SSHKeyLocation=/usr/lib/zabbix/ssh-keys
```

Erzeugen Sie nun ein neues Schlüsselpaar für Zabbix und einen Ordner, in dem Zabbix seine »known Hosts« speichern kann:

```
ssh-keygen -t rsa -b 2048 -f /usr/lib/zabbix/ssh-keys/id_rsa
chown -R zabbix /usr/lib/zabbix/ssh-keys/
chmod 0600 /usr/lib/zabbix/ssh-keys/*
mkdir ~zabbix/.ssh
chown zabbix:zabbix ~zabbix/.ssh
```

Sie finden nun eine Datei id_rsa.pub im angegebenen Verzeichnis. Den Inhalt dieser Datei fügen Sie per SSH oder dem Kommando `ssh-copy-id` in die Datei `~/.ssh/authorized_keys` auf dem Host ein, den Sie mit Zabbix per SSH überwachen wollen. Aus Sicherheitsgründen sollten Sie auf dem entfernten Host nicht den Root-Account verwenden. Legen Sie zum Beispiel einen unprivilegierten Benutzer »zabbix« an. In manchen Fällen, zum Beispiel bei Embedded-Systemen von NAS-Geräten, können Sie keine Benutzer anlegen und müssen doch auf den Root- oder Admin-Account ausweichen.

18.3 Item anlegen

Ein Item vom Typ SSH oder Telnet legen Sie wie jedes andere Item an. Als Item-Key verwenden Sie immer `telnet.run[description]` bzw. `ssh.run[description]`.

Im Feld **Executed script** geben Sie die Kommandos an, die auf dem entfernten Host ausgeführt werden. Ob Sie die Kommandos mit vollen Pfaden angeben müssen, hängt von der Umgebung ab, die der Zabbix-Server nach dem Login erhält. In der Regel ist ein sogenannter Pfad gesetzt.

Wenn Sie mehr als ein Kommando per Telnet ausführen, enthält die Rückgabe sowohl die Kommandos selbst als auch den Prompt. Wenn Sie zum Beispiel als Kommandos ausführen:

```
cat /etc/issue
uname -a
```

erhalten Sie als Rückgabe Folgendes:

```
cat /etc/issue
Debian GNU/Linux 6.0 \n \l
```

```
zabbix@zabbix:~$ uname -a
Linux zabbix 2.6.32-5-amd64 #1 SMP Tue Jun 14 09:42:28 UTC 2011 x86_64 GNU/
  Linux
```

Bei Verbindungen per SSH erhalten Sie nur die Ausgabe der Kommandos.

Setzen Sie den Type of Information zu Testzwecken auf Text, damit Sie den kompletten Rückgabewert sehen. Erst wenn Sie sichergestellt haben, dass die Rückgabe zum Beispiel nur aus einer Zahl ohne Prompt und sonstige unerwünschte Zeichen besteht, stellen Sie den Type auf Information auf Numeric oder Float um.

Es wird nur die Ausgabe von STDOUT zurückgegeben. Fehlermeldungen über STDERR werden nicht an den Zabbix-Server übertragen. Wenn Sie die möglichen Fehlermeldungen erhalten möchten, lenken Sie STERR nach STDOUT, `/usr/bin/command 2>&1`.

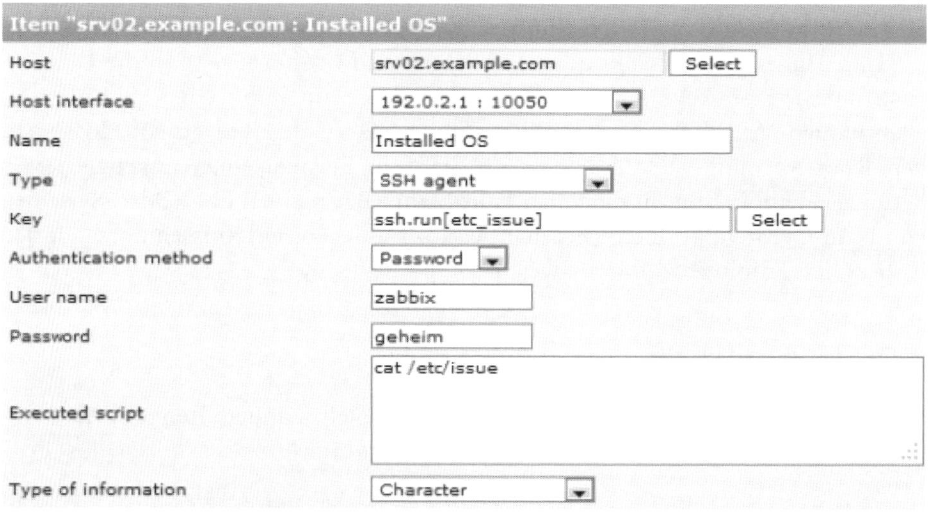

Abb. 18–1 *Information per SSH abholen*

18.3.1 Optionen für Telnet- und SSH-Items

Die Items-Keys werden nach folgendem Schema aufgebaut:

```
ssh.run[<unique short description>,<ip>,<port>,<encoding>]
telnet.run[<unique short description>,<ip>,<port>,<encoding>]
```

- Wenn Sie keine IP-Adresse angeben, wird die IP-Adresse oder der DNS-Name verwendet, der in der Hostkonfiguration hinterlegt wurde.
- Wenn die Verbindung nicht über die Standardports 22 bzw. 23 erfolgen soll, können Sie dies als Option ebenfalls angeben.

- Sollte die Rückgabe Sonderzeichen enthalten, können Sie das Encoding angeben, von dem der Zabbix-Server die Rückgabe nach UTF-8 konvertiert.

18.4 Beispiel: Embedded-Linux-Systeme überwachen

Viele Geräte wie zum Beispiel NAS-Systeme basieren auf einem Linux-Betriebssystem und verfügen standardmäßig über einen SSH-Zugang. Da die meisten Geräte mit einem sehr eingeschränkten minimalen Betriebssystem auf Basis einer ARM-Architektur funktionieren, ist die Installation des Zabbix-Agenten schwierig bis unmöglich. Doch per SSH kommt man ohne großen Aufwand an die wichtigsten Kennwerte heran.

Erzeugen Sie wie zuvor beschrieben ein SSH-Schlüsselpaar auf dem Zabbix-Server. Den öffentlichen Schlüssel transferieren Sie anschließend auf das NAS-Gerät wie folgt:

```
root@zabbix:~# ssh-copy-id -i /usr/lib/zabbix/ssh-keys/id_rsa.pub
  admin@192.2.0.17
The authenticity of host '192.2.0.17 (192.2.0.17)' can't be established.
RSA key fingerprint is e0:a4:06:05:a6:9f:82:67:25:10:ff:86:26:65:a4:78.
Are you sure you want to continue connecting (yes/no)? yes
/usr/bin/ssh-copy-id: INFO: attempting to log in with the new key(s), to
  filter out any that are already installed
/usr/bin/ssh-copy-id: INFO: 1 key(s) remain to be installed -- if you are
  prompted now it is to install the new keys
admin@192.168.152.17's password:

Number of key(s) added: 1

Now try logging into the machine, with:   "ssh 'admin@192.2.0.17'"
and check to make sure that only the key(s) you wanted were added.
```

Anschließend prüfen Sie auf der Kommandozeile, ob der Benutzer Zabbix ohne Eingabe eines Passworts per SSH-Kommandos auf dem NAS ausführen kann. Wenn Sie nicht als Zabbix-Benutzer eingeloggt sind, wechseln Sie zuerst den Benutzer:

```
root@zabbix:~# su - zabbix -s /bin/bash
zabbix@zabbix:~$ ssh -i /usr/lib/zabbix/ssh-keys/id_rsa admin@192.2.0.17 /
  bin/date
```

Die Frage, ob Sie den Fingerabdruck des entfernten Systems akzeptieren sollen, bejahen Sie.

Wenn der Test auf der Kommandozeile erfolgreich war, können Sie den Host anlegen. Für die Überwachung per SSH wird das Standard-Host-Interface (Agent interface) verwendet. Lassen Sie sich von der Angabe Port=10050 nicht verwirren. Tragen Sie nicht Port 22 ein! Für die SSH-Verbindung wird diese Angabe ignoriert. Einen abweichenden SSH-Port geben Sie wenn nötig als Option im Item-Key an.

Sobald Sie den Host angelegt haben, können Sie ein Item vom Typ »SSH Agent« anlegen. Wenn Sie wie in diesem Beispiel den Benutzernamen »admin« für die SSH-Verbindung verwenden möchten, geben Sie dies im Feld »User name« an. Als Key-Files geben Sie die zuvor im Verzeichnis `/usr/lib/zabbix/ssh-keys/` angelegten Dateien an.

Für einen ersten Test können Sie auf dem entfernten Host das Kommando `cat /proc/loadavg |cut -d » « -f2` ausführen, welches die durchschnittliche Prozessorlast der letzten fünf Minuten liefert.

CONFIGURATION OF ITEMS

« Host list Host: QNAP NAS Enabled Applications (0) Item

Item

Name	Load avg5
Type	SSH agent
Key	ssh.run[load_avg5]
Host interface	192.168.152.17 : 10050
Authentication method	Public key
User name	admin
Public key file	id_rsa.pub
Private key file	id_rsa
Key passphrase	
Executed script	cat /proc/loadavg |cut -d " " -f2
Type of information	Numeric (float)
Units	
Use custom multiplier	1
Update interval (in sec)	300

Abb. 18–2 *Überwachung der Prozessorauslastung per SSH auf einem Embedded-System*

18.5 Nützliche Kommandos

Load Average 1min/5min/15min

```
cat /proc/loadavg |cut -d " " -f1
cat /proc/loadavg |cut -d " " -f2
cat /proc/loadavg |cut -d " " -f3
```

Empfangene Bytes auf Device eth0

```
cat /proc/net/dev|grep eth0|awk '{print $2}'
```

Gesendete Bytes auf Device eth0

```
cat /proc/net/dev|grep eth0|awk '{print $10}'
```

Freier Festplattenspeicher in Kilobytes auf Mountpoint / (Use custom multiplier 1024)

```
df -k|grep "/$"|awk '{print $4}'
```

Freier Festplattenspeicher in Prozent auf Mountpoint /

```
df|grep "/$"|awk '{print $5}'|tr -d "%"
```

Anzahl laufende Prozesse eines Programms, zum Beispiel

```
pgrep zabbix_server|wc -l
```

Die Optionen von pgrep können je nach Distribution variieren. Debian versteht zum Beispiel

```
pgrep -c zabbix_server
```

Red Hat und CentOS kennen die Option »-c« nicht. Einige Systeme verfügen gar nicht über das Kommando `pgrep`. Alternativ können Sie einen Prozess auch mit folgendem Kommando überwachen:

```
ps|grep "/usr/local/apache/bin/apache"|grep -c -v "grep"
```

Freier Hauptspeicher in Prozent

```
free |grep "Mem:"|awk '{print ($4+$6)/($2/100)}'
```

Rückgabe von zwei Kommandos ohne Zeilenumbruch

```
(hostname;uname -m)|xargs echo -n
```

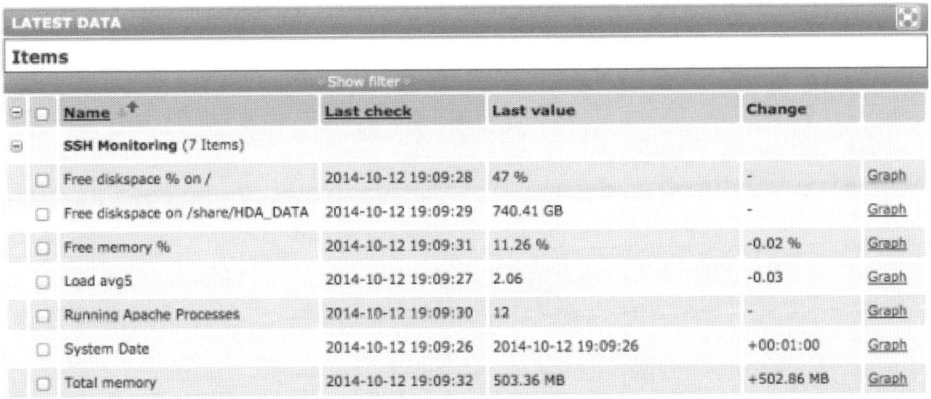

LATEST DATA

Items

Show filter

Name	Last check	Last value	Change	
SSH Monitoring (7 Items)				
Free diskspace % on /	2014-10-12 19:09:28	47 %	-	Graph
Free diskspace on /share/HDA_DATA	2014-10-12 19:09:29	740.41 GB	-	Graph
Free memory %	2014-10-12 19:09:31	11.26 %	-0.02 %	Graph
Load avg5	2014-10-12 19:09:27	2.06	-0.03	Graph
Running Apache Processes	2014-10-12 19:09:30	12	-	Graph
System Date	2014-10-12 19:09:26	2014-10-12 19:09:26	+00:01:00	Graph
Total memory	2014-10-12 19:09:32	503.36 MB	+502.86 MB	Graph

Abb. 18–3 *Dank SSH kommt der Zabbix-Server auch ohne seinen Agenten an viele Informationen.*

19 Webseiten auf Verfügbarkeit und Inhalte prüfen

19.1 Webszenario

Zabbix bietet mit den sogenannten Webszenarios umfangreiche Möglichkeiten, die Verfügbarkeit und Geschwindigkeit von Webseiten zu messen. Dabei sind die Tests nicht auf das Aufrufen einzelner URLs beschränkt. Das Einloggen in geschützte Bereiche und das Akzeptieren von Cookies ist ebenso möglich wie das Abrufen von Anmelde- oder Bestellvorgängen über mehrere Seiten und Formulare hinweg.

Der Zabbix-Server verwendet zum Aufrufen von Webseiten libcurl. Während des Kompilierens des Zabbix-Servers oder Proxys müssen Sie die Option `--with-libcurl` angeben, sonst können Sie die Webszenarios nicht nutzen.

Die Webszenarios sind für viele Anforderungen ausreichend. Sie können testen, ob ein Webserver den richtigen Inhalt ausliefert, und Sie können messen, wie schnell dies geschieht. Die Messungen von Zabbix sind aber mit Vorsicht zu genießen. Zabbix lädt beim Aufrufen einer URL keine verknüpften Elemente wie Bilder, JavasSript oder CSS nach. Die gemessenen Downloadzeiten geben also nicht wieder, was ein Kunde erlebt, wenn dieser Ihre Webseite besucht. Der in einer Webseite enthaltene JavaScript-Code wird nicht ausgeführt. Gegebenenfalls asynchron nachladende Elemente können weder auf ihren Inhalt geprüft werden noch werden diese in der Messung der Geschwindigkeit berücksichtigt.

Zabbix fragt einen Webserver mit einem vorgefertigten HTTP-Request ab. Dabei wird nicht geprüft, ob ein entsprechender Request überhaupt zustande kommen könnte. Während Sie mit Zabbix zum Beispiel den HTTP-Post-Request eines Anmeldeformulars simulieren, kann einem Webentwickler ein Fehler im HTML-Code unterlaufen. Plötzlich fehlt unter dem Formular der Button zum Abschicken. Der Kunde hat also keine Chance, über seinen Browser einen Request zu erzeugen. Zabbix würde aber keine Fehler melden.

Wenn Sie also mehr Sicherheit beim Überwachen von Webseiten erreichen wollen, sollten Sie ggf. noch folgende Datenquellen in Zabbix einbinden:

- **Regression Test:** Tests, die automatisiert von einem vollwertigen Browser ausgeführt werden. Seleniumhq[1], Sahi[2] oder Watir[3] sind einige Open-Source-Tools, die zur »Fernsteuerung« eines Browsers eingesetzt werden können. Die kostenlosen Firefox-Plugins DéjàClick[4] und iMacros[5] leisten ebenfalls gute Dienste.
- **Beobachtung der KPIs:** Identifizieren Sie die Kennwerte Ihrer Webseite (Key Performance Indicators), an denen Sie ablesen können, dass alles o.k. ist (Page Impressions, Anzahl der Bestellungen, Anzahl von internen Suchen etc.). Mit dem Database Monitor können Sie solche Werte zum Beispiel auf stündlicher Basis von Zabbix erfassen lassen. Wenn nun der oben erwähnte Button unter dem Bestellformular fehlt, werden die Bestellungen pro Stunde schlagartig abfallen. Auf diese Weise können Sie auch Fehler in Ihrer Webpräsenz feststellen. Das freie Webanalyse-Tool Piwik kann auch als Datenquelle für Zabbix verwendet werden. In Piwik können Sie sogenannte Conversion-Elemente definieren (Klicken von Links, Ausfüllen von Formularen etc.). Da Piwik die Daten in Echtzeit verarbeitet, kann Zabbix einen Alarm auslösen, sobald die Conversion Rate von einzelnen Elementen unter ein Limit fällt.

19.2 Webszenarios einrichten

Um eine Webseite mit Zabbix regelmäßig zu testen, müssen Sie über das Hauptmenü *Configuration|Web* ein neues Szenario mit dem Button oben rechts »Create Scenario« anlegen. Über das Dropdown-Menü unter dem Button wählen Sie aus, für welchen Host die Webseitenüberwachung angelegt wird.

19.2.1 Einen Host auswählen

Die für einen Host hinterlegten Daten wie DNS-Name oder IP-Adresse werden für die Webszenarions per Standard nicht verwendet. Sie geben später komplette URLs an, welche immer über eine DNS-Abfrage aufgelöst werden. Über Makros können URLs dynamisch zusammengesetzt werden, so dass der konfigurierte Hostname Teil der URL ist.

> **Hinweis**
>
> Beachten Sie, dass wenn ein Host von einem Proxy überwacht wird, auch die HTTP-Requests der Webszenarios vom Proxy ausgeführt werden.

1. *http://www.seleniumhq.org/*
2. *http://sahipro.com/*
3. *http://watir.com*
4. *http://dejaclick.alertsite.com/*
5. *http://wiki.imacros.net/iMacros_for_Firefox*

Oft ist es sinnvoll, die überwachten Domains als eigene Hosts anzulegen und das Webszenario nicht für den Host anzulegen, der den Webserver beherbergt. Legen Sie zum Beispiel websrv01.example.local und www.example.com als getrennte Hosts in Zabbix an. Das gibt Ihnen die Möglichkeit, die Webtests von einem externen Proxy außerhalb des Firmennetzes durchzuführen, während der Zabbix-Server sich im internen Netz zusammen mit dem Webserver befindet. Wenn Sie Webseiten »von innen« überwachen, bleiben Probleme beim Routing oder DNS oft unbemerkt. Die gemessene Webseitengeschwindigkeit ist dann auch meistens unrealistisch.

Nachdem Sie sich für einen geeigneten Host entschieden haben, klicken Sie in der Übersicht der Hosts oder Templates auf den Link *Web* in der Zeile des Hosts. Über den Link *Create Scenario* oben rechts legen Sie einen neuen Webtest an. Alle vom Test gesammelten Daten werden wie gewohnt als Items in der Datenbank gespeichert. Um die Auswahl und Benennung von Item-Keys müssen Sie sich aber nicht kümmern. Das macht Zabbix im Hintergrund automatisch. Sie müssen sich aber, wie bei jedem Item, entscheiden, unter welcher Application (Item-Gruppierung) die Messwerte später zu finden sein sollen. Wählen Sie eine vorhandene Application aus oder legen Sie eine neue an, zum Beispiel Webtest.

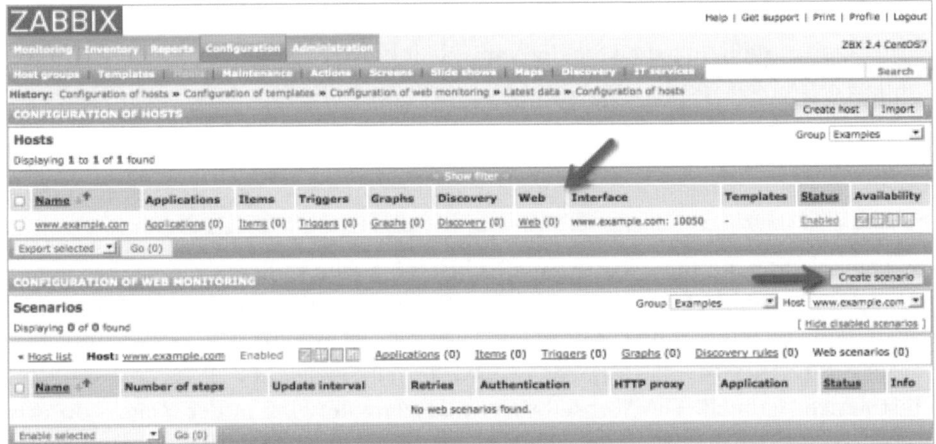

Abb. 19–1 *Anlegen eines Webseitentests, genannt Webszenario*

19.2.2 Test anlegen

Im Feld »Name« geben Sie dem Test einen Namen. Unter diesem Namen finden Sie den Test später unter *Monitoring|Latest Data*, *Monitoring|Web* und bei der Einrichtung von Triggern wieder.

Über das Dropdown-Menü **Basic authentication** können Sie eine Anmeldung mit Benutzernamen und Passwort für passwortgeschützte Webseiten einrichten. Verwenden Sie diese Option, wenn der Webserver die Anmeldung durchführt, das heißt, der Webserver erzwingt die Eingabe von Benutzernamen und Passwort durch Senden des Headers »401 Authorization Required«. Verwenden Sie diese Option nicht, wenn die Anmeldung auf einer Webseite durch ein HTML-Formular erfolgt.

Über das Update-Intervall legen Sie wie gewohnt fest, wie häufig der Test durchgeführt werden soll.

Über das Dropdown-Menü **Agent** können Sie auswählen, als welcher Browser sich Zabbix tarnen soll. Wenn Sie »other« auswählen, können Sie auch eine beliebige Wortfolge als User Agent eingeben. Wenn Sie zum Beispiel Zabbix als Agent eintragen, können Sie später Ihre Statistiken einfacher bereinigen, indem Sie alle Anfragen von diesem Browser bei den Auswertungen der Logfiles ignorieren. Wenn Sie Tools wie Google Analytics oder Piwik verwenden, brauchen Sie sich keine Sorgen wegen eventuell verfälschter Statistiken machen. Beide Tools messen Webseitenaufrufe mit JavaScript, welches Zabbix nicht ausführt. Die Tests von Zabbix werden nicht als Page Impression gezählt.

Im Eingabefeld **Variablen** können Sie Werte hinterlegen, die bei allen Requests des Tests gebraucht werden. Zum Beispiel einen Benutzernamen, eine Session-ID oder Artikelnummern. Auf den Wert der Variablen können Sie später in POST Request zugreifen. Geben Sie nur solche Werte als Variablen an, die in mehreren Requests verwendet werden. Wenn Sie auf den Inhalt einer Variablen zurückgreifen wollen, geben Sie die Variable inklusive der geschweiften Klammer ein. Die Variablen werden im folgenden Format definiert:

```
{var1}=value1
{username}=hans
{password}=geheim
{article}=59767
```

Im Feld *Header* können Sie manuell HTTP-Header setzen. Das ist besonders nützlich, wenn Sie alle Webserver eines Verbundes hinter einem Loadbalancer testen wollen. Sie können den Webserver gezielt per IP-Adresse ansprechen. Damit der richtige Inhalt ausgeliefert wird, setzen Sie den HTTP-Header mit dem Hostnamen manuell. Die Webseite www.daserste.de wird in der Regel von drei Webservern oder Loadbalancern ausgeliefert, die per DNS-Round-Robin per Zufall ausgewählt werden, wie ein DNS-Lookup zeigt.

```
[root@localhost ~]# host -a www.daserste.de
Trying "www.daserste.de"
ANSWER SECTION:
www.daserste.de.  3484  IN  CNAME  cdn.ard.com.c.footprint.net.
cdn.ard.com.c.footprint.net. 80  IN  A  198.78.208.254
cdn.ard.com.c.footprint.net. 80  IN  A  207.123.56.126
cdn.ard.com.c.footprint.net. 80  IN  A  8.12.207.254
```

Wenn Sie nun alle drei einzeln prüfen wollen, müssen Sie die DNS-Namensauflösung umgehen. Ein direkter Aufruf des Webservers per IP-Adresse bringt nicht das gewünschte Ergebnis, denn der Webserver weiß nicht, welche Domain angefordert wird. Erst durch manuelles Setzen des sogenannten Host-Headers gelingt der Test.

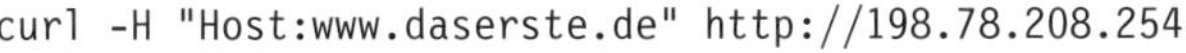

```
curl -H "Host:www.daserste.de" http://198.78.208.254
```

Scenario | Steps | Authentication

Name	Test ARD Webserver 1
Application	No applications found.
New application	Webtest
Update interval (in sec)	60
Retries	1
Agent	Internet Explorer 10.0
HTTP proxy	http://[username[:password]@]proxy.example.com[:port]
Variables	
Headers	Host: www.daserste.de
Enabled	☑

Abb. 19–2 *Anlegen einer neuen Webseitenüberwachung*

19.2.3 Schritte (URLs) hinzufügen

Mit dem Button Add geben Sie die einzelnen URLs an, welche innerhalb des Tests aufgerufen werden. Dabei müssen Sie jeder URL einen Namen geben. Über diesen Namen finden Sie die URL später in den Auswertungen der Download-Geschwindigkeit und der fehlgeschlagenen Aufrufe wieder.

Bevor Sie nun einen einzelnen umfangreichen Test anlegen, der in vielen Requests Ihre komplette Webseite durchtestet, bedenken Sie Folgendes: Beim Einrichten der Trigger können Sie nur auswerten, ob ein Schritt in der Kette fehlgeschlagen ist. Welche URL in diesem Schritt aufgerufen wurde, kann nicht ausgewertet werden. Sie können letztendlich pro Szenario nur zwei sinnvolle Trigger anlegen. Einer wertet aus, ob es Fehler oder keine gab. Der zweite wertet die Download-Geschwindigkeit aus. Es gibt keine Möglichkeit, in einer Aktion (Mail, SMS) den genauen Schritt zu benennen, an dem der Test fehlgeschlagen ist. Wenn Sie ein großes Szenario mit vielen Schritten anlegen, erhalten Sie später immer nur eine Nachricht: »Im Szenario X ist ein Fehler aufgetreten.« Wenn Sie in einer Nachricht genau wissen wollen, auf welcher URL ein Fehler festgestellt wurde, sollten Sie besser mehrere Szenarios mit nur wenigen Schritten anlegen.

Im Feld **URL** geben Sie die URL inklusive Protokoll und GET-Parameter ein. Zum Beispiel `http://www.google.de/search?q=zabbix`. Wenn Sie ein Webszenario in einem Template anlegen, können Sie die URL auch mit Makro `{HOST.CONN}` eintragen. Sobald Sie das Template auf einen Host anwenden, werden die Verbindungsdaten in die URL eingesetzt. Wenn Sie zum Beispiel über ein Template die Startseiten verschiedener Domains testen wollen, können Sie als globales Makro `{$START_PAGE} = /` setzen. Pro Host können Sie nun eine abweichende Startseite definieren. Als URL im Webszenario würden Sie dann `http://{HOST.CONN}{$START_PAGE}` eintragen.

Sobald Sie im Feld Post Werte eintragen, wird der HTTP-Request als POST-Request ausgeführt. Welche Post-Requests ein Formular erzeugt, können Sie zum Beispiel mit dem Firefox-Plugin Firebug herausfinden.

Wenn Sie die Option **Retrieve only headers** aktivieren, werden nur die HTTP-Header heruntergeladen und überprüft. Dies ist bei besonders umfangreichen Webseiten ratsam, wenn Sie nur den HTTP-Statuscode prüfen wollen. Eine Inhaltsprüfung ist nicht möglich, wenn der Zabbix-Server nur die Header herunterlädt. Der Aufruf entspricht ungefähr einem Curl-Aufruf mit der Option `-I`.

```
[root@localhost ~]# curl -I http://lab4.org
HTTP/1.1 200 OK
Date: Mon, 28 Jul 2014 16:36:56 GMT
Server: Apache/2.2.22 (Debian)
Last-Modified: Wed, 01 Sep 2010 14:33:25 GMT
ETag: "40a1e-0-48f339489b740"
Accept-Ranges: bytes
Vary: Accept-Encoding
Content-Type: text/html
```

Über den Wert **Timeout** legen Sie fest, wie viele Sekunden Zabbix auf eine Antwort warten soll. Wird diese Zeit überschritten, wird der Schritt als »failed« deklariert und abgebrochen.

Im Feld **Required string** tragen Sie ein, welche Wörter in der angeforderten Webseite enthalten sein müssen. Werden diese Wörter nicht gefunden, wird der Schritt ebenfalls als »failed« deklariert. Die hinterlegten Wörter werden im gesamten HTML-Quellcode gesucht. Sie können also auch nach Wörtern in Kommentaren oder CSS-Anweisungen suchen. Die Groß- und Kleinschreibung wird beachtet.

Über das Feld **Required Status Code** können Sie festlegen, welchen HTTP-Status die Webseite senden muss. Wenn Sie keinen Status eingeben, werden alle Status akzeptiert. Wenn Sie zum Beispiel sicherstellen wollen, dass auf einer URL immer eine Weiterleitung zu einer anderen Seite gesendet wird, dann tragen Sie als Status-code »301« ein. Wenn Sie prüfen wollen, ob eine Webseite einen »normalen« Inhalt ausgibt, tragen Sie »200« ein.

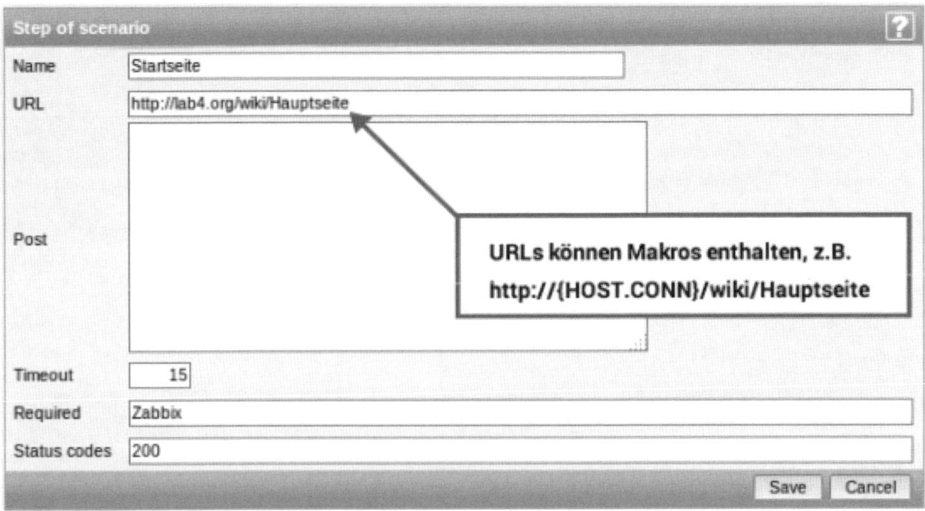

Abb. 19–3 *Hinzufügen eines Schrittes innerhalb eines Webszenarios*

19.2.4 POST-Daten verwenden

Sie haben die Möglichkeit, bei den einzelnen Schritten eines Webszenarios den Seitenabruf als HTTP-POST-Request zum Webserver zu schicken. Damit simuliert der Zabbix-Server das Abschicken eines Formulars. So können Sie zum Beispiel Logins oder Bestell- und Anmeldevorgänge testen. Die Möglichkeiten von Zabbix sind dabei aber beschränkt. Viele Webseiten verlangen zum Beispiel die Existenz einer Session-ID, ohne die Login-Daten eines Formulars nicht akzeptiert werden. Ebenfalls kann das Absenden von POST-Requests nicht zum gewünschten Resultat führen, weil Zabbix kein JavaScript ausführt.

Zahlreiche Firefox-Addons, zum Beispiel Tamper Data und Firebug, können die von einem Formular verschickten POST Daten anzeigen(Abbildung 19–4).

Die POST-Daten tragen Sie dann im Eingabefeld »POST« eines Webszenario-Schritts ein. Mehrere Werte werden mit einem Kaufmanns-Und getrennt und dürfen keinen Zeilenumbruch enthalten. Beispiel:

```
username=Thorsten&password=geheim&sender_site=www.example.com
```

Abb. 19–4 *Firebug zeigt die POST-Daten eines Formulars an.*

Wenn Sie auf Variablen zurückgreifen wollen, welche Sie für alle Schritte eines Szenarios definiert haben, geben Sie diese in geschweiften Klammern an. Beispiel:

```
username={username}&password={password}
```

Step of scenario

Name: Login

URL: http://lin4.de/login.php

Post: username={username}&password={password}

Timeout: 15

Required: You are now logged in as thorsten.kramm

Status codes: 200

Save Cancel

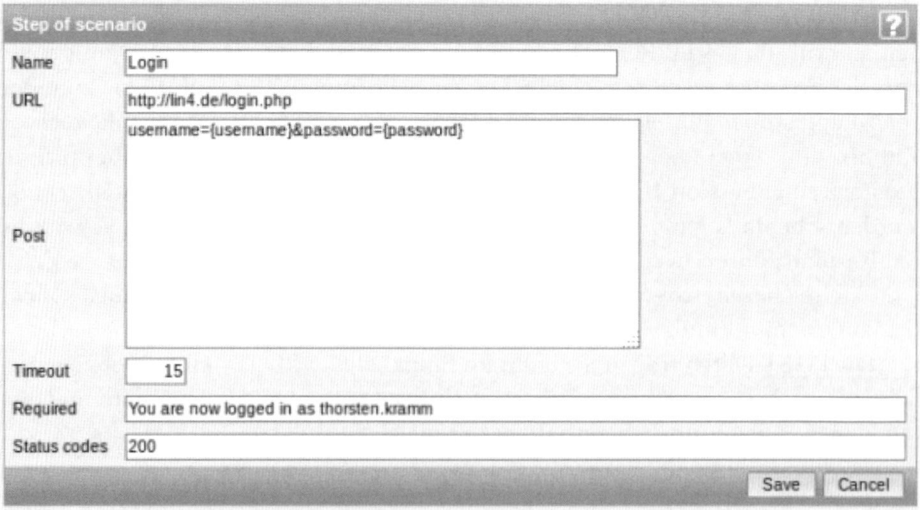

Abb. 19–5 *Senden von POST-Daten in einem Webszenario*

19.2.5 Ergebnisse der Webtests auswerten

Die Ergebnisse der Webtests können Sie an zwei Stellen ablesen. Über das Hauptmenü *Monitoring|Web* sehen Sie ein zusammengefasstes Endergebnis der einzelnen Tests. Hinter einem Test ist entweder »OK« vermerkt, wenn alle Schritte erfolgreich getestet wurden, oder Sie finden einen Hinweis wie zum Beispiel »Failed on Zweite Seite [2 of 2] Error: Page did not match«.

Wenn Sie in der linken Spalte auf den Namen eines Webszenarios klicken, erhalten Sie einen spontanen Graphen mit den Download-Geschwindigkeiten aller Schritte innerhalb der letzten Stunde.

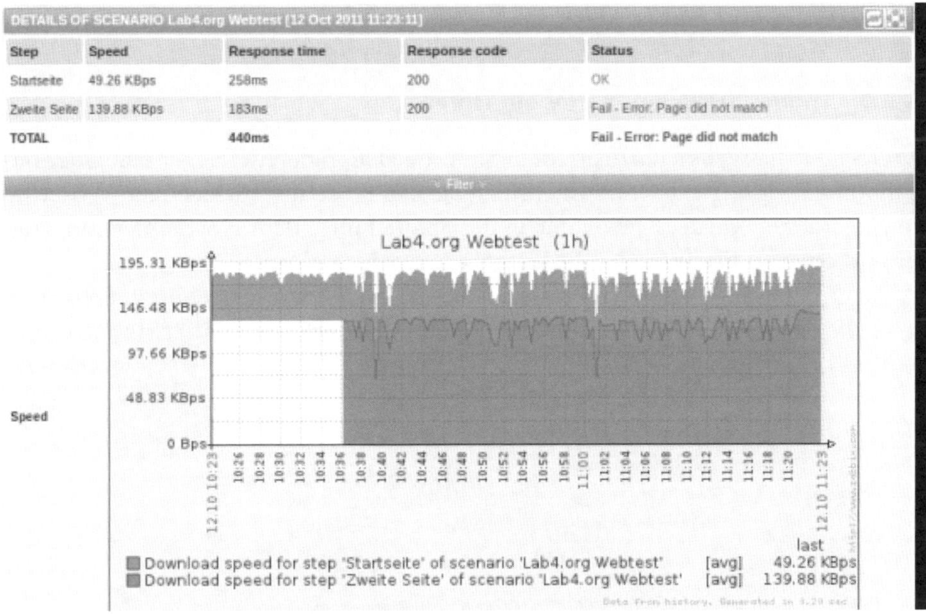

Abb. 19–6 *Die zusammengefassten Ergebnisse eines Webtests*

Über das Hauptmenü *Monitoring|Latest Data* können Sie ebenfalls die Ergebnisse der Webtests ablesen. An dieser Stelle erhalten Sie eine detaillierte Auskunft über die Webtests. Der Wert »Response time for step X« gibt an, wie lange der Download der Seite gedauert hat. Gemessen wird die Zeit, die von der Anfrage bis zur Beendigung der Verbindung nach dem Download verstrichen ist.

Der Wert »Failed step of scenario X« gibt immer den ersten fehlgeschlagenen Schritt an. Wenn mehrere Schritte fehlschlagen, wird trotzdem nur der erste fehlgeschlagene Schritt vermerkt. Wenn alle Schritte erfolgreich getestet wurden, wird 0 angezeigt.

Name	Last check	Last value	Change	History
Webtest (8 Items)				
Download speed for scenario 'Lab4.org Webtest'	12 Oct 2011 11:08:32	84.4 KBps	+168 Bps	Graph
Download speed for step 'Startseite' of scenario 'Lab4.org Webtest'	12 Oct 2011 11:08:32	45.9 KBps	-2.37 KBps	Graph
Download speed for step 'Zweite Seite' of scenario 'Lab4.org Webtest'	12 Oct 2011 11:08:32	122.9 KBps	+2.7 KBps	Graph
Failed step of scenario 'Lab4.org Webtest'	12 Oct 2011 11:08:32	2	-	Graph
Response code for step 'Startseite' of scenario 'Lab4.org Webtest'	12 Oct 2011 11:08:32	200	-	Graph
Response code for step 'Zweite Seite' of scenario 'Lab4.org Webtest'	12 Oct 2011 11:08:32	200	-	Graph
Response time for step 'Startseite' of scenario 'Lab4.org Webtest'	12 Oct 2011 11:08:32	277ms	+14ms	Graph
Response time for step 'Zweite Seite' of scenario 'Lab4.org Webtest'	12 Oct 2011 11:08:32	195ms	-4ms	Graph

Abb. 19–7 *Die detaillierten Ergebnisse eines Webtests*

19.2.6 Trigger für Webszenarios einrichten

Die Trigger für Webszenarios richten Sie wie jeden anderen Trigger ein. Über das Hauptmenü *Configuration|Host* wählen Sie den Host aus, für den das Webszenario eingerichtet wurde. Klicken Sie in der Spalte hinter dem Hostnamen auf Trigger und oben rechts auf »Create Trigger«.

Sie können nun einen Trigger einrichten, der alarmiert, wenn ein Schritt im Szenario fehlgeschlagen ist. Zum Beispiel `{lab4.org:web.test.fail[Lab4.org Webtest].last(0)}>0`.

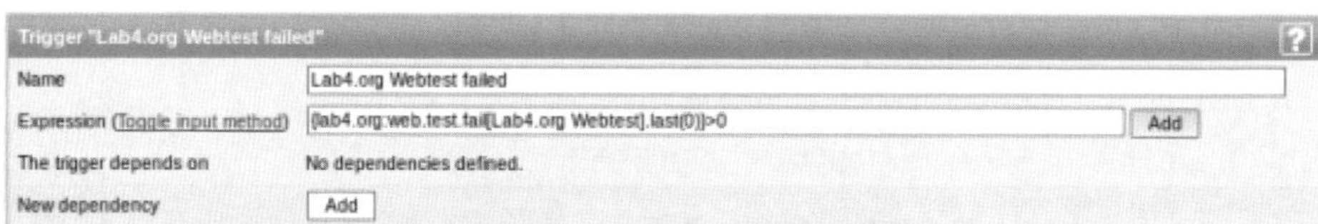

Trigger "Lab4.org Webtest failed"
Name: Lab4.org Webtest failed
Expression (Toggle input method): {lab4.org:web.test.fail[Lab4.org Webtest].last(0)}>0 [Add]
The trigger depends on: No dependencies defined.
New dependency: [Add]

Abb. 19–8 *Auswerten eines Webszenarios mit einem Trigger*

Die Response Time oder den Response Status der einzelnen Schritte können Sie ebenfalls von Triggern auswerten lassen.

Hinweis

Beachten Sie, dass sich nur das Item `web.test.fail` auf das Gesamtresultat eines kompletten Szenarios bezieht. Wenn Sie einzelne Schritte von einem Trigger auswerten lassen, müssen Sie die Trigger anpassen oder einen neuen hinzufügen, sobald Sie Schritte ändern oder hinzufügen.

19.3 Alternativen zu Webszenarios

Wenn Sie viele Webseiten überwachen müssen, ist das Anlegen und Pflegen von Webszenarios aufwendig und zeitraubend. Vor der Zabbix-Version 2.2 war die fehlende Möglichkeit, Webszenarios in Templates anzulegen, ein echtes Problem. Wenn Sie viele URLs nur auf Verfügbarkeit und ausgelieferten Inhalt prüfen wollen, dann sind selbst angelegte Tests in Form von Shell- oder Perl-Skripten vielleicht effektiver. Siehe auch Kapitel 20.

Die nachfolgenden Skripte und Beispiele gehen davon aus, dass Sie die Domains, auf denen die Webseiten geprüft werden, als Hosts angelegt haben. Wenn Sie zum Beispiel den Inhalt von http://lin4.de/blog prüfen wollen, legen Sie lin4.de zuerst als Host an. Anders als bei den Webszenarios müssen Sie die Domain nicht noch einmal für den Check eintragen. Diese wird immer aus dem Host gebildet.

19.3.1 Webtest mit Bash und Curl

In vielen Fällen ist ein Zabbix-Webszenario »oversized«, wenn man zum Beispiel nur testen möchte, mit welchem HTTP-Status ein Webserver antwortet.

Nachfolgend finden Sie ein Beispiel für einen einfachen Webseitentest, den Sie als External-Skript auf dem Zabbix-Server oder Proxy anlegen. Beachten Sie die allgemeine Vorgehensweise zum Einbinden externer Skripte im Abschnitt 20.7.

Das Skript verwendet die in der Hostkonfiguration angelegten Verbindungsdaten (IP oder DNS-Name), so dass Sie ein entsprechendes Item auch in einem Template anlegen können.

```
#!/bin/bash
if [ $3 ]; then
        PROTO=$3
else
        PROTO=http
fi

if [ $2 ]; then
        URL=$PROTO://${1}${2}
else
        URL=$PROTO://$1
fi
curl -s -m 20 -i $URL|head -n1|awk '{print $2}'
```

Nennen Sie das zuvor genannte Skript zum Beispiel `http.status` und machen Sie es mit `chmod +x http.status` ausführbar.

Nun können Sie ein Item vom Typ »external Check« nach dem Muster `http.status[{HOST.CONN},<PATH>,<PROTOCOLL>]` anlegen. Sie erhalten als Item-Value den HTTP-Statuscode, mit dem der Webserver antwortet.

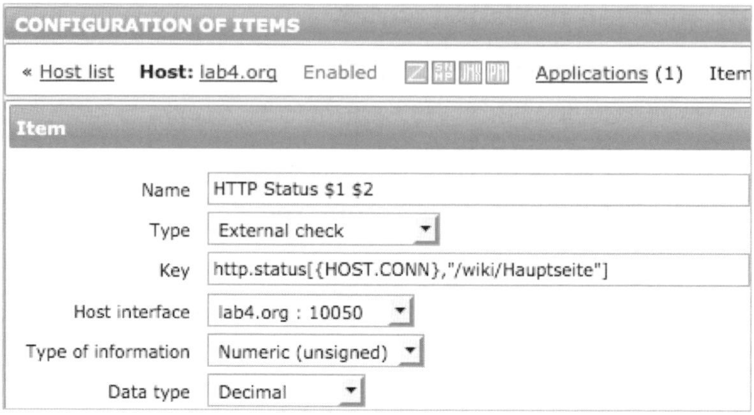

Abb. 19–9 *Item zum »einfachen« Abfragen des HTTP-Status*

Legen Sie das nachfolgende Skript unter dem Namen `http.grep` an. Sie können es dazu nutzen, Webseiten nach einem Stichwort zu durchsuchen. Sie erhalten als Rückgabe die Anzahl der Fundstellen. Das Item legen Sie nach dem Muster `http.grep[{HOST.CONN},<SEARCH>,<PATH>,<PROTOCOLL>]` an.

```
#!/bin/bash
if [ $2 ];then
        SEARCH=$2
else
        echo "-1"
        exit 1
fi

if [ $4 ]; then
        PROTO=$4
else
        PROTO=http
fi

if [ $3 ]; then
        URL=$PROTO://${1}${3}
else
        URL=$PROTO://$1
fi
curl -s -m 20 $URL|grep -c $SEARCH
```

20 Eigene Datenquellen: Zabbix erweitern

20.1 Den Zabbix-Agenten mit eigenen Datenquellen verbinden

Ein Monitoring-System stieße schnell an seine Grenzen, wenn man es nicht mit eigenen Checks erweitern könnte. Viele firmenspezifische Anforderungen an das Monitoring können mit den Bordmitteln von Zabbix nicht erfüllt werden. Das wäre auch zu viel verlangt, wenn für alle Softwareprodukte und alle Anforderungen fertige Checks in Zabbix integriert würden.

Zabbix bietet mehrere Möglichkeiten, eigene Checks ins Monitoring zu integrieren. Eine dieser Möglichkeiten ist die Erweiterung des Zabbix-Agenten mit sogenannten User-Parametern.

Der Zabbix-Agent ruft dabei ein beliebiges Programm auf und gibt die Ausgabe des Programms an den Zabbix-Server weiter. Dort steht diese Ausgabe dann als Item-Value zur Weiterverarbeitung zum Beispiel durch Trigger wie gewohnt zur Verfügung.

20.2 User-Parameter einrichten

In der Konfigurationsdatei des Agenten – in der Regel zabbix_agentd.conf – geben Sie mit der Option User-Parameter an, welche Programme der Agent aufruft und über welchen Item-Key Sie dieses Programm ansprechen.

Tragen Sie in der Konfigurationsdatei zum Beispiel Folgendes ein:

```
UserParameter=test.echo,echo hallo
```

Hinter der Option UserParameter legen Sie als Erstes einen Item-Key fest. Diesen können Sie frei bestimmen. Im Item-Key dürfen Punkte und Unterstriche vorkommen, aber kein Sonder- und Leerzeichen.

Dem Item-Key folgt mit Komma getrennt der Befehl, welcher ausgeführt werden soll. Dieses Kommando wird in dem Intervall ausgeführt, welches Sie bei der Einrichtung des Items im Zabbix-Server angeben.

Sie können dem externen Programm auch über den Zabbix-Server Optionen übergeben. Dazu folgende Beispiele:

```
UserParameter=win.test[*],c:\testitem.bat $1 $2
UserParameter=linux.test[*],/usr/local/bin/testitem.sh $1 $2
```

Durch die Zeichenkette [*] geben Sie an, dass der Agent die vom Server gesendeten Optionen an das Programm durchleiten soll.

Den Item-Key zum oben genannten Beispiel könnten Sie zum Beispiel so eingeben:

```
win.test[first,second]
linux.test[first,second]
```

- Datei: User-Parameter1.png[1]
- Anlegen eines benutzerdefinierten Items

Nun wird das Skript `c:\testitem.bat` alle 30 Sekunden durch den Zabbix-Agenten aufgerufen. Die im Item-Key in Klammern angegebenen Optionen werden an das Skript übergeben. Bei Batch-Skripten unter Windows stehen diese dann in den Variablen %1, %2 usw. zur Verfügung.

Bei Bash-Skripten unter Linux stehen die Variablen in $1, $2 usw.

- Datei: User-Parameter result.png[2]
- Das benutzerdefinierte Item konnte abgerufen werden.

20.3 Regeln und Hinweise für User-Parameter

- **Das externe Programm muss immer etwas zurückliefern.** Liefert das Programm nichts zurück, nimmt das Item den Status unsupported an. Die Exit-Codes werden nicht berücksichtigt und können nicht ausgewertet werden.
- **Dezimalzahlen müssen einen Punkt als Dezimalzeichen verwenden.** Enthält eine Zahl ein Komma, kann diese vom Zabbix-Server nicht als Zahl ausgewertet werden.
- Das Programm muss sich in der Zeit beenden, die über die Option **Timeout** im Zabbix-Agenten festgesetzt wird. Erhöhen Sie ggf. diesen Timeout. Das Maximum sind 30 Sekunden. Wird das Zeitlimit überschritten, versucht der Zabbix-Agent das Programm zu beenden. Achten Sie auch auf die Timeouts

1. */mediawiki/index.php?title=Spezial:Hochladen&wpDestFile=User-Parameter1.png" class="new" title="Datei:User-Parameter1.png*
2. */mediawiki/index.php?title=Spezial:Hochladen&wpDestFile=User-Parameter_result.png " class="new" title="Datei:User-Parameter result.png*

im Zabbix-Server und/oder den Zabbix-Proxys. Dort ist noch ein genereller Timeout für die Antwortzeiten des Zabbix-Agenten festgelegt. Nach Ablauf dieser Zeitspanne wartet der Zabbix-Server oder Proxy nicht weiter auf eine Antwort des Agenten. Das Item erhält dann ebenfalls den Wert unsupported.

- Das Programm muss sich im **Standardpfad** befinden oder muss mit einem kompletten Pfad angegeben werden.
- Unter Linux werden die externen Programme vom Benutzer zabbix ausgeführt, der nur **eingeschränkte Rechte** hat. Oft werden die Programmaufrufe der User-Parameter nur als User root getestet. Wenn dann keine Daten im Zabbix-Server ankommen, liegt es häufig an fehlenden Berechtigungen. Abhilfe schafft der Einsatz von Sudo-Regeln.
- **Es werden die »reguläre« (STDOUT) und die Fehlerausgabe (STDERR) an den Zabbix-Agenten übergeben.** Fehlermeldungen, die normalerweise über STDERR ausgegeben werden, werden übermittelt. Das kann unter Umständen dazu führen, dass sich der Datentyp des Items ändert und nicht mehr zum Datentyp passt, den der Zabbix-Server erwartet. Erweitern Sie den User-Parameter ggf. mit `2>/dev/null`, damit Fehlermeldungen nicht an den Zabbix-Server übermittelt werden.
- **SELinux und Appamor** können den Zabbix-Agenten daran hindern, Dateien zu lesen.
- Die Ausgabe des externen Programms darf maximal 512 KB betragen.

20.4 Berechtigungen

Oft muss der Zabbix-Agent Programme mit Root-Rechten aufrufen. Viele Programme, die zum Beispiel den Status einer Hardware überwachen, greifen auf Ressourcen zu, an die nur der Root-User dran darf.

Damit auch der Zabbix-Agent solche Programme ausführen darf, können Sie »sudo« verwenden. Tragen Sie die entsprechenden Programme in die Datei `/etc/sudoers` ein. Verwenden Sie dazu das Programm `visudo`, zum Beispiel:

```
zabbix  ALL=(ALL) NOPASSWD:/usr/bin/mpt-status
```

Wenn der User-Parameter trotz der passenden Sudo-Regel nicht funktioniert, prüfen Sie das Logfile des Zabbix-Agenten. Wenn Sie folgenden Eintrag finden:

```
sudo: sorry, you must have a tty to run sudo
```

müssen Sie die Regel

```
Defaults    requirctty
```

aus der Datei `/etc/sudoers` entfernen. Diese Einstellung ist bei RHEL und CentOS standardmäßig aktiviert.

20.5 Wenn es klemmt

20.5.1 Checkliste

Sie haben einen User-Parameter eingerichtet, doch es kommen keine Daten im Zabbix-Server an. Gehen Sie folgende Checkliste durch:

- Haben Sie den Zabbix-Agenten nach Änderungen an der Konfiguration neu gestartet?
- Loggen Sie sich als User zabbix ein. Verwenden Sie `su - zabbix -s /bin/bash`, denn Zabbix hat in der Regel keinen Shell-Zugang (gilt nur für Linux).
- Sind die Pfadangaben zu Programmen oder Skripten korrekt? Wenn der Zabbix-Server die Daten abruft, sind die verwendeten Programme ggf. nicht im Standardpfad enthalten. Testen Sie mit `zabbix_get` (siehe unten).
- Führen Sie das Skript aus, welches die Daten an Zabbix liefern soll. Was kommt raus?
- Liefert das Skript die Daten schnell genug? Timeout im Zabbix-Agenten und im Zabbix-Server prüfen.
- Liefert das Skript in jedem Fall Daten zurück?
- Ist im Zabbix-Server der richtige Datentyp für das Item eingestellt? Wählen Sie zum Testen notfalls den Datentyp »Text«, der jedes Rückgabeformat akzeptiert.
- Setzen Sie das Loglevel des Agenten auf 3. Schauen Sie in das Logfile des Agenten. Erhöhen Sie das Loglevel ggf. auf 4.
- Testen Sie den User-Parameter mit dem Zabbix-Agenten manuell. Siehe unten.
- Sind in den vom Zabbix-Server übergebenen Parametern unerlaubte Zeichen enthalten? Schalten Sie testweise die Option »UnsafeUserParameters=1« ein.

20.5.2 Items über den Agent testen

Über den Zabbix-Agenten können Sie beliebige Items, also auch User-Parameter, auf der Konsole testen. Loggen Sie sich auf dem System ein, auf dem Sie ein Item testen möchten. Unter Linux wechseln Sie zum Benutzer zabbix.

Unter Windows führt der zabbix_agentd.exe die Tests aus. Zum Beispiel:

```
zabbix_agentd.exe -c C:\program files\zabbix\zabbix_agentd.conf -t win.test[
  first,second]
```

Unter Linux testen Sie Items mit dem zabbix_agentd. Unter Umständen ist es notwendig, dass Sie die Konfigurationsdatei von zabbix_agentd explizit angeben.

```
su - zabbix -s /bin/bash
zabbix_agentd -c /etc/zabbix/zabbix_agentd.conf -t test.item[first,second]
```

Da bei diesen manuellen Test auch die Fehlermeldungen von STDERR ausgegeben werden, kommen Sie so oft Fehlern auf die Schliche.

20.5.3 Item per zabbix_get testen

Auf dem Zabbix-Server oder -Proxy können Sie mit dem Programm `zabbix_get` den Wert für ein Item sofort abrufen. Sie brauchen also nicht warten, bis der Zabbix-Server im vorgesehenen Intervall das Item abruft. Beispiel:

```
zabbix_get -s 192.4.1.1 -k "vfs.fs.size[/,pfree]"
```

Der Server 192.4.1.1 wird nach dem Item `vfs.fs.size[/,pfree]` gefragt.

20.6 Beispiel: Fehlgeschlagene Login-Versuche überwachen

Linux-Systeme protokollieren jeden fehlgeschlagenen Anmeldeversuch in der Regel in der Datei `/var/log/auth.log` bzw. `/var/log/audit/audit.log`. Der Zabbix-Agent kann mit Hilfe des externen Programms `logtail` die fehlgeschlagenen Logins innerhalb einer bestimmten Zeitspanne messen.

Logtail merkt sich bei anwachsenden Logfiles bei jedem Aufruf, bis zu welcher Zeile die Datei ausgegeben wurde. Beim nächsten Aufruf werden nur die neuen Zeilen ausgegeben, die seit dem letzten Aufruf hinzugekommen sind.

Nutzer von Debian und Ubuntu installieren logtail per apt-get.

```
apt-get install logtail
```

Nutzer von Red-Hat und CentOS müssen das Paket logcheck aus dem EPEL Repository[3] installieren.

```
yum install logcheck
```

Fügen Sie die folgenden Zeilen in die Datei `/etc/zabbix/zabbix_agent.conf` ein. Je nach Zabbix-Version und -Distribution können Sie den User-Parameter auch in eine gesonderte Datei einfügen, die Sie dann im Ordner `zabbix_agentd.d` speichern. Starten Sie nach der Änderung den Zabbix-Agenten neu.

```
# Debian, Ubuntu
UserParameter=logins.failed,logtail
-o /tmp/.auth.log.tail
-f /var/log/auth.log|grep -c "Failed password"

# Red Hat,CentOS
UserParameter=logins.failed,logtail
-o /tmp/.audit.log.tail
-f /var/log/audit/audit.log |grep -c "USER_AUTH.*res=failed"
```

3. *http://dokuwiki.nausch.org/doku.php/centos:epel6*

Hinweis

Die Angabe eines User-Parameters muss in einer Zeile ohne Umbrüche erfolgen. Der Umbruch wurde nur der besseren Lesebarkeit halber eingefügt und darf nicht übernommen werden.

Damit der Benutzer zabbix die Datei lesen darf, fügen Sie diesen der Gruppe »adm« hinzu.

```
adduser zabbix adm       # Debian, Ubuntu
usermod -a -G adm zabbix # Red Hat, CentOS
```

Auf Red-Hat- und CentOS-Systemen müssen Sie noch dafür sorgen, dass die Gruppe »adm« die Datei `/var/log/audit/audit.log` lesen darf. Tragen Sie anstatt der Gruppe »root« die Gruppe »adm« als »log_group« in die Datei `/etc/audit/auditd.conf` ein und starten Sie den auditd neu. Geben Sie der Gruppe »adm« Leserechte auf das Verzeichnis:

```
chgrp adm /var/log/audit/
chmod g+r /var/log/audit/
```

Starten Sie den Zabbix-Agenten nun neu und verwenden Sie das Item `logins.failed`.

Hinweis

Die Einstellungen von SELinux oder Appamor können das Auswerten von Logfiles für den Benutzer zabbix u.U. verhindern. Passen Sie die Regeln an oder schalten Sie SELinux oder Appamor testweise aus.

Testen Sie anschließend, ob der Zabbix-Agent fehlgeschlagene Logins ermitteln kann.

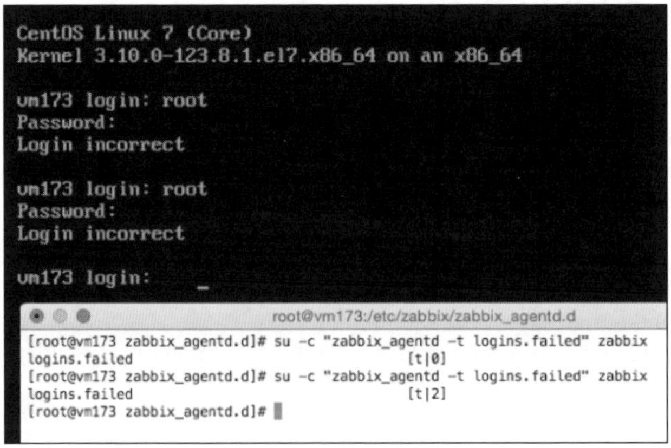

```
CentOS Linux 7 (Core)
Kernel 3.10.0-123.8.1.el7.x86_64 on an x86_64

vm173 login: root
Password:
Login incorrect

vm173 login: root
Password:
Login incorrect

vm173 login: _
```

```
root@vm173:/etc/zabbix/zabbix_agentd.d
[root@vm173 zabbix_agentd.d]# su -c "zabbix_agentd -t logins.failed" zabbix
logins.failed                                  [t|0]
[root@vm173 zabbix_agentd.d]# su -c "zabbix_agentd -t logins.failed" zabbix
logins.failed                                  [t|2]
[root@vm173 zabbix_agentd.d]#
```

Abb. 20–1 *Der Zabbix-Agent registriert durch Logfile-Analyse fehlgeschlagene Login-Versuche.*

20.7 Den Zabbix-Server mit eigenen Datenquellen erweitern

Die sogenannten »externen Checks« sind eine Möglichkeit, Tests durch externe Programme auf dem Zabbix-Server ausführen zu lassen. Wenn die vorhandenen Checks in der Liste der »simple Checks« nicht ausreichen, können beliebige Programme auf dem Zabbix-Server zum Testen verwendet werden.

Externe Skripte werden auf dem Zabbix-Server ohne den Zabbix-Agenten ausgeführt. Der Rückgabewert des Skriptes wird dann als Item-Value für den entsprechenden Host gespeichert und kann wie jedes andere Item zum Beispiel durch Trigger ausgewertet werden.

Den Skripten können eine Reihe von Parametern übergeben werden, zum Beispiel die für den Host eingestellte IP-Adresse oder der Hostname.

20.8 Externe Skripte aktivieren

In der Standardkonfiguration ist die Verwendung von externen Skripten nicht aktiviert. Aktivieren Sie externe Skripte, indem Sie in der Konfigurationsdatei des Zabbix-Servers einen Ordner angeben, in welchem die externen Skripte gespeichert werden. Nach dieser Änderung müssen Sie den Zabbix-Server neu starten.

```
### Option: ExternalScripts
#       Location of external scripts
#
# Mandatory: no
# Default:
ExternalScripts=/usr/lib/zabbix/externalscripts
```

20.9 Ein Skript als Item verwenden

20.9.1 Der erste Test

Legen Sie im oben konfigurierten Verzeichnis `/usr/lib/zabbix/externalscripts` ein Shell-Skript `test.sh` an:

```
#!/bin/bash
echo $@>>/tmp/external_script.log
echo 1
```

Machen Sie das Skript mit dem Kommando `chmod a+x test.sh` ausführbar.

> **Hinweis**
>
> Die Skripte müssen immer etwas zurückliefern, sonst erzeugt der Zabbix-Server eine Fehlermeldung und verwendet das Skript nicht.

20.9.2 Item anlegen

- Richten Sie nun für einen Host oder ein Template ein neues Item ein.
- Wählen Sie als Type »External Check« aus.
- Als Key geben Sie den Namen des Skriptes an, so wie die Datei im Skripteordner heißt. Als ersten Item-Parameter sollten Sie das Makro `{HOST.CONN}` angeben, damit die Verbindungsdaten des Hosts als erster Parameter an das Skript übergeben werden. Alle weiteren Parameter trennen Sie wie üblich mit einem Komma.
- Und wie bei jedem Item muss der »Type of information« zum Rückgabewert des Skriptes passen (ganze Zahl, Dezimalzahl, Text usw.).

Item

Name	External Testscript
Type	External check
Key	test.sh["{HOST.CONN}"]
Host interface	127.0.0.1 : 10050
Type of information	Character
Update interval (in sec)	300

Abb. 20–2 *Einrichten eines Items, welches ein benutzerdefiniertes Skript auf dem Zabbix-Server ausführt*

Nachdem das Item einmal »ausgeführt« wurde, schauen Sie in der Datei `/tmp/external_script.log` nach, wie der Zabbix-Server dem Skript die Parameter übergeben hat.

Wenn Sie als Key zum Beispiel `test.sh[{HOST.CONN},hallo,"Zabbix ist toll"]` angeben, dann steht der String 'hallo' in der Variable $2 und »Zabbix ist toll« in Variable $3 im Skript zur Verfügung. Verwenden Sie Anführungszeichen, um Parameter mit Leerzeichen zu übergeben.

20.10 Hinweise und Rahmenbedingungen für externe Skripte

Sie können einem Skript Parameter wie die Verbindungsdaten (IP-Adresse oder der Hostname) des überwachten Hosts übergeben. Dies machen Sie über das Makro `{HOST.CONN}` im Item-Key.

Die Skripte werden vom User zabbix ausgeführt. Achten Sie also auf die Berechtigungen und verwenden Sie ggf. »sudo«, falls Sie Root-Rechte für ein Skript brauchen.

Warnung

Der Zabbix-Server oder -Proxy ruft die externen Skripte über eine Shell (in der Regel /bin/sh) auf. Dies kann zu unerwarteten Effekten führen, wenn Sie einem externen Skript Optionen über ein Zabbix-Makro mitgeben. Wenn das Makro undefiniert ist, versucht die Shell, die Variable zu interpretieren. Wenn Sie zum Beispiel über den Item-Key `http.status[{$PATH}]` ein Skript aufrufen, und Zabbix kann das Makro nicht ersetzen, dann wird $PATH von der Shell ersetzt. Zabbix würde dann `http.status[{/usr/local/sbin:/usr/local/bin:/usr/sbin:/usr/bin:/sbin:/bin}]` aufrufen.

Prüfen Sie, ob die Skripte ausführbar sind, indem Sie sich als Benutzer zabbix anmelden.

Prüfen Sie auch, wie lange ein Skript braucht, um einen Wert zurückzugeben. Der Zabbix-Server gibt mit den Standardeinstellungen den externen Skripten nur drei Sekunden Zeit. Brauchen einige Skripte länger, müssen Sie den **Timeout der externen Skripte** in der Konfigurationsdatei des Zabbix-Servers erhöhen.

```
### Option: Timeout
#       Specifies how long we wait for agent, SNMP device or external check
  (in seconds).
#
# Mandatory: no
# Range: 1-30
# Default: 3
Timeout=10
```

Warnung

Achten Sie auf die Performance von externen Skripten und Programmen. Diese sollten eine sehr geringe Laufzeit haben und nicht zu viele Ressourcen in Anspruch nehmen. Ebenfalls sollten die Programme mehrfach parallel laufen können. Wenn Sie ein externes Skript in einem Template verwenden, dann wird dieses unter Umständen für Hunderte von Hosts parallel ausgeführt. Externe Skripte können ggf. die Leistung des Zabbix-Servers erheblich beeinträchtigen.

20.11 Beispiel: Ablauf von SSL-Zertifikaten prüfen

Legen Sie das Perl-Skript sslcert.expiry.pl[4] in den Ordner für externe Skripte und machen Sie es per `chmod +x` ausführbar.

Unter Umständen müssen Sie noch ein paar Perl-Module installieren.

```
apt-get install libnet-ssleay-perl libtimedate-perl #Ubuntu, Debian
yum install perl-Net-SSLeay                         #CentOS, Red Hat
```

4. *http://lab4.org/files/sslcert.expiry.pl*

Ein erster Test auf der Kommandozeile sollte ungefähr Folgendes ausgeben:

```
# ./sslcert.expiry.pl ssl.lin4.de
263
```

Legen Sie nun ein Item für einen Host an, für den Sie die Gültigkeit eines SSL-Zertifikats prüfen wollen. Ein Trigger kann Sie nun warnen, wenn die Verlängerung eines SSL-Zertifikats ansteht.

Item

Host	SSL Certificate Expiry Check
Name	Cert days left to expire
Type	External check
Key	sslcert.expiry["{HOST.CONN}"]
Type of information	Numeric (unsigned)
Data type	Decimal
Units	
Use custom multiplier	1
Update interval (in sec)	14800

Abb. 20–3 *Zabbix prüft, wie lange ein SSL-Zertifikat noch gültig ist.*

21 Daten aus beliebigen Quellen mit dem Zabbix-Sender schicken

21.1 So funktioniert der Zabbix-Sender

21.1.1 Was macht Zabbix-Sender?

Eine der vielen Datenquellen, die Items im Zabbix-Server mit Daten versorgen, ist Zabbix-Sender. Zabbix-Sender ist ein ausführbares Programm, welches Daten an den Zabbix-Server schickt. Für ein bestimmtes Item aktualisiert Zabbix-Sender aus der Ferne den Item Value.

Zabbix-Sender funktioniert unabhängig vom Zabbix-Agenten, das heißt, Sie müssen nur die Datei `zabbix_sender` bzw. `zabbix_sender.exe` in der für das Betriebssystem passenden Version auf einen Host kopieren. Eine Konfigurationsdatei braucht Zabbix-Sender nicht.

Zabbix-Sender sendet Daten selbstständig und ungefragt an den Zabbix-Server. Das Senden von Daten kann nicht, wie beim Zabbix-Agenten, von außen ausgelöst werden. Zabbix-Sender kommt vor allem in Skripten, Cronjobs oder geplanten Tasks zum Einsatz.

Der Einsatz von Zabbix-Sender ist sinnvoll, wenn

- ein externes Programm Daten an den Zabbix-Server liefern soll, aufgrund der zu langen Laufzeit (mehr als 30 Sekunden) aber nicht als User-Parameter in den Zabbix-Agenten integriert werden kann.
- ein externes Programm mehr als ein Item pro Ausführung aktualisieren soll.
- ein externes Programm, zum Beispiel ein Backup-Skript, sofort nach der Beendigung seinen Status an Zabbix melden soll.
- der Zabbix-Agent aufgrund von Berechtigungen nicht an Daten »rankommt« und die Daten zum Beispiel nur vom Benutzer root gesammelt und an den Zabbix-Server geschickt werden können.

21.1.2 Den Zabbix-Trapper konfigurieren

Wenn Sie per Zabbix-Sender Daten schicken, dann nimmt der sogenannte Zabbix-Trapper diese Daten entgegen. Der Zabbix-Trapper ist eine Option des Zabbix-Servers oder -Proxys, die Sie ggf. in der Datei `zabbix_sever.conf` oder `zab-`

`bix_proxy.conf` konfigurieren müssen. Öffnen Sie die entsprechende Datei mit einem Texteditor und tragen Sie die IP-Adressen ein, auf denen der Trapper Daten entgegennehmen soll. Wenn Sie keine IP angeben, denn werden alle verfügbaren IPs des Systems verwendet.

```
### Option: ListenIP
#       List of comma delimited IP addresses that the trapper should listen on.
#       Trapper will listen on all network interfaces if this parameter is missing.
#
# Mandatory: no
# Default:
ListenIP=0.0.0.0
```

Je nachdem wie intensiv Sie den Zabbix-Trapper verwenden möchten, müssen Sie über die Einstellung StartTrappers mehrere Trapper starten. Wenn Ihre Skripte die Daten nur sehr langsam senden, passen Sie die Einstellungen TrapperTimeout entsprechend an.

21.1.3 Item anlegen

- Legen Sie ein Item vom Type »Zabbix-Trapper« an.
- Der Item-Key kann beliebig gewählt werden, muss aber den Vorschriften für Item-Keys entsprechen.

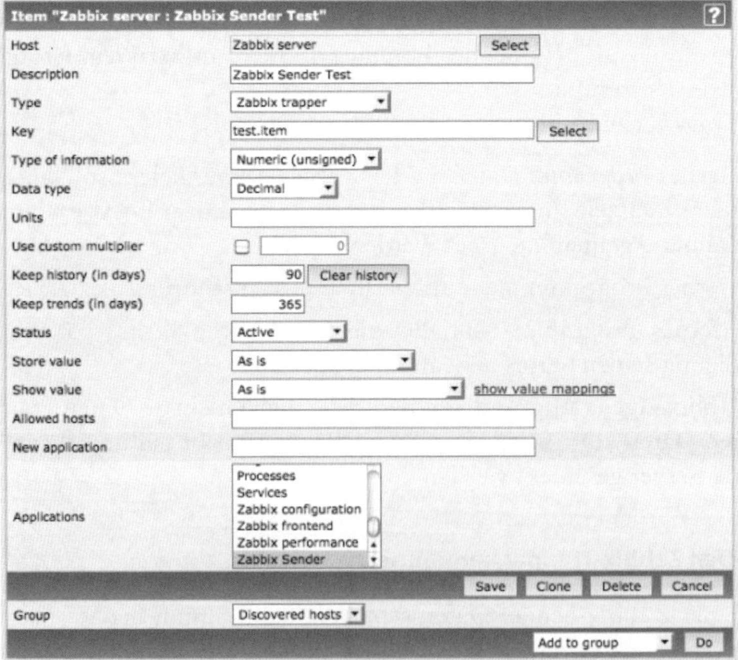

Abb. 21–1 *Anlegen eines Items vom Typ Zabbix-Trapper, welches vom Zabbix-Sender mit Daten versorgt wird*

21.1.4 Daten schicken

Nun können Sie per Zabbix-Sender dem eingerichteten Item einen Wert zuweisen. Der mit der Option -s angegebene Hostname muss exakt mit dem Hostnamen übereinstimmen, wie er im Zabbix-Server hinterlegt ist. Hier ein Beispiel:

```
zabbix-sender -k test.item -o 19 -z 127.0.0.1 -s "Zabbix server"
```

Für manuelle Tests sollten Sie die Option »-vv« verwenden, um zu prüfen, ob der Zabbix-Server das Item aktualisiert hat.

```
./zabbix_sender -vv -k test.item -o "Test" -z 127.0.0.1 -s "Zabbix server"
zabbix_sender [28138]: DEBUG: Answer [{
        "response":"success",
        "info":"Processed 0 Failed 1 Total 1 Seconds spent 0.000049"}]
Info from server: "Processed 0 Failed 1 Total 1 Seconds spent 0.000049"
sent: 1; skipped: 0; total: 1
```

Im oben gezeigten Beispiel hat der Server das Update nicht akzeptiert, was Sie an der Zeile »Processed 0 Failed 1« erkennen. Eine positive Meldung würde »Processed 1 Failed 0« lauten.

Hinweis

Wird ein Host von einem Proxy überwacht, dann akzeptiert nur der zuständige Proxy die Dateneinlieferung per zabbix_sender.

Sie können mit einem Aufruf des Zabbix-Senders auch mehrere Items für verschiedene Hosts aktualisieren. Dazu müssen alle Daten, die an den Zabbix-Server geschickt werden sollen, in einer Textdatei gespeichert werden. Die Datei enthält pro Zeile einen Datensatz bestehend aus Hostnamen, Item-Key und Item-Value, getrennt mit einem Leerzeichen.

```
server1.firma.local backup.status OK
server1.firma.local backup.datasize 1256914
server2.firma.local backup.status FAILED
server2.firma.local backup.datasize 0
```

Eine solche Datei schicken Sie dann wie folgt an den Zabbix-Server:

```
zabbix_sender -z <IP_ZABBIX_SERVER> -i eingabedatei.txt
```

Warnung

Wenn der Zabbix-Sender Daten aus einer Datei oder über STDIN (Pipe) einliest, dürfen pro Zeile nur exakt zwei Leerzeichen vorkommen. Der Hostname darf Leerzeichen enthalten. Wenn das Item ein Leerzeichen enthält, muss dieses in Anführungszeichen eingeschlossen werden (Quote Escape). Beispielsweise müsste das Item `backup["Data Size"]` in einem Zabbix-Sender-Skript als `backup[\"Data Size\"]` angegeben werden.

21.1.4.1 Ein einfaches Beispiel

Folgendes Beispiel demonstriert, wie Sie den Zabbix-Sender in ein Backup-Skript integrieren können.

```
#!/bin/bash
# Backup file on a remote host
BACKUP="rsync -a /var/www/ root@backup.local:/var/backups/$(hostname)/var/
 www/"
if $BACKUP
then
  STATUS="OK"
else
   STATUS="FAILED"
fi
echo "Backup $STATUS"
zabbix_sender -k backup.status -o $STATUS -z 192.168.10.17 -s "Webserver01"
```

> **Tipp**
>
> Sie müssen den Zabbix-Server-Host nicht zwangsläufig angeben. Wenn auf einem Host der Zabbix-Agent konfiguriert ist, kann der Zabbix-Sender den Hostnamen des »zuständigen« Zabbix-Servers und seinen eigenen Namen aus dessen Konfiguration auslesen. Ein Strich an erster Position des Datensatzes bedeutet, dass der eigene Hostname aus der angegebenen Konfigurationsdatei gelesen wird.
>
> Beispiel: `echo "- backup.status OK" | zabbix_sender -c /etc/zabbix/zabbix_agentd.conf -T -i -`

21.2 Beispiel: Linux-Sicherheitsupdates monitoren

21.2.1 Anzahl der verfügbaren Security-Updates für Linux monitoren

Cronjobs, die regelmäßig eine Mail mit den verfügbaren Security-Updates eines Systems verschicken, sind zwar ganz nützlich. Aber wenn man viele Systeme zu verwalten hat, ist ein zentralisiertes Monitoring der Updates hilfreicher.

21.2.2 Red Hat und CentOS

21.2.2.1 Auf Updates prüfen

Red Hat und CentOS haben das Werkzeug `yum` an Bord, welches die Anzahl der verfügbaren Updates auflistet:

```
yum --security check-update
```

Wenn oben genanntes Kommando nur den Fehler `Command line error: no such option: --security` meldet, fehlt noch ein Yum-Plugin, welches Sie mit `yum install yum-security` nachinstallieren.

Legen Sie folgendes Skript an, welches die Ausgabe so formatiert, dass Zabbix-Sender diese versteht:

```
!#/bin/bash
if [ -e /etc/zabbix/hostname ]
then
   HOSTNAME=$(cat /etc/zabbix/hostname)
else
   HOSTNAME=$(hostname -f)
fi

UPDATES_OUT=$(yum --security check-update|tail -n1)
echo -n "$HOSTNAME yum.securityupdates "
if echo $CMD_OUT|grep -q "No packages needed for security";then
  echo 0
else
  ?
fi
echo -n "$HOSTNAME yum.updates "
echo $UPDATES| grep -o "[0-9]* packages available"|grep -o "[0-9]*"
echo $UPDATES|cut -d';' -f2
echo -n "$HOSTNAME debian.release "
lsb_release -a 2>/dev/null|grep Release|awk '{print $2}'
```

21.2.2.2 Items einrichten

Richten Sie in einem Template die folgenden Items vom Typ »Zabbix-Trapper« ein:

- Yum Security-Updates available, key=`yum.securityupdates`, Numeric Unsigned
- Yum Updates available, key=`yum.updates`, Numeric Unsigned
- Red Hat Release, key=`rhel.release`, Charakter

21.2.3 Ubuntu und Debian

21.2.3.1 Auf Updates prüfen

Ubuntu-Usern steht das Skript `update-notifier` aus dem gleichnamigen Paket zur Verfügung, welches Sie mit `apt-get install update-notifier-common` installieren.

Hinweis

Das »update-notifier-common« ist in Debian 8 Jessie leider nicht mehr enthalten. Sie können aber das Paket aus dem Repository von Debian 7 verwenden:

```
http://ftp.de.debian.org/debian/pool/main/u/\
update-notifier/update-notifier-common_0.99.3debian11_all.deb
dpkg -i update-notifier-common_0.99.3debian11_all.deb
apt-get -f install
```

Bei der Ubuntu-Serverinstallation sollte das Skript standardmäßig installiert werden.

```
/usr/lib/update-notifier/apt-check --human-readable
53 packages can be updated.
28 updates are security updates.
# Nur Anzahl Security-Updates zurückgeben
/usr/lib/update-notifier/apt-check --human-readable|grep "security
 update"|cut -d " " -f1
```

Fügen Sie die nachfolgenden Zeilen in ein Bash-Skript, zum Beispiel/`usr/lib/zabbix/scripts/debian.updates.sh` ein, und machen Sie dieses per `chmod +x` ausführbar:

```
#!/bin/bash
if [ -e /etc/zabbix/hostname ]
then
  HOSTNAME=$(cat /etc/zabbix/hostname)
else
  HOSTNAME=$(hostname -f)
fi

UPDATES=$(/usr/lib/update-notifier/apt-check 2>&1||echo "-1,-1")
echo -n "$HOSTNAME debian.securityupdates "
echo $UPDATES|cut -d';' -f1
echo -n "$HOSTNAME debian.updates "
echo $UPDATES|cut -d';' -f2
echo -n "$HOSTNAME debian.release "
lsb_release -a 2>/dev/null|grep Release|awk '{print $2}'
```

Das Skript erzeugt eine formatierte Ausgabe, die Sie per Zabbix-Sender an den Zabbix-Server schicken können.

Richten Sie einen Cronjob ein, der die Ausgabe des Cronjobs per Pipe an den Zabbix-Sender übergibt, zum Beispiel:

```
0 7,14 * * * root /usr/lib/zabbix/scripts/debian.updates.sh|zabbix_sender -z
 <IP-ZABBIX-SERVER> -i - >/dev/null
```

21.2.3.2 Items einrichten

Richten Sie in einem Template die folgenden Items vom Typ »Zabbix-Trapper« ein:

- Debian Security-Updates available, key=`debian.securityupdates`, Numeric Unsigned
- Debian Updates available, key=`debian.updates`, Numeric Unsigned

- Debian Release, key=`debian.release`, Charakter

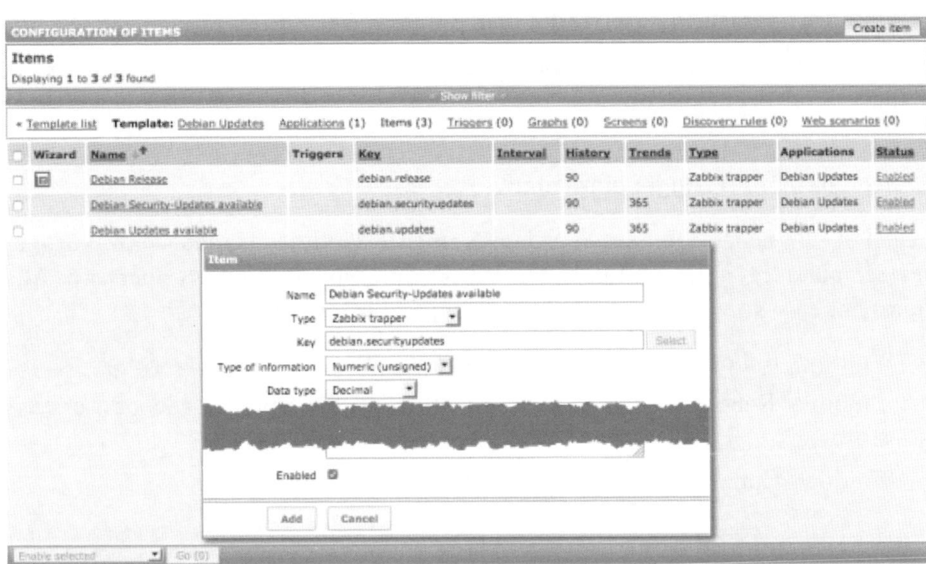

Abb. 21–2 *Zabbix-Server bekommt per Zabbix-Sender die Anzahl der verfügbaren Updates übermittelt.*

Vergessen Sie nicht, einen Trigger einzurichten! Updates sollten zeitnah installiert werden.

21.3 Beispiel: Windows-Updates monitoren

21.3.1 Verfügbare Updates per Skript abfragen

Über ein Visual-Basic-Skript kann man ein Windows-System abfragen, wie viele Updates zur Installation bereitstehen und ob das System nach dem Update neu gestartet werden muss.

Laden Sie das Beispielskript[1] herunter und speichern Sie es in dem Ordner, in dem Sie auch die Datei `zabbix_sender.exe` gespeichert haben.

Öffnen Sie eine Eingabeaufforderung und testen Sie das Skript wie folgt:

```
cd c:\Program Files\zabbix
cscript winupdates.vbs
Microsoft (R) Windows Script Host, Version 5.8
Copyright (C) Microsoft Corporation. Alle Rechte vorbehalten.
```

1. *http://lab4.org/files/winupdates.vbs*

```
localhost updates.pending 68
localhost reboot.required 1
localhost reboot.to_complete 0
```

Sicher erkennen Sie schon, dass die Ausgabe des Skriptes dem Eingabeformat des Zabbix-Senders entspricht.

21.3.2 Items und Trigger einrichten

Legen Sie ein neues Template mit dem Namen »Windows-Updates« an. Für dieses Template legen Sie die folgenden Items vom Typ »Zabbix Trapper« an. Alle Items haben »Numeric (unsigned)« als »Type of Information«:

- Windows Reboot Required: `reboot.required`
- Windows Reboot Required to complete previous Update: `reboot.to_complete`
- Windows Updates pending: `updates.pending`

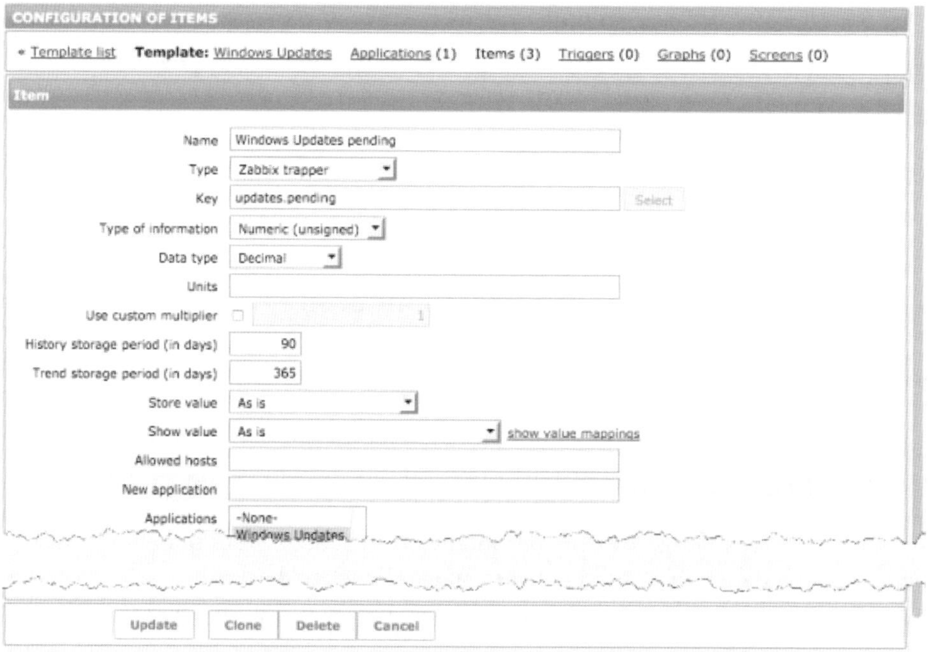

Abb. 21–3 *Item, welches die Anzahl der verfügbaren Windows-Updates überwacht*

Richten Sie für jedes der drei Items einen Trigger ein, der ein Problem meldet, sobald der Messwert ungleich Null ist.

Weisen Sie anschließend das neue Template einem Windows-System zu.

Nun können Sie testen, ob der Zabbix-Server die Informationen über den Update-Status eines Windows-Systems annimmt:

```
cd C:\"Program Files"\zabbix
cscript //NoLogo winupdates.vbs <HOSTNAME>|zabbix_sender.exe -vvv -z <IP-
  ZABBIX-SERVER> -i -
```

Ersetzen Sie <HOSTNAME> durch den Hostnamen des Systems, so wie Sie es im Zabbix-Server angelegt haben.

21.3.3 Geplanten Task anlegen

Wenn Sie die Daten manuell erfolgreich an den Zabbix-Server schicken konnten, richten Sie einen geplanten Task ein, der das System täglich auf neue Updates prüft.

Verpacken Sie das oben genannte Kommando in ein Batch-Skript, beispielsweise `windupdates.bat`, welches Sie im selben Ordner speichern, in dem `zabbix_sender.exe` und `winupdates.vbs` gespeichert sind. Entfernen Sie die Option `-vvv`. Diese erweiterte Ausgabe wurde nur zu Testzwecken gebraucht.

Öffnen Sie die Aufgabenplanung des Systems und fügen Sie eine neue lokale Aufgabe zur Bibliothek hinzu. Als Trigger wählen Sie beispielsweise täglich um 23.00 Uhr aus. Als Aktion geben Sie den vollen Pfad zur Datei `windupdates.bat` an.

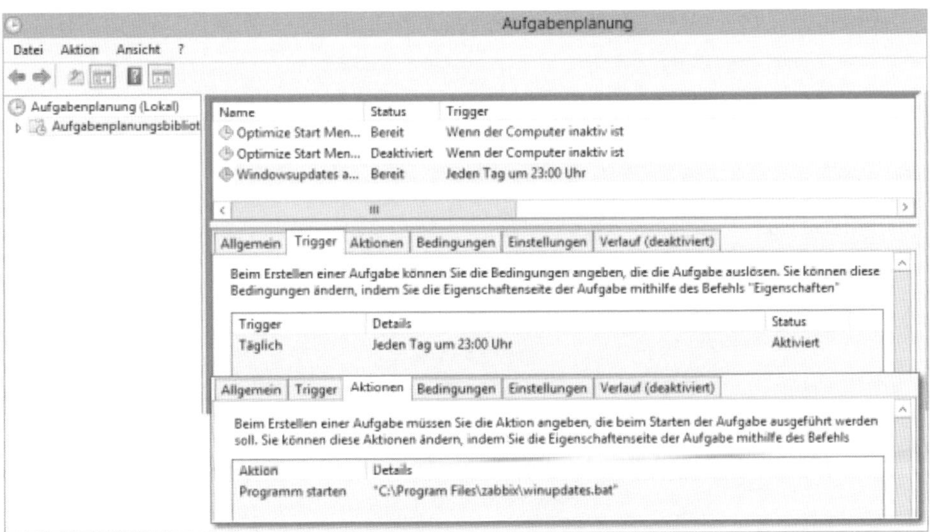

Abb. 21–4 Regelmäßige Prüfung der Updates über die Aufgabenplanung

Schneller können Sie den geplanten Task mit dem nachfolgenden Kommando auf der Kommandozeile anlegen (entfernen Sie alle Zeilenumbrüche):

```
schtasks /create /tn "Zabbix Winupdate"
 /sc TÄGLICH /ST 23:00 /tr
 "\"C:\Program Files\zabbix\winupdates.bat"\" /ru System
```

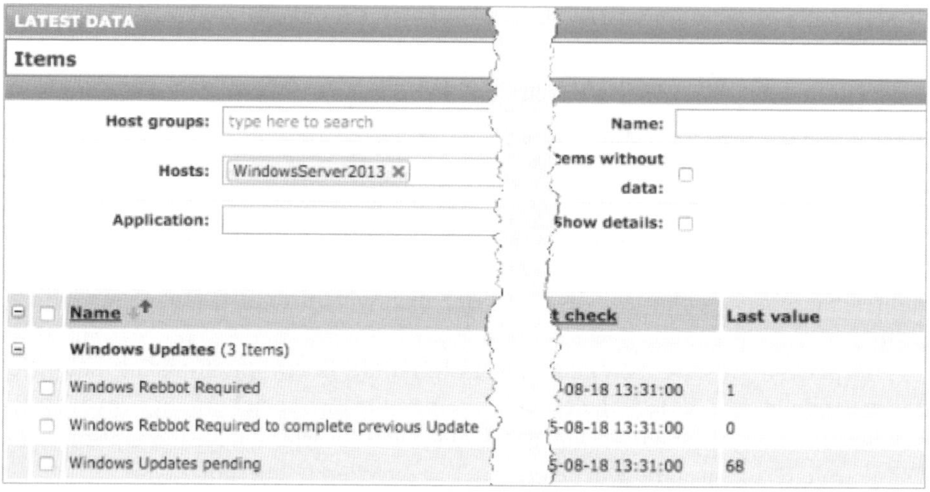

Abb. 21–5 *Zabbix zeigt den Update-Status eines Windows-Systems an.*

22 Daten berechnen und zusammenfassen: Calculated Items

22.1 Daten berechnen und zusammenfassen

Berechnete Items sind virtuelle Datenquellen, die sich aus einem oder mehreren realen Items berechnen. Die aus der Berechnung resultierenden Daten werden in Zabbix als neues Item gespeichert und können dann ohne Unterschied zu anderen Items weiter verarbeitet werden.

Zabbix unterscheidet zwischen zwei Typen von berechneten Items: Calculated Items und Aggregated Items.

Wenn Sie zum Beispiel über die Items `vfs.dev.write[,operations]` und `vfs.dev.read[,operations]` die lesenden und die schreibenden IO-Operationen auf den Datenträgern messen, können Sie die beiden Werte mit einem Calculated Item summieren und dann als neues Item `vfs.dev.total_iops` speichern.

Über ein Calculated Item können Sie auch Funktionen auf Items anwenden, um den Maximalwert oder den Durchschnitt einer Anzahl von Werten als neuen Wert zu speichern. Das eröffnet Ihnen die Möglichkeit, für die neuen berechneten Werte eine eigene Historie zu speichern.

Calculated Items können beliebige Items von beliebigen Hosts als Datenquelle für die Berechnungen haben. Dabei müssen alle Hosts explizit und einzeln angegeben werden.

Aggregated Items hingegen haben immer ein spezielles Item einer Hostgruppe als Datenquelle. So können Sie den gesamten freien Speicher auf allen Hosts einer Gruppe berechnen und als neues Item speichern. Neben Summen stehen noch weitere Funktionen zur Verfügung. Sie können unter anderem den durchschnittlichen Arbeitsspeicherverbrauch einer Hostgruppe berechnen. Die Aggregated Items sind besonders für Cluster interessant, bei denen Sie nicht die Leistung eines Hosts, sondern des Clusters (Hostgruppe) messen möchten. Ebenfalls können Sie in einem Aggregated Item zusammenfassen, wie viele Hosts aus einem Cluster online sind. So können Sie sich zielgerichtet benachrichtigen lassen, erst dann, wenn alle Hosts offline sind.

22.2 Calculated Items

Legen Sie ein neues Item an und wählen Sie als Typ »Calculated«. Als Key können Sie eine beliebige Zeichenfolge auswählen, die das neue berechnete Item identifiziert.

Im Feld »Formula« legen Sie fest, wie das Item berechnet werden soll. Dabei muss mindestens ein anderes Item und eine Funktion verwendet werden, auf die die Berechnung angewandt wird. Optional können Items eines speziellen Hosts angegeben werden. Wird kein Host angegeben, wird das Item vom Host oder Template verwendet, für das Sie das Calculated Item anlegen.

Berechnete Items werden nicht in dem Moment berechnet, in dem die Werte der Quell-Items eintreffen. Die Berechnung des neuen Items erfolgt zyklisch. Über das Feld "**Update interval**" müssen Sie also bestimmen, wann das Item berechnet werden soll.

Achten Sie darauf, Anführungszeichen richtig zu »escapen«. Wenn das Item bereits Anführungszeichen enthält, müssen Sie diesen mit einen Backslash voranstellen. Beispielsweise greifen Sie auf das Item `vmware.hv.memory.used["https://{HOST.CONN1}/sdk",{$HV_UUID}]` in der Formel für berechnete Items mit der Funktion `last("vmware.hv.memory.used[\"https://{HOST.CONN1}/sdk\",{$HV_UUID}]")` zu. Die inneren Anführungszeichen müssen escaped werden.

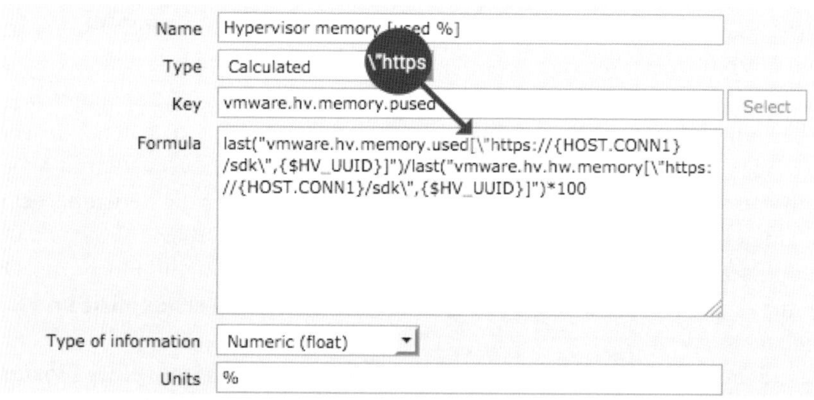

Abb. 22–1 *Escapen von Anführungszeichen in Formeln*

22.2.1 Beispiel 1: IO-Operationen summieren

`vfs.dev.write[,operations]` bezieht sich auf den ausgewählten Host oder Template.

`Server01:vfs.dev.write[,operations]` bezieht die Daten immer aus dem Item von Host »server01«. Die zulässigen Funktionen sind dieselben Funktionen, die auch bei der Definition von Triggern verwendet werden (siehe Funktionen im Kapitel 12).

Eine der gebräuchlichsten Funktionen ist `last()`, welches den zuletzt gemessenen Wert eines anderen Items enthält. Der Wert eines anderen Items kann in der Formel nur über eine Funktion ermittelt werden, in der Regel `last()`. Die Eingabe `vfs.dev.write[,operations]` wäre unzulässig. Verwenden Sie stattdessen `last("vfs.dev.write[,operations]")`.

Mehrere Kombinationen aus Funktion und Item können mit mathematischen Operanden verbunden werden. Die Summe aller IO-Operationen erhalten Sie mit der Formel `last("vfs.dev.write[,operations]")+last("vfs.dev.read[,operations]")`.

Item "Base Linux Active : IO Ops Total/sek"	
Host	Base Linux Active [Select]
Name	IO Ops Total/sek
Type	Calculated
Key	vfs.dev.total_calculated [Select]
Formula	last("vfs.dev.write[,operations]")+ last("vfs.dev.read[,operations]")
Type of information	Numeric (float)
Units	
Use custom multiplier	1
Update interval (in sec)	90

Abb. 22–2 *Summieren von zwei Messwerten*

22.2.2 Beispiel 2: Prozentwerte berechnen

Mit folgendem Beispiel können Sie berechnen, wie viel Prozent der verfügbaren MySQL-Connection verwendet werden `last("mysql.status[Max_used_connections]")/last("mysql.variables[max_connections]")*100`.

Bei der Eingabe der Formel unterstützt Sie kein Menü oder Assistent. Die Bezeichnung der vorhandenen Items übernehmen Sie am einfachsten per Copy und Paste aus der Liste der konfigurierten Items. Bei der Auswahl des Feldes »Type of information« sollten Sie darauf achten, dass der Typ durch die Berechnung vom Type des Original-Items abweichen kann. Besonders bei Divisionen und Durchschnittsbildung ergibt sich aus der Berechnung von »Numeric (unsigned)« ein Item vom Typ »Numeric (float)«.

22.3 Aggregated-Items

Aggregated Items fassen die Messwerte eines Items aller Hosts einer Gruppe zusammen. Das Item `grpsum["Zabbix-Proxys","vfs.fs.size[/,free]","last","0"]` summiert den freien Festplattenplatz aller Hosts aus der Gruppe »Zabbix-Proxys« und speichert das Ergebnis als neues Item. Die Items werden nach folgendem Schema aufgebaut: `groupfunc["Host group","Item key","item func","parameter"]`.

Dabei können Sie die folgenden Gruppenfunktionen (groupfunc) anwenden:

- `grpavg` Durchschnittsbildung
- `grpmax`/ `grpmin` Maximal- oder Minimalwert
- `grpsum` Summe aller Messwerte

Als Item-Funktionen (»item func«) stehen zur Verfügung:

- `avg` Durchschnittsbildung
- `count` Anzahl der Messwerte
- `last` Letzter Messwert
- `max`/`min` Maximal- oder Minimalwert
- `sum` Summe der Werte

Über den letzten Parameter geben Sie die Anzahl in Sekunden oder im Fall von `last` die Anzahl der Messwerte an, auf die die Item-Funktion angewendet wird.

Die Item-Keys von Aggregated-Items sehen beispielsweise wir folgt aus:

- `grpsum["MySQL-Server","vfs.fs.size[/,total]","last","0"]`
  Ermittelt den gesamten Festplattenverbrauch alles Server in der Gruppe »MySQL-Server«.
- `grpavg["MySQL-Servers","system.cpu.load[,avg1]","last","0"]`
  Ermittelt die durchschnittliche CPU-Auslastung aller MySQL-Server.
- `grpavg["MySQL-Servers","mysql.qps","avg","300"]`
  Ermittelt die durchschnittliche Anzahl von Queries innerhalb der letzten fünf Minuten.

Bei Aggregated Items fragt der Zabbix-Server direkt die Datenbank nach den gewünschten Werten ab. Der Check löst also keine weitere Abfrage des Zabbix-Agenten oder anderer Skripte aus. Ein aggregiertes Item können Sie für jeden Host oder jedes Template anlegen. Wenn Sie es für ein Template anlegen, speichern Sie ggf. redundante Daten. Sie haben zum Beispiel die Gruppe »MySQL-

Server«, und jeder Host verwendet das Template »MySQL«. Wenn Sie nun für das Template ein aggregiertes Item anlegen, würde für jeden Host der Gruppe ein neues Item angelegt, was zum Beispiel den Gesamtspeicherverbrauch der Gruppe misst.

Oft kann es sinnvoller sein, für die aggregierten Items einen Pseudo-Host anzulegen und nur für diesen Host das aggregierte Item einzurichten. Der Pseudo-Host trägt dann den Namen oder die Bezeichnung eines Clusters oder Verbundes. Das erleichtert auch die spätere Alarmierung. Wenn das Item und ein Trigger in einem Template angelegt werden, dann wird der Trigger für mehrere Hosts auslösen. In der Regel möchten Sie aber nur eine Benachrichtigung erhalten, wenn zum Beispiel die Anzahl der funktionierenden Hosts in einem Cluster einen Minimalwert unterschreitet. Werden Item und Trigger im Template angelegt, erhalten Sie für jeden Host eine Nachricht und die Nachricht enthält den Hostnamen eines einzelnen Hosts und nicht den Namen oder die Bezeichnung des Clusters.

22.3.1 Beispiel: Aggregated Item einrichten

Legen Sie einen Host mit dem Namen »Gruppe 1« an. Dies ist ein Pseudo-Host, der nur die aggregierten Daten speichert. Fügen Sie diesen Host zum Beispiel in die Gruppe »Pseudo-Hosts« ein. Als IP-Adresse geben Sie 127.0.0.1 ein. Für aggregierte Checks sind keine Verbindungsdaten notwendig, das Feld »IP-Adresse« darf aber nicht frei bleiben.

Legen Sie nun für den neuen Host »Gruppe 1« ein neues Item an:

- Description: Total diskspace used in $1
- Type: Zabbix aggregated
- Key: `grpsum["Testgruppe","vfs.fs.size[/,used]","last","0"]` Wählen Sie als Gruppe eine existierende Gruppe aus. Als Item müssen Sie ein Item wählen, welches für die Mitglieder der Gruppe existiert.
- Type of information: Numeric Float (Aggregated Items müssen immer Numeric Float sein)
- Units: B
- Intervall: Wählen Sie das gleiche oder ein längeres Intervall als bei den zugrunde liegenden Items. Wenn Sie den Festplattenverbauch der Hosts nur alle drei Minuten messen, hat es keinen Sinn, aus diesen Werten alle 30 Sekunden die Summe zu bilden.

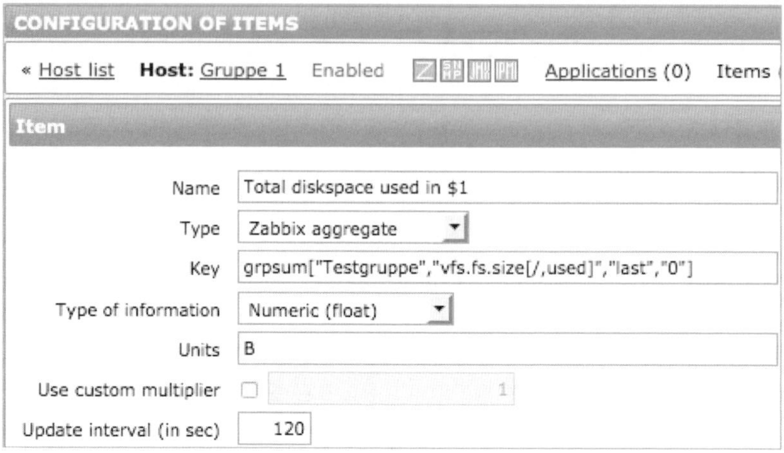

Abb. 22–3 Item, welches den Festplattenverbrauch einer Hostgruppe summiert

23 Microsoft Windows überwachen

23.1 Besonderheiten unter Microsoft Windows

Auch bei der Überwachung von Microsoft Windows gibt Zabbix eine gute Figur ab. Der Zabbix-Agent liegt als 32- und 64-Bit-Variante für alle Windows-Versionen ab NT4 vor. Die Installation des Zabbix-Agenten unter Windows wurde bereits im Kapitel 5 erklärt.

Viele Items sind universell und können mit allen Betriebssystemen verwendet werden. Das erleichtert ein einheitliches Setup für heterogene Umgebungen. Wenn Sie Templates mit Makros kombinieren, können Sie zahlreiche betriebssystemunabhängige Templates anlegen. So können Sie zum Beispiel über ein Makro das Basisdateisystem definieren. Bei Windows geben Sie `c:` an und bei Unix-Systemen /.

23.2 Den Status von Windows-Diensten überwachen

Nur für Windows-Systeme existiert das Item `service_state[<SERVICE_NAME>]`. Der Zabbix-Agent prüft, welchen Status der genannte Dienst hat. Zum Beispiel prüft `service_state[Dhcp]`, welchen Status der DHCP-Client-Dienst hat. Den Dienstnamen müssen Sie exakt so angeben, wie dieser in der Diensteverwaltung aufgeführt ist. Beachten Sie die Groß- und Kleinschreibung.

Als mögliche Item-Values werden zurückgeliefert:

- 0 = running
- 1 = paused
- 2 = start pending
- 3 = pause pending
- 4 = continue pending
- 5 = stop pending
- 6 = stopped
- 7 = unknown
- 255 = no such service

Ein passendes Value Mapping »Windows Service State« ist in der Basisinstallation des Zabbix-Servers bereits angelegt.

Abb. 23–1 *Dienstnamen in der Diensteverwaltung ablesen*

23.3 Performance-Counter

Microsoft bietet mit den sogenannten Performance-Countern, auf deutschsprachigen Systemen Leistungsüberwachung genannt, eine Schnittstelle zum Auslesen zahlreicher Leistungswerte. In der Leistungsüberwachung finden Sie nicht nur Daten über das Betriebssystem. Viele Programme von Drittanbietern nutzen ebenfalls diese Schnittstelle, um statistische Daten zu reporten.

Der Zabbix-Agent kann die Daten der Performance-Counter mit dem Item `perf_counter[COUNTER_NAME,<interval>]` auslesen.

Zum Beispiel: `perf_counter[\System\threads]`. Wird als zweiter Parameter ein Zeitintervall in Sekunden angegeben, wird der Durchschnittswert innerhalb des Intervalls gemessen. Einige Counter liefern nur dann sinnvolle Daten, wenn ein Zeitintervall angegeben wird.

Welche Daten Sie aus den Performance-Countern auslesen können, erfahren Sie mit folgendem Kommando:

```
typeperf -qx >c:\perfcounter.txt
```

Wundern Sie sich nicht, wenn diese Liste mehr als 10.000 Einträge enthält. Aus diesem Grund ist es auch ratsam, die Ausgabe von `typeperf` sofort in eine Datei umzulenken (siehe Abbildung 23–2).

Übernehmen Sie am besten per Copy und Paste die komplette Zeile eines Performance-Counters und geben Sie diese als Option für das Item perf_counter an. Falsch angezeigte Umlaute müssen Sie korrigieren. Zum Beispiel:

```
perf_counter[\System\Prozessor-Warteschlangenlänge (alle Instanzen)]
perf_counter[\Prozessor(_Total)\Benutzerzeit (%)]
perf_counter[\Prozessor(_Total)\Privilegierte Zeit (%)]
perf_counter[\Prozessor(_Total)\Prozessorzeit (%)]
```

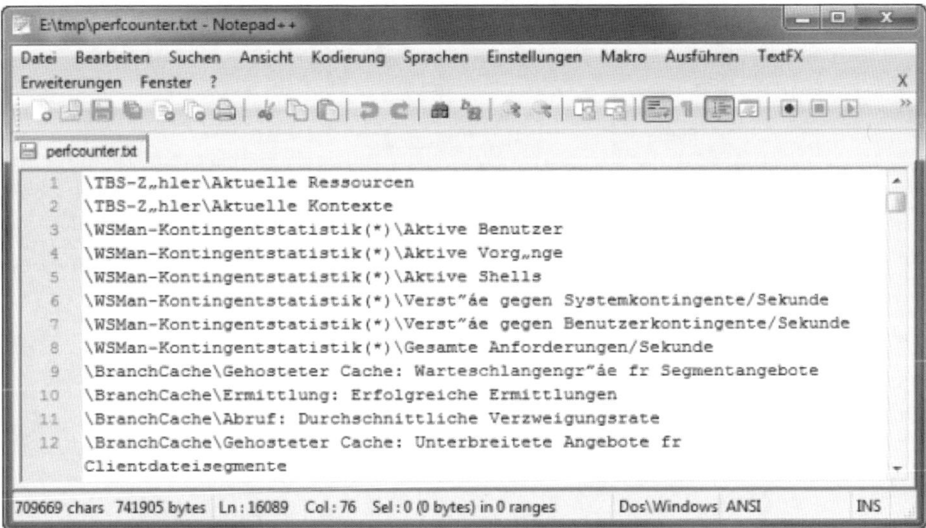

Abb. 23–2 *Liste der verfügbaren Leistungsüberwachungen mit 16.000 Einträgen*

23.3.1 Numerische Referenzen verwenden

Die Bezeichnungen der Performance-Counter sind abhängig von der Systemsprache. Das wird zum Problem, wenn Sie Templates anlegen möchten, die sowohl auf deutschsprachigen als auch auf englischsprachigen Systemen funktionieren sollen. Glücklicherweise können die Performance-Counter auch mit einer numerischen Referenz angegeben werden. Leider gibt das Kommando `typeperf` diese numerischen Referenzen nicht aus. Hier ist eine manuelle »Übersetzung« notwendig.

Öffnen Sie das Programm `regedit.exe` und suchen Sie den Ordner `HKEY_LOCAL_MACHINE\SOFTWARE\Microsoft\Windows NT\CurrentVersion\Perflib`. Dort befinden sich auf der deutschsprachigen Windows-Version die beiden Unterordner 007 und 009. Im Ordner 007 finden Sie die Performance-Counter mit der deutschsprachigen Benennung, im Ordner 009 die englischsprachigen Benennungen. Öffnen Sie den Key `007/Counter` mit einem Doppelklick und fügen Sie den Wert (Liste der Counter) per Copy und Paste vom Registrierungseditor in einen Texteditor, zum Beispiel Notepad++ ein. Nun haben Sie eine Liste der Counter mit der deutschsprachigen Benennung und der passenden numerischen Referenz.

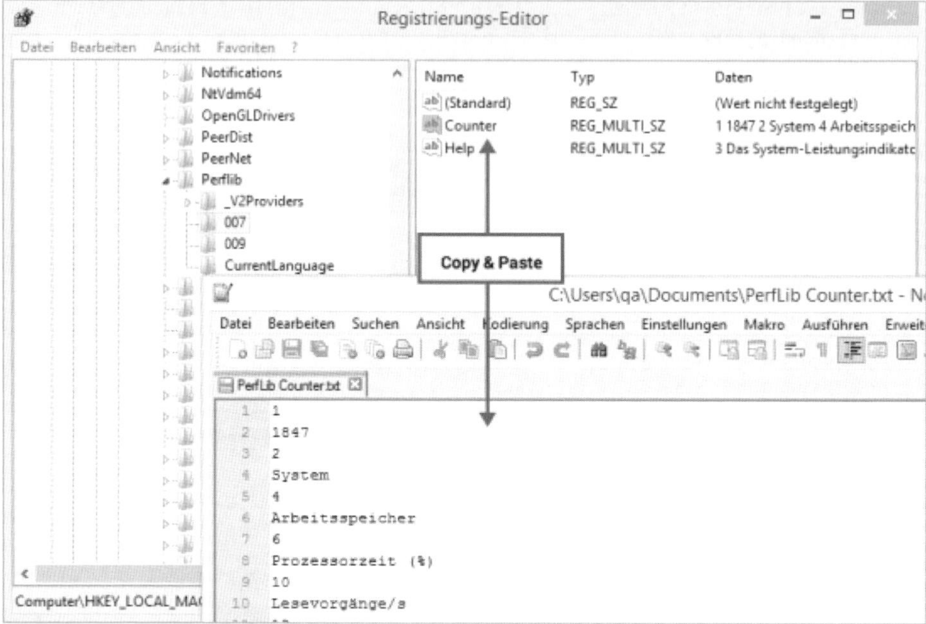

Abb. 23–3 *In der Registry findet man eine Übersetzung der Performance-Counter in numerische Bezeichnungen.*

Die Angabe eines Performance-Counters besteht aus mehreren Teilen, die mit Backslashes getrennt werden. Jeder Teil muss einzeln in numerische Referenzen übersetzt werden. Die in Klammern angegebenen Optionen werden übernommen und nicht in Nummern übersetzt. Der Counter `\Prozessor(_Total)\Benutzerzeit (%)` besteht aus den beiden Teilen »Prozessor« und »Benutzerzeit« und der Option »(_Total)«. Suchen Sie in der Liste zuerst nach »Prozessor«. Die numerische Referenz befindet sich in der Zeile über der übersetzten Bezeichnung, Prozessor entspricht also mit dem Wert 238.

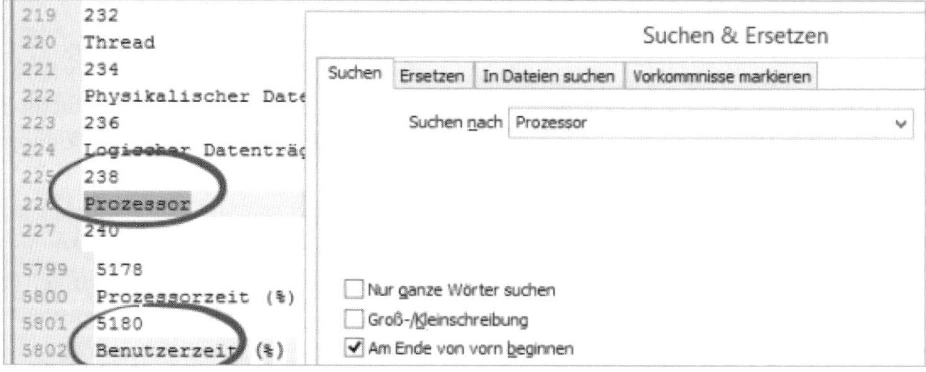

Abb. 23–4 *Numerische Übersetzung des Counters »Prozessor«*

Suchen Sie als Nächstes nach »Benutzerzeit (%)«, was dem numerischen Wert 5180 entspricht. Wenn der Text, im diesem Fall »Benutzerzeit (%)«, mehrfach gefunden wird, müssen Sie die Nummer übernehmen, die nach dem zuvor gesuchten Text »Prozessor« folgt.

Es ergibt sich folgende Übersetzung, die auf alle Windows-Systeme der gleichen Version unabhängig von der Sprache angewendet werden kann:

```
perf_counter[\Prozessor(_Total)\Benutzerzeit (%)] # deutsch
perf_counter[\238(_Total)\5180]                    # sprachunabhängig
```

Ob die »Übersetzung« korrekt ist, können Sie mit dem Zabbix-Agent sofort testen.

```
c:\Program Files\zabbix>
zabbix_agentd.exe -t perf_counter["\Prozessor(_Total)\Benutzerzeit (%)"]
perf_counter[\Prozessor(_Total)\Benutzerzeit (%)] [d|0.000000]

c:\Program Files\zabbix>
zabbix_agentd.exe -t perf_counter["\238(_Total)\5180"]
perf_counter[\238(_Total)\5180]                [d|0.000000]
```

Warnung

Die numerischen Äquivalente können zwischen den Windows-Versionen variieren. Testen Sie die Items auf verschiedenen Versionen, bevor Sie diese in allgemeingültige Templates übernehmen.

Name	Prozessor (Total) Benutzerzeit
Type	Zabbix agent
Key	perf_counter[\238(_Total)\1852] Select
Type of information	Numeric (float)
Units	%

Abb. 23–5 *Performance-Counter über numerische Referenz auslesen*

23.4 Wichtige Leistungsindikatoren (Performance-Counter)

Die Liste der Leistungsindikatoren, die Sie über die Performance-Counter überwachen können, ist lang und unübersichtlich. Hier ein Auszug mit wichtigen Indikatoren, die Sie auf allen Windows-Systemen vorfinden sollten.

23.4.1 Datenträger

Item-Key numerisch: `perf_counter[\236(_Total)\198]`
Item-Key deutsch: `Logischer Datenträger(_Total) Aktuelle Warteschlangenlänge`

Gibt die durchschnittliche Anzahl von Lese- und Schreibanforderungen an, die in die Warteschlange gestellt wurden. Pro Spindel sollte es maximal zwei ausstehende Lese- und Schreibanforderungen geben. Ein zu hoher Wert ist ein Hinweis auf ein langsames Festplattensystem.

Item-Key numerisch: `perf_counter[\236(_Total)\10,90]` (Lesen)
Item-Key numerisch: `perf_counter[\236(_Total)\12,90]` (Schreiben)
Gibt die Lese- bzw Schreibvorgänge pro Sekunden im angegebenen Zeitraum (hier 90s) aller Logischen Datenträger an.

Die Festplatten können auch einzeln gemessen werden. Ersetzen Sie (_Total) durch einen Laufwerksbuchstaben, zum Beispiel `perf_counter[\236(C:)\1028]`.

23.4.2 Prozessor

Item-Key: `perf_counter[\238(_Total)\6]`
Prozessor(_Total) Prozessorzeit (%). Prozentuale Auslastung des Prozessors, Prozessor ist zu X% nicht im Leerlauf.

Item-Key: `perf_counter[\238(_Total)\142]`
Prozessor(_Total) Benutzerzeit (%). Prozentuale Auslastung des Prozessors im Benutzermodus.

Item-Key: `perf_counter[\238(_Total)\144]`
Prozessor(_Total) Privilegierte Zeit (%). Prozentuale Auslastung des Prozessors im privilegierten Modus (Betriebssystemkomponenten und hardwaremanipulierende Treiber).

Die einzelnen Werte der Prozessorauslastung sollten nicht dauerhaft 75% übersteigen. Anstatt (_Total) können CPUs einzeln überwacht werden. Zum Beispiel `perf_counter[\238(0)\6]`

23.4.3 Netzwerk

Item-Key: `perf_counter[\638\2710]`
Per TCPv4 hergestellte Verbindungen. Anzahl der TCP-Verbindungen, deren aktueller Zustand ESTABLISHED oder CLOSE-WAIT ist.

Item-Key: `perf_counter[\638\422]`
TCPv4-Verbindungsfehler. Muss als Delta Speed per second gespeichert werden.

Item-Key: `perf_counter[638\650]`
TCPv4 Zurückgesetzte Verbindungen. Anzahl TCP-Verbindungen, die direkt vom Zustand ESTABLISHED oder CLOSE-WAIT in CLOSED übergegangen sind. Muss als Delta Speed per second gespeichert werden.

23.4.4 Arbeitsspeicher

Item-Key: `perf_counter[\4\24]`
Speicher Verfügbare Bytes. Freier Arbeitsspeicher. Geben Sie B als Einheit an.

Item-Key: `perf_counter[\4\818]`
Speicher Cachebytes. Aktuelle Größe des Dateisystemcache in Bytes.

Item-Key: `perf_counter[\4\42]`
Speicher Seitenlesevorgänge/s. Lesevorgänge, die vom Datenträger statt aus dem Arbeitsspeicher gelesen werden. Indiz für zu geringen Arbeitsspeicher. Sollte dauerhaft nicht 100 Lesevorgänge pro Sekunde überschreiten.

Item-Key:`perf_counter[\4\56]`
Speicher Auslagerungsseiten (Bytes). Vom Arbeitsspeicher auf den Datenträger ausgelagerter Speicher.

23.4.5 Exchange

Item-Key: `perf_counter[\20458\22202]` Anzahl der aktiven Client-Verbindungen zu Exchange

Item-Key: `perf_counter[\20458(_Total)\20464]` Anzahl der gesendeten E-Mails

Item-Key: `perf_counter[\20458(_Total)\20468]` Anzahl der empfangenen E-Mails

Speichern Sie diese beiden Items als Delta ab.

Item "Microsoft Exchange : Mails Outgoing per min"	
Host	Microsoft Exchange [Select]
Description	Mails Outgoing per min
Type	Zabbix agent
Key	perf_counter[\20458(_Total)\20464] [Select]
Type of information	Numeric (unsigned)
Store value	Delta (simple change)

Abb. 23–6 *Überwachung der ausgehenden Mails pro Minute in MS Exchange*

Microsoft hat eine Liste mit wichtigen Performance-Countern[1] zusammengestellt. In dieser Liste sind auch Vorschläge enthalten, ab welchen Werten Sie sich alarmieren lassen sollten.

1. *http://technet.microsoft.com/en-us/library/bb734903.aspx*

23.5 Netzwerkkarten identifizieren

Mit den Items `net.if.in` und `net.if.out` können Sie – wie bei Unix-Systemen auch – den Netzwerkverkehr messen. Zuweilen problematisch ist die Angabe des Schnittstellennamens. Windows-Systeme können mit Angaben wie `eth0` nichts anfangen. Benutzen Sie das Kommando `route print`, um sich die Benennung der Netzwerkkarten anzuzeigen.

```
C:\Users\thorsten.kramm>route print
===========================================================================
Schnittstellenliste
 10 ...00 0c 29 4d 2c bb ...... Intel(R) PRO/1000 MT-Netzwerkverbindung
  1 ........................... Software Loopback Interface 1
 12 ...00 00 00 00 00 00 00 e0  isatap.{066F7D85-149F-4F53-BA00-E636678E0FC1}
===========================================================================
```

Zur Überwachung des Netzwerkverkehrs legen Sie dann die Items wie folgt an:

```
net.if.in["Intel(R) PRO/1000 MT-Netzwerkverbindung"]
net.if.out["Intel(R) PRO/1000 MT-Netzwerkverbindung"]
```

Wenn Sie ein Template anlegen, sollten Sie den Namen der Netzwerkkarte über ein Makro definieren.

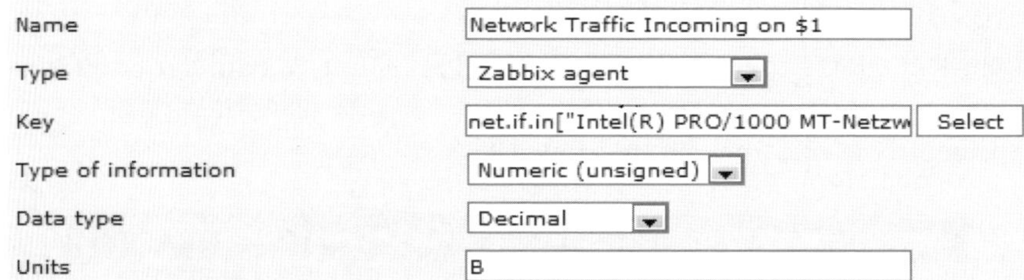

Abb. 23–7 *Die Angabe der Netzwerkkarte unter Windows ist manchmal kryptisch.*

23.6 Monitoring per Windows Management Instrumentation (WMI)

Windows Management Instrumentation (WMI) ist eine grundlegende Windows-Verwaltungstechnologie. Das Wort »Instrumentation« in WMI bezieht sich auf die Tatsache, dass WMI Informationen zum internen Status von Computersystemen abruft, ähnlich wie die Instrumente im Armaturenbrett von Autos Informationen zum Motorstatus abrufen und anzeigen können.[2]

2. *https://msdn.microsoft.com/de-de/library/Dn151197.aspx*

Der Zabbix-Agent für Microsoft Windows bietet die Möglichkeit, WMI-Abfragen durchzuführen. Dabei wird das erste gefundene Objekt als Item-Value zurückgeliefert.

WMI-Abfragen können Sie über die PowerShell testen, bevor Sie diese als Item im Zabbix-Server anlegen. Geben Sie beispielsweise die folgenden Kommandos ein:

```
Get-WmiObject -query "select Status from Win32_BIOS"
Get-WmiObject -query "select Status from Win32_ComputerSystem"
Get-WmiObject -query "select State from Win32_Service"
Get-WmiObject -query "select State from Win32_Service where Name = 'Zabbix
  Agent'"
```

Wenn Sie diese Abfrage über den Zabbix-Agenten ausführen, wird nur der Wert für den Schlüssel »Status« zurückgegeben.

Loggen Sie sich auf der Eingabeaufforderung `cmd.exe` eines Windows-Systems ein und wechseln Sie in den Ordner, in dem der Zabbix-Agent installiert ist. Testen Sie eine WMI-Abfrage mit dem folgenden Kommando:

```
C:\Windows\system32>cd "c:\Program Files\zabbix"
c:\Program Files\zabbix>zabbix_agentd.exe -t wmi.get[root\cimv2,"select
  status from Win32_DiskDrive where Name like '%PHYSICALDRIVE0%'"]
 wmi.get[root\cimv2,select status from Win32_DiskDrive where Name like
  '%PHYSICALDRIVE0%'] [t|OK]
```

Wie der Abfrageausdruck schon vermuten lässt, lesen Sie damit den Status der ersten physikalischen Festplatte aus. Windows gibt den String »OK« zurück. Achten Sie darauf, dass die Angabe des Namespace (erste Option) ohne oder mit doppelten Anführungsstrichen umschlossen ist. Andernfalls werden Sie die Fehlermeldungen »Invalid number of parameters« oder »Cannot obtain WMI information« erhalten. Wenn Sie ein Item per Zabbix-Get testen, müssen Sie den Namespace in doppelte Anführungszeichen setzen:

```
zabbix_get -s 192.0.2.40 -k wmi.get["root\cimv2","select InstallDate from
  Win32_Product"]
```

Jede WMI-Klasse existiert in einem Namespace. Der Standard-Namespace für die meisten Abfragen ist »root/cimv2«. Der Item-Key `wmi.get` erwartet immer die Angabe eines Namespace.

23.6.1 WMI-Objekte finden

Microsoft stellt ein Programm namens »WMI CIM Studio« zum kostenlosen Download[3] bereit. Mit diesem Programm können Sie alle WMI-Klassen und die

3. *http://www.microsoft.com/downloads/details.aspx?familyid=6430F853-1120-48DB-8CC5-F2ABDC3ED314&displaylang=en*

darin enthaltenen Objekte und Eigenschaften durchstöbern. WMI-Studio besteht aus HTML-Dateien und den darin eingebundenen Applets, die nur im Internet Explorer funktionieren. Auf aktuellen Systemen wie Windows Server 2012 müssen Sie die Dateien `C:\Program Files (x86)\WMI Tools\studio.htm` und `C:\Program Files (x86)\WMI Tools\browser.htm` mit einem Editor öffnen und in der zweiten Zeile folgende neue Zeile einfügen:

```
<meta http-equiv="X-UA-Compatible" content="IE=8" />
```

Andernfalls wird das Active-X-Steuerelement nicht korrekt geladen, und es kommt keine Verbindung zum lokalen WMI-Provider zustande.

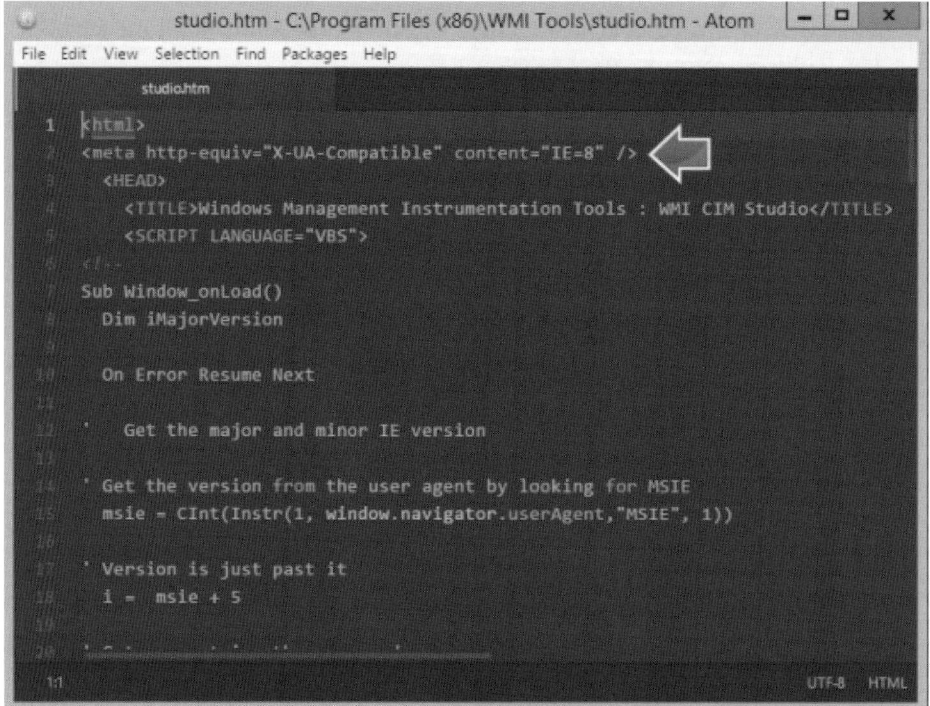

Abb. 23–8 *Anpassen der HTML-Datei von WMI-Studio*

Sobald Sie die HTML-Datei geändert haben, können Sie diese im Internet Explorer öffnen. Unter Umständen müssen Sie den Internet Explorer mit der Option »Als Administrator öffnen« starten. Im Dialogfenster »Connect to namespace« geben Sie für den ersten Test »root\CIMV2« ein. WMI CIM Studio zeigt Ihnen alle verfügbaren WMI-Objekte und die darin enthaltenen Methoden und Eigenschaften an. Sie können die Eigenschaften aber nicht nach deren Werten abfragen. Dazu können Sie die PowerShell oder das Programm WMI Object Browser verwenden, welches Sie durch Öffnen der Datei `browser.htm` starten.

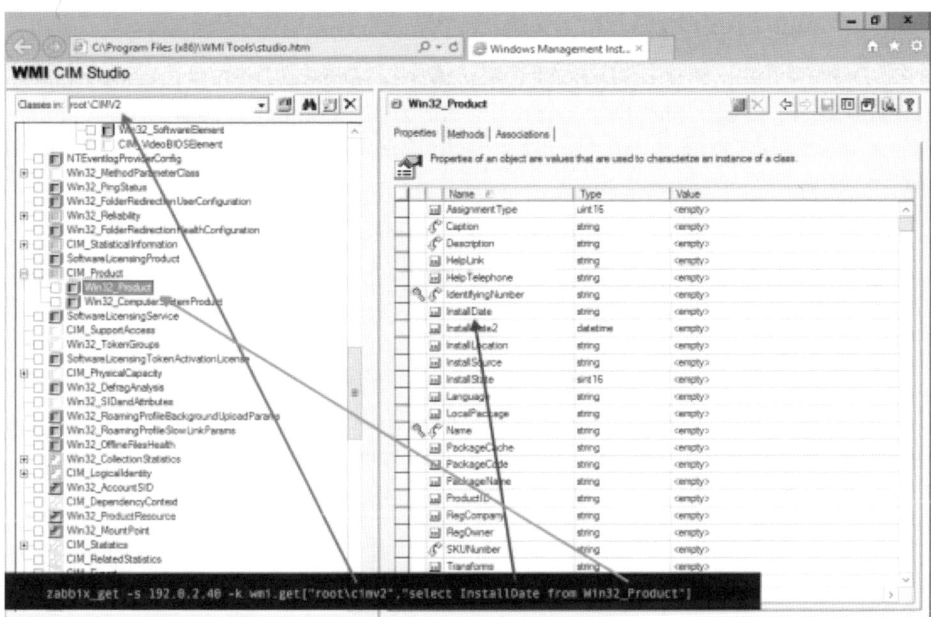

Abb. 23–9 *Durchsuchen der WMI-Objekte mit dem WMI CIM Studio von Microsoft*

23.6.2 WMI-Items anlegen

Das Auslesen der VMI-Objekte erfolgt über den Zabbix-Agenten. Folglich legen Sie ein Item wie gewohnt vom Typ »Zabbix Agent« oder »Zabbix Agent Active« an. Wählen Sie über den Button »Select« `wmi.get[<namespace>,<query>]` aus. Geben Sie nun einen Namespace und eine WMI-Query an, welche Sie zuvor mit den bereits erwähnten Methoden getestet haben. Über den Test sollten Sie auch herausgefunden haben, welchen Datentyp die Abfrage zurückgibt.

CONFIGURATION OF ITEMS

« Host list **Host:** Windows Server 2013 Enabled Applications (1) Items

Item

Name	Status pysicaldrive
Type	Zabbix agent
Key	wmi.get[root\cimv2,select status from Win32_DiskDrive wher Select
Host interface	192.0.2.40 : 10050
Type of information	Character
Update interval (in sec)	30

Abb. 23–10 *Anlegen eines Items, welches eine WMI-Abfrage auslöst*

23.7 PowerShell als User-Parameter

Wenn Sie PowerShell-Skripte als User-Parameter in den Zabbix-Agenten integrieren möchten, geben Sie die Skripte in der `zabbix_agentd.conf` wie folgt an. Wenn das Skript eine PowerShell-Extension benötigt, geben Sie diese ebenfalls an.

```
UserParameter=item.key,powershell.exe -command  C:\'Program Files'\zabbix_
  agent\skript.ps1
UserParameter=exchange.mailq,powershell.exe
 -PSConsoleFile "C:\Program Files\Microsoft\Exchange Server\bin\exshell.pscl"

 -command  C:\'Program Files'\zabbix_agent\exchange_mailq.ps1
```

Die Angaben zum User-Parameter werden in einer Zeile angegeben. Der Zeilenumbruch aus dem Beispiel darf nicht übernommen werden.

Die Datei `exchange_mailq.ps1` aus dem Beispiel sieht dann wie folgt aus:

```
# Script for zabbix to get the total amount of emails remaining in any
# of the exchange queues
# Place the script in the program folder from the zabbix agent.
# Add a user parameter to the zabbix_agent.conf
$total = 0
foreach ($i in get-exchangeserver)
{
    $serverrole = $i.serverrole
    if ($i.ishubtransportserver -eq "True")
    {
        $server = $i.name
        foreach ($Queue in get-queue -server $server)
        {
            $queuename = $queue.NextHopDomain
            $messagecount = $queue.Messagecount
            $total = $total + $messagecount
        }
    }
}
$total
```

24 VMware ESX überwachen

24.1 Der Zabbix VMware Collector

24.1.1 Technisches Konzept

Seit der Version 2.0 hat ein neues Modul zur Überwachung von VMware-ESX Einzug in den Zabbix-Server gehalten. Sie können ohne zusätzliche Skripte wichtige Performance-Daten von ESX, ESXi und V-Center-Servern abrufen.

Der Zabbix-Server verbindet sich über die VMware-API zum Hypervisor und ruft die Daten ab. Der Zabbix-Agent wird also nicht benötigt.

Das Abrufen der Daten von den ESX-Servern wird nicht, wie sonst üblich, durch das Anlegen eines Items ausgelöst. Im Zabbix-Server läuft ein sogenannter »VMwareCollector«, welcher ähnlich wie ein Cronjob zyklisch die Daten »in einem Rutsch« abruft und in einem internen Cache ablegt. Aus diesem Cache beziehen die Items dann die Messwerte.

Wenn Sie den Zabbix-Server aus den Quellen kompilieren, müssen Sie die Optionen `--with-libxml2` und `--with-libcurl` setzen, um das VMware-Monitoring nutzen zu können.

Der Zabbix-Server kann mit seinem eingebauten *VMwareCollector* **keine Informationen über den Hardwarestatus** eines ESX-Servers abrufen. Wenn Sie primär die Hardware Ihrer ESX-Server überwachen möchten, müssen Sie Zabbix erweitern (siehe Abschnitt 24.2).

24.1.2 VMwareCollector aktivieren

Damit Sie Items vom Typ »VMware« nutzen können, müssen Sie den sogenannten VMwareCollector in der Datei `/etc/zabbix/zabbix-server.conf` aktivieren. Starten Sie mindestens einen Collector und legen Sie fest, wie oft die Daten gesammelt werden sollen. Prüfen Sie dazu die folgenden Einstellungen. Starten Sie den Zabbix-Server neu, nachdem Sie die Einstellungen angepasst haben.

```
### Option: StartVMwareCollectors
#       Number of pre-forked vmware collector instances.
#
# Mandatory: no
# Range: 0-250
# Default:
StartVMwareCollectors=2

### Option: VMwareFrequency
#       How often Zabbix will connect to VMware service to obtain a new data.
#
# Mandatory: no
# Range: 10-86400
# Default:
VMwareFrequency=60

### Option: VMwareCacheSize
#       Size of VMware cache, in bytes.
#       Shared memory size for storing VMware data.
#       Only used if VMware collectors are started.
#
# Mandatory: no
# Range: 256K-2G
# Default:
VMwareCacheSize=8M
```

Prüfen Sie, ob der `vmware collector` in der Prozessliste erscheint.

```
root@monitoring:~# ps aux|grep zabbix_server.*vmware
zabbix   ...   0:05 /usr/sbin/zabbix_server: vmware collector #1
zabbix   ...   0:04 /usr/sbin/zabbix_server: vmware collector #2
```

24.1.3 Items einrichten

Zum Abrufen von VMware-spezifischen Daten nutzen Sie den Item-Typ *Simple Check*. In der Liste finden Sie diverse Items, die mit dem Präfix vmware beginnen.

Den VMware-Items müssen Sie neben den Item-Keys immer drei zusätzliche Parameter mitgeben.

- **URL**
  Die HTTP-URL, über welche die VMware-API erreichbar ist. Diese URL ist in der Regel immer `https://<IP_OR_HOSTNAME>/sdk`. Wenn Sie Items in Templates einrichten, verwenden Sie `https://{HOST.CONN1}/sdk` als URL.
- **User Name**
  Einen Benutzer, den Sie zuvor auf dem ESX- oder Vcenter-Server eingerichtet haben
- **Password**
  Das Passwort des zuvor eingerichteten Benutzers

- **Update-Intervall**
  Beachten Sie das Update-Intervall des VMware Collectors, welches global in der Datei zabbix_server.conf eingestellt wird. Wenn dieser beispielsweise nur alle fünf Minuten Daten sammelt, hat es keinen Sinn, ein Item alle 60 Sekunden zu aktualisieren.

> **Tipp**
>
> Speichern Sie Benutzer und Passwort in einem Makro, damit Sie pro ESX-Server einen anderen Benutzer oder ein anderes Passwort verwenden können.

Richten Sie als Erstes das Item vmware.fullname ein, um zu testen, ob das VMware-Monitoring funktioniert. Hinterlegen Sie entweder in einem globalen Makro oder in einem Host-Makro den Benutzernamen und das Passwort, mit dem sich der Zabbix-Server zum ESX-Server verbinden kann. Danach richten Sie das Item vom Typ »Simple Check« wie unten abgebildet ein.

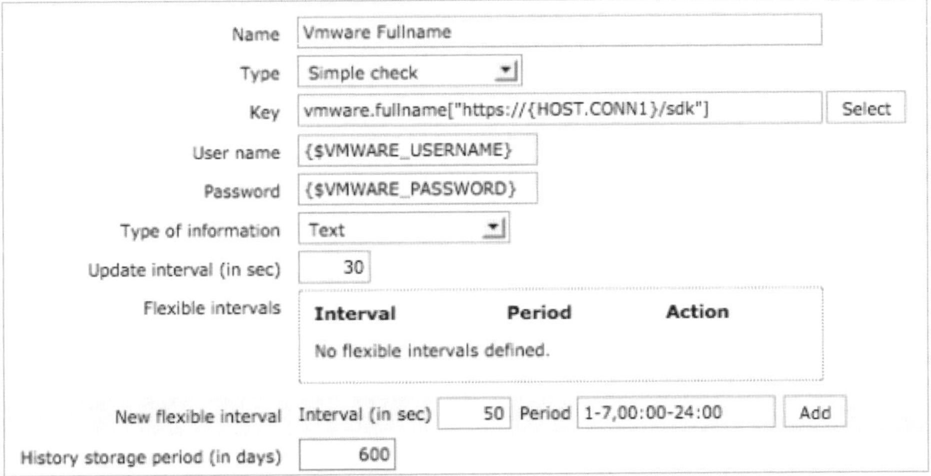

Abb. 24–1 *Zabbix-Server kontaktiert die ESX-API.*

24.1.3.1 Host UUID ermitteln

Für viele Items benötigen Sie die sogenannte UUID des ESX-Servers. Dies ist eine eindeutige Kennung des Servers, die während der Installation aus dem Bios der Hardware ausgelesen wird. Wenn Sie einen Vcenter-Server verwenden, kann Zabbix die UUIDs aller von Vcenter verwalteten ESX-Server automatisch über eine Discovery-Regel ermitteln.

Wenn Sie keinen Vcenter-Server verwenden, müssen Sie die UUID manuell ermitteln. Rufen Sie dazu die VMware-API per Browser auf https://<IP_OR_

HOSTNAME>/mob/?moid=ha-host&doPath=hardware.systemInfo auf. Selbstverständlich können Sie die UUID auch über die Kommandozeile per Curl ermitteln:

```
curl -s -k -u <USER>:<PASSWORD> "https://<IP_OR_HOSTNAME>/mob/?moid=ha-
  host&doPath=hardware.systemInfo"|\
grep -o "<uuid>.*<\/uuid>"
```

Tragen Sie die UUID des ESX-Servers in einem Host-Makro ein.

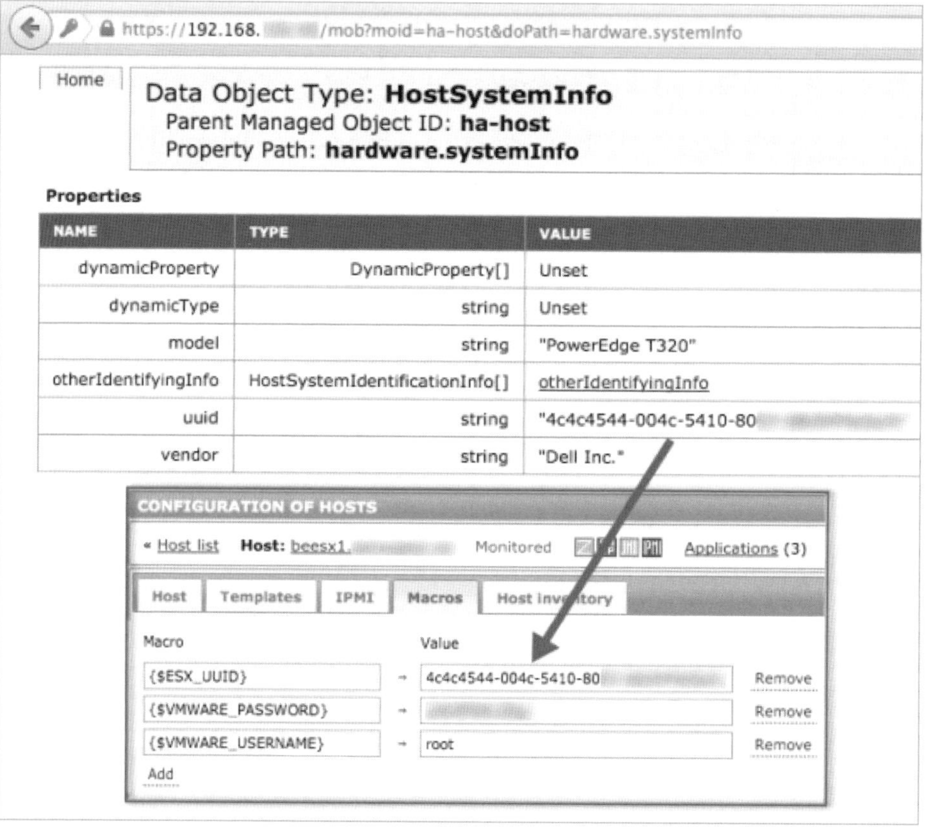

Abb. 24–2 *UUID ermitteln und als Makro speichern*

Warnung

Ab ESX-Version 6 ist der sogenannte Management Object Browser (MOB) standardmäßig abgeschaltet. Ein Aufruf der URL https://<IP_OR_HOSTNAME>/mob/ führt zu einer Fehlermeldung wie »503 Service Unavailable Failed to connect to endpoint«. Aktivieren Sie den Management Object Browser in den erweiterten Einstellungen (siehe Screenshot) und führen Sie den Request erneut durch.

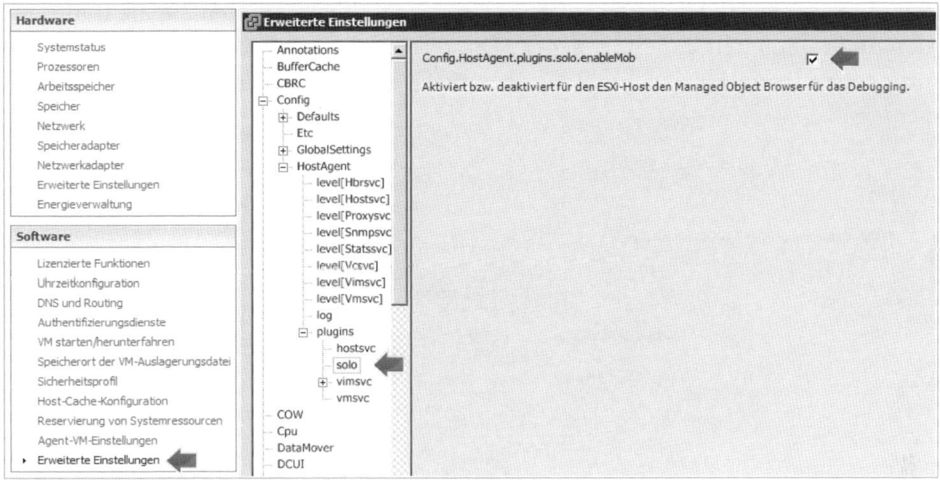

Wenn Sie zahlreiche ESX-Server überwachen und häufig neue Server in Zabbix hinzufügen, ist das Ermitteln der UUID eine zeitraubende manuelle Tätigkeit. Legen Sie das Skript `get.vmware.uuid.py`[1] in den Ordner für externe Skripte und legen Sie ein Item mit dem Key vmware.set.uuid.py[{HOST.CONN},{$VMWARE_USERNAME},{$VMWARE_PASSWORD},{HOST.HOST}] an. Das Skript soll für jeden ESX-Server ausgeführt werden. Der externe Check ermittelt die UUID und trägt diese über die Zabbix-API für den entsprechenden Host in ein Usermakro ein. Passen Sie die Zugangsdaten für die Zabbix-API in den Zeilen 22–23 an.

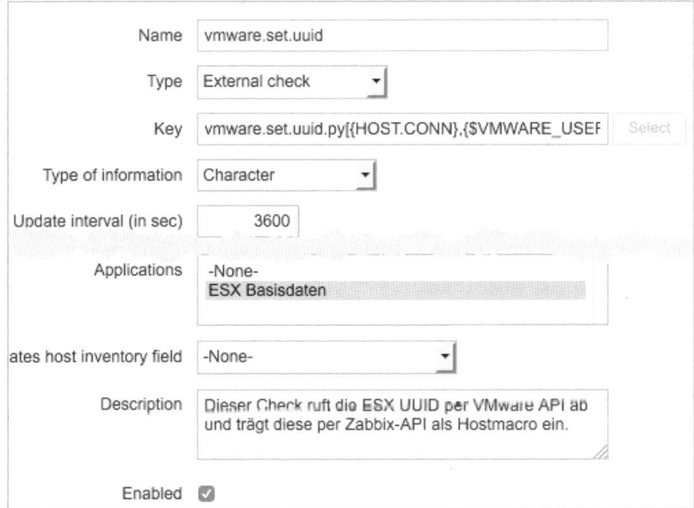

Abb. 24-3 *Tabelle Items für ESX-Server (Hypervisor)*

1. *http://lab4.org/files/get.vmware.uuid.py*

Sobald Sie die UUID eines ESX-Servers ermittelt haben, können Sie die Items aus der zuvor gezeigten Tabelle anlegen. Diese rufen Messwerte des Hypervisors ab und geben Ihnen einen Überblick über die Ressourcenauslastung des gesamten Servers.

Items

All templates / Hypervisor ESX base Monitoring Applications 1 Items 14 Triggers 1 Graphs Screens Discovery rules 1

Name	Hypervisor CPU Cores [Anzahl]
Type	Simple check
Key	vmware.hv.hw.cpu.num["https://{HOST.CONN1}/sdk",{ Select
User name	{$VMWARE_USERNAME
Password	{$VMWARE_PASSWORD
Type of information	Numeric (unsigned)
Data type	Decimal
Show value	As is show value mappings
New application	
Applications	-None- ESX Basisdaten

24.1.4 Discovery-Regeln

Das Item `vmware.vm.discovery` liefert eine Liste aller VMs, die auf einem ESX-Server registriert sind. Über die Makros `{#VM.UUID}` und `{#VM.NAME}` können die VMs in Item-Prototypes angesprochen werden.

Ebenfalls ist es möglich, alle auf einem ESX- oder Vcenter-Server registrierten virtuellen Maschinen automatisch als Hosts in Zabbix anlegen zu lassen (Host-Prototypes).

24.1.4.1 Beispiel 1

Richten Sie für ein Template, welches Sie mindestens einem ESX-Server zugewiesen haben, eine Discovery-Regel mit dem Namen »VM Discovery« ein. Verwenden Sie als Item-Key `vmware.vm.discovery["https://{HOST.CONN1}/sdk"]`.

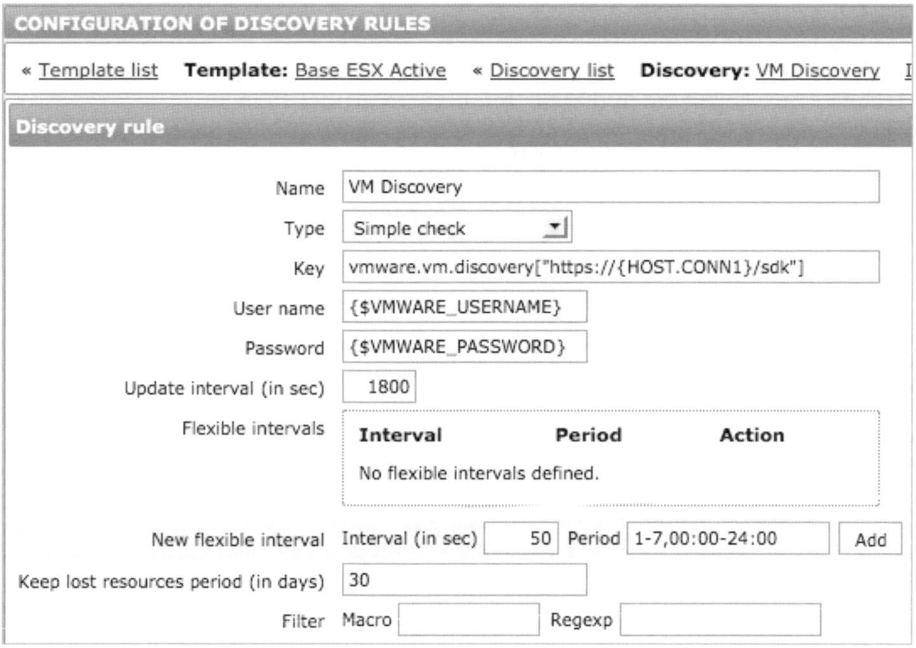

Abb. 24–4 *Zabbix ermittelt alle VMs eines ESX-Servers.*

Sobald die Regel angelegt wurde, können Sie Item-Prototypes hinzufügen, um Leistungsdaten einzelner VMs zu monitoren. Verwenden Sie im Namen des Item-Prototypes das Makro `{#VM.NAME}` und das Makro `{#VM.UUID}` im Key.

Richten Sie die folgenden Item-Prototypen vom Type »Simple Check« ein.

Item-Name	Item-Key
`{#VM.NAME}: Ballooned Memory`	`vmware.vm.memory.size.ballooned["https://{HOST.CONN1}/sdk",{#VM.UUID}]`
`{#VM.NAME}: CPU Usage`	`vmware.vm.cpu.usage["https://{HOST.CONN1}/sdk",{#VM.UUID}]`
`{#VM.NAME}: Powerstate`	`vmware.vm.powerstate["https://{HOST.CONN1}/sdk",{#VM.UUID}]`

Tab. 24–1 *Items für virtuelle Maschinen*

Die Liste aller Items zur Überwachung von VMware finden Sie in der offiziellen Zabbix-Dokumentation[2].

2. *https://www.zabbix.com/documentation/3.0/manual/config/items/itemtypes/simple_checks/vmware_keys*

24.1.4.2 Beispiel 2

Richten Sie ein »normales« Template mit dem Namen »VMware Virtual Machine« ein. Legen Sie in diesem Template folgendes Item an:

- Name: Number of CPUs or Cores
- Type: Simple Check
- Key: `vmware.vm.cpu.num[ https://{HOST.CONN1}/sdk,{HOST.HOST} ]`
- Username: `{$VMware_USERNAME}`
- Password: `{$VMware_PASSWORD}`

Name	Number of CPUs or Cores
Type	Simple check
Key	vmware.vm.cpu.num[https://{HOST.CONN1}/sdk,{HOST.HO Select
User name	{$VMWARE_USERNAME}
Password	{$VMWARE_PASSWORD}
Type of information	Numeric (unsigned)
Data type	Decimal

Abb. 24–5 *Spezielles Item für die Nutzung in einem Host-Prototypen*

Danach legen Sie in der Discovery-Regel aus Beispiel 1 einen neuen »Host Prototype« an. Als Hostnamen tragen Sie `{#VM.UUID}` und als sichtbaren Namen `{#VM.NAME}` ein. Es ist wichtig, dass der Hostname gleich der UUID der VM gesetzt wird, denn nur so können die später zugewiesenen Templates und Items erkennen, von welcher VM die Daten gesammelt werden sollen.

Über den Reiter »Groups« wählen Sie mindestens eine existierende Gruppe aus, welcher die neu angelegten Hosts angehören sollen. Über den Reiter »Templates« weisen Sie Zabbix an, allen erkannten VMs das zuvor angelegte Template »VMware Virtual Machine« zuzuweisen. Beachten Sie, dass das Monitoring der erkannten VMs, welches über einen Host-Prototypen automatisch angelegt wird, ausschließlich über die VMware-API erfolgen kann. Sie können den erkannten VMs nicht automatisch »normale« Templates zuweisen, welche zum Beispiel den in einer VM laufenden Zabbix-Agenten als Datenquelle nutzen.

Der Zabbix-Server wird nun für alle erkannten VMs eines ESX- oder Vcenter-Servers einen Host anlegen und diesem das Template »VMware Virtual Machine« zuweisen. Unter »Latest Data« sollten Sie nach einiger Zeit die neuen Hosts und die Anzahl der den VMs zugewiesenen CPUs finden.

24.2 Die Hardware von ESX-Servern überwachen

24.2.1 ESX CIM-API

ESX- und ESXi-Server verfügen über ein Common Information Model API[3], welches es ermöglicht, den Systemstatus per HTTPS auszulesen.

Für ESXi-Server ist die CIM-API die einzige Möglichkeit, den Systemstatus aktiv abzufragen, da in der ESXi-Variante keine volle SNMP-Unterstützung zur Verfügung steht.

Über die CIM-API kann Zabbix all die Informationen auslesen, welche Sie auch über den vSphere-Client als Sensorstatus einsehen können. Der vSphere-Client und der Virtual Center Server nutzen ebenfalls die CIM-API.

Ob über die CIM-API alle Statusinformationen der Hardware exportiert werden, hängt von der Hardware und den in ESX integrierten CIM-Providern ab. Erst die passenden CIM-Provider ermöglichen dem ESX(i)-Server, die Hardwareinformationen auszulesen und in einer einheitlichen Form darzustellen. Für die gängige und von VMware zertifizierte Hardware sind schon viele CIM-Provider in den ESX(i)-Server integriert. Für einige Server oder Hardwarekomponenten müssen aber CIM-Provider nachinstalliert werden.

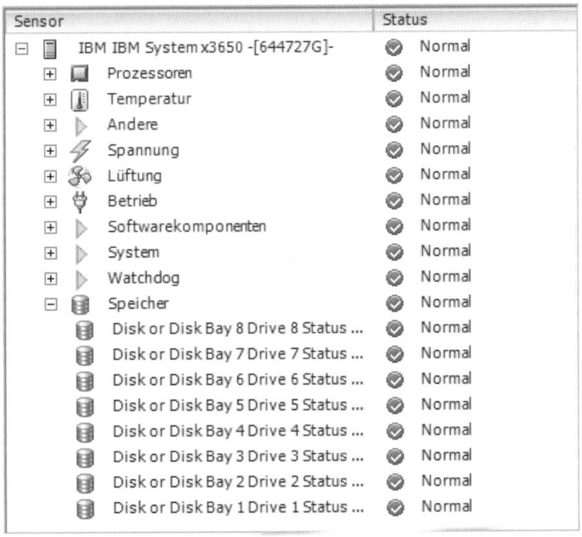

Sensor	Status
IBM IBM System x3650 -[644727G]-	Normal
Prozessoren	Normal
Temperatur	Normal
Andere	Normal
Spannung	Normal
Lüftung	Normal
Betrieb	Normal
Softwarekomponenten	Normal
System	Normal
Watchdog	Normal
Speicher	Normal
Disk or Disk Bay 8 Drive 8 Status ...	Normal
Disk or Disk Bay 7 Drive 7 Status ...	Normal
Disk or Disk Bay 6 Drive 6 Status ...	Normal
Disk or Disk Bay 5 Drive 5 Status ...	Normal
Disk or Disk Bay 4 Drive 4 Status ...	Normal
Disk or Disk Bay 3 Drive 3 Status ...	Normal
Disk or Disk Bay 2 Drive 2 Status ...	Normal
Disk or Disk Bay 1 Drive 1 Status ...	Normal

Abb. 24–6 *Übersicht Hardwarestatus im Vsphere-Client, die auch Zabbix auslesen kann*

3. *http://www.vmware.com/support/developer/cim-sdk/*

24.2.2 CIM-API mit Zabbix abfragen

24.2.2.1 User im ESX- oder ESXi-Server einrichten

Richten Sie über den vSphere-Client einen neuen User ein, mit dem sich Zabbix zum ESX-Server verbinden kann. Der User muss der Gruppe root angehören.

Abb. 24–7 *Einen Benutzer für das Monitoring anlegen*

Ab ESXi5.1 gibt es keine Gruppen mehr. Wählen Sie den Tab »Permissions« an, nachdem Sie den neuen Benutzer angelegt haben. Weisen Sie dann dem Benutzer die Rolle »Administrator« zu (siehe Abbildung 24–8).

> **Warnung**
>
> Leider können nur Benutzer der Gruppe root bzw. Benutzer mit Administratorrolle den Sensorstatus auslesen. Wählen Sie also ein sicheres Passwort und achten Sie darauf, dass nicht alle Nutzer Ihres Monitoring-Servers das Passwort aus dem externen Skript auslesen können.

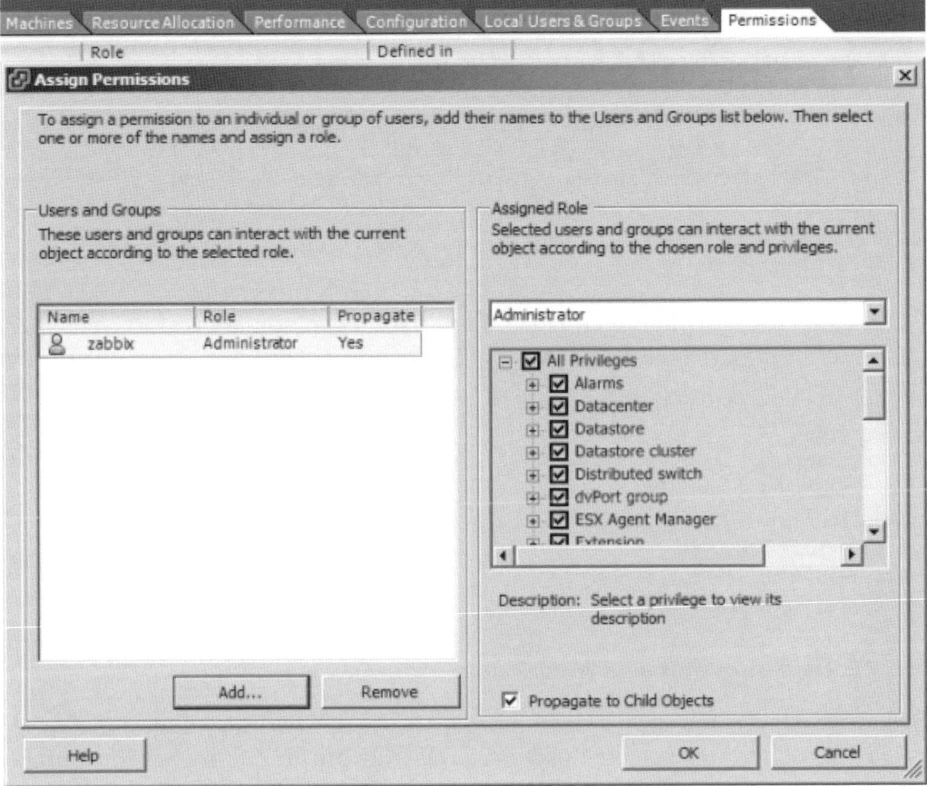

Abb. 24–8 *Rollenzuweisung in VMware ESXi*

24.2.2.2 Python pywbem installieren

Damit Zabbix die CIM-API abfragen kann, muss ein externes Skript installiert werden, welches per Zabbix-Sender die Daten der CIM-API an den Zabbix-Server schickt.

Für die Programmiersprache Python gibt es eine fertige Klassensammlung zum Abfragen von CIM-APIs per HTTP. Das Skript check-esx-hardware.py[4] nutzt diese Bibliothek und liefert die Daten der CIM-API in einem für Zabbix-Sender passenden Format.

Nutzer von Ubuntu und CentOS/RHEL 7 können die benötigten Python-Bibliotheken über den Paketmanager mit dem Kommando `apt-get install python-pywbem` bzw. `yum install yum install pywbem` installieren.

4. *http://lab4.org/files/check-esx-hardware.py*

Warnung

Nutzer von Debian 8 sollten pywbem nicht per `apt-get` und nicht per `pip` installieren. Aus nicht nachvollziehbaren Gründen ist das Debian-Paket python-wbem von python-epydoc abhängig, welches wiederum von Latex abhängig ist. Ein achtloses `apt-get install python-pywbem` würde neue Pakete in der Größe von ca 740 MB installieren. Wählen Sie besser die manuelle Installation von pywbem. Die aktuelle Version von pywbem, welche Sie mit pip installieren können, ist leider nicht kompatibel mit esx-check-skript.

Nutzer anderer Distributionen laden die Bibliotheken von Sourceforge.net[5] herunter und installieren diese wie folgt:

```
apt-get install python-m2crypto
cd /tmp
wget http://vorboss.dl.sourceforge.net/project/pywbem/pywbem/pywbem-0.8.0/
 pywbem-0.8.0-dev.r728.zip
unzip pywbem-0.8.0-dev.r728.zip
cd pywbem-0.8.0-dev
python setup.py build
python setup.py install
```

24.2.2.3 Hardwarestatus per CIM auslesen

Laden Sie das Python-Skript check-esx-hardware.py[6] herunter und kopieren Sie es in den Ordner, welchen Sie für die externen Skripte im Zabbix-Server konfiguriert haben. Machen Sie das Skript mit dem Kommando `chmod +x check-esx-hardware.py` ausführbar. Einen Überblick über die Optionen des Skriptes erhalten Sie mit dem üblichen Parameter `--help`.

```
root@monitoring:/usr/lib/zabbix/cron# ./check-esx-hardware.py --help
usage: check-esx-hardware.py [-h] [-u USER] -p PASSWORD -i HOST [-v] [-s] [-x]
                             [-d] [-z ZABBIX_HOSTNAME] [-n ITEM_NAME]
                             [-k DISCOVERY_ITEM_NAME]

Retrieve hardware health state from VMWare ESX(i) server

optional arguments:
  -h, --help            Show this help message and exit.
  -u USER, --user USER  Username for the connection to ESX(i) Server. If not
                        given, "root" is used.
  -p PASSWORD, --password PASSWORD
                        Password for the connection to ESX(i) Server.
  -i HOST, --host HOST  IP or Hostname of ESX(i) Server
  -v, --verbose         Be more verbose.
  -s, --show-inventory  Show the discovered items with formatted output.
```

5. *http://sourceforge.net/projects/pywbem/*
6. *http://lab4.org/files/check-esx-hardware.py*

```
-x, --zabbix-out      Print output formatted for piping to zabbix_sender.
-d, --item-discovery  Print json list for Zabbix low level item discovery.
-z ZABBIX_HOSTNAME, --zabbix-hostname ZABBIX_HOSTNAME
                      Name of host in Zabbix. If not given, host (-h/--host)
                      will be used.
-n ITEM_NAME, --item-name ITEM_NAME
                      Name of Item as configured in Zabbix Server. If not
                      given, "vmware.hardwarehealthstate" is used.
-k DISCOVERY_ITEM_NAME, --discovery-item-name DISCOVERY_ITEM_NAME
                      Name of Item for discovery as configured in Zabbix
                      Server. If not given, "vmware.hardwareitems" is used.
```

Testen Sie das Skript auf der Kommandozeile. Geben Sie den Hostnamen und das Passwort eines ESX-Servers an und lesen Sie den kompletten Hardwarestatus mit dem Parameter `--show-inventory` rekursiv aus.

```
root@monitoring:/usr/lib/zabbix/cron# ./check-esx-hardware.py -i
 esx1.example.local -p geheim --show-inventory
System Board 71                                    HealthState = 0
System Board 72                                    HealthState = 0
Add-in Card 111                                    HealthState = 0
Add-in Card 112                                    HealthState = 0
Add-in Card 113                                    HealthState = 0
Hardware Management Controller (Node 0)            HealthState = 0
Processor 1 Temp                                   HealthState = 5
System Board 1 Pwr Consumption                     HealthState = 5
Power Supply 2 Voltage 2                           HealthState = 5
Power Supply 1 Voltage 1                           HealthState = 5
Power Supply 2 Current 2                           HealthState = 5
Power Supply 1 Current 1                           HealthState = 5
System Board 1 Sys Fan1 RPM                        HealthState = 5
```

Geben Sie im Skript einen User und ein Passwort an, welchen Sie vorher per vSphere-Client auf dem ESX-Server eingerichtet haben. Die Nummern des HealthStates bedeuten

Nummer	Bewertung	Hinweis
0	OK	Unknown
5	OK	OK
10	Warning	Degraded
15	Warning	Minor
20	Critical	Major
25	Critical	Critical
30	Critical	Non-recoverable Error

24.2.3 ESX-Hardwareüberwachung in Zabbix einrichten

24.2.3.1 Discovery-Regel einrichten

Wenn Sie auf der Kommandozeile erfolgreich die CIM-API Ihres ESX- oder ESXi-Servers abfragen konnten, richten Sie nun die Items im Zabbix-Server ein. Dazu nutzen Sie die Funktion »Low-Level-Discovery« und Zabbix-Sender.

Wenn Sie das Skript mit der Option `-d` oder `--item-discovery` aufrufen, wird eine json-kodierte Liste der im ESX-Server erkannten Hardware erzeugt. Mit dieser Liste generiert der Zabbix-Server automatisch einzelne Items für jede Hardwarekomponente. (Die Liste im nachfolgenden Beispiel wurde gekürzt und leserlich formatiert.)

```
./check-esx-hardware.py -i esx1.example.com -p geheim --item-discovery
vmware.hardwareitems {
    "data": [{
        "{#ITEM_KEY}": "SystemBoard71",
        "{#ITEM_NAME}": "System Board 71"
    }, {
        "{#ITEM_KEY}": "SystemBoard72",
        "{#ITEM_NAME}": "System Board 72"
    }, {
        "{#ITEM_KEY}": "Add-inCard111",
        "{#ITEM_NAME}": "Add-in Card 111"
    }, {
        "{#ITEM_KEY}": "Add-inCard112",
        "{#ITEM_NAME}": "Add-in Card 112"
    }, {
        "{#ITEM_KEY}": "Add-inCard113",
        "{#ITEM_NAME}": "Add-in Card 113"
    }, {
        "{#ITEM_KEY}": "HardwareManagementController(Node0)",
        "{#ITEM_NAME}": "Hardware Management Controller (Node 0)"
    }, {
        "{#ITEM_KEY}": "Processor1Temp",
        "{#ITEM_NAME}": "Processor 1 Temp"
    }, {
        "{#ITEM_KEY}": "SystemBoard1PwrConsumption",
        "{#ITEM_NAME}": "System Board 1 Pwr Consumption"
    }, {
        "{#ITEM_KEY}": "PowerSupply2Voltage2",
        "{#ITEM_NAME}": "Power Supply 2 Voltage 2"
    }]
}
```

Legen Sie ein neues Template mit dem Namen »VMware Hardware Health« an. Klicken Sie anschließend in der Zeile des neuen Templates auf den Link **Discovery** und legen Sie mit der Schaltfläche »Create Discovery Rule« eine neue Regel mit folgenden Daten an:

Name	Hardware-Items
Type	Zabbix trapper
Key	vmware.hardwareitems
Keep lost resources period (in days)	30

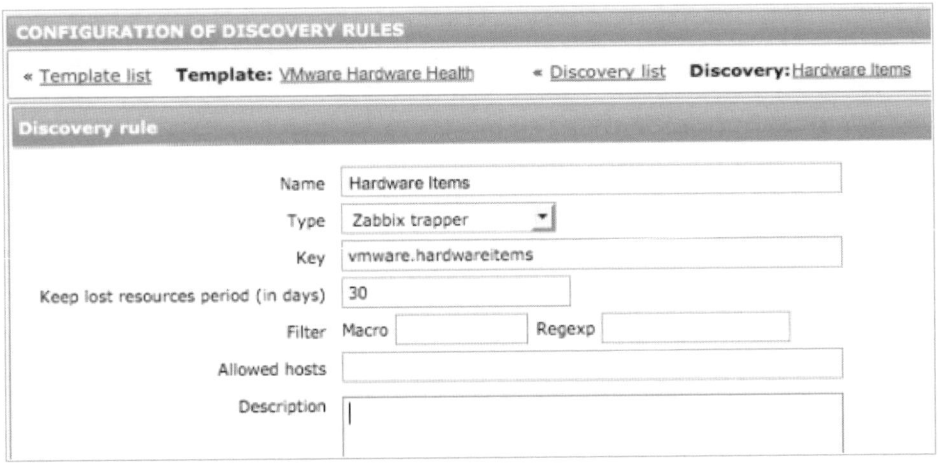

Abb. 24–9 *Discovery-Regeln zum Anlegen einzelner Items pro Hardwarekomponente*

24.2.3.2 Item-Prototypen einrichten

Nachdem Sie die Discovery-Regel angelegt haben, richten Sie einen »Item Prototype« mit folgenden Daten ein:

Name	Health state of {#ITEM_NAME}
Type	Zabbix trapper
Key	vmware.hardwarehealthstate['{#ITEM_KEY}']
Type of Information	Numeric (unsigned)
Data type	Decimal

CONFIGURATION OF ITEM PROTOTYPES

« Template list **Template:** VMWARE Hardware Health « Discovery list **Discovery:** Hardware Items

Item prototype

Name	Health state of {#ITEM_NAME}
Type	Zabbix trapper
Key	vmware.hardwarehealthstate['{#ITEM_KEY}'] Select
Type of information	Numeric (unsigned)
Data type	Decimal
Units	
Use custom multiplier	1
History storage period (in days)	90
Trend storage period (in days)	365
Store value	As is
Show value	As is show value mappings
Allowed hosts	
New application	
Applications	-None- Vmware Hardwarehealthstate

Abb. 24–10 *Item-Prototyp für die VMwarehardwareüberwachung*

Sobald Sie das Template einem Host zugewiesen haben, können Sie die Konfiguration testen. Dazu loggen Sie sich per SSH auf dem Zabbix-Server ein und rufen das zuvor beschriebene Skript wie folgt auf:

```
./check-esx-hardware.py -i esx1.example.com -p geheim -d|zabbix_sender -z
 127.0.0.1 -i - -vvv
```

Das Skript baut über das CIM-Interface eine Verbindung zum ESX-Server auf, ruft alle Hardware-Items ab, generiert eine json-kodierte Liste und sendet diese per Zabbix-Sender an den Zabbix-Server. Sollte der Host in Zabbix einen abweichenden Namen haben, können Sie diesen mit der Option `--zabbix-hostname "Mein ESX Server"` angeben. Sobald das Skript seine Arbeit ausgeführt hat, sollten Sie zahlreiche neue Items für den Host sehen. Klicken Sie auf *Configuration|Hosts* und in der Zeile des entsprechenden Hosts auf den Link *Items*.

In der Liste erkennen Sie die von der Discovery-Regel automatisch angelegten Items an dem vorangestellten Namen der Regel, in diesem Beispiel »Hardware Items:«.

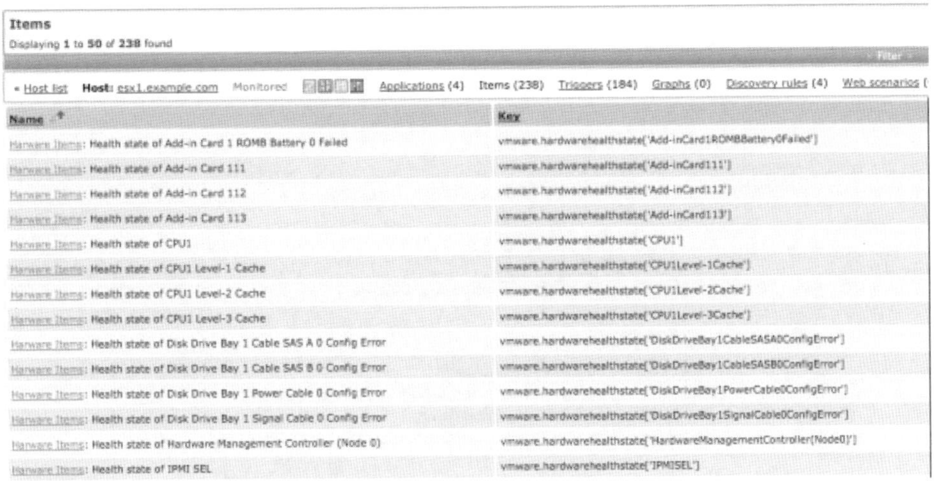

Abb. 24–11 *Das Skript hat per Zabbix-Sender neue Items angelegt.*

Heartbeat:
Das Skript `check-esx-hardware.py` gibt bei jedem Aufruf ein Item mit dem Key `vmware.hardwarehealthstate[heartbeat]` aus. Richten Sie im Template »VMware Hardware Health« ein »normales« Item vom Typ »Zabbix-Trapper« ein, das mit jedem Lauf des Skriptes aktualisiert wird. Per Trigger prüfen Sie später, ob das Skript regelmäßig Daten liefert.

24.2.3.3 Cronjob einrichten

Wenn die ersten Tests auf der Kommandozeile erfolgreich waren und wenn der Zustand der Hardware im ESX-Server in den einzelnen Items aktualisiert wird, sollten Sie einen Cronjob einrichten, der das Skript regelmäßig aufruft. Nutzen Sie entweder das Kommando `crontab` oder legen Sie eine Datei in `/etc/cron.d/` an, die beispielsweise wie folgt aussehen könnte:

```
*/30 * * * *  root  /usr/lib/zabbix/cron/check-esx-hardware.py\
 -i esx1.example.com -p geheim -d -x|\
 zabbix_sender -z 127.0.0.1 -i -
```

24.2.3.4 Trigger-Prototypen einrichten

Wenn das Anlegen der Items per Low-Level-Discovery erfolgreich war, sollten Sie als letzten Schritt einen Trigger einrichten. Wählen Sie erneut über *Configuration|Templates* das Template »VMware Health State« aus und klicken Sie auf den Link »Discovery«. Legen Sie nun über den Link »Trigger Prototype« einen neuen Trigger-Prototypen an. Der ESX-Server kennzeichnet defekte Hardware mit den Status 0 oder 5. Legen Sie den Trigger-Prototypen mit folgenden Werten an:

Name	Hardware Failure on {#ITEM_NAME}
Expression	{VMware Hardware Health:vmware.hardwarehealthstate['{#ITEM_KEY}'].last()}#5& {VMware Hardware Health:vmware.hardwarehealthstate['{#ITEM_KEY}'].last()}#0

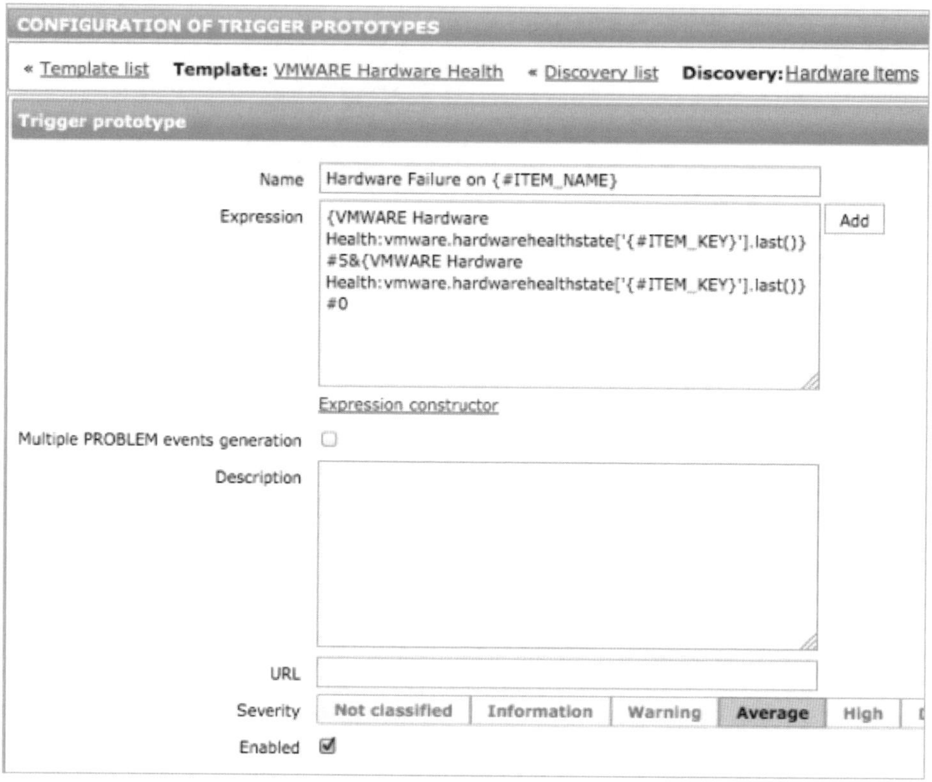

Abb. 24–12 *Trigger-Prototyp, der defekte Hardware in ESX-Servern erkennt*

Hinweis

Ab Version 2.4 müssen Sie mehrere Bedingungen im Trigger mit `and` und nicht mit `&` verbinden.

Heartbeat:

Berücksichtigen Sie auch den Fall, dass das Python-Skript keine Daten mehr liefert. Richten Sie im Template »VMware Health State« einen Trigger ein, welcher auslöst, wenn der Zabbix-Server keine Daten vom Skript erhält. Verwenden Sie dazu die Expression `nodata()`, zum Beispiel `{VMware Hardware Health:vmware.hardwarehealthstate[heartbeat].nodata(1800)}=1`.

25 Informationen aus Datenbanken auslesen

25.1 Datenbanken als Informationsquelle

Zabbix bietet die Möglichkeit, zahlreiche Datenbanken mit beliebigen SQL-Queries abzufragen und die Resultate als Item-Values zu speichern und von Triggern weiterverarbeiten zu lassen.

So können Sie zum Beispiel monitoren, wie viele Nutzer auf Ihrem Online-Portal angemeldet sind. Sie können aber auch einen Syslog-Daemon mit SQL-Backend einsetzen. Dann kann Zabbix auf sehr flexible und effektive Art nach Logmeldungen in einer Datenbank suchen. Oder Sie möchten eingehende Mails von Zabbix analysieren lassen. Die Open-Source-Software dbmailer schreibt alle ankommenden Mails in eine SQL-Datenbank. Über den Database Monitor kann Zabbix nun einfach nachschauen, wann zum Beispiel die letzte Mail von Ihrer Backup-Software eingetroffen ist und ob diese die erwarteten Stichworte enthält, die Ihnen anzeigen, dass das Backup erfolgreich erstellt wurde.

Zum Abfragen der Datenbanken setzt Zabbix auf die von Microsoft entwickelte Technologie Open Database Connectivity (ODBC). ODBC ist eine standardisierte Datenbankschnittstelle zwischen Applikation (Zabbix) und beliebigen Datenbanken. Zabbix muss nur mit der ODBC-Api sprechen und nicht mit der Datenbank direkt. Das hat den Vorteil, dass Zabbix nicht für jede Datenbank über passende Treiber verfügen muss. Sobald Sie einen Treiber per ODBC eingerichtet haben, kann Zabbix auf eine Datenbank zugreifen.

Es existieren zwei Open-Source-Varianten von ODBC: UnixODBC und iodbc. Zabbix kann beide nutzen. Die nachfolgende Anleitung beschränkt sich nur auf UnixODBC, weil es weiter verbreitet ist und auf allen Distributionen ohne Komplikationen funktionieren sollte.

Damit Zabbix Datenbanken per ODBC abfragen kann, müssen der Zabbix-Server und ggf. auch die Zabbix-Proxys mit der ODBC-Option kompiliert werden. Wenn Sie bei der ersten Installation von Zabbix also die Option `--with-unixodbx` nicht angegeben haben, dann müssen Sie den Zabbix-Server neu kompilieren. Dies sollten sie mit denselben Quellen tun, mit denen Sie auch den laufenden Zabbix-Server übersetzt haben.

25.2 UnixODBC per Paketmanager installieren

Wenn Sie den Zabbix-Server mit den RPM- oder DEB-Paketen aus dem Zabbix-Repository installiert haben, ist Ihr Zabbix-Server bereit für das Datenbank-Monitoring. Sie müssen UnixODBC und den Zabbix-Server nicht erneut kompilieren und installieren. Sie müssen lediglich die für Ihre Datenbank passenden Treiber installieren. Beispielsweise:

```
yum install mysql-connector-odbc # Red Hat/CentOS
apt-get install libmyodbc        # Debian/Ubuntu
```

25.3 UnixODBC und Zabbix-Server aus dem Quellcode installieren

25.3.1 UnixODBC installieren

Wenn Sie den Zabbix-Server aus dem Quellcode kompiliert haben, sollten Sie UnixODBC ebenfalls aus dem Quellcode übersetzen. Alle Distributionen stellen zwar Pakete mit UnixODBC bereit, doch sind diese in der Regel zu alt. Bei Debian fehlen außerdem einige Header-Dateien im Paket UnixODBC-dev. Ersparen Sie sich Ärger und Zeit und installieren Sie UnixODBC direkt aus den aktuellen Quellen.

Laden Sie die Quellen aus dem Internet herunter. Anschließend packen Sie den Tarball aus. Mit dem üblichen Dreisatz wird dann UnixODBC kompiliert und installiert. Achten Sie auf die korrekte Angabe für die Option `--libdir`. Diese variiert ja nachdem, ob Sie ein 32- oder 64-Bit-System verwenden.

```
cd /usr/src
wget ftp://ftp.unixodbc.org/pub/unixODBC/unixODBC-2.3.2.tar.gz
tar xzf unixODBC-2.3.2.tar.gz
cd unixODBC-2.3.2
./configure --prefix==/usr --sysconfdir=/etc --libdir==/usr/lib64
make
make install
```

Mit den oben stehenden Kommandos wird UnixODBC in die Standardverzeichnisse Ihres Linux-Systems installiert. Das bedeutet, die Bibliotheken landen in `/usr/lib` oder `/usr/lib64` und die ausführbaren Dateien werden nach `/usr/bin/` installiert. Wenn Sie ein anderes Präfix verwenden, müssen Sie ggf. den »Library Path« anpassen, in dem andere Programme nach gemeinsam genutzten Bibliotheken suchen.

25.3.2 Zabbix mit UnixODBC kompilieren

Sobald UnixODBC funktioniert, können Sie den Zabbix-Server neu kompilieren.

Wenn Ihr Zabbix-Server bereits läuft, sollten Sie nur eine neue Binary zabbix_server kompilieren, welche Sie dann gegen die aktuelle austauschen. Rufen Sie also nicht das Kommando make install auf. Dieses würde viele andere Dateien in Ihr System kopieren und ggf. Dateien ungewollt überschreiben.

Wechseln Sie in das Verzeichnis mit dem Zabbix-Quellcode und rufen Sie ./configure mit genau den Optionen auf, mit dem Sie Zabbix zuvor auch kompiliert haben. Fügen Sie nun zusätzlich die Option --with-unixodbc ein. Beispiel:

```
./configure --enable-server --enable-agent\
 --with-mysql --with-net-snmp --with-openipmi\
 --with-unixodbc --prefix=/opt/zabbix

checking for odbc_config... /usr/local/bin/odbc_config
checking for main in -lodbc... yes
checking whether unixodbc is usable... yes
```

Wenn ./configure bestätigt, dass unixodbc gefunden wurde, können Sie mit make kompilieren und dann die Datei zabbix_server an Ihren Ort kopieren. Stoppen Sie den Zabbix-Server vorher und machen Sie sich ein Backup der alten Datei.

Wenn Sie anschließend den Zabbix-Server neu starten, sollte im Logfile des Servers der Eintrag ODBC = yes auftauchen. Sie können nun mit Zabbix-Datenbanken per ODBC abfragen.

25.3.3 Datenbanktreiber installieren

Damit eine Applikation über ODBC mit einer Datenbank »reden« kann, muss ODBC wissen, wie man mit einer speziellen Datenbank eine Verbindung aufbaut. Dazu braucht man für jeden Datenbanktyp einen speziellen Treiber. Diese werden in der Regel von den Datenbankherstellern kostenlos zum Download bereitgestellt.

MySQL-ODBC-Treiber

Alternativ laden Sie den ODBC-Treiber für Linux von der MySQL-Webseite[1] herunter. Auch SUSE- oder Red Hat-Benutzer sollten den allgemeinen ODBC-Treiber als tar.gz-Datei downloaden. Da Sie UnixODBC nicht über den rpm-Paketmanager installiert haben, wird die Installation des Treibers per rpm wegen der nicht erfüllten Abhängigkeiten fehlschlagen.

Packen Sie die Datei nach dem Download aus und kopieren Sie die Treiber (.so-Dateien) in Ihr System:

```
tar xzf mysql-connector-odbc-<VERSION>-linux-glibc2.3-x86-64bit.tar.gz
mkdir /usr/lib/odbc/
cp /usr/src/mysql-connector-odbc-<VERSION>-linux-glibc2.3-x86-64bit/lib/*\
 /usr/lib/odbc/
```

1. *http://dev.mysql.com/downloads/connector/odbc/*

Prüfen Sie nun, ob auch alle anderen Bibliotheken aus Ihrem System vorhanden sind, die der MySQL-ODBC-Treiber benötigt.

```
ldd /usr/lib/odbc/libmyodbc5.so
```

Sollten Bibliotheken mit »Not found« angezeigt werden, müssen Sie diese über den Paketmanager installieren. Zeigt `ldd` an, dass alle Bibliotheken vorhanden sind, können Sie den Treiber nutzen.

25.4 ODBC-Verbindungen und DSN einrichten

Nachdem Sie ODBC und einen ODBC-Datenbanktreiber installiert haben, müssen Sie zum Beispiel den MySQL-Treiber ODBC bekanntgeben.

Dazu legen Sie die Datei `/etc/odbcinst.ini` mit folgendem Inhalt an:

```
[MySQL5]
Description     = MySQL5
Driver          = /usr/lib/odbc/libmyodbc5.so
```

Der Pfad zum Datenbanktreiber kann je nach Distribution und Installationsweise unterschiedlich sein. Suchen Sie mit `find /usr/lib/ -name "*myodbc*.so"` danach.

Möchte sich eine Applikation per ODBC mit einer Datenbank verbinden, wird ein sogenannter DSN (Data Source Name) verwendet. Für jede Datenbank, die Zabbix oder eine andere Applikation per ODBC ansprechen möchte, muss ein DSN eingerichtet werden. Der DSN gibt vor, mit welchem Treiber eine Datenbank angesprochen wird. Außerdem werden weitere Verbindungsdaten wie IP, Benutzername, Datenbankname etc. in der DSN-Konfiguration gespeichert.

Legen Sie eine Datei `/etc/odbc.ini` mit folgendem Inhalt an:

```
[mysql-test]
Driver          = MySQL5
DATABASE        = zabbix
PWD             = 12345
SERVER          = 127.0.0.1
PORT            = 3306
UID             = root
```

Der Wert in eckigen Klammern ist der Name des DSN, wie ihn die Applikation verwenden muss. Der Treiber muss exakt so angegeben werden, wie er in der Datei `/etc/odbcinst.ini` eingefügt wurde. Benutzername und Passwort müssen Sie nicht in den DSN eintragen. Diese können auch bei jeder Datenbankverbindung von der Applikation mitgeschickt werden.

25.4.1 UnixODBC testen

Bevor Sie UnixODBC in Zabbix integrieren, sollten Sie testen, ob es auch funktioniert. Wenn also die Dateien `/etc/odbcinst.ini` und `/etc/odbc.ini` angelegt wurden, können Sie mit dem Kommando

```
isql <DSN> <user> <password>
```

einen DSN testen. Wenn der Benutzername und das Passwort schon in der odbc.ini eingetragen wurden, genügt die Angabe des DSN, beispielsweise `isql mysql-test`. Wenn alles korrekt eingerichtet wurde, sollten Sie per Konsole auf der Datenbank angemeldet sein. Geben Sie nun eine SQL-Abfrage ein. Sollte die Verbindung nicht zustande kommen, versuchen Sie mit `isql -v <DSN>` über die erweiterte Ausgabe einen Hinweis zu bekommen.

25.5 Items vom Typ Database-Monitor einrichten

Eine Datenbankabfrage wird im Zabbix-Server als Item eingerichtet. Das Ergebnis der Datenbankabfrage wird dann als Item-Value gespeichert. Legen Sie ein neues Item an und wählen Sie als Typ »Database-Monitor«.

Den Item-Key können Sie nicht über ein weiteres Menü auswählen. Geben Sie diesen nach folgendem Schema an:

```
db.odbc.select[what_you_like,dsn]
```

Der Key muss immer mit `db.odbc.select` beginnen. In den eckigen Klammern geben Sie einen beliebigen String ein, mit dem Sie später das Item zum Beispiel bei der Konfiguration der Trigger identifizieren. Als zweiten Parameter geben Sie einen DSN an, wie Sie ihn vorher in der Datei `/etc/odbc.ini` eingerichtet haben.

Wenn Sie für einen DSN in der Datei `/etc/odbc.ini` einen Benutzernamen und ein Kennwort hinterlegt haben, bleiben die Felder »User name« und »Password« frei. Sollten die Zugangsdaten nicht in der DNS-Konfiguration hinterlegt sein, geben Sie diese in der Item-Konfiguration an.

Items vom Typ Database-Monitor werden dem Host zugeordnet, für den sie eingerichtet werden. Die Verbindungsdaten des Hosts werden aber nicht berücksichtigt. Auf welchem Host die SQL-Abfragen ausgeführt werden, wird nur über den DSN eingestellt. Es ist also möglich, dass Sie das Item für Host A anlegen, es wird aber eine Datenbank auf Host B abgefragt.

Im Feld »SQL query« geben Sie das SQL-Kommando an, welches ausgeführt werden soll. Zum Beispiel:

```
select count(*) from items;
```

Name: SQL TEST
Type: Database monitor
Key: db.odbc.select[ein-test,mysql-test] Select
User name
Password
SQL query: SELECT NOW()
Type of information: Text

Abb. 25–1 *Anlegen eines Items, welches eine Datenbank abfragt*

25.5.1 Vorgaben für die SQL-Abfragen

Beachten Sie:

- Das SQL-Kommando muss mit select beginnen.
- Die Query darf nur einen einzigen Wert zurückliefern.
- Liefert die Query mehr als eine Spalte zurück, wird nur die erste Spalte von Zabbix berücksichtigt.
- Liefert eine Query mehr als eine Zeile zurück, so wird nur die erste Zeile ausgelesen.
- Queries können, müssen aber nicht mit einem Semikolon beendet werden.
- Globale Makros wie zum Beispiel {$HOSTNAME} werden nicht ersetzt.

Achten Sie bei jedem Item auf den korrekten Type of Information. Liefert die Datenbankabfrage eine Ganzzahl zurück, wählen Sie Numeric Unsigned aus. Kommazahlen werden als Float eingerichtet und Text als Text.

Sie können Items vom Typ Database Monitor für jeden Host einrichten. Die Datenbankabfrage übernimmt immer der Zabbix-Server. Wird ein Host von einem Proxy überwacht, dann erfolgt die Abfrage der Datenbank vom Proxy aus. Das setzt voraus, dass Sie auch auf den Proxys UnixODBC installiert haben und dass Sie den Proxy mit der Option `--with-unixodbc` kompiliert haben. Die Konfiguration der DSN muss ebenfalls auf den Proxys vorhanden sein.

Wenn bei der SQL-Abfrage ein Fehler auftritt, wird Ihnen dieser in der Übersicht der Items angezeigt, indem Sie mit der Maus über das rote Kreuz in der Spalte »Error« fahren.

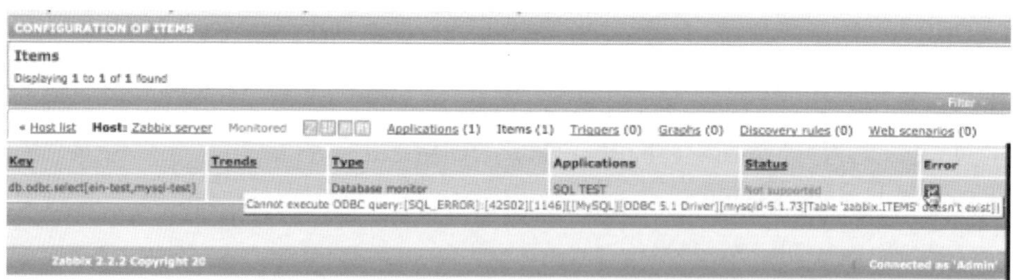

Abb. 25–2 Anzeige von SQL-Fehlern

26 Logfiles und Systemevents überwachen

26.1 Logfiles mit aktiven Checks überwachen

Mit Zabbix können Sie Logfiles oder das Windows-Eventlog auf das Vorkommen bestimmter Stichworte überwachen. In einem vorgegebenen Intervall überprüft der Zabbix-Agent Logfiles und sucht über einen Regulären Ausdruck nach Stichworten. Dabei untersucht der Agent immer nur den Teil eines Logfiles, der sich seit dem letzten Check geändert hat.

Das Monitoren von Logfiles ist ein sogenannter **aktiver Check**. Der Agent ruft beim Server ab, welches Logfile nach welchem Stichwort in welchem Intervall durchsucht werden soll. Sobald diese Konfiguration den Agenten erreicht hat, stößt der Agent die Prüfung selbstständig an. Die »normalen« – nicht aktiven – Checks werden im Gegensatz zu den aktiven immer vom Zabbix-Server angestoßen. Zum Ausführen von aktiven Checks müssen einige Voraussetzungen erfüllt sein, die für die passiven Checks nicht gelten. Mehr Details über aktive Checks finden Sie im Kapitel 9.

26.2 Den Agent vorbereiten

26.2.1 Hostname im Agenten konfigurieren

In der Datei zabbix_agent.conf muss der Wert »Hostname« korrekt ausgefüllt sein. Dabei muss der Hostname exakt dem Hostnamen entsprechen, den Sie im Zabbix-Server in der Hostkonfiguration im Feld »Host Name« angegeben haben.

Der in der Konfiguration des Agenten angegebene Hostname muss nicht dem im Betriebssystem konfigurierten Hostnamen entsprechen. Es müssen auch keine passenden Einträge im DNS existieren.

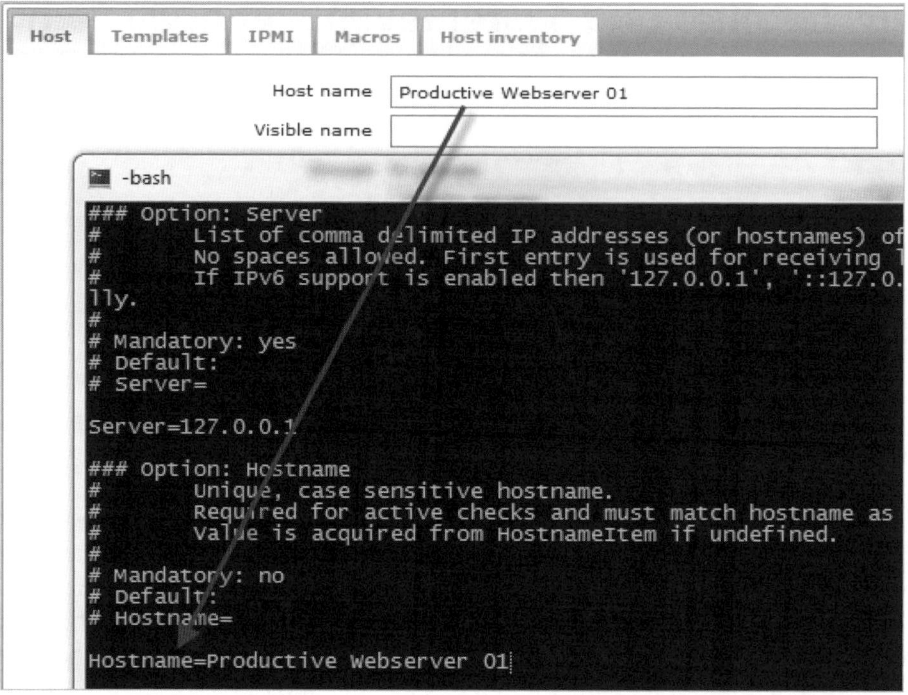

Abb. 26–1 *Der hinterlegte Hostname in der zabbix_agentd.conf muss mit dem Hostnamen im Zabbix-Server übereinstimmen.*

26.2.2 Zabbix-Serveradresse im Agenten konfigurieren

Der erste Eintrag in der Konfiguration des Agenten für den Wert »Server« muss den Hostnamen oder die IP-Adresse des Zabbix-Servers enthalten. Sollten Sie aufgrund Ihrer Netzwerktopologie (NAT-Routing) mehrere zulässigen Serveradressen für den Agenten eingetragen haben, achten Sie darauf, dass der Agent den Server über den ersten Eintrag erreicht. Liegt zwischen Server und Agent ein NAT, müssen Sie nicht die wahre Adresse des Servers, sondern die IP-Adresse des NAT-Routers als Server eintragen. Der Router muss dann alle Anfragen an den Port 10051 an den Zabbix-Server weiterleiten.

26.2.3 Netzwerk, Routing und NAT prüfen

Der Zabbix-Server muss vom Zabbix-Agenten aus über den TCP-Port 10051 erreichbar sein. Prüfen Sie dazu den Wert »ListenIP« in der zabbix_server.conf des Servers. Solange Sie keine aktiven Checks verwenden, reicht der Eintrag »ListenIP=127.0.0.1«. Für die aktiven Checks sollten Sie die IP-Adressen mit Komma getrennt eintragen, über die der Server die Anfragen der Clients entgegennimmt. Alternativ können Sie auch »ListenIP=0.0.0.0« verwenden. Dann nimmt der Server die Verbindungen der Agenten aus allen verfügbaren IP-Adressen entgegen. Testen Sie vom überwachten Host aus, ob der Zabbix-Agent Verbindungen zum Server aufbauen kann, zum Beispiel mit dem Kommando

```
nc -z <IP-Zabbix-Server> 10051&&echo OK
```

26.3 Leserechte für Logfiles einräumen

Damit der Zabbix-Agent Logfiles überwachen kann, muss der Zabbix-User diese lesen dürfen. Üblicherweise wird der Zabbix-Agent nicht mit den Berechtigungen des Root-Users gestartet. Benutzer ohne Root-Rechte haben auf fast allen Distributionen keine Leserechte auf Logdateien. Prüfen Sie mit `ls -l`, wer Leserechte auf die entsprechende Datei hat. Auf einem **Standard-Debian-System** schreibt Syslog fast alle Meldungen in die Datei `/var/log/syslog`. Nur Root und Mitglieder der Gruppe adm dürfen diese Datei lesen. Der Benutzer »zabbix« hat erst einmal keinen Zugriff.

```
ls -l /var/log/syslog
-rw-r----- 1 root adm 117744 Sep 21 18:50 /var/log/syslog
```

Sie können nun den Benutzer »zabbix« der Gruppe »adm« hinzufügen, denn diese hat Leserechte auf die Logdatei.

```
adduser zabbix adm
Adding user `zabbix' to group `adm' ...
Adding user zabbix to group adm
Done.
```

SUSE-, Red Hat- und CentOS-Systeme verwenden `/var/log/messages` als Hauptlogfile. Diese Datei darf nur vom User Root und Mitgliedern der Gruppe root gelesen werden.

```
ls -l /var/log/messages
-rw-r----- 1 root root 483083 Okt 14 07:11 /var/log/messages
```

Sie könnten nun den Benutzer »zabbix« der Gruppe root hinzufügen. Damit würden Sie aber über das Ziel hinausschießen und Zabbix zu viele Rechte geben. Legen Sie besser eine neue Gruppe an, zum Beispiel »adm«, und sorgen Sie dafür, dass die Logdatei mit Leserechten für die neue Gruppe angelegt wird. Folgende Kommandos legen unter SUSE eine Gruppe adm an und fügen die Benutzer root und zabbix der neuen Gruppe hinzu:

```
groupadd adm
groupmod -A root adm
groupmod -A zabbix adm
```

Auf Red Hat- und CentOS-Systemen existiert die Gruppe adm schon. Sie brauchen nur den User zabbix hinzufügen.

```
usermod -a -G adm zabbix
```

Öffnen Sie nun die Konfigurationsdatei des Syslog-Dienstes /etc/rsyslog.conf und fügen Sie folgende Zeilen im oberen Bereich hinzu:

```
# All new files belong to group adm. This is not the SUSE default!
$FileGroup adm
$FileCreateMode 0640
$Umask 0022
```

Starten Sie Rsyslog nach den Änderungen neu.

```
/etc/init.d/syslog restart
```

Der Syslog-Dienst ändert die Berechtigungen vorhandener Dateien nicht. Dies müssen Sie manuell erledigen. Alle neuen Dateien werden der Gruppe adm gehören.

```
chgrp adm /var/log/messages
```

Die Zugriffsberechtigungen für Logfiles sollten Sie nicht per `chmod a+r` o.Ä. ändern, denn beim nächsten Rotieren der Logs gehen diese Änderungen verloren.

Warnung

Sie sollten Logfiles nicht für alle Benutzer lesbar machen! Denken Sie an die Auswirkungen bezüglich der Sicherheit Ihres Systems. Es hat einen guten Grund, dass Logfiles nur für root und die Gruppe »adm« lesbar sind. Viele Applikationen, wie zum Beispiel Apache und Mailserver, loggen sensible Daten wie Benutzernamen und Passwörter im Klartext. Diese Informationen sollten nicht für alle Benutzer zugänglich sein.

26.4 Items zur Logfile-Überwachung einrichten

Zur Überwachung von Logfiles oder des Eventlogs legen Sie für einen Host oder ein Template ein neues Item an, wobei Sie »Description« wie gewohnt frei wählen können.

Als **Type** müssen Sie »Zabbix agent (active)« auswählen.

Der **Key** wird bei Logfiles wie folgt gebildet:

```
log[file,<regexp>,<encoding>,<maxlines>,<mode>].
```

Der Key »log« akzeptiert folgende Optionen:

- **file**
  Der Pfad zum Logfile muss als absoluter Pfad angegeben werden.
- **regexp**
  Mit regexp geben Sie einen Regulären Ausdruck an, nach dem im Logfile gesucht werden soll. Die Groß- und Kleinschreibung wird beachtet.
- **encoding**
  Wenn der gesuchte Begriff Sonderzeichen enthält, ist es ratsam, auch das Encoding anzugeben.

- **maxlines**
  Mit maxlines legen Sie fest, wie viele Zeilen, die eine Fundstelle enthalten, vom Agenten an den Server zurückgegeben werden. Je nachdem, wie Sie das Item später mit einem Trigger auswerten wollen, ist es ratsam, nicht alle Fundstellen an den Server zu schicken. Das spart Netzwerkverkehr und Rechenarbeit. Wenn Sie maxlines nicht angeben, wird der in der Datei zabbix_agentd.conf angegebene Wert MaxLinesPerSecond verwendet.

Im Dropdown-Menü **Type of information** wählen Sie bei der Analyse von Logfiles immer Log aus.

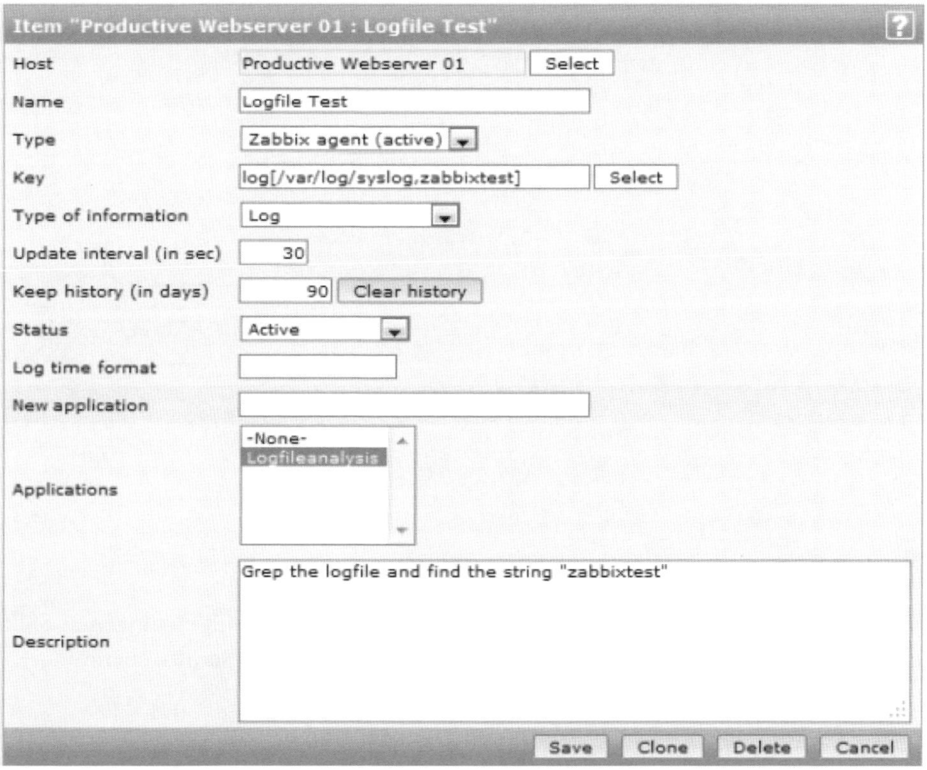

Abb. 26–2 *Der Zabbix-Agent sucht alle 30 Sekunden nach einem Stichwort in einem Logfile.*

Wenn Sie ein neu eingerichtetes Item testen wollen, können Sie mit dem Kommando logger einen Eintrag ins Syslog schreiben:

```
logger zabbixtest
tail /var/log/syslog
Oct 14 21:14:21 zabbix root: zabbixtest
```

Nun sollten Sie auch auf der Zabbix-Weboberfläche sehen, dass Zabbix den Logeintrag mitbekommen hat. In den »Latest Data« des überwachten Hosts sollten

Sie den Logeintrag ebenfalls finden. Der Agent liefert die komplette Zeile mit der Fundstelle an den Server.

Hinweis

Da das Prüfen von Logfiles ein aktiver Check ist, werden Änderungen in der Zabbix-Weboberfläche nicht sofort an den Agenten kommuniziert. In der Datei `zabbix_agentd.conf` legen Sie mit der Einstellung `RefreshActiveChecks` fest, in welchem Rhythmus der Agent die Konfigurationsänderungen vom Zabbix-Server abruft. Es kann also etwas dauern, bis Daten im Zabbix-Server ankommen.

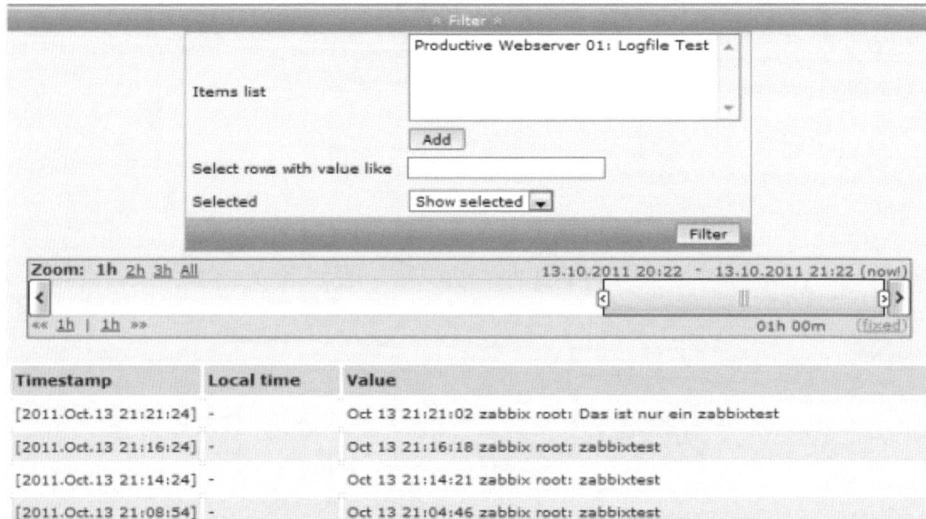

Abb. 26–3 *Ein Logeintrag wurde gefunden und im Zabbix-Server gespeichert.*

Wenn Sie zum Beispiel beobachten wollen, dass es einen fehlgeschlagenen SSH-Login-Versuch für den User Root gab, könnte der Item-Key so aussehen:

```
log[/var/log/auth.log,"sshd.*authentication failure.*user=root"]
```

26.4.1 Rotierende Logfiles

Viele Logfiles werden in zeitlichen Abständen rotiert. Die schreibende Software oder Logrotate-Cronjobs archivieren und komprimieren das Logfile. Anschließend wird mit einem neuen Logfile begonnen.

Die meisten Distributionen verwenden Logrotate. In `/etc/logrotate.conf` und `/etc/logrotate.d/` finden Sie die Regeln, nach denen Logfiles umbenannt und komprimiert werden. Die Datei /var/log/syslog wird in der Regel alle vier Tage rotiert und nach weiteren vier Tagen komprimiert.

```
ls -l /var/log/syslog*
-rw-r----- 1 root adm 10227196 Oct 15 18:53 /var/log/syslog
-rw-r----- 1 root adm   144655 Oct  5 13:42 /var/log/syslog.1
-rw-r----- 1 root adm      328 Sep 30 18:11 /var/log/syslog.2.gz
```

Wenn Sie einen Logfile mit Zabbix beobachten, kann es passieren, dass kurz bevor der Zabbix-Agent die Datei einliest, diese rotiert wurde. Alles, was zwischen dem letzten Lesevorgang von Zabbix und dem Rotieren geschrieben wurde, kann dann Zabbix nicht lesen.

Wenn Sie Logfiles im 30-Sekunden-Takt prüfen, entgehen Ihnen in der Regel nur sehr wenige oder keine Informationen. Prüfen Sie einen Logfile hingegen nur einmal pro Stunde, erfasst der Zabbix-Agent wichtige Informationen unter Umständen nicht.

Doch für solche Fälle können Sie den Item-Key `logrt[path to log file with filename format,<pattern>,<encoding>,<max lines>]` verwenden. Der Pfad zu den Logdateien wird als Regulärer Ausdruck angeben, zum Beispiel:

```
logrt["/var/log/syslog(\.[0-9])*",zabbxitest,"UTF-8",100]
```

Zabbix liest einmal alle Dateien ein, die dem Muster entsprechen. Bei jeder weiteren Prüfung ignoriert der Agent Dateien ohne Änderungen, so dass nur noch die Dateien mit dem jüngsten Änderungsdatum gelesen werden.

Komprimierte Logfiles können nicht eingelesen werden. Wenn Sie rotierende Logfiles mit Zabbix analysieren, dann achten Sie darauf, dass die Dateien nach dem Rotieren nicht sofort komprimiert werden. Geben Sie dazu in den Logrotate-Regeln die Option »delaycompress« an. Dann bleibt die rotierte Datei bis zum nächsten Rotationszyklus unkomprimiert.

```
debian[root]: /root — ssh — 80×24
root@debian:~# cat /etc/logrotate.d/rsyslog
/var/log/syslog
{
        rotate 7
        daily
        missingok
        notifempty
        delaycompress
        compress
        postrotate
                invoke-rc.d rsyslog rotate > /dev/null
        endscript
}

/var/log/mail.info
/var/log/mail.warn
/var/log/mail.err
/var/log/mail.log
/var/log/daemon.log
/var/log/kern.log
/var/log/auth.log
/var/log/user.log
/var/log/lpr.log
/var/log/cron.log
```

Abb. 26–4 *Teilen Sie Logrotate mit, dass Logfiles nicht sofort komprimiert werden sollen.*

26.4.2 Zeitstempel erhalten

Beim Einrichten eines Items vom Type »log« oder »logrt« gibt es ein Eingabefeld »Log Time Format«. Wenn Sie an dieser Stelle angeben, wie das Datum in einer Logmeldung formatiert ist, dann wird der Original-Zeitstempel der Logmeldung an den Zabbix-Server übertragen. Wenn Sie das Datumsformat nicht angeben, werden die Meldungen ohne Zeitstempel zum Zabbix-Server geschickt. Sie sehen dann alle Logmeldungen mit dem Zeitstempel, an dem die Meldungen den Zabbix-Server erreicht haben. Je nach Update-Intervall kann dieser Zeitstempel erheblich von der Uhrzeit abweichen, zu der die Meldung auf dem überwachten System generiert wurde.

- Damit der Original-Zeitstempel gelesen werden kann, geben Sie im Feld »Log Time Format« folgende Platzhalter an:
- y: Year (0001-9999)
- M: Month (01-12)
- d: Day (01-31)
- h: Hour (00-23)
- m: Minute (00-59)
- s: Second (00-59)

Wenn eine Logmeldung zum Beispiel mit folgendem Datum beginnt:

```
2011-10-15 21:12:59 zabbix root: This is a log message
```

dann tragen Sie als »Log Time Format« Folgendes ein:

```
yyyy-MM-dd hh:mm:ss
```

Zabbix kann das Format eines Datums nur dann erkennen, wenn das Datum aus Jahr, Monat, Tag, Stunde, Minute und Sekunde besteht. Fehlt eine dieser Angaben, wird das Datum nicht erkannt.

Timestamp	Local time	Value
[2011.Oct.15 21:25:21]	2011.Oct.15 21:25:14	2011-10-15 21:25:14 zabbix root: zabbixtest another message
[2011.Oct.15 21:24:21]	2011.Oct.15 21:24:09	2011-10-15 21:24:09 zabbix root: zabbixtest preserving original time stamps

Abb. 26–5 *Logmeldungen, bei denen der Original-Zeitstempel (Local time) erkannt wurde*

Unglücklicherweise ist das Standard-Datumsformat von rsyslog nicht mit Zabbix kompatibel. Logmeldungen enthalten kein Jahr, und der Monat ist nicht als Zahl angegeben. Möchten Sie das Datumsformat so ändern, dass Zabbix es lesen kann, dann fügen Sie in die Datei `/etc/rsyslog.conf` ein neues Logformat (Template) ein. Sie können das neue Template dann auf jede Logdatei anwenden, indem Sie dieses hinter dem Dateinamen mit Semikolon getrennt angeben.

```
# Define template with zabbix compatible date format
$template ZabbixCompatible,"%timereported:::date-
  pgsql% %HOSTNAME% %syslogtag%%msg:::drop-last-lf%\n"

#/var/log/syslog uses ZabbixCompatible format
*.*;auth,authpriv.none          -/var/log/syslog;ZabbixCompatible
```

Warnung

Beachten Sie, dass vielleicht andere Programme ebenfalls Logfiles auswerten. Prüfen Sie, ob diese Programme mit einem geänderten Datumsformat zurechtkommen.

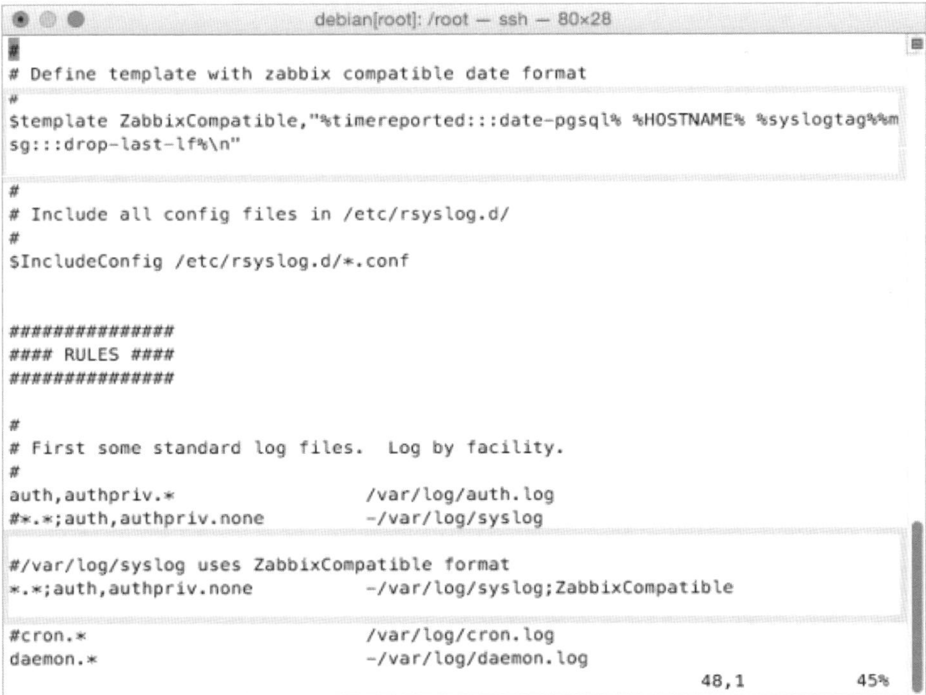

Abb. 26–6 *Rsyslog verwendet ein Zabbix-kompatibles Datumsformat.*

26.5 Überwachen des Windows-Eventlogs

Was für Linux der Syslog ist, nennt sich unter Windows System-Events. Hier laufen alle Meldungen des Betriebssystems und vieler Applikationen auf. Der Zabbix-Agent kann das Eventlog von Windows beobachten und bestimmte Meldungen an den Zabbix-Server schicken.

Windows teilt die System-Events in verschiedene Eventlogs auf. Die Standard-Eventlogs sind Application, Security, Setup und System.

Zur Überwachung des Eventlogs richten Sie ein neues Item ein und wählen Sie als Typ »Zabbix-Agent (active)«. Der Key wird nach folgendem Muster angelegt:

```
eventlog[logtype,<pattern>,<severity>,<source>,<eventid>,<maxlines>,<mode>]
```

Dabei geben Sie im Key folgende Optionen an:

- **logtype**
  Als logtype geben Sie an, welches Eventlog durchsucht werden soll, zum Beispiel Application. Diese Angabe ist Pflicht. Das Durchsuchen aller Eventlogs ist nicht möglich. Die Angabe der Eventlogs ist je nach Sprache des Betriebssystems unterschiedlich. Für ein deutsches Windows tragen Sie zum Beispiel »Anwendung« anstatt »Application« ein.
- **pattern**
  Der Suchbegriff als Regulärer Ausdruck. Die Groß- und Kleinschreibung wird berücksichtigt.
- **Severity**
  Wenn eine Severity angegeben wird, werden nur Einträge mit diesem Schweregrad durchsucht. Im Windows Eventviewer wird diese Angabe als »Level« bezeichnet. Mögliche Severities (Level) sind Error, Warning, Information, Successaudit und Failureaudit.
- **Source**
  Über die Option Source können Sie die Suche im Eventlog auf Einträge bestimmter Programme beschränken.
- **EventID**
  Die EventIDs sind keine fortlaufenden Nummern, sondern eindeutige Kennungen für bestimmte Probleme. Der Zabbix-Agent kann gezielt nach EventIDs suchen.
- **maxlines**
  maxlines gibt an, wie viele gefundene Zeilen an den Zabbix-Server gesendet werden.
- **Mode**
  mögliche Werte: all (default), skip (Überspringe das Verarbeiten alter Daten.).

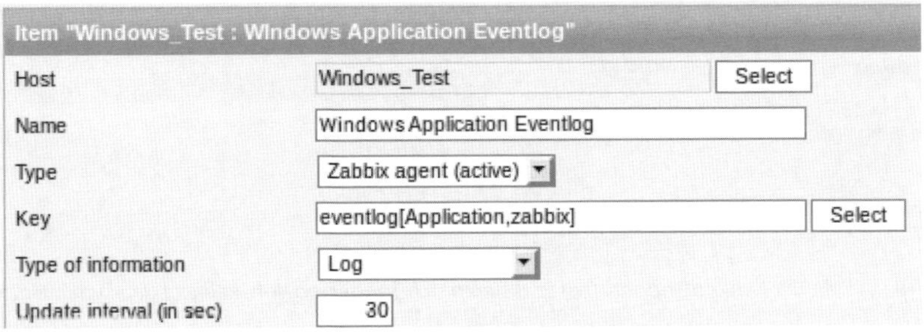

Abb. 26–7 *Durchsuchen des Eventlogs System nach dem Stichwort »Zabbix«*

Zum Testen eines Items können Sie mit dem Kommando `eventcreate` einen Eintrag in das Eventlog schreiben.

```
c:\>eventcreate /l APPLICATION /t INFORMATION /id 1 /d "zabbix is cool"
SUCCESS: An event of type 'INFORMATION' was created in the 'APPLICATION' log
 with 'EventCreate' as the source.
```

26.6 Trigger einrichten für die Logfile-Überwachung

Beim Einrichten von Triggern stellt sich ein grundsätzliches Problem: Einträge in Logfiles haben keinen Status. Wenn ein Eintrag im Syslog einen Fehler anzeigt, gibt es danach in der Regel keinen Eintrag, der anzeigt, dass der Fehler behoben wurde. Würden Sie einen Trigger einrichten, der den Status »Problem« annimmt, sobald ein bestimmtes Wort in einem Logfile gefunden wird, so wird dieser Trigger immer den Status »Problem« behalten. Trigger werden nur in dem Moment ausgeführt, in dem der Item-Value aktualisiert wird. Solange der gesuchte Begriff nicht gefunden wird, sendet der Agent aber keine Daten an den Server. Das Item und damit auch der Trigger werden nicht aktualisiert.

Sie müssen den Zabbix-Server also dazu bewegen, den Trigger zu aktualisieren, obwohl keine neue Daten für das Item gesendet werden. Das erreichen Sie durch die Verwendung der Funktion `nodata()`. Eine Trigger-Expression könnte wie folgt definiert werden:

```
{Productive Webserver 01:log[/var/log/syslog,zabbixtest].nodata(120)}=0
```

`nodata(120)` liefert 0 zurück, wenn in den letzten 120 Sekunden neue Daten eingetroffen sind. Mit der genannten Expression schlägt der Trigger Alarm, sobald das Suchwort gefunden wurde. Wird das Wort in den dann folgenden 120 Sekunden nicht mehr gefunden, schaltet sich der Alarm automatisch wieder ab.

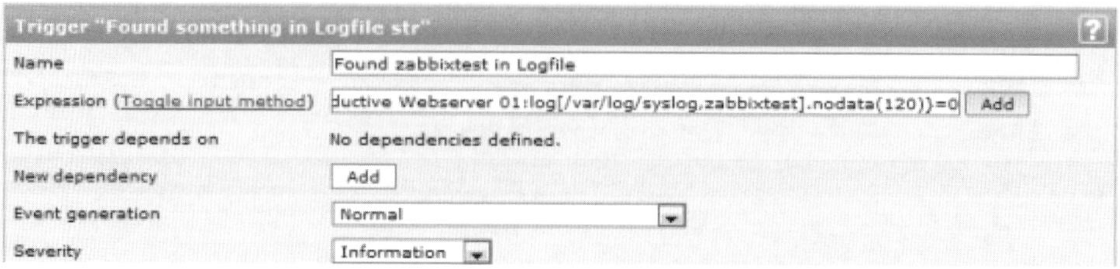

Trigger "Found something in Logfile str"
Name: Found zabbixtest in Logfile
Expression (Toggle input method): ductive Webserver 01:log[/var/log/syslog,zabbixtest].nodata(120)}=0 Add
The trigger depends on: No dependencies defined.
New dependency: Add
Event generation: Normal
Severity: Information

Abb. 26–8 *Mit der Funktion nodata() aktualisieren sich Trigger, obwohl keine neuen Daten eintreffen.*

Sie können die Funktion `nodata()` mit anderen Funktionen kombinieren. Dazu gibt es folgende Beispiele:

```
{Productive Webserver 01:log[/var/log/syslog,zabbixtest].count(180)}>3&
{Productive Webserver 01:log[/var/log/syslog,zabbixtest].nodata(180)}=0
```

Dieser Trigger löst aus, wenn innerhalb der letzten 180 Sekunden der Begriff »zabbixtest« mindestens viermal ins Logfile geschrieben wurde.

```
{Productive Webserver 01:log[/var/log/syslog,zabbixtest].str("zweiter
 Begriff")}=1&
{Productive Webserver 01:log[/var/log/syslog,zabbixtest].nodata(180)}=0
```

Dieser Trigger löst aus, wenn der Zabbix-Agent innerhalb der letzten 180 Sekunden eine Logzeile mit dem Wort »zabbixtest« an den Server liefert und wenn in dieser Zeile zusätzlich noch die Wörter »zweiter Begriff« gefunden wurden.

Hinweis

In einer Trigger-Expression werden mehrere Funktionen mit einem einfachen Kaufmanns-Und oder einem einfachen Pipe-Zeichen verbunden. Ab Zabbix 2.4 müssen die Expressions mit `and` oder `or` verbunden werden. Die Trigger-Expressions werden in eine Zeile geschrieben. Der Übersichtlichkeit halber wurden in den Beispielen Zeilenumbrüche eingefügt, die Sie nicht übernehmen.

27 Java JMX-Monitoring mit Zabbix

27.1 Was ist Java- und JMX-Monitoring?

JMX-Monitoring kann dazu genutzt werden, alle JMX-Zähler einer Java-Applikation zu messen. Java Management Extensions (JMX) sind eine vom Java Community Process (JSR-3) entwickelte Spezifikation zur Verwaltung und Überwachung von Java-Anwendungen. Über ein sogenanntes Java-Gateway kann der Zabbix-Server die JMX-Monitoring-Services ansprechen, Daten einer Java-Applikation auslesen und als Item speichern und verarbeiten.

Ein typischer Anwendungsfall ist das Überwachen des Speicherverbrauchs einer Java-Applikation bzw. des Java-Runtime-Environments, in dem die Applikation betrieben wird.

Abb. 27–1 *Java-Gateway und Java-Pollers*

27.2 Zabbix-Java-Gateway

Das sogenannte Zabbix-Java-Gateway ist ein spezieller Poller-Prozess, welcher Daten per JMX abrufen kann. Anders als die bisher genannten Poller-Prozesse handelt es sich nicht um einen »internen« Prozess innerhalb des Zabbix-Servers. Das Java-Gateway ist ein eigenständiger Daemon, der über einen TCP-Port Daten an den Zabbix-Server liefert. Das Java-Gateway ist Java-Software, die ein JRE benötigt.

27.2.1 Java-Gateway aktivieren

Um JMX-Monitoring nutzen zu können, müssen Sie das Zabbix-Java-Gateway installieren, welches in der Regel in der Standardinstallation nicht enthalten ist. Wenn Sie die **DEB- oder RPM-Pakete** von Zabbix LLC nutzen, installieren Sie das Java-Gateway wie folgt. Das Java-Gateway erfordert keine Konfiguration und kann sofort gestartet werden.

```
apt-get install zabbix-java-gateway     # Debian/Ubuntu
/etc/init.d/zabbix-java-gateway start  # Debian/Ubuntu
yum install zabbix-java-gateway         # Red Hat/CentOS
service zabbix-java-gateway start       # Red Hat/CentOS
systemctl enable zabbix-java-gateway        # Red Hat/CentOS
```

Wenn Sie den **Zabbix-Server aus den Quellen** kompiliert haben, müssen Sie das Java-Gateway ebenfalls kompilieren. Alle benötigten Dateien sind in den Zabbix-Quellen enthalten. Zum Kompilieren brauchen Sie ein Java-JDK.

```
apt-get install default-jre-headless openjdk-7-jdk # Debian, Ubuntu
yum install java-1.7.0-openjdk                     # Red Hat, CentOS
cd /usr/src/zabbix-2.2.3
./configure --enable-java --prefix=/opt/zabbix-java-gateway
make
make install
```

Sie sollten nun im Ordner `/opt/zabbix-java-gateway/sbin/zabbix_java` Start- und Shutdown-Skripte vorfinden.

```
cd /opt/zabbix-java-gateway/sbin/zabbix_java
./startup.sh
```

Testen Sie, ob das Java-Gateway läuft.

```
root@debian:/# ps aux|grep java
zabbix    6364  0.4  5.1 606808 25756 ?       Sl   22:12   0:00 /usr/bin/
  java -server -classpath /usr/sbin/zabbix_java/lib:/usr/sbin/zabbix_java/lib/
  logback-core-0.9.27.jar:/usr/sbin/zabbix_java/lib/org-json-2010-12-28.jar:/
  usr/sbin/zabbix_java/lib/slf4j-api-1.6.1.jar:/usr/sbin/zabbix_java/lib/
  logback-classic-0.9.27.jar:/usr/sbin/zabbix_java/bin/zabbix-java-gateway-
  2.2.3.jar -Dzabbix.pidFile=/var/run/zabbix/zabbix_java_gateway.pid
  com.zabbix.gateway.JavaGateway
```

27.2.2 Java-Gateway als Datenlieferant für den Zabbix-Server

Tragen Sie das Java-Gateway in die Datei `/etc/zabbix/zabbix_server.conf` ein. Aktivieren Sie im Zabbix-Server mindestens einen Java-Poller, der die Item-Daten beim Java-Gateway »anfragt« und den Serverprozess weiterleitet. Starten Sie, nachdem Sie die Änderungen vorgenommen haben, den Zabbix-Server neu.

```
### Option: JavaGateway
#       IP address (or hostname) of Zabbix Java gateway.
#       Only required if Java pollers are started.
#
# Mandatory: no
# Default:
JavaGateway=127.0.0.1

### Option: JavaGatewayPort
#       Port that Zabbix Java gateway listens on.
#
# Mandatory: no
# Range: 1024-32767
# Default:
JavaGatewayPort=10052

### Option: StartJavaPollers
#       Number of pre-forked instances of Java pollers.
#
# Mandatory: no
# Range: 0-1000
# Default:
StartJavaPollers=2
```

27.3 JMX in einer Applikation aktivieren

Die Java Management Extensions sind bei Java-Programmen in der Regel deaktiviert. Das JMX-Interface wird pro Applikation aktiviert, wobei das JRE einen TCP-Port öffnet, über die andere JVMs, zum Beispiel das Zabbix-Java-Gateway, mit dem JMX-Interface kommunizieren können. JMX kann für alle Java-Programme aktiviert werden, die mit Java 5 oder höher gestartet werden. Starten Sie eine Java-Software mit den folgenden Optionen:

```
-Dcom.sun.management.jmxremote \
-Dcom.sun.management.jmxremote.port=<PORT> \
-Dcom.sun.management.jmxremote.authenticate=false \
-Dcom.sun.management.jmxremote.ssl=false
```

27.3.1 Beispiel Jedit

```
apfelmus:jedit thorsten$ java -Dcom.sun.management.jmxremote \
-Dcom.sun.management.jmxremote.port=12345 \
-Dcom.sun.management.jmxremote.authenticate=false \
-Dcom.sun.management.jmxremote.ssl=false \
-jar jedit.jar
```

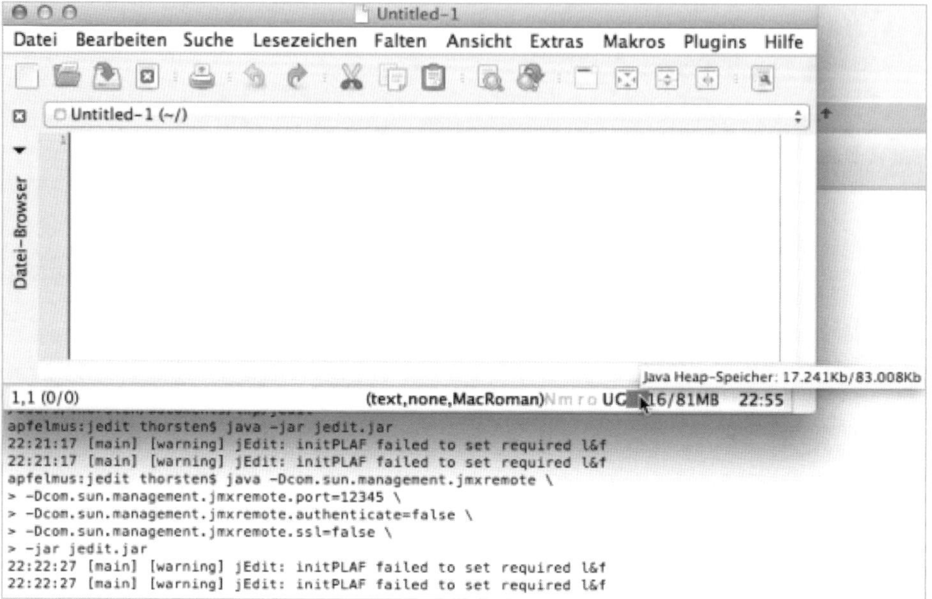

Abb. 27–2 *Jedit mit aktiviertem JMX-Monitoring*

27.3.2 Beispiel Ubuntu und Tomcat 7

Öffnen Sie die Datei /etc/default/tomcat7 mit einem Editor und erweitern Sie die Java-Optionen wie folgt. Nach einem Restart von Tomcat sollte JMX aktiviert sein.

```
# You may pass JVM startup parameters to Java here. If unset, the default
# options will be: -Djava.awt.headless=true -Xmx128m -XX:+UseConcMarkSweepGC
#
# Use "-XX:+UseConcMarkSweepGC" to enable the CMS garbage collector (improved
# response time). If you use that option and you run Tomcat on a machine with
# exactly one CPU chip that contains one or two cores, you should also add
# the "-XX:+CMSIncrementalMode" option.
JAVA_OPTS="-Djava.awt.headless=true -Xmx128m -XX:+UseConcMarkSweepGC"
JAVA_OPTS="${JAVA_OPTS} -Dcom.sun.management.jmxremote"
JAVA_OPTS="${JAVA_OPTS} -Dcom.sun.management.jmxremote.port=12345"
JAVA_OPTS="${JAVA_OPTS} -Dcom.sun.management.jmxremote.authenticate=false"
JAVA_OPTS="${JAVA_OPTS} -Dcom.sun.management.jmxremote.ssl=false"
```

27.3.3 Passwortschutz

Wenn Sie die JMX-Schnittstelle nicht für »Jedermann« im Netzwerk öffnen möchten, können Sie ein Passwort für den Zugriff setzen. Zabbix ist in der Lage, eine Authentifizierung vorzunehmen.

Verwenden Sie zum Aktivieren eines passwortgeschützten JMX-Interface die folgenden Optionen beim Starten des Java-Programms:

```
-Dcom.sun.management.jmxremote \
-Dcom.sun.management.jmxremote.port=12345 \
-Dcom.sun.management.jmxremote.authenticate=true \
-Dcom.sun.management.jmxremote.ssl=false \
-Dcom.sun.management.jmxremote.access.file=/etc/jmx.access \
-Dcom.sun.management.jmxremote.password.file=/etc/jmx.password \

# /etc/jmx.access
zabbix readonly

# /etc/jmx.password
zabbix geheim
```

Die Datei `/etc/jmx.password` muss dem Benutzer gehören, mit dessen Rechten das zu überwachende Java-Programm gestartet wird, und nur dieser User darf Leserechte auf diese Datei haben. Wenn Sie das Monitoring von Tomcat mit einem Passwort schützen möchten, führen Sie Folgendes aus:

```
chown tomcat7 /etc/jmx.password
chmod 0500 /etc/jmx.password
```

In der Konfiguration der Items tragen Sie dann den Benutzernamen und das gesetzte Passwort ein. Empfehlenswert ist es, Benutzername und Passwort in ein Makro zu speichern, damit Sie pro Host unterschiedliche Zugangsdaten verwenden können und keine Zugangsdaten in Templates hart hinterlegen müssen.

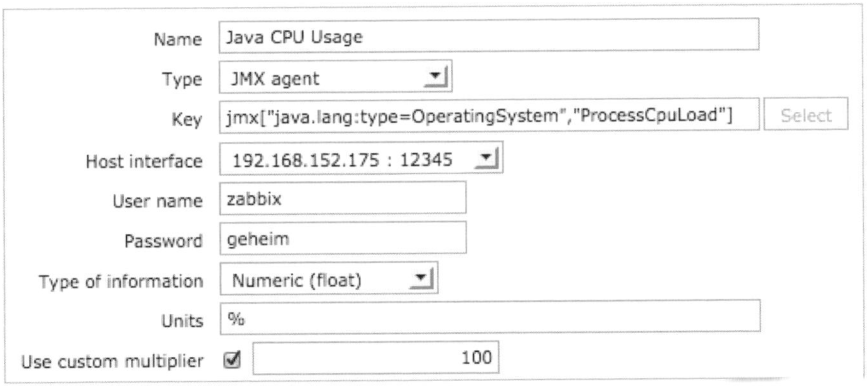

Abb. 27–3 *JMX-CPU-Monitoring mit Passwortschutz*

Wenn Sie eine SSL-Verschlüsselung beim Java-Monitoring verwenden wollen, finden Sie in der Oracle-Dokumentation[1] Hinweise, wie Sie diese einrichten.

1. *http://docs.oracle.com/javase/1.5.0/docs/guide/management/agent.html*

27.4 JMX-Items einrichten

Bevor Sie Daten vom JMX-Interface abrufen, müssen Sie pro Host angeben, auf welcher IP-Adresse und auf welchem TCP-Port das JMX-Interface des Java-Programmes lauscht. Navigieren Sie zur Hostkonfiguration und fügen Sie ein JMX-Interface hinzu. Wenn Sie auf einem Host mehrere Java-Programme per JMX überwachen möchten, müssen Sie unterschiedliche TCP-Ports verwenden.

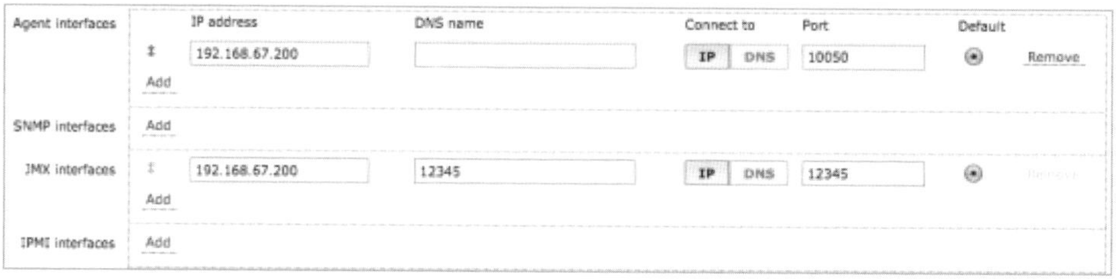

Abb. 27–4 *Hinzufügen eines JMX-Interface*

Sobald Sie ein JMX-Interface für einen Host hinzugefügt haben, können Sie wie gewohnt Items einrichten. Als Typ wählen Sie »JMX Agent« aus. Testen Sie das JMX-Monitoring zum Beispiel mit den folgenden Item-Keys:

- `jmx["java.lang:type=Memory","HeapMemoryUsage.used"]` Liefert den Speicherverbrauch der überwachten Applikation in Bytes.
- `jmx["java.lang:type=OperatingSystem","ProcessCpuLoad"]` Liefert den CPU-Verbrauch des überwachten Prozesses als Dezimalfaktor. Verwenden Sie »Use custom multiplier=100«, um den CPU-Verbrauch in Prozent zu messen.

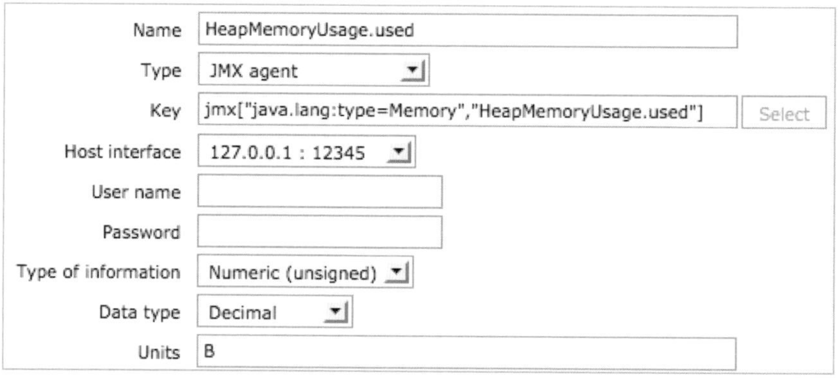

Abb. 27–5 *JMX-Item*

27.5 Beispiele von JMX-Monitoring-Objekten

27.5.1 Heap space in Java?

Wenn ein Java-Programm in einer virtuellen Maschine (JRE) gestartet wird, erhält dieses Hauptspeicher vom Betriebssystem. Die JVM verwendet nur diesen zugewiesenen Speicher für alle Anforderungen des Programms. Ein Teil dieses Speichers wird Heap-Speicher genannt. Objekte verwenden diesen Speicher, und der sogenannte Garbage-Collector gibt diesen Speicher wieder frei. Per JMX können Sie den freien und verbrauchten Heap-Speicher[2] einzelner Programme überwachen.

27.5.2 Wichtige Parameter eines Java-Prozesses

ObjectName	Attributes
java.lang:type=ClassLoading	LoadedClassCount
java.lang:type=GarbageCollector,name=Concurrent-MarkSweep	CollectionTime CollectionCount
java.lang:type=GarbageCollector,name=ParNew	CollectionTime CollectionCount
java.lang:type=Memory	HeapMemoryUsage.commited HeapMemoryUsage.used HeapMemoryUsage.max NonHeapMemoryUsage.commited NonHeapMemoryUsage.used NonHeapMemoryUsage.max
java.lang:type=OperatingSystem	ProcessCpuLoad
java.lang:type=Threading	ThreadCount

Tab. 27–1 *Wichtige Parameter eines Java-Prozesses*

2. *http://javarevisited.blogspot.com/2011/05/java-heap-space-memory-size-jvm.html*

28 Die Zabbix-API

28.1 Was ist die Zabbix-API?

Die Zabbix-API ist eine Schnittstelle, die es Ihnen ermöglicht, Zabbix zu erweitern und Ihren Bedürfnissen anzupassen. Die API wird u.a. für folgende Zwecke genutzt:

- Applikationen wie Mobile-Apps für Zabbix entwickeln
- Zabbix in andere Software zu integrieren
- Zabbix in sogenannte Automatisierungssoftware wie Puppet, Salt-Stack oder cfengine zu integrieren
- Aufgaben zu automatisieren
- eigene Informationsbildschirme zu gestalten

Die Zabbix-API ist webbasiert und fester Bestandteil des Zabbix-Webfrontends. Per HTTP(s) können Sie die JSON-RPC-API erreichen. Anfragen müssen json-kodiert sein. Die Antwort der API ist ebenfalls json-kodiert.

Die Kommunikation mit der API besteht immer aus zwei HTTP-Anfragen. Die erste Anfrage sendet die Zugangsdaten bestehend aus Benutzername und Passwort. Die API Liefert eine Authentifizierungs-ID zurück. Unter Angabe der Authentifizierungs-ID können dann in der zweiten Anfrage »Kommandos« abgesetzt werden. Aufgrund dieses Umstandes ist es sehr kompliziert, Anfragen mit Kommadozeilenwerkzeugen wie *wegt* oder *curl* an die Zabbix-API zu schicken.

Alle Benutzer, die Zugriff auf das Zabbix-Webinterface haben, sind auch berechtigt, mit der API zu kommunizieren. Die pro Nutzer oder Nutzergruppe eingestellten Berechtigungen gelten auch für alle Zugriffe auf die API.

Anfragen an die API müssen immer eine Methode benennen, welche auf der API ausgeführt werden soll. Je nach Spezifikation der Methode müssen zusätzliche Parameter übergeben werden. Eine Liste und Beschreibung aller Methoden finden Sie in der offiziellen API Dokumentation[1].

1. *https://www.zabbix.com/documentation/2.4/manual/api/reference*

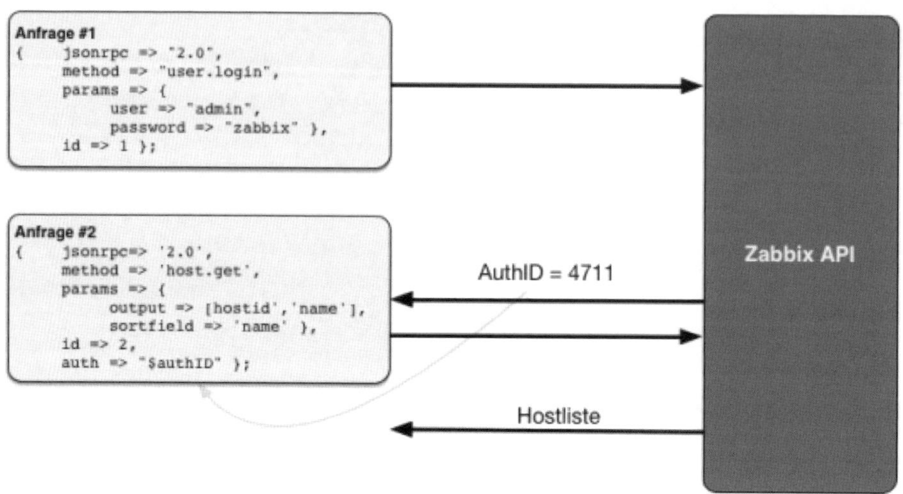

Abb. 28–1 *Kommunikation mit der API*

28.2 Ein Perl-Beispiel

Nachfolgend finden Sie ein einfaches Beispiel, das die Funktionsweise der Zabbix-API erläutert. Die Antworten der API werden über das Perl-Modul Data::Dumper einfach auf der Konsole ausgegeben.

Installieren Sie das Perl-Modul Json-RPC-Client.

```
apt-get install libjson-rpc-perl            # Debian, Ubuntu
yum install perl-JSON-RPC perl-Data-Dumper # Red Hat/CentOS
```

Für CentOS und Red Hat Version 6 steht kein fertiges Paket mit dem Perl-Modul JSON::RPC::Client zur Verfügung. Installieren Sie das Modul stattdessen per CPAN.

```
yum install perl-CGI perl-YAML perl-CPAN perl-Data-Dumper
cpan App::cpanminus
cpan JSON::RPC::Client
```

Speichern Sie anschließend das folgende Beispiel unter api-example.pl[2] und führen Sie den Code mit `perl api-example.pl` aus. Falls Sie das Programm nicht auf dem Zabbix-Server ausführen, müssen Sie noch die URL zum Zabbix-Webfrontend anpassen.

```
#!/usr/bin/perl

use strict;
```

2. *http://lab4.org/files/api-example.pl*

```
use warnings;
use JSON::RPC::Legacy::Client;
use Data::Dumper;

# Authenticate yourself
my $client = new JSON::RPC::Legacy::Client;
my $url = 'http://localhost/zabbix/api_jsonrpc.php';
my $authID;
my $response;

my $json = {
        jsonrpc => "2.0",
        method => "user.login",
        params => {
                user => "admin",
                password => "zabbix" },
        id => 1
};

$response = $client->call($url, $json);
# Check if response was successful
die "Authentication failed\n" unless $response->content->{'result'};
# Print full response to console
print Dumper($response);

# Extract AuthID from returned object.
$authID = $response->content->{'result'};
print "Authentication successful. Auth ID: " . $authID . "\n";
```

Wenn die Authentifizierung an der Zabbix-API erfolgreich war, erhalten Sie in der Antwort ein Objekt, welches die AuthID für alle weiteren Anfragen an die API enthält.

Erweitern Sie die Datei `api-example.pl` mit den folgenden Zeilen:

```
# Get list of all hosts using authID
$json = {
        jsonrpc=> '2.0',
        method => 'host.get',
        params => {
                output => ['hostid','name'], # get only host id and host name
                sortfield => 'name' },       # sort by host name
        id => 1,
        auth => "$authID",
        };
$response = $client->call($url, $json);
# Check if response was successful
die "host.get failed\n" unless $response->content->{result};
print Dumper($response);
```

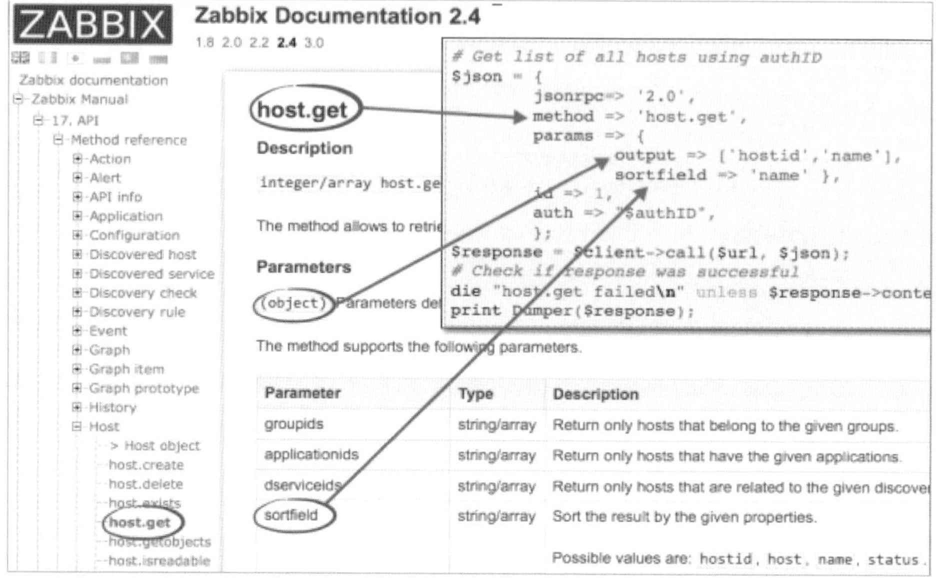

Abb. 28–2 *Übernehmen Sie die Methoden aus der Zabbix-Dokumentation in Ihren Perl-Code.*

Wenn Sie die Liste der Hosts in einer schöneren Formatierung ausgeben möchten, können Sie die Zeilen `print Dumper($response);` auskommentieren und am Ende der Datei nachfolgende Codezeilen einfügen:

```
print "List of hosts\n----------------------------\n";
foreach my $host (@{$response->content->{result}}) {
  print "Host ID: ".$host->{hostid}." Host: ".$host->{name}."\n";
}
```

Die Ausgabe sollte dann ungefähr wie folgt aussehen:

```
[root@vm173 ~]# perl api-example.pl
Authentication successful. Auth ID: 83a74eb7e07b9f35f4b5228ff5f21eeb
List of hosts
----------------------------
Host ID: 10105 Host: D-Link Smart Switch
Host ID: 10106 Host: Dell ESX Server
Host ID: 10107 Host: Intel Server
Host ID: 10109 Host: Webserver
Host ID: 10084 Host: Zabbix server
```

28.3 PHP-Klassenbibliothek

Auch für die Programmiersprache PHP existieren fertige Klassen, so dass Sie bequem auf die Methoden der Zabbix-API zugreifen können. Laden Sie sich die PHP-Klassenbibliothek PHPZabbixAPI[3] von GitHub herunter.

3. *https://github.com/confirm-it-solutions/PhpZabbixApi*

Alle Methoden der Zabbix-API sind als Methoden in der Klasse `ZabbixApi` enthalten. Die PHP-Methoden entsprechen den in der Dokumentation genannten Methoden, werden aber in Camelcase und ohne Punkt geschrieben. Aus `host.get` wird `hostGet()`.

Die Optionen geben Sie nicht json-kodiert, sondern als PHP-Arrays an. Ein Beispiel:

```
# Raw json
"params": {
        "output": "extend",
        "filter": {
            "host": ["Zabbix server" ]
        }

# PHP Arrays
$params = array('output' => 'extend',
                'filter' => array('host' => 'Zabbix server')
                )
```

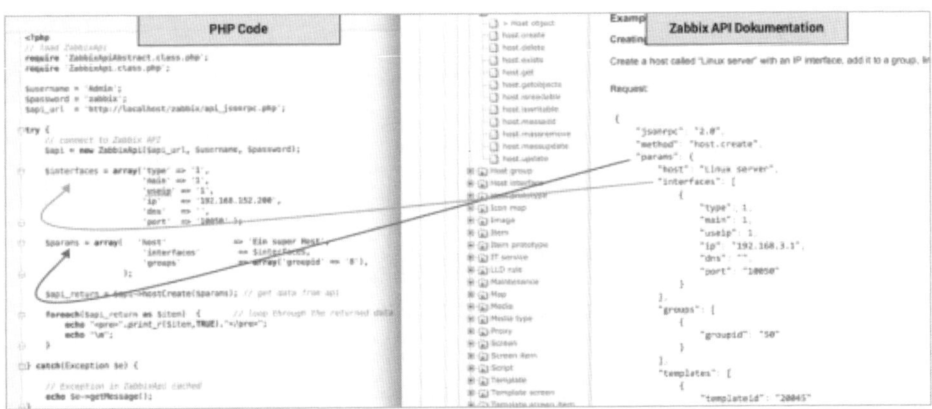

Abb. 28–3 *Übertragung der Dokumentation in PHP-Code*

28.3.1 Beispiel 1: Trigger abrufen

Im folgenden Beispiel ruft das PHP-Skript mit wenigen Zeilen Code alle Trigger ab, die sich im Status »Problem« befinden.

```
<?php
require 'ZabbixApi.class.php'; // load ZabbixApi
use ZabbixApi\ZabbixApi;

$username = 'Admin';
$password = 'zabbix';
$api_url  = 'http://localhost/zabbix/api_jsonrpc.php';
```

```
try {
    // connect to Zabbix-API
    $api = new ZabbixApi($api_url, $username, $password);

    $params = array(   'monitored'          =>TRUE,
                        'active'             =>TRUE,
                        'only_true'          =>TRUE,
                        'expandData'         =>TRUE,
                        'expandDescription' => TRUE,
                        'expandExpression'  => FALSE,
                        'selectFunctions'   => 'extend',
                        'output'            => 'extend',
                        'sortfield'         => 'priority' );

    $triggers = $api->triggerGet($params); // get data from api

    foreach($triggers as $trigger)  {        // loop through the returned data
        print_r($trigger);
        echo "\n";
    }

} catch(Exception $e) {

    // Exception in ZabbixApi catched
    echo $e->getMessage();
}
?>
```

28.3.2 Beispiel 2: Einen neuen Host anlegen

Im nachfolgenden Beispiel wird per Zabbix-API ein neuer Host angelegt.

```
<?php
// load ZabbixApi
require 'ZabbixApi.class.php';
use ZabbixApi\ZabbixApi;

$username = 'Admin';
$password = 'zabbix';
$api_url  = 'http://localhost/zabbix/api_jsonrpc.php';

try {
    // connect to Zabbix-API
    $api = new ZabbixApi($api_url, $username, $password);

    $interfaces = array('type' => '1',
                        'main' => '1',
                        'useip' => '1',
                        'ip'    => '192.168.152.200',
                        'dns'   => '',
                        'port'  => '10050' );
```

```
$params = array(  'host'              => 'Ein super Host',
                   'interfaces'        => $interfaces,
                   'groups'            => array('groupid' => '5'),
                );

$api_return = $api->hostCreate($params); // get data from api

foreach($api_return as $item)  {        // loop through the returned data
    echo "<pre>".print_r($item,TRUE)."</pre>";
    echo "\n";
}

} catch(Exception $e) {

    // Exception in ZabbixApi catched
    echo $e->getMessage();
}
```

28.4 Ein Python-Beispiel

Für die Programmiersprache Python existieren mehrere Klassenbibliotheken, die das Abfragen der Zabbix-API vereinfachen. Im folgenden Beispiel werden die Klassen aus dem pyzabbix-Projekt (https://github.com/lukecyca/pyzabbix/[4]) verwendet.

Die Klassenbibliotheken können Sie einfach per PIP installieren:

```
pip install pyzabbix
```

Alternativ laden Sie den Quellcode in Form des Master-ZIP-Files von GitHub herunter und installieren Sie dann die Bibliotheken wie folgt:

```
unzip pyzabbix-master.zip
cd pyzabbix-master
python setup.py install
```

Nun können Sie folgendes Beispiel anlegen, welches alle Trigger auflistet, die sich im Status »Problem« befinden:

```
#!/usr/bin/env python
"""
Shows a list of all current issues (AKA tripped triggers)
"""
from pyzabbix import ZabbixAPI

# The hostname at which the Zabbix web interface is available
ZABBIX_SERVER = 'http://localhost/zabbix/api_jsonrpc.php'
```

4. *https://github.com/lukecyca/pyzabbix/*

```
zapi = ZabbixAPI(ZABBIX_SERVER)

# Login to the Zabbix-API (User/Login)
zapi.login('Admin', 'zabbix')

# Get a list of all issues (AKA tripped triggers)
triggers = zapi.trigger.get(only_true=1,
    skipDependent=1,
    monitored=1,
    active=1,
    output='extend',
    expandDescription=1,
    expandData='host',
)

# Do another query to find out which issues are Unacknowledged
unack_triggers = zapi.trigger.get(only_true=1,
    skipDependent=1,
    monitored=1,
    active=1,
    output='extend',
    expandDescription=1,
    expandData='host',
    withLastEventUnacknowledged=1,
)
unack_trigger_ids = [t['triggerid'] for t in unack_triggers]
for t in triggers:
    t['unacknowledged'] = True if t['triggerid'] in unack_trigger_ids\
    else False

# Print a list containing only "tripped" triggers
for t in triggers:
    if int(t['value']) == 1:
        print("{0} - {1} {2}".format(
            t['host'],
            t['description'],
            '(Unack)' if t['unacknowledged'] else '')
        )
```

Die Klasse zapi stellt Methoden bereit, mit denen Sie direkt auf die Methoden der API zugreifen können. Die von der Zabbix-API erwarteten Parameter übergeben Sie der Python-Methode als Python-Dictionary.

29 Hosts hinzufügen mit Hostdiscovery und Autoregistration

29.1 Automatisches Hinzufügen von Hosts

Zabbix bietet zwei Funktionen, um Hosts automatisch ins Monitoring aufzunehmen: Hostdiscovery und Autoregistration. Mit beiden Funktionen können Sie Hosts automatisch in Zabbix hinzufügen, ohne dies über die Weboberfläche zu konfigurieren. Die Discovery-Funktion bietet mehr Möglichkeiten als die Funktion Autoregistration. Dafür ist aber das Einrichten der Autoregistration mit wenigen Klicks erledigt.

Die Autoregistration wird vom Zabbix-Agenten angestoßen. Dieser meldet sich beim Zabbix-Server mit der Anfrage, ins Monitoring aufgenommen zu werden. Entspricht der anfragende Host den festgesetzten Regeln für die Autoregistration, wird er aufgenommen. Je nach Regeln werden Templates zugeordnet, und der Host wird in eine Gruppe einsortiert. Hosts ohne Zabbix-Agent können keine Autoregistration durchführen.

Bei der Hostdiscovery scannt der Zabbix-Server ein Netzwerksegment ab. Entspricht ein gefundener Host einem Kriterium, wird dieser in Zabbix aufgenommen. Über Regeln legen Sie fest, in welche Gruppe ein gefundener Host einsortiert wird und welche Templates verwendet werden. Hosts, die Zabbix kennt, welche aber bei Netzwerkscans nicht mehr gefunden werden, können automatisch aus Zabbix entfernt werden.

29.2 Autoregistration

29.2.1 Trapper aktivieren

Damit die Autoregistration funktioniert, muss der Zabbix-Server Trapper-Anfragen akzeptieren. Der Trapper-Prozess nimmt die Anfrage nach einer automatischen Registrierung entgegen und leitet diese an eine Aktion weiter. Die Einstellungen des Zabbix-Servers müssen wie bei den aktiven Agent Checks vorgenommen werden. Es muss mindestens ein Trapper-Prozess auf dem Zabbix-Server laufen. Der Host, der sich automatisch registriert, muss den Port 10051 des Zabbix-Servers erreichen. Wenn Sie die Default-Einstellungen verwenden, dann sind fünf Trapper aktiv, und Sie müssen keine Einstellungen ändern. Funktioniert die Autoregistration nicht, dann prüfen Sie folgende Einstellungen in der Datei `zabbix_server.conf`:

```
### Option: StartTrappers
#       Number of pre-forked instances of trappers.
#
# Mandatory: no
# Range: 0-1000
# Default:
StartTrappers=5

### Option: ListenPort
#       Listen port for trapper.
#
# Mandatory: no
# Range: 1024-32767
# Default:
ListenPort=10051

### Option: ListenIP
#       List of comma delimited IP addresses that the trapper should listen
 on.
#       Trapper will listen on all network interfaces if this parameter is
 missing.
#
# Mandatory: no
# Default:
ListenIP=0.0.0.0
```

29.2.2 Zabbix-Agent vorbereiten

Damit sich ein Zabbix-Agent selbstständig beim Zabbix-Server registrieren kann, müssen einige Anpassungen an der Konfiguration vorgenommen werden:

- Über die Variable `ServerActive` geben Sie die IP-Adresse des Zabbix-Servers an, an dem sich der Agent registrieren soll.
- Über die Variable `Hostname` legen Sie fest, welchen Namen der Host später in Zabbix erhält.
- Alternativ können Sie `HostnameItem=system.hostname` angeben. Dann registriert sich der Agent mit seinem kurzen Hostnamen beim Zabbix-Server. Wenn der Agent sich mit seinem FQDN registrieren soll, können Sie dies mit `HostnameItem=system.run["hostname -f"]` erreichen. Dieser Trick erfordert aber

auch, dass Sie `EnableRemoteCommands=1` setzen. Alternativ können Sie auch ein eigenes Item definieren, zum Beispiel: `UserParameter=system.fqdn,hostname -f`.

- Über die Einstellungen `HostMetadata` oder `HostMetadataItem` können Sie angeben, welche zusätzlichen Daten der Agent während der automatischen Registrierung an den Server übergibt. Diese Daten wertet der Server mit Regeln aus und kann dann zum Beispiel die passenden Templates zuweisen. Mit `HostMetadata='Text'` weisen Sie einen beliebigen Text zu. Mit `HostMetadataItem=system.uname` werden die Metadaten mit dem Rückgabewert des Items »system.uname« dynamisch gefüllt. Sie können jedes Item verwenden, welches der Zabbix-Agent kennt.

Im folgenden Beispiel werden sowohl der Hostname als auch die Informationen über das Betriebssystem dynamisch gesetzt.

```
### Option: ServerActive
#       List of comma delimited IP:port (or hostname:port) pairs of Zabbix
 servers for active checks.
#       If port is not specified, default port is used.
#       IPv6 addresses must be enclosed in square brackets if port for that
 host is specified.
#       If port is not specified, square brackets for IPv6 addresses are
 optional.
#       If this parameter is not specified, active checks are disabled.
#       Example: ServerActive=127.0.0.1:20051,zabbix.domain,[::1]:30051,::1,[
 12fc::1]

ServerActive=192.168.152.7

### Option: HostnameItem
#       Item used for generating Hostname if it is undefined.
#       Ignored if Hostname is defined.

HostnameItem=system.hostname

### Option: HostMetadataItem
#       Optional parameter that defines an item used for getting host
 metadata.
#       Host metadata is used at host auto-registration process.
#       During an auto-registration request an agent will log a warning
 message if
#       the value returned by specified item is over limit of 255 characters.
#       This option is only used when HostMetadata is not defined.

HostMetadataItem=system.uname
```

29.2.3 Regeln festlegen

Die automatische Registrierung von Hosts ist standardmäßig deaktiviert. Zum Aktivieren dieser Funktion wählen Sie über das Hauptmenü *Configuration|Actions* aus und wählen oben rechts als Event Source »Auto Registration« aus. Mit dem Button »Create Action« legen Sie eine neue Aktion für das automatische Hinzufügen von Hosts an.

Geben Sie der neuen Regel einen Namen, zum Beispiel »Autoregistration«. Wenn Sie über jeden neu hinzugefügten Host per E-Mail informiert werden möchten, können Sie wie bei allen anderen Aktionen Betreff und Text mit Makros anpassen (siehe Makros im Abschnitt 13.2).

Über den Reiter **Conditions** legen Sie fest, ob der sich registrierende Host bestimmte Voraussetzungen erfüllen muss. Sie können prüfen, ob der Hostname einem Muster entspricht oder ob sich der Host über einen bestimmten Proxy registriert. Wenn Sie im Zabbix-Agenten sogenannte Metadaten gesetzt haben (siehe oben) können Sie Aktionen in Abhängigkeit zu diesen Daten einrichten. So können Sie zum Beispiel verschiedene Templates in Abhängigkeit zum verwendeten Betriebssystem zuweisen. Ist kein Hostname angegeben, wird der Systemname verwendet. Wenn Sie keine Konditionen angeben, werden alle Hosts akzeptiert.

Über den Reiter **Operations** legen Sie anschließend fest, was bei einer automatischen Registrierung passieren soll. Über den Link »New« fügen Sie Aktionen hinzu, wie Sie es auch bei der Konfiguration von Alarmen getan haben. Mit der bekannten Aktion »Send message« können Sie sich über den neuen Host per E-Mail informieren lassen.

Mit der Aktion »Add host« wird der Host zu Zabbix hinzugefügt und in die Gruppe »discovered hosts« einsortiert. Alternativ können Sie den Host mit der Aktion »Add to host group« auch in eine beliebige Gruppe einsortieren.

Mit »Link to template« weisen Sie dem Host ein Template zu. Der Host wird dann sofort gemonitort. Wenn Sie das sofortige Monitoren verhindern wollen, fügen Sie zusätzlich die Aktion »disable host« hinzu. Sie sollten nur sehr allgemeine Templates automatisch hinzufügen, da der Prozess der Autoregistration keine weiteren Checks durchführt, um zum Beispiel gestartete Dienste zu erkennen (siehe Abbildung 29–1).

Sobald Sie die Regel für die Autoregistration gespeichert haben, nimmt der Zabbix-Server alle Hosts auf, die den Regeln entsprechen. Anhand des vom Agenten gesendeten Hostnamen wird entschieden, ob der Host bereits bekannt ist oder noch hinzugefügt werden muss.

Wenn Sie einen automatisch registrierten Host löschen, wird dieser sofort wieder hinzugefügt, solange der Zabbix-Agent auf dem betroffenen System läuft.

Abb. 29–1 *Aktion zum automatischen Hinzufügen von Hosts, sobald der Zabbix-Agent sich meldet*

29.3 Discovery

Neben der Funktion Autoregistration gibt es noch die Funktion Discovery, die ein ähnliches Ziel verfolgt. Hosts werden automatisch erkannt und zu Zabbix hinzugefügt. Im Gegensatz zur Autoregistration setzt die Discovery-Funktion keinen Zabbix-Agenten voraus, der das Hinzufügen des Hosts auslöst.

Das automatische Finden von Hosts besteht streng genommen aus zwei Funktionen: einem regelmäßigen Netzwerkscan (Discovery) und einer Aktion, die für gefundene Hosts angewendet wird.

29.3.1 Netz scannen

Bevor der Zabbix-Server ein Netzwerksegment scannen kann, müssen Sie sicherstellen, dass auch mindestens ein passender Serverprozess gestartet wurde. Die Standardeinstellungen starten einen Prozess zum Scannen, was für den Anfang ausreichend ist. Öffnen Sie trotzdem sicherheitshalber die Datei `zabbix_server.conf` und prüfen Sie folgende Einstellung:

```
### Option: StartDiscoverers
#       Number of pre-forked instances of discoverers.
#
# Mandatory: no
# Range: 0-250
# Default:
# StartDiscoverers=1
```

Über das Hauptmenü *Configuration|Discovery* legen Sie mit dem Button »Create Rule« einen neuen Netzwerkscanner an.

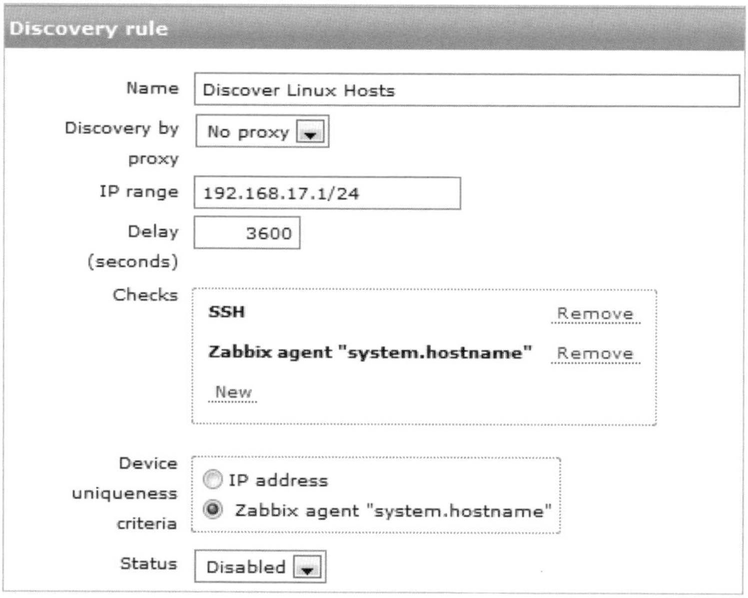

Abb. 29–2 *Regel zum Scannen des Netzwerkes*

Geben Sie der Scanregel einen **Namen**, zum Beispiel »Scan DMZ«. Über diesen Namen identifizieren Sie später die Scanergebnisse. Es ist hilfreich, wenn aus dem Namen der Regel hervorgeht, welches Netzwerksegment gescannt wurde.

Soll das Netzwerksegment von einem **Proxy** gescannt werden, so wählen Sie diesen über das Dropdown-Menü »Discovery by proxy« aus. Auf dem Proxy muss auch in der Konfiguration `StartDiscoverers=1` oder höher gesetzt sein.

In Feld **IP range** tragen Sie ein, was gescannt werden soll. Sie können die Range in folgenden Formaten eintragen:

- einzelne IP-Adresse, zum Beispiel 192.168.1.33
- Bereich von IP-Adressen, zum Beispiel 192.168.1.1-255
- Netz mit Netzmaske, zum Beispiel 192.168.4.0/24
- Liste, zum Beispiel 192.168.1.1-255, 192.168.2.1-100, 192.168.2.200, 192.168.4.0/24

Über das Delay legen Sie fest, in welchem zeitlichen Abstand die Scans erfolgen sollen.

Sie müssen im Feld **Checks** mindestens einen Check angeben, über den der Host gefunden werden soll. Sie sind dabei nicht nur auf ICMP-Pings beschränkt. Sie können auch gezielt nach Hosts suchen, die zum Beispiel einen offenen Port 22 haben. So können Sie Discovery-Regeln erstellen, die unterschiedliche Aktionen auslösen. Wenn Sie den Check »TCP« auswählen, können Sie Ports mit Komma oder Portranges mit Minuszeichen getrennt angeben, zum Beispiel `22,80-100,3389`.

Ein Host gilt als gefunden (discovered), wenn mindestens ein Check erfolgreich war. Es ist ratsam, schon während des Discovery-Vorgangs eine Reihe von Ports zu scannen, denn auf Checks des Discovery-Vorgangs wenden Sie später die Regeln an, welche zum Beispiel passende Templates hinzufügen.

Wenn Sie als Check den Zabbix-Agenten hinzufügen, fragt der Zabbix-Server sofort nach dem Auffinden des Hosts den Agenten ab. Alle Items, die Sie der Discovery Rule hinzufügen, können Sie später als Bedingung zum Ausführen von Aktionen nutzen. Wenn Sie zum Beispiel das Item `mysql.ping` abfragen, können Sie bei einer erfolgreichen Verbindung der Datenbank dem Host das Template »mysql« zuweisen.

Wenn Sie beim Auffinden der Hosts den Zabbix-Agenten nicht prüfen, dann wird nur anhand der IP-Adresse entschieden, ob der Host schon bekannt ist oder nicht. Die Einstellung **Device Uniqueness Criteria** können Sie folglich nicht ändern.

Befindet sich hingegen mindestens ein Check vom Type Zabbix-Agent in der Liste der Checks, können Sie auch über den vom Zabbix-Agenten gelieferten Item-Value entscheiden, ob der Host schon bekannt ist. Das Item `system.hostname` bietet sich an.

Wenn Sie eine neue Regel zum Scannen anlegen, sollten Sie diese Regel mit dem Schalter **Status** erst einmal deaktivieren. Legen Sie zuerst die passende Aktion an, die die Ergebnisse des Scans verarbeitet. Das sofortige Scannen des Netzwerkes ohne Aktionen ist nicht sinnvoll.

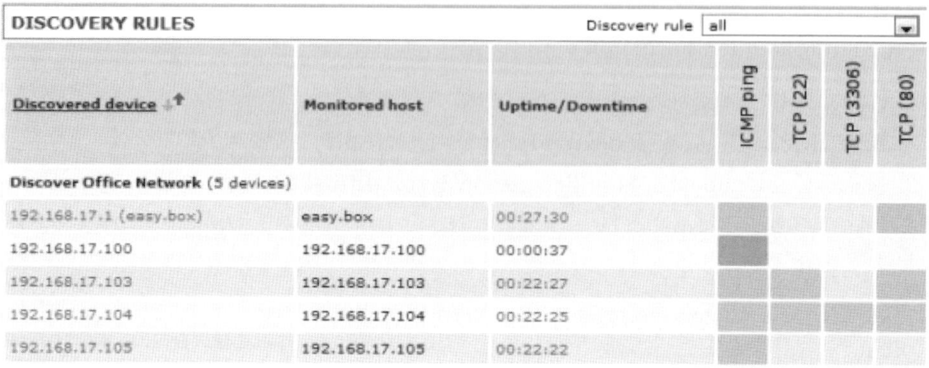

DISCOVERY RULES — Discovery rule: all

Discovered device	Monitored host	Uptime/Downtime	ICMP ping	TCP (22)	TCP (3306)	TCP (80)
Discover Office Network (5 devices)						
192.168.17.1 (easy.box)	easy.box	00:27:30				
192.168.17.100	192.168.17.100	00:00:37				
192.168.17.103	192.168.17.103	00:22:27				
192.168.17.104	192.168.17.104	00:22:25				
192.168.17.105	192.168.17.105	00:22:22				

Abb. 29–3 *Über Latest Data/Discovery kann man den Status des Netzwerkscans beobachten.*

29.3.2 Scanergebnisse verarbeiten

Sobald der Zabbix-Server per Netzwerkscan einen noch unbekannten Host gefunden hat, sucht der Discovery-Prozess nach passenden Aktionen für den neuen Host. Erst durch eine Aktion werden gefundene Hosts als überwachte Hosts im Zabbix-Server angelegt. Der Zabbix-Server führt alle Aktionen aus, deren Bedingungen auf einen Host zutreffen. Sie können das Hinzufügen neuer Hosts auf mehrere Aktionen verteilen. So kann zum Beispiel eine erste allgemeine Aktion den Host hinzufügen. Weitere Aktionen werten dann auf dem Host gefundene Dienste aus und weisen dem Host anschließend passende Templates zu.

Klicken Sie im Hauptmenü auf *Configuration|Actions* und wählen Sie im Dropdown-Menü oben rechts »Discovery« als Event-Source aus. Klicken Sie anschließend auf »Create Action«. Sie erhalten das gewohnte Formular zum Anlegen einer Aktion. Die Angabe eines Namens für die Aktion ist Pflicht. Betreff und Nachricht müssen Sie nur angeben, wenn Sie für jeden gefundenen Host eine Nachricht verschicken wollen. Die Verwendung von Makros erfolgt wie bei allen Aktionen.

Im Reiter **Conditions** wählen über das Dropdown-Menü »New Condition« aus, welche Bedingungen der gefundene Host erfüllen soll. Folgende Kriterien stehen als Bedingungen zu Auswahl:

- **Host IP**
  Angabe von IP-Adressen oder Adressbereichen. Format wie bei der Angabe der Ranges für die Discovery-Regeln.
- **Service Type**
  Die Bedingung wird erfüllt, wenn der ausgewählte Service auf dem gefundenen Host zur Verfügung steht. Sie können zum Beispiel eine generelle Discovery-Regel anlegen, welche eine Reihe von Ports (Services) prüft. Dann legen Sie mehrere Aktionen an, die je nach gefundenem Service passende Templates

zuordnen. Sie können nur auf Services prüfen, die während des Netzwerkscans (Discovery Check) gesucht wurden.

- **Service Port**
  Wenn Sie als Service Type »TCP« auswählen, legen Sie über den Service-Port fest, welche TCP-Ports geprüft werden sollen. Auch hier gilt: Es können nur Ports geprüft werden, die der Discovery-Prozess vorher gesucht hat.
- **Discovery Rule**
  Sie können eingrenzen, für welche Discovery-Regel die Aktion gelten soll. Sie können zum Beispiel pro Netzwerksegment eine Discovery-Regel anlegen, die dann jeweils eigene Aktionen zum Verarbeiten der Resultate hat.
- **Discovery Check**
  Diese Bedingung wird erfüllt, wenn ein spezieller Check einer Discovery Rule erfolgreich war.
- **Discovery Status**
  Mit dieser Bedingung legen Sie fest, wann eine Discovery-Aktion ausgeführt wird. Möglich sind:
  - »Device Up« oder »Service Up«, wenn der Host oder Service bereits vom Scanner erfasst und nach einer Down-Phase wieder verfügbar ist
  - »Device Down« oder »Service Down«, wenn der Host oder Service bereits vom Scanner erfasst und dann nicht mehr verfügbar ist
  - »Discovered«, wenn der Host oder Service vom Scanner das erste Mal erfasst wurde
  - »Device Lost« oder »Service Lost«, wenn der Host oder Service vom Scanner einmal aber danach nicht wieder erfasst wurde
- **Discovery Object**
  Mit diesem Schalter wählen Sie aus, ob sich die zuvor genannte Regel »Discovery Status« auf einen Service oder ein Gerät bezieht.
- **Uptime/Downtime**
  Anzahl in Sekunden, die ein Host oder Service verfügbar oder nicht verfügbar sein muss, bis die Regel eine Aktion auslöst
- **Received Value**
  Über diese Bedingung werden die Item-Values, sprich die Rückgabewerte, vom Zabbix-Agenten mit einem Muster verglichen. Dieses Muster wird in allen Item-Values gesucht, die von der Discovery-Regel abgerufen wurden. Wenn das Muster auf eines der Item-Values passt, gilt die Bedingung als erfüllt. Es ist nicht möglich, einzelne Items-Values gezielt in der Bedingung anzugeben.
- **Proxy**
  Sie können angeben, ob eine Aktion nur für Hosts ausgeführt wird, die über einen speziellen Proxy gefunden wurden.

Über den Reiter **Operations** stehen dieselben Operationen wie bei der Autoregistration zur Verfügung. Zusätzlich gibt es aber die Möglichkeit, Hosts aus Zabbix zu entfernen oder Templates von Hosts zu entfernen.

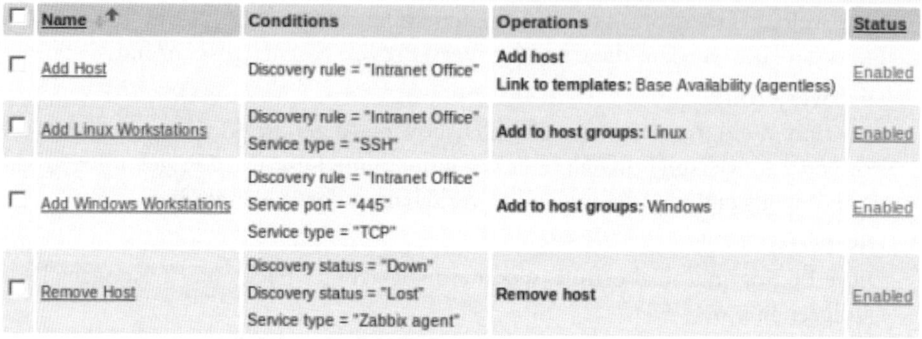

	Name	Conditions	Operations	Status
	Add Host	Discovery rule = "Intranet Office"	**Add host** **Link to templates:** Base Availability (agentless)	Enabled
	Add Linux Workstations	Discovery rule = "Intranet Office" Service type = "SSH"	**Add to host groups:** Linux	Enabled
	Add Windows Workstations	Discovery rule = "Intranet Office" Service port = "445" Service type = "TCP"	**Add to host groups:** Windows	Enabled
	Remove Host	Discovery status = "Down" Discovery status = "Lost" Service type = "Zabbix agent"	**Remove host**	Enabled

Abb. 29–4 *Aktionen für das Verarbeiten von Netzwerkscans (Discovery)*

30 Distributed Monitoring mit Zabbix-Proxys

30.1 Was ist der Zabbix-Proxy?

Zum Überwachen großer oder verteilter Netzwerke können Sie Zabbix-Proxys verwenden. Ein Proxy ist für eine Liste von Hosts verantwortlich. Diese Hosts werden nur vom entsprechenden Proxy abgefragt. Der Proxy leitet alle Daten an den Zabbix-Server weiter.

Der Einsatz eines Proxys ist immer dann sinnvoll, wenn der Zabbix-Server Hosts aufgrund von Routing oder Firewalls nicht erreichen kann. Der Einsatz eines Proxys bietet sich auch an, wenn Satellitensysteme außerhalb Ihres Netzwerkes Webseiten oder andere Ressourcen von außen überwachen sollen.

Aber auch zur Reduzierung der Datenbanklast auf dem Server kann man Proxys einsetzen. Bei vielen überwachten Hosts kann das sehr sinnvoll sein. Da der Proxy die gesammelten Daten in einem großen Block überträgt, muss die Datenbank wenige große Inserts und Updates verarbeiten, was weniger Last produziert als viele kleine Operationen.

In Kombinationen mit sogenannten Reverse-Tunneln (SSH, OpenVPN) können Sie mit Proxys auch Netzwerke überwachen, die nur über eine Verbindung mit einer dynamischen IP-Adresse erreicht werden.

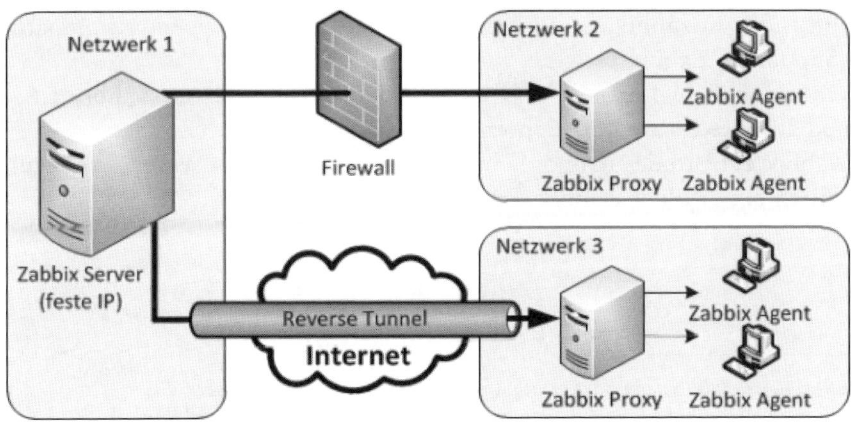

Abb. 30–1 *Überwachung von entfernten Netzwerken mit dem Zabbix-Proxy*

Ein Proxy ersetzt komplett den Zabbix-Server. Aus diesem Grund muss ein Proxy mit denselben Optionen kompiliert werden wie der Server. Wenn Sie zum Beispiel Hosts per SNMP überwachen, dann muss der Proxy auch mit SNMP-Unterstützung gebaut werden.

Wenn Sie einen Proxy verwenden, beachten Sie Folgendes:

- In der Konfiguration des Agenten muss als Server der Proxy eingetragen sein.
- Wenn Sie den Zabbix-Sender oder einen aktiven Zabbix-Agenten verwenden, akzeptiert nur der Proxy die gesendeten Daten. Der Zabbix-Server weist die Daten ab.
- Wenn Sie einen Host per Proxy überwachen, werden alle Checks vom Proxy ausgeführt. Es ist nicht möglich, einzelne Checks doch vom Server auszuführen.
- Wenn Sie External Scripts auf dem Server verwenden, müssen alle Skripte auch auf dem Proxy hinterlegt sein.
- Konfigurationen, die Sie über die Webgui auf dem Server vornehmen, erreichen die Proxys mit Verzögerung.
- Zabbix-Server und -Proxy können unterschiedliche Datenbanken verwenden. Der Datenaustausch erfolgt nicht auf Datenbankebene. Sie können zum Beispiel MySQL für den Zabbix-Server und Sqlite für die Proxys verwenden. Da der Proxy seine Daten sofort aus der Datenbank löscht, sobald diese vom Server empfangen wurden, sind die Anforderungen an die Datenbank deutlich geringer als beim Zabbix-Server. Sqlite bietet sich hier an, weil kein Datenbankserver installiert werden muss.
- Zabbix-Server und Proxy sollten dieselbe Version haben. Rechnen Sie mit Problemen, wenn der Proxy eine andere Version als der Server hat.

In der offiziellen Dokumentation[1] macht Zabbix folgende Aussage zur Kompatibilität von Proxy und Server:

[https://www.zabbix.com/documentation/2.4/manual/appendix/compatibility[2] **Supported Zabbix proxies:**

Only Zabbix 2.4 proxies may be used with Zabbix server. Zabbix 1.6, 1.8, 2.0 and 2.2 proxies are not supported with Zabbix 2.4 server.

Zabbix 2.4 proxies may only be used with Zabbix 2.4 server. They will not work with 2.2 or older Zabbix server.]

1. *https://www.zabbix.com/documentation/2.4/manual/appendix/compatibility*
2. *https://www.zabbix.com/documentation/2.4/manual/appendix/compatibility*

30.2 Zabbix-Proxy installieren

Die Firma Zabbix LLC stellt immer zum Zabbix-Server passende Proxy-Versionen als Paket für Debian, Ubuntu, CentOS und Red Hat bereit. Das Einbinden der entsprechenden Repositories erfolgt wie bei der Installation des Zabbix-Servers. Im Folgenden wird die Installation in komprimierter Form erklärt. Für eine ausführlichere Anleitung schauen Sie sich bitte das Kapitel 4 an.

Binden Sie den Repository-Server von Zabbix in die Paketverwaltung ein: Ubuntu 14.04:

```
wget http://repo.zabbix.com/zabbix/2.4/ubuntu/pool/main/z/zabbix-release/
  zabbix-release_2.4-1+trusty_all.deb
dpkg -i zabbix-release_2.4-1+trusty_all.deb
apt-get update
```

Debian 8:

```
wget http://repo.zabbix.com/zabbix/2.4/debian/pool/main/z/zabbix-release/
  zabbix-release_2.4-1+jessie_all.deb
dpkg -i zabbix-release_2.4-1+wheezy_all.deb
apt-get update
```

CentOS 6 und Red Hat Linux 6:

```
rpm -ivh http://repo.zabbix.com/zabbix/2.4/rhel/6/x86_64/zabbix-release-2.4-
  1.el6.noarch.rpm
```

RHEL/CentOS-Version 7:

```
rpm -ihv http://repo.zabbix.com/zabbix/2.4/rhel/7/x86_64/zabbix-release-2.4-
  1.el7.noarch.rpm
```

Es stehen nun drei Varianten des Zabbix-Proxys zur Auswahl. Der Unterschied besteht in der Datenbank, die der Proxy für seine temporäre Datenhaltung verwendet. Sie können MySQL, Postgres oder SQLite3 verwenden. Wenn Sie Oracle oder DB2 einsetzen möchten, müssen Sie zum Compiler greifen und den Proxy aus den Quellen installieren.

SQLite3 ist eine gute Wahl. Auch bei hoher Last liefert der Zabbix-Proxy mit dieser Datenbank eine gute Leistung. Wenn der Proxy eine permanente Verbindung zum Server hat (und das sollte er haben), die nur selten unterbrochen wird, sammeln sich nicht viele Daten in der Proxy-Datenbank. SQLite3 vereinfacht die Installation erheblich, da Sie die Datenbank weder anlegen noch konfigurieren müssen.

Installieren Sie nun den Zabbix-Server beispielsweise wie folgt:

```
apt-get install zabbix-proxy-sqlite3 ## Debian, Ubuntu
yum install zabbix-proxy-sqlite3     ## CentOS 6, Red Hat 6
```

30.3 Zabbix-Proxy aus den Quellen kompilieren

Die Installation des Zabbix-Proxys läuft ähnlich wie die Installation des Zabbix-Servers ab.

Hinweis

Sie müssen den Proxy mit denselben Optionen kompilieren wie den Zabbix-Server. Nur so ist sichergestellt, dass der Proxy alle Checks durchführen kann, die auch der Server durchführt.

Nachfolgende Kurzanleitung bezieht sich auf Debian und Ubuntu. Zur Installation des Proxys auf anderen Distributionen gehen Sie analog zur Installation des Zabbix-Servers vor.

Bereiten Sie das System vor, indem Sie die zum Kompilieren benötigten Bibliotheken installieren.

```
apt-get install make gcc libc6-dev libcurl4-openssl-dev \
libsnmp-dev libiksemel-dev libopenipmi-dev libssh2-1-dev fping
cd /usr/src
curl -O -J -L http://sourceforge.net/projects/zabbix/files/\
ZABBIX%20Latest%20Stable/<VERSION>/zabbix-<VERSION>.tar.gz/download
tar xzf zabbix-<VERSION>.tar.gz
cd /usr/src/zabbix-<VERSION>
```

Wenn Sie MySQL als Datenbank verwenden möchten, installieren Sie noch folgende Pakete:

```
apt-get install libmysqlclient15-dev
./configure --enable-proxy --with-mysql --with-net-snmp \
--with-libcurl --with-openipmi --with-ssh2 --prefix=/opt/zabbix_proxy
make
make install
```

Wenn Sie Sqlite als Datenbank verwenden möchten, installieren Sie noch folgende Pakete:

```
apt-get install libsqlite3-dev
./configure --enable-proxy --with-sqlite3 --with-net-snmp \
--with-libcurl --with-openipmi --with-ssh2 --prefix=/opt/zabbix_proxy
make
make install
```

Tipp

Es ist immer ratsam, auch die Funktion des Proxys zu überwachen. Dazu braucht der Proxy aber auch einen Zabbix-Agenten. Kompilieren Sie den Agenten direkt mit dem Proxy, indem Sie `./configure` um die Option `--enable-agent` erweitern.

Legen Sie einen User für Zabbix an. Der Proxy wird nicht mit Root-Rechten starten.

```
adduser --system --home /opt/zabbix_proxy --no-create-home zabbix #Debian
useradd -r -d /opt/zabbix_proxy/ -m zabbix                        # SUSE,Red
 Hat,CentOS
```

30.3.1 Die Datenbank anlegen

Wenn Sie Sqlite als Datenbank verwenden, brauchen Sie keine Datenbank anlegen. Dies erledigt der Proxy selbstständig beim ersten Start. Legen Sie einen Ordner für die Sqlite3-Datenbank an und passen Sie die Berechtigungen an:

```
mkdir /opt/zabbix_proxy/sqlite3/
chown zabbix /opt/zabbix_proxy/sqlite3/
```

Tragen Sie in der Konfigurationsdatei `/opt/zabbix_proxy/etc/zabbix_proxy.conf` den Pfad ein, unter dem Zabbix die Datenbank anlegen soll:

```
### Option: DBName
#       Database name.
#       For SQLite3 path to database file must be provided. DBUser and
 DBPassword are ignored.
#       Warning: do not attempt to use the same database Zabbix server is using.
#
# Mandatory: yes
# Default:
# DBName=

DBName=/opt/zabbix_proxy/sqlite3/zabbix_proxy.db
```

Wenn Sie MySQL verwenden, dann richten Sie zuerst eine Datenbank und einen Benutzer ein und legen anschließend das Schema und die Basisdaten an:

```
mysql -u root -p -e "create database zabbix"
mysql -u root -p -e "grant all on zabbix.* to zabbix@localhost identified by
 'zabbix'"
mysql -u zabbix -p zabbix<./create/schema/mysql.sql
mysql -u zabbix -p zabbix<./create/data/data.sql
```

30.3.2 Ein Start-Stop-Skript anlegen

Leider liegt den Installationsdateien kein Start-Stop-Skript für den Zabbix-Proxy bei. Aber mit dem Skript für den Zabbix-Server lässt sich leicht ein Start-Stop-Skript für den Proxy erstellen.

Kopieren Sie das für Ihre Distribution passende Start-Stop-Skript ins System. Für Debian wäre das beispielsweise wie folgt zu erledigen:

```
cp ./misc/init.d/debian/zabbix-server /etc/init.d/zabbix-proxy
```

Öffnen Sie das Skript mit einem Editor. Ersetzen Sie den Pfad zum Zabbix-Server durch den Pfad zum Zabbix-Proxy. Einige Start-Stop-Skripte bedürfen noch der Nacharbeit, damit Sie den Standards der Distributionen entsprechen. Hier gelten dieselben Regeln wie bei den Start-Stop-Skripten des Zabbix-Servers (siehe Abschnitt 4.6.5).

Nachfolgend ein Ausschnitt aus dem angepassten Skript für Systemd-Systeme wie beispielsweise Debian 8 oder CentOS 7. Legen Sie die Datei /etc/systemd/system/zabbix-proxy.service mit folgendem Inhalt an:

```
[Unit]
Description=Zabbix Proxy Sqlite
After=syslog.target network.target

[Service]
Type=oneshot
ExecStart=/opt/zabbix_proxy/sbin/zabbix_proxy -c /opt/zabbix_proxy/etc/
  zabbix_proxy.conf
RemainAfterExit=yes
PIDFile=/tmp/zabbix_proxy.pid

[Install]
WantedBy=multi-user.target
```

Anschließend führen Sie die folgenden Kommandos aus:

```
systemctl daemon-reload
systemctl start zabbix-proxy
systemctl enable zabbix-proxy
```

30.4 Die Proxy-Modes: Aktiv vs. Passiv

- **ProxyMode=0 (Aktiv)**
  Der Proxy meldet sich beim Server. Der Proxy muss eine Verbindung zum Server auf Port 10051 aufbauen können. Der Server braucht keinen Zugriff auf den Proxy. Dieser Modus kann eingesetzt werden, wenn der Proxy eine dynamische IP-Adresse verwendet.
- **ProxyMode=1 (Passiv)**
  Der Server meldet sich beim Proxy, übergibt die Konfiguration und holt die gesammelten Daten ab. Der Server braucht Zugriff auf den Proxy, dieser aber keinen auf den Server.

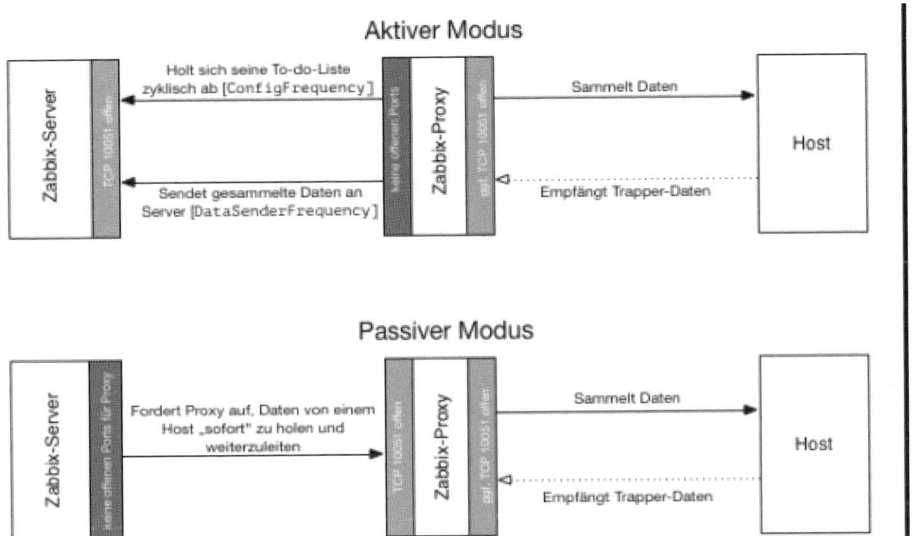

Abb. 30–2 *Datenfluss zwischen Proxy und Zabbix-Server*

30.5 Proxys einrichten

30.5.1 Proxys benennen: Der Name ist alles!

Egal in welchem Modus Sie den Proxy betreiben möchten, Sie müssen dem Proxy in der Konfigurationsdatei `zabbix_proxy.conf` einen Namen geben.

```
### Option: Hostname
#       Unique, case sensitive Proxy name. Make sure the Proxy name is known
  to the server!
#       Value is acquired from HostnameItem if undefined.
#
# Mandatory: no
# Default:
# Hostname=
Hostname=zbx-proxy03.example.org
### Option: HostnameItem
#       Item used for generating Hostname if it is undefined.
#       Ignored if Hostname is defined.
#
# Mandatory: no
# Default:
# HostnameItem=system.hostname
```

Wenn Sie keinen Hostnamen manuell eintragen wollen, können Sie die Option `HostnameItem=system.hostname` nutzen. Dann wird der lokale, voll qualifizierte Name verwendet. Sobald Sie den Zabbix-Proxy starten, vermeldet dieser im Logfile, unter welchem Namen der Dienst angesprochen werden kann.

Beim Einrichten eines Proxys im Zabbix-Server muss der Hostname identisch angegeben werden, so wie dieser auf dem Proxy konfiguriert wurde. Andernfalls kommt kein Datenaustausch zustande.

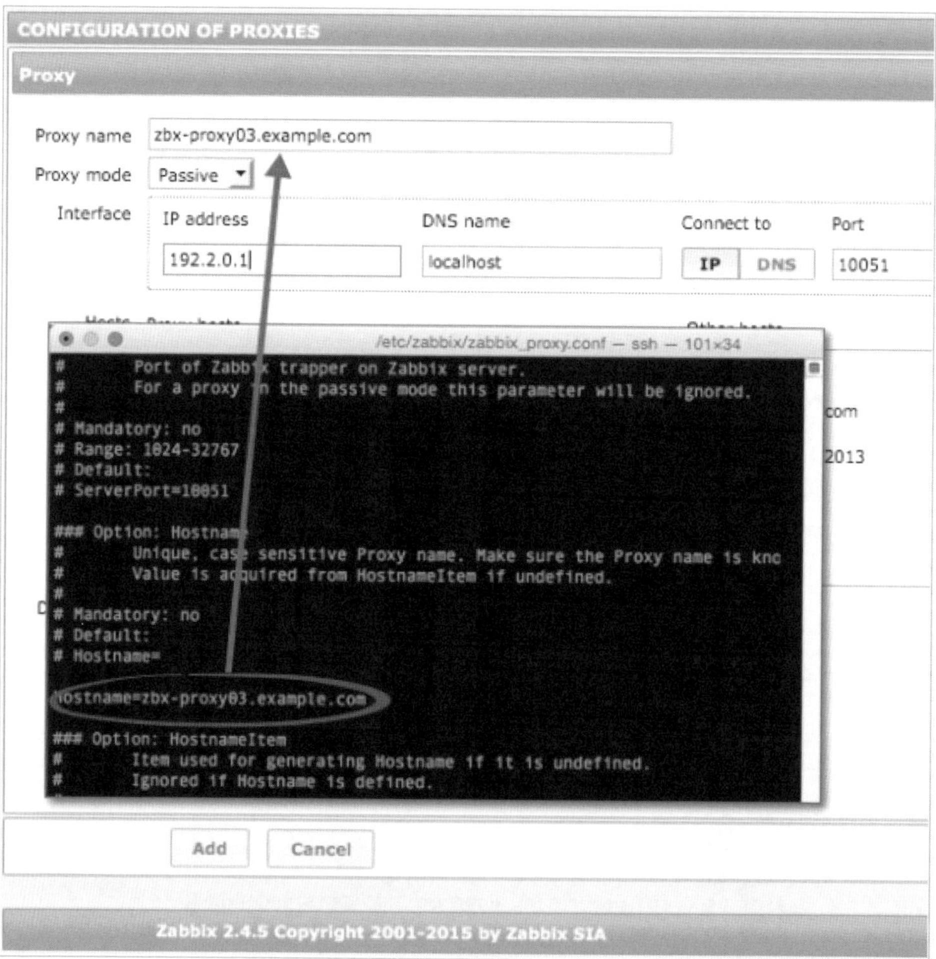

Abb. 30–3 *Passiven Proxy im Zabbix-Server hinzufügen*

Proxys im passiven Modus verfügen über keine Art von Authentifizierung. Jeder, der den Namen des Proxys kennt, kann diesen abfragen. Die Vergabe eines nicht offensichtlichen Hostnamens gibt in diesem Fall einen minimalen Schutz.

Warnung

Der Datenaustausch zwischen Proxy und Server ist unverschlüsselt. Es gibt außerdem keine Authentifizierung. Die Kommunikation zwischen Zabbix-Server und Proxy sollte innerhalb eines geschützten privaten Netzwerkes geschehen. Wenn Proxy und Server über das öffentliche Internet verbunden sind, sollten Sie Hilfswerkzeuge wie SSH-Tunnel oder ein VPN einsetzen.

30.5.2 Aktiv-Modus

Öffnen Sie die Datei `zabbix_proxy.conf` mit einem Editor

- Tragen Sie den ProxyMode=0 ein.
- Wenn Sie nicht Sqlite als Datenbank verwenden, geben Sie die Zugangsdaten zur Datenbank an.
- Geben Sie an, wie oft die Daten und die Konfiguration mit dem Zabbix-Server ausgetauscht werden sollen.

```
ProxyMode=0
Server=<IP-FROM-ZABBIX-SERVER>
ServerPort=10051
Hostname=PRO_EXAMPLE
ConfigFrequency=120
DataSenderFrequency=60
HeartbeatFrequency=10
```

Starten Sie den Zabbix-Proxy und werfen Sie einen Blick in das Logfile `zabbix_proxy.log`.

Hinweis

Ein aktiver Proxy sammelt eigenständig Daten. Dabei holt sich dieser in einem festgelegten Intervall (`ConfigFrequency`) eine Art To-do-Liste vom Zabbix-Server ab. Mit der Einstellung `DataSenderFrequency` legen Sie fest, in welchem Intervall der Proxy die »eingesammelten« Daten an den Server schickt. Beachten Sie, dass Trigger nur auf dem Server ausgeführt werden und nur in dem Moment, in dem die Daten auf dem Server eintreffen. Sie aktualisieren beispielsweise ein Item alle 60 Sekunden, und auf diesem Item basiert ein Trigger. Sollte der Proxy aber nur alle fünf Minuten die Daten an den Zabbix-Server übermitteln, werden Sie frühestens nach fünf Minuten einen Alarm erhalten.

Legen Sie anschließend den neuen Proxy im Zabbix-Server über das Webfrontend an. Wählen Sie über das Hauptmenü *Administration|Proxys* und im Dropdown-Menü oben rechts »Proxys« aus. Mit dem Button »Create Proxy« legen Sie einen neuen Proxy an. Wählen Sie als Modus »Aktiv«. Der Wert für »Proxy Name«

muss exakt mit dem Wert »Hostname« aus der Datei `zabbix_proxy.conf` des Proxys übereinstimmen. Wenn Sie möchten, können Sie Hosts dem neuen Proxy zuweisen. Dies kann aber auch später in der Konfiguration der Hosts vorgenommen werden.

Mehr müssen Sie beim Einsatz aktiver Proxys nicht einrichten. Der Proxy ist nur dafür verantwortlich, regelmäßig Verbindung mit den Server herzustellen.

Bei aktiven Proxys führt der Proxy alle Checks durch, als wäre er der Zabbix-Server. Das bedeutet, der Proxy entscheidet, wann ein Host nicht verfügbar ist.

Die Einstellungen bezüglich der Erreichbarkeit übernimmt der Proxy nicht vom Server. Vergessen Sie also nicht in der `zabbix_proxy.conf` folgende Einstellungen zu prüfen und ggf. an Ihre Einstellungen vom Zabbix-Server anzugleichen.

- UnreachablePeriod
- UnavailableDelay
- UnreachableDelay

30.5.3 Passiv-Modus

Öffnen Sie die Datei `zabbix_proxy.conf` mit einem Editor und tragen Sie den Proxy Mode und die Datenbankverbindung ein. Wenn Sie Sqlite verwenden wollen, brauchen Sie nur einen Pfad zu einer Datei als Datenbank eintragen. Der Zabbix-User braucht Schreib- und Leserechte im angegebenen Verzeichnis. Im Falle von Sqlite werden die Datenbank und das Schema automatisch angelegt.

```
ProxyMode=1
```

Wenn Sie Ihren Proxy im passiven Modus betrieben, geben Sie auf dem Zabbix-Server über die Datei `zabbix_server.conf` die Frequenz an, mit der die Daten zwischen Server und Proxy ausgetauscht werden.

Über die beiden nachfolgenden Einstellungen legen Sie fest, wie oft der Zabbix-Server den Proxys mitteilt, welche Daten diese sammeln sollen. Der Server verteilt eine Art To-do-Liste an die Proxys. (`ProxyConfigFrequency`). Mit der Einstellung `ProxyDataFrequency` legen Sie fest, in welchem Intervall der Server die Daten der Proxys »einsammelt«. Beachten Sie, dass Trigger nur auf dem Server ausgeführt werden und nur in dem Moment, in dem die Daten auf dem Server eintreffen. Sie aktualisieren beispielsweise ein Item alle 60 Sekunden, und auf diesem Item basiert ein Trigger. Sollte der Zabbix-Sever aber nur alle fünf Minuten die Daten vom Proxy abrufen, werden Sie frühestens nach fünf Minuten einen Alarm erhalten.

Passen Sie folgende Werte Ihren Bedürfnissen an. (Änderungen an der Konfiguration werden erst nach einem Neustart des Zabbix-Servers übernommen.):

```
ProxyConfigFrequency=600
ProxyDataFrequency=120
```

Legen Sie anschließend den neuen Proxy im Zabbix-Server über das Webfrontend an. Wählen Sie über das Hauptmenü *Administration|Proxys* und im Dropdown-Menü oben rechts »Proxys« aus. Mit dem Button *Create Proxy* legen Sie einen neuen Proxy an. Wählen Sie als Modus »Passive«. Geben Sie nun an, unter welcher IP-Adresse oder welchem Hostnamen der Proxy erreicht wird.

30.5.4 Proxy starten und testen

Starten Sie den Proxy unter Angabe des Pfades zur Konfiguration oder verwenden Sie das Start-Stop-Skript.

```
./zabbix_proxy -c /opt/zabbix_proxy/etc/zabbix_proxy.conf
```

Im Logfile `zabbix_proxy.log` sollte Folgendes zu sehen sein:

```
Starting Zabbix-Proxy.
**** Enabled features ****
SNMP monitoring:       YES
IPMI monitoring:       YES
WEB monitoring:        YES
ODBC:                   NO
SSH2 support:           NO
IPv6 support:           NO
**************************
zabbix_proxy [15103]: php_sem_get: Can not create IPC key for path '/tmp/
  zabbix_proxy.db',
                     try to create for path '.' [No such file or directory]
15103:20101108:140650.373 Cannot open database file "/tmp/zabbix_proxy.db":
  No such file or directory
15103:20101108:140650.373 Creating database ...
```

Außerdem sollte nun die Sqlite-Datenbank existieren.

```
file /tmp/zabbix_proxy.db
/tmp/zabbix_proxy.db: SQLite 3.x database
```

Hinweis

Sollte der Proxy nicht starten und finden Sie im Logfile Fehler wie zum Beispiel `cannot create database 'zabbix_proxy'`, sollten Sie einen absoluten Pfad als Datenbank angeben, zum Beispiel `/usr/lib/zabbix/zabbix_proxy.sqlite3.db`. Prüfen Sie außerdem die Berechtigungen des Dateiordners für die Datenbank. Der Benutzer zabbix muss Schreibrechte haben.

30.6 Hosts über einen Proxy überwachen

Als Nächstes müssen Sie auswählen, welche Hosts über den Proxy überwacht werden sollen.

Wechseln Sie zur Host-Konfiguration. Dort sollte nun der neu eingerichtete Proxy im Dropdown »Monitored by proxy« zur Auswahl stehen.

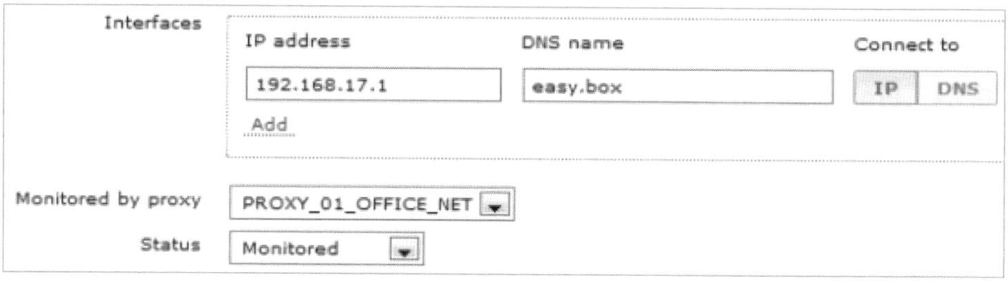

Abb. 30–4 *Host per Proxy überwachen*

Wenn Sie einen Host über einen Proxy überwachen, werden alle Daten vom Proxy gesammelt. Dies gilt für alle Items des Hosts. Achten Sie darauf, dass alle externen Checks und Skripte, die Sie ggf. auf dem Zabbix-Server hinterlegt haben, auch auf dem Proxy verfügbar sind. Gleiches gilt für SNMP-MIBs, SSH-Keys oder ODBC-Konfigurationen. Diese Daten sollten Sie zwischen Server und Proxys synchronisieren, damit der Proxy für alle Items Daten sammeln kann.

Trigger werden immer vom Zabbix-Server ausgewertet, in dem Moment, in dem der Proxy die Daten beim Server einliefert. Wenn die Verbindung zwischen Server und Proxy getrennt ist, ruft der Proxy weiterhin Daten ab und puffert diese in seiner lokalen Datenbank. In diesem Moment ist der Zabbix-Server »blind«. Es werden keine Probleme gemeldet, und Sie wiegen sich u.U. in falscher Sicherheit. Für besonders kritische Trigger sollten Sie einen zusätzlichen Check mit der Trigger-Funktion `nodata()` hinzufügen. So werden Sie benachrichtigt, wenn für ein Item keine aktuellen Daten vorliegen. Zusätzlich sollten Sie alle Proxys überwachen und Alarm schlagen, wenn ein Proxy keine Daten liefert.

Wenn Sie für einen Host Items vom Typ »Zabbix-Trapper« anlegen, muss der aktive Zabbix-Agent oder Zabbix-Sender die Daten an den zuständigen Proxy und nicht an den Zabbix-Server senden. Auf dem Zabbix-Proxy müssen Sie ggf. die Einstellung `StartTrappers` anpassen.

Das VMware- und das Java-Monitoring müssen bei Bedarf ebenfalls auf dem Proxy aktiviert werden.

30.7 Proxys überwachen

Sobald Sie einen Proxy verwenden, sollten Sie auch überwachen, ob dieser ordnungsgemäß funktioniert. Liefert der Proxy keine Daten, sind unter Umständen zahlreiche Hosts und Geräte ohne Überwachung. Sie sollten also sofort alarmiert werden, wenn ein Proxy keine Daten mehr liefert.

Item und Trigger einrichten

Richten Sie für den Zabbix-Server ein Item ein, welches prüft, wann der Proxy sich das letzte Mal beim Server gemeldet hat.

- Itemtyp = Zabbix-Internal
- Key = zabbix[proxy,<Proxy Name>,lastaccess]
- Type of information = Numeric(unsigned)
- Data Type = Decimal
- Units = unixtime

Der Proxy-Name muss so eingeben werden, wie er in der Proxy-Konfiguration eingerichtet wurde.

Item "Zabbix Server : Proxy $2 last access"	
Host	Zabbix Server [Select]
Name	Proxy $2 last access
Type	Zabbix internal
Key	zabbix[proxy,PROXY_01,lastaccess] [Select]
Type of information	Numeric (unsigned)
Data type	Decimal
Units	unixtime

Abb. 30–5 *Der Zabbix-Server überwacht, ob die Proxys Daten abliefern.*

Richten Sie nun einen Trigger mit der Funktion Fuzzytime ein:

```
{Zabbix server:zabbix[proxy,<Proxy Name>,lastaccess].fuzzytime(120)}=0
```

Dieser Trigger schlägt Alarm, sobald ein Proxy den Zabbix-Server während der letzten 120 Sekunden nicht mehr kontaktiert hat.

Heartbeat einrichten

Sorgen Sie dafür, dass sich die Proxys regelmäßig beim Zabbix-Server melden, auch wenn keine Item-Daten übertragen werden müssen. Bei aktiven Proxys tragen Sie in der `zabbix_proxy.conf` zum Beispiel Folgendes ein:

```
# Frequency of heartbeat messages in seconds.
HeartbeatFrequency=30
```

Bei passiven Proxys können Sie in der `zabbix_server.conf` mit der Einstellung

```
ProxyDataFrequency=30
```

dafür sorgen, dass sich der Server regelmäßig beim Proxy meldet.

30.8 Beispiel: Georedundantes Monitoring mit Proxys

Stellen Sie sich vor, Sie liefern aus einem Rechenzentrum in Amsterdam eine Webseite weltweit aus. Nun möchten Sie zum einen monitoren, ob die Webseite in verschiedenen Erdteilen verfügbar ist. Außerdem möchten Sie messen, wie schnell die Seite in verschiedenen Ländern lädt. Mit Zabbix-Proxys und Cloud-Computing ist diese Aufgabe schnell und einfach erledigt.

Host/Proxy	Standort
lab4.org (Webseite)	Amsterdam
zbx-proxy01	New York
zbx-proxy02	Singapore
zbx-proxy03	London
zbx-proxy04	San Francisco
Zabbix-Server	Amsterdam

Legen Sie ein Template an, welches beispielsweise die Ping-Laufzeit mit dem Item `icmppingsec` misst. Fügen Sie außerdem diesem Template ein Webszenario hinzu, das die Startseite des Webservers abruft. Das Webszenario erzeugt dann automatisch ein Item `web.test.time[]`, welches angibt, wie lange der Download der Webseite dauert.

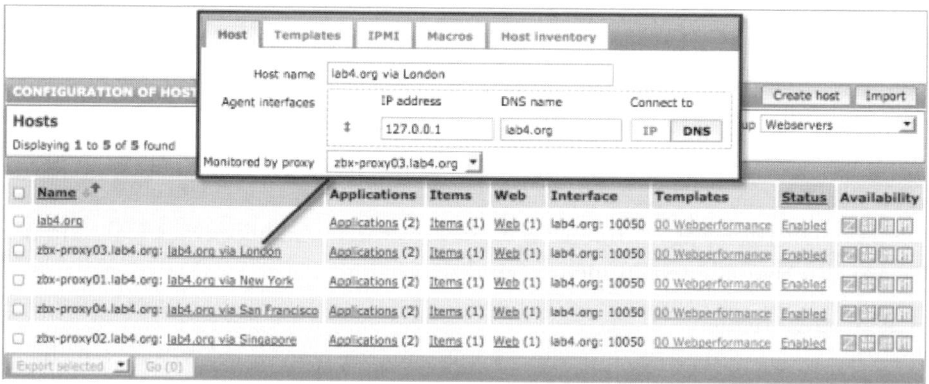

Abb. 30–6 *Ein Host wird vom Zabbix-Server und von vier Proxys überwacht.*

Nachdem Sie den Host – im vorangegangenen Beispiel den Webserver lab4.org – angelegt und diesem das Template zugewiesen haben, duplizieren Sie diesen mit der Funktion »Full Clone«. Nach dem Klonen fügen Sie einen der Proxys aus und fügen den Namen des Proxys mit in den Namen des Hosts ein. Nach Abschluss dieser Prozedur wird der Host von fünf unterschiedlichen Standorten beobachtet. Wichtig ist, dass alle Hosts in einer gemeinsamen Hostgruppe Mitglied sind, zum Beispiel in der Gruppe »Webservers«.

Wenn Sie den Mittelwert der Webseitenperformance über alle Standorte messen wollen, legen Sie ein neuen Dummy-Host an, zum Beispiel »lab4.org GROUPED« mit der IP-Adresse 127.0.0.1. Legen Sie anschließend für diesen Host ein Item vom Typ »Zabbix aggregate« an. Als Key verwenden Sie beispielsweise `grpavg[Webservers,"web.test.time[Performance Check,Get Startpage,resp]",last,0]`. In diesem Item wird der Mittelwert aus allen Items der Hostgruppe Webservers errechnet und gespeichert.

Mithilfe der »aggregated Items« können Sie beispielsweise auch die weltweite Gesamtverfügbarkeit einer Webseite messen. Legen Sie dazu ein Item an, welche die Summe aller Fehler über alle Proxys enthält: `grpsum[Webservers,"web.test.fail[Performance Check]",last,0]`. Solange die Webseite zum Beispiel in drei von vier Ländern verfügbar ist, wollen Sie u.U. keinen Alarm auslösen.

Item	
Name	Response Time Startpage AVG from all Proxies
Type	Zabbix aggregate
Key	grpavg[Webservers,"web.test.time[Perfomance Check,Get Sta
Type of information	Numeric (float)
Units	s
Use custom multiplier	☐ 1
Update interval (in sec)	30

Abb. 30–7 *Zabbix berechnet die durchschnittliche Performance über alle Standorte.*

Tipp

Woher kommen die Item-Keys `web.test.fail[Performance Check]` und `web.test.time[Performance Check,Get Startpage,resp]`? In der Liste der Items tauchen die Webtests nicht auf. Und in der Liste der Webszenarios kann man die exakte Syntax der Item-Keys nicht ablesen.

Die exakte Syntax eines Items, welches über Webszenario angelegt wurde, bekommen Sie heraus, indem Sie einen Trigger anlegen. Klicken Sie in einem Dummy-Trigger auf *Expression->Add* und dann auf *Item->Select*. Nun sehen Sie wirklich alle Items eines Hosts inkl. der Webszenario-Items. Sie brauchen den Trigger nicht zu speichern. Kopieren Sie das Item einfach in die Zwischenablage und verwenden Sie es anschließend in einem »Aggregated Item«.

Nachdem die Proxys die Geschwindigkeit einer Webseite ein paar Tage gemessen haben, präsentiert Ihnen Zabbix einen übersichtlichen Graphen. Jetzt ist schnell erkennbar, dass Kunden in Asien deutlich länger auf die Webseite warten als Kunden in Amerika oder Europa.

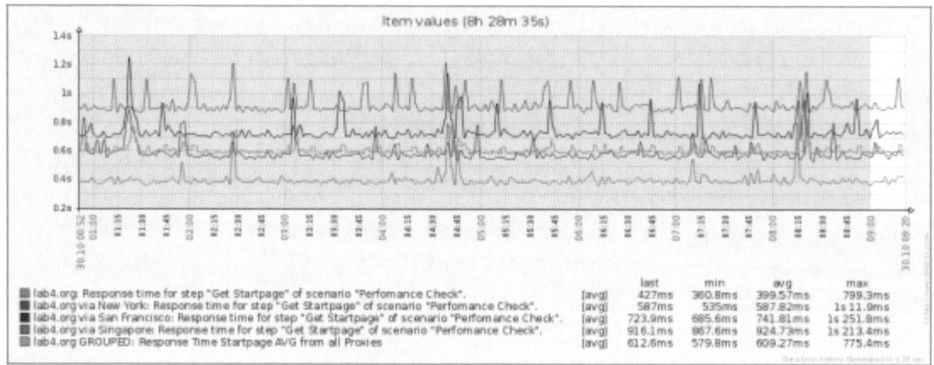

Abb. 30–8 *Ladezeit einer Webseite in verschiedenen Ländern*

30.9 Einstellungen zur Proxy-Performance

Je nachdem wie viele Items Sie mit Zabbix überwachen, sollten Sie einige Einstellungen zur Performance überprüfen, nachdem Sie einen Proxy hinzugefügt haben.

Werden die Daten zwischen Proxy und Server schnell genug ausgetauscht? Wenn Sie zum Beispiel einen Trigger vom Typ `agent.ping.nodata(30)}=1` eingerichtet haben, der alarmiert, sobald ein Host nicht innerhalb von 30 Sekunden antwortet, dann müssen die Daten zwischen Server und Proxy auch mindestens alle 30 Sekunden übertragen werden.

Alle Trigger werden nur auf dem Zabbix-Server ausgeführt. Das bedeutet, liefert der Proxy nicht schnell genug die Daten, dann schlägt der Trigger auf dem Server Alarm, auch wenn der Proxy über die Daten bereits verfügt.

Prüfen Sie also die Einstellung `DataSenderFrequency` in den Proxy-Einstellungen bei aktiven Proxys und `ProxyDataFrequency` in den Servereinstellungen bei passiven Proxys.

Benutzt der Proxy genügend Pollers? Je nachdem, wie viele Hosts von einem Proxy überwacht werden, müssen Sie die Anzahl der Pollers im Proxy erhöhen.

31 Zabbix-Internas überwachen

31.1 Einleitung

Zabbix kann nicht nur Informationen über fremde Hosts sammeln. Über die sogenannten Zabbix-Internal-Items gibt der Zabbix-Server zahlreiche Einblicke in sein Inneres. Das Überwachen der Zabbix-Internas gehört nicht zu den ersten Aufgaben, die Sie bei der Installation eines Monitorings erledigen sollten. Die Standardeinstellungen von Zabbix wurden so gewählt, dass Sie sich am Anfang nicht mit den inneren Abläufen beschäftigen müssen. Wächst Ihr System, dann sollten Sie auch die Performance des Zabbix-Servers im Blick behalten und vielleicht den einen oder anderen Alarm einrichten, wenn der Server zu stark ausgelastet ist. Über die Items vom Typ »Zabbix-Internal« können Sie viele Werte auslesen, die Ihnen Hinweise zu Performance-Engpässen und einem nicht optimal konfigurierten Zabbix-Server geben.

31.2 Auslastung der Zabbix-internen Prozesse monitoren

Das, was bis jetzt nur als »der Zabbix-Server« bezeichnet wurde, besteht bei genauerer Betrachtung aus mehreren Prozessen, von denen jeder für eine Aufgabe verantwortlich ist.

Wenn Sie sich zum Beispiel mit `ps auxwww` die Prozessliste des Zabbix-Servers anschauen, finden Sie mehrere Prozesse mit dem Namen `zabbix_server`. Diese Prozesse führen unterschiedliche »Arbeiten« aus. Intern sind die Zabbix-Prozesse unterteilt in:

- **alerter**
  Verantwortlich für das Senden von Nachrichten
- **configuration syncer**
  Lädt von Konfigurationsdaten aus der Datenbank in den Cache
- **db watchdog**
  Prüft, ob die Datenbank verfügbar ist, und protokolliert, wenn dies nicht der Fall ist

- **discoverer**
  Scannt das Netzwerk für die Autodiscovery
- **escalator**
  Verarbeitet die Eskalationen der Nachrichten
- **history syncer**
  Schreibt gesammelte Daten in die Datenbank
- **http poller**
  Übernimmt das Webseiten-Monitoring (Szenarios)
- **housekeeper**
  Löscht alte Daten
- **icmp pinger**
  Verantwortlich für das »Pingen« von Hosts
- **ipmi poller**
  Sammelt Daten per IPMI
- **node watcher**
  Verantwortlich für den Datenaustausch in einem Distributed Monitoring
- **self-monitoring**
  Verantwortlich für das Sammeln der internen Daten
- **poller**
  Sammelt die Daten vom Zabbix-Agenten und per SNMP
- **proxy poller**
  Sammelt Daten von passiven Proxys
- **timer**
  Führt die zeitabhängigen Trigger aus (`nodata()`)
- **trapper**
  Nimmt alle eingehenden Daten von aktiven Agenten, Zabbix-Sender und aktiven Proxys an
- **unreachable**
  Kontaktiert unerreichbare Hosts, um zu prüfen, ob diese vielleicht wieder erreichbar sind

Für jeden dieser Prozesse können Sie ab der Version 1.8.5 abfragen, wie stark dieser ausgelastet ist. Als Rückgabe erhalten Sie die Angabe, zu wie viel Prozent innerhalb der letzten 60 Sekunden der Prozess etwas gemacht hat. Erhalten Sie zum Beispiel eine Auslastung von 5%, bedeutet dies, dass der entsprechende Prozess in einer Minute zu 95% nicht aktiv war.

Ist ein Prozess zu 100% ausgelastet, dann kann es zu Datenverlusten bzw. zu Lücken in der Überwachung kommen. Wenn keine Ressourcen mehr frei sind, kann der Server keine Daten sammeln. Damit einzelne Prozesse nicht überlastet werden, werden die Aufgaben in der Regel von einer Gruppe von Prozessen erledigt. Die Anzahl der Prozesse für eine Aufgabe wird nicht dynamisch bestimmt. Sie müssen festlegen, wie viele Prozesse für welche Aufgabe gestartet werden. In der Konfigurationsdatei des Zabbix-Servers und des Proxys finden Sie Angaben wie beispielsweise die nachfolgenden:

```
### Option: StartPollers
#       Number of pre-forked instances of pollers.
#
# Mandatory: no
# Range: 0-255
# Default:
# StartPollers=5

### Option: StartIPMIPollers
#       Number of pre-forked instances of IPMI pollers.
#
# Mandatory: no
# Range: 0-255
# Default:
# StartIPMIPollers=0

### Option: StartPollersUnreachable
#       Number of pre-forked instances of pollers for unreachable hosts
  (including IPMI).
#
# Mandatory: no
# Range: 0-255
# Default:
# StartPollersUnreachable=1
```

Ist also ein Prozess zu stark ausgelastet, sollten Sie die Anzahl der Prozesse für die spezielle Aufgabe erhöhen.

Um die Auslastung der internen Prozesse zu überwachen, gehen Sie wie folgt vor:

Richten Sie für den Zabbix-Server neue Items vom Typ »Zabbix-Internal« ein.

Als Item-Key geben Sie `zabbix[process,<type>,<mode>,<state>]` an. Als Typ tragen Sie einen der internen Prozesse aus der obigen Liste ein. Als Modi stehen »avg«, »min« und »max« zur Auswahl. Als State geben Sie »busy« oder »idle« an. Beispiele:

```
zabbix[process,"icmp pinger",avg,busy] # Durchschnittliche Auslastung des
  Pingers
zabbix[process,poller,max,busy]        # Maximale Auslastung des Pollers
```

Für alle Items geben Sie Prozent als Einheit, Numeric Float als Type of Information und 60sck als Intervall an.

Um einen detaillierten Überblick über die Auslastung des Zabbix-Servers zu bekommen, sollten Sie die Items in einem gemeinsamen Graphen zusammenfassen. Im unten abgebildeten Graphen ist deutlich zu erkennen, was die Erhöhung der Prozesse bewirkt. Nach der Erhöhung der Prozessanzahl der ICMP-Pinger-Prozesse von eins auf fünf ist eine deutliche Entlastung der einzelnen Prozesse erkennbar. Dies wird zu einem performanten und zuverlässigen Monitoring führen. Die Erhöhung von Zabbix-Prozessen führt aber nicht zur Entlastung des gesamten Systems. Grob gesagt gilt: Wenn viele Daten reinkommen, muss das System auch viel arbeiten.

Warnung

Erhöhen Sie die Anzahl der Zabbix-Prozesse nicht unnötigerweise. Eine zu hohe Anzahl unbeschäftigter Prozesse belastet das System ebenfalls.

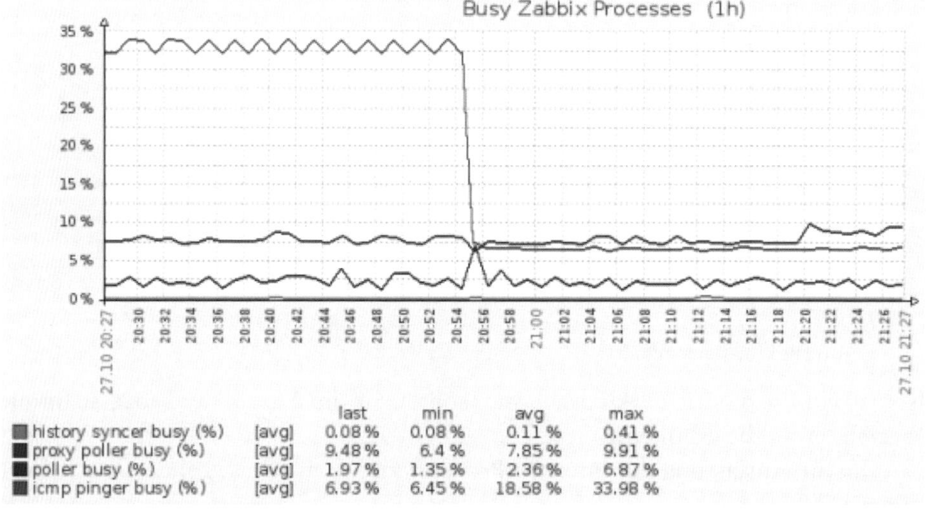

Abb. 31–1 *Auslastung einzelner Zabbix-Prozesse*

32 System und Datenbank tunen für große Setups

32.1 Hardware richtig dimensionieren

Schon im Kapitel 4 wurde darauf hingewiesen, dass Empfehlungen bezüglich der Hardware nur sehr schwer abzugeben sind. Grundsätzlich gilt: Je mehr Hosts und Items Sie anlegen, desto mehr muss die Hardware arbeiten. Die größte Last verursacht dabei die Datenbank. Achten Sie also bei der Auswahl der Hardware darauf, dass diese für den Betrieb einer Datenbank optimiert ist. Konkret bedeutet dies:

- viel Arbeitsspeicher
- schnelle Festplatten (möglichst SAS oder SSD) mit einem Hardware-Raidcontroller mit Write-Cache
- Die modernen CPUs sind so leistungsfähig, dass diese in der Regel nicht zum Flaschenhals werden.

Beobachten Sie besonders die IO-Wait-Werte Ihrer Zabbix-Datenbank. Wenn die Datenbank zu häufig auf die Festplatte warten muss, ist das ein Zeichen für zu geringe Hardwareressourcen.

Der Zabbix-Server-Daemon, PHP und der Webserver brauchen ebenfalls Arbeitsspeicher. Wenn auf dem Zabbix-Server der Arbeitsspeicher knapp wird, können Sie auch Datenbank und Zabbix-Server auf getrennte Hardware legen. Nachfolgend finden Sie einige Tipps, wie Sie die Leistung der Datenbank erhöhen können. An dieser Stelle kann keine umfassende Erklärung über MySQL-Tuning gegeben werden. Zahlreiche Bücher befassen sich exklusiv mit diesem Thema.

32.1.1 LogSlowQueries aktivieren

Der Zabbix-Server kann lang laufende Queries loggen. Sollten sich viele lange Queries im Log sammeln, ist das ein klares Zeichen dafür, dass die Datenbank der Anzahl von Anfragen nicht mehr gewachsen ist. Wenn Sie nachfolgende Tuning-Tipps umsetzen, sollten Sie immer wieder das Logfile prüfen. Werden die lang laufenden Queries trotz optimierter Einstellungen nicht weniger, sind diese höchstwahrscheinlich an die Grenzen der Hardware gestoßen.

Der Zabbix-Server loggt lang laufende Queries eigenständig und nutzt dabei nicht das SlowQueryLog von MySQL. Aktivieren Sie diese Option in der Datei `zabbix_server.conf`. Tasten Sie sich mit den Einstellungen von ca. 1,5 Sekunden langsam nach unten:

```
### Option: LogSlowQueries
#       How long a database query may take before being logged (in
  milliseconds)
#       0 - don't log slow queries.
#
# Mandatory: no
# Range: 1-3600000
# Default:
LogSlowQueries=1500
```

32.2 MySQL-Datenbank tunen

Nachfolgende Einstellungen nehmen Sie in der Datei `/etc/my.cnf` oder `/etc/mysql/my.cnf` vor. Die Änderungen werden erst nach einem Neustart der Datenbank wirksam.

32.2.1 MySQL Bufferpool erhöhen

Mit dem Parameter `innodb_buffer_pool_size` legen Sie fest, wie viel Hauptspeicher MySQL zum Puffern von Operationen nutzen darf. Die Standardwerte sind in der Regel viel zu niedrig eingestellt. Als Faustregel gilt: MySQL sollte 80% des RAMs als Pufferpools nutzen können. Wenn der Zabbix-Server auf derselben Hardware arbeitet wie MySQL, müssen Sie RAM für Zabbix und den Webserver bereithalten. Geben Sie 50% des verfügbaren RAMs als Pufferpool und tasten Sie sich langsam nach oben.

32.2.2 MySQL Innodb-Logfile vergrößern

Bevor MySQL die Transaktionen in die Tabellendateien auf der Festplatte schreibt, werden diese in das Innodb-Logfile geschrieben. Dieses Logfile stellt auch eine Art Puffer da. Je größer das Logfile ist, desto schneller kann die Datenbank eine Transaktion als geschrieben melden. Auch hier sind die Standardeinstellungen für `innodb_log_file_size` ebenfalls viel zu klein gewählt. Stellen Sie je nach Anzahl der Datenbankoperationen einen Wert zwischen 512 MB und 1 GB ein.

Nachdem Sie den Wert geändert haben, müssen Sie die Datenbank herunterfahren. Alle Transaktionen werden dann aus dem Logfile in die Tabellendateien geschrieben. Dann müssen Sie das alte Logfile löschen, damit beim nächsten Start der Datenbank eine neue Datei mit der neuen Größe angelegt wird.

```
rm /var/lib/mysql/ib_logfile
```

32.2.3 Festplattenzugriffe reduzieren

Jede Transaktion wird in das Inno-DB-Logfile und ggf. auch in den Doublewritebuffer geschrieben. Das Logfile wiederum wird sofort auf die Festplatte geschrieben. MySQL bestätigt die Transaktion erst dann, wenn die Festplatte bestätigt hat, dass alle Information gesichert wurden. So ist die größtmögliche Datensicherheit gewährleistet. Der Zabbix-Server speichert aber in der Regel keine wichtigen Daten, so dass der Verlust eines Messwertes schwerwiegende Auswirkungen hat. Zabbix speichert keine Bankdaten.

Mit der nachfolgenden Einstellung schalten Sie den Doublewritebuffer ab:

```
innodb_doublewrite = 0
```

Mit `flush_log_at_trx_commit = 2` oder `flush_log_at_trx_commit = 0` bestätigt MySQL eine Transaktion schon dann, wenn diese im Cache des Betriebssystems angekommen ist. Es wird nicht mehr auf die Bestätigung der Festplatte gewartet.

```
innodb_flush_log_at_trx_commit = 2 # dont flush at every commit
innodb_flush_log_at_trx_commit = 0 # Flush every second
```

Zitat aus dem MySQL-Manual: »Hat innodb_flush_log_at_trx_commit den Wert 0, wird einmal pro Sekunde der Logpuffer in die Logdatei geschrieben und diese auf die Festplatte zurückgespeichert, doch beim Committen einer Transaktion wird nichts veranlasst. Ist der Wert 1 (der Standard), wird bei jedem Commit der Logpuffer in die Logdatei und diese auf die Festplatte geschrieben. Ist der Wert 2, wird der Puffer bei jedem Commit in die Datei übertragen, aber diese nicht beim Commit, sondern einmal pro Sekunde auf die Festplatte zurückgeschrieben. Beachten Sie jedoch, dass dieser Schreibvorgang aus Gründen der Prozessplanung in Wirklichkeit nicht unbedingt exakt einmal pro Sekunde stattfindet.«

32.2.4 MySQL Buffer-Pool-Instanzen erhöhen

Ab der MySQL-Version 5.5 kann der Buffer-Pool in Regionen unterteilt werden. Das beschleunigt gleichzeitige Zugriffe auf den Speicher. Setzen Sie `innodb_buffer_pool_instances` größer eins nur dann, wenn Sie mindestens 2 GB als Innodb-Buffer-Pool zugewiesen haben.

32.2.5 Innodb-Plugin nutzen

Zabbix nutzt für alle Tabellen den Tabellentreiber Innodb. Seit der Version 5.1.38 können Sie zwei verschiedene »Arten« von Innodb nutzen:

- Standard-Innodb
- Innodb-Plugin

Das Innodb-Plugin bietet verschiedene Optimierungen, die Sie nutzen sollten. Tragen Sie in der `my.cnf` Folgendes ein, um das Plugin zu verwenden:

```
ignore-builtin-innodb
plugin-load                = innodb=ha_innodb_plugin.so
innodb_file_per_table      = 1
innodb_file_format         = barracuda
```

Mehr erfahren Sie in der offiziellen MySQL-Dokumentation[1].

Hinweis

Ab MySQL-Version 5.5 ist das Innodb-Plugin Standard und muss nicht aktiviert werden.

32.2.6 Transaktionssicherheit reduzieren

In vielen Fällen können Sie Abstriche bei der Transaktionssicherheit zugunsten von Performance machen. Die häufigsten Inserts in die Datenbank sind die neu eingetroffenen Messwerte der Items. Wenn solche Inserts schon bestätigt werden, wenn Sie in den RAM und noch nicht auf die Festplatte geschrieben wurden, dann ist das in vielen Fällen vertretbar, bringt aber eine höhere Schreibgeschwindigkeit.

Lesen Sie Details in der offiziellen Dokumentation[2] nach und fügen Sie ggf. in die `my.cnf` Folgendes ein:

```
innodb_doublewrite             = 0
innodb_flush_log_at_trx_commit = 0
innodb_support_xa              = No
```

32.2.7 Das Dateisystem tunen

- Legen Sie für die Datenbank eine extra Partition an. Diese muss in der Regel nach /var/lib/mysql gemountet werden.
- Verwenden Sie ext4 als Dateisystem.
- Verwenden Sie Mount-Optionen.

```
# /etc/fstab
UUID==<UUID> /var/lib/mysql ext4
 noatime,data=writeback,barrier=0,errors=remount-ro 0 1
```

- Hinweis zu `data=writeback`:
  When tuning ext3 for best benchmark numbers, it is often worthwhile to try

1. *http://dev.mysql.com/doc/refman/5.1/en/innodb.html*
2. *http://dev.mysql.com/doc/refman/5.1/en/innodb-parameters.html*

changing the data journaling mode; »-o data=writeback« can be faster for some workloads. (Note however that running mounted with data=writeback can potentially leave stale data exposed in recently written files in case of an unclean shutdown, which could be a security exposure in some situations.) Configuring the filesystem with a large journal can also be helpful for metadata-intensive workloads. Quelle:[3] Kernel.org

- Hinweis zu `barrier=0`:
  Write barriers enforce proper on-disk ordering of journal commits, making volatile disk write caches safe to use, at some performance penalty. If your disks are battery-backed in one way or another, disabling barriers may safely improve performance. The mount options »barrier« and »nobarrier« can also be used to enable or disable barriers, for consistency with other ext4 mount options. Quelle:[4] Kernel.org

Mit der Option `noatime` unterbinden Sie, dass für jede Datei gespeichert wird, wenn diese das letzte Mal geöffnet wurde. Damit reduzieren Sie Schreibvorgänge.

Wenn das System über mehrere physikalische Festplatten verfügt, können Sie das Dateisystem erheblich beschleunigen, wenn Sie die Daten und das Journal von Ext4 auf getrennten Laufwerken speichern. Im Internet finden Sie viele Benchmarks[5], die diese Annahme bestätigen.

Eine weitere Optimierung des IO-Systems kann in der Verwendung eines SSD-Cache liegen. All aktuellen Distributionen haben die passenden Kernel-Module und die entsprechenden Werkzeuge an Bord. Vor eine klassische Festplatte mit Spindeln »schalten« Sie eine SSD als Write-Read-Cache. Die gängigsten Cache-Module sind Flashcache[6] und DM-Cache[7].

32.2.8 IO-Schedulers wechseln

Durch Verwenden eines speziellen IO-Schedulers[8] können Sie unter Umständen die IO-Last des Servers reduzieren und damit die Datenbank beschleunigen. Ein Scheduler ist dafür verantwortlich, wie die Festplatte(n) Lese- und Schreibvorgänge koordiniert. Prüfen Sie mit folgendem Kommando, welchen IO-Scheduler das System verwendet:

```
cat /sys/block/sda/queue/scheduler
```

---

3. *https://www.kernel.org/doc/Documentation/filesystems/ext4.txt*
4. *https://www.kernel.org/doc/Documentation/filesystems/ext4.txt*
5. *http://insights.oetiker.ch/linux/external-journal-on-ssd/*
6. *https://www.thomas-krenn.com/de/wiki/Flashcache*
7. *https://www.thomas-krenn.com/de/wiki/Dm-cache*
8. *http://www.linuxhowtos.org/System/iosched.htm*

Der verwendete Scheduler wird in Klammern angezeigt. Red Hat empfiehlt[9] für den Betrieb »deadline« als Scheduler, der bei Red Hat und CentOS auch die Standardeinstellung darstellt.

Wenn Sie ein Hardware-Raid mit Write-Cache oder eine SSD verwenden, kann der Scheduler »noop« unter Umständen die Performance erhöhen. NOOP lässt jede Optimierung der Schreibprozesse durch den Kernel weg und arbeitet die Anfragen sequenziell ab. Dadurch wird Zeit gespart. Bei SSDs kann NOOP sinnvoll sein, da es keine Lese- und Schreibköpfe gibt und die Datenblöcke nicht »geordnet« geschrieben werden müssen.

Ähnlich verhält es sich bei Hardware-Raid-Systemen. Der Raid Controller optimiert die Operationen, und ein weiterer Optimierer – der IO-Scheduler des Kernels – der keinen Einblick in diese Optimierungen hat, wäre verschwenderisch und im schlimmsten Fall kontraproduktiv.

Probieren Sie es einfach aus. Mit den passenden Graphen zur IO-Last, die Ihnen Zabbix präsentiert, werden Sie leicht feststellen, welcher Scheduler die beste Leistung bzw. die größte Entlastung des IO-Systems bringt.

Im Zabbix-Forum[10] finden Sie weitere hilfreiche Hinweise zum Optimieren des Zabbix-Servers und der Datenbank.

9. *https://access.redhat.com/solutions/54164*
10. *http://www.zabbix.com/forum/showthread.php?t=12407*

33 Backup des Zabbix-Servers

33.1 Backup des Zabbix-Servers erstellen

Um einen kontinuierlichen Betrieb des Monitorings sicherzustellen, ist das regelmäßige Erstellen eines Backups unerlässlich. Welche Dateien und Daten Sie sichern müssen, hängt stark von Ihrem Setup ab.

Wenn Sie fertige DEB- oder RPM-Pakete zur Installation verwendet haben, reicht ein Backup der Konfigurationsdateien und der Datenbank. Wenn Sie Zabbix selbst kompiliert haben, sollten Sie neben den Binaries auch alle zum Kompilieren verwendeten Dateien sichern. Bei einem kompletten Datenverlust müssen Sie dann nicht alle Schritte des Kompilierens noch einmal durchführen. Es ist daher ratsam, alle Binaries und die Konfigurationsdatei zu sichern.

Vergessen Sie nicht Ihre eigenen Erweiterungen und Alarmierungsskripte zu sichern. Damit Sie nach einem Serverausfall alle nötigen Dateien möglichst schnell wiederherstellen können, ist es ebenfalls ratsam, auch die Konfiguration der Datenbank und des Webservers sowie die Dateien des Webfrontends zu sichern. Im nachfolgenden Beispiel wird ein Backup aller wichtigen Dateien erstellt, wenn Sie den Zabbix-Server per Paketmanager installiert haben. Das Skript benachrichtigt Zabbix per Zabbix-Sender über den Erfolg oder Misserfolg des Backups.

```
#!/bin/bash

SRC="/etc/ /usr/lib/zabbix/ /var/www/ /usr/share/zabbix*"
DEST=/var/backups/zabbix.tar.gz
LOG=/tmp/zabbix-backup.log
ZBX_HOSTNAME=zabbix-server
ZABBIX_SERVER=localhost

if tar czf $DEST $SRC >$LOG 2>&1
then
 zabbix_sender -z $ZABBIX_SERVER -s $ZBX_HOSTNAME -k zabbix.backup -o "Finished OK"
else
 zabbix_sender -z $ZABBIX_SERVER -s $ZBX_HOSTNAME -k zabbix.backup -o "FAILED"
fi
```

Richten Sie ein Item vom Typ »Zabbix-Trapper« mit dem Item-Key `zabbix.backup` ein, damit der Zabbix-Server über den Status des Backups informiert ist.

Item

Name: Zabbix Backup
Type: Zabbix trapper
Key: zabbix.backup (Select)
Type of information: Character
History storage period (in days): 90
Show value: As is (show value mappings)
Allowed hosts:
New application: Zabbix Backup

Abb. 33–1 *Der Zabbix-Server empfängt per Zabbix-Sender den Backup-Status.*

Warnung

Welche Dateien Sie sichern müssen, hängt stark von Ihrer Installation und der verwendeten Distribution ab. Schauen Sie genau nach, wo sich die Binaries des Zabbix-Servers, die Konfiguration und die PHP-Dateien des Webfrontends befinden.

33.2 Die MySQL-Datenbank sichern

Ohne ein Backup der Datenbank ist das Backup der Zabbix-Dateien wertlos. Die gesamte Konfiguration von Items, Triggern, Graphen etc. ist in der Datenbank gespeichert.

Es gibt zahlreiche Möglichkeiten, eine Datenbank zu sichern. Welche davon die geeignete ist, hängt von der Größe der Datenbank und des maximal vertretbaren Datenverlustes ab.

33.2.1 MySQL-Dump

Im Falle von MySQL ist der klassische MySQL-Dump aber immer eine zuverlässige Backup-Methode. Die über den Dump exportierten Daten stellen eine konsistente Kopie der Datenbank da. Mit einem Dump können Sie eine MySQL-Datenbank in kurzer Zeit komplett rekonstruieren.

Beachten Sie aber, dass während des Dumps die Datenbank einen Read-Lock setzt, das heißt, alle Clients können nur lesend zugreifen. Im Falle des Zabbix-Servers bedeutet das, dass keine neuen Messwerte gespeichert werden können. In der Regel führt das zu zahlreichen Fehlalarmen. Der Zabbix-Server ist während des Dumps faktisch unbrauchbar und sollte besser ausgeschaltet werden. Nachfolgend sehen Sie ein Beispiel für ein Datenbank-Backup per MySQL-Dump:

```
#!/bin/sh
PASS=your_mysql_root_password
/etc/init.d/zabbix-server stop
mysqldump -u root -p${PASS} --all-databases|gzip -c>/var/backups/
  mysql.dump.gz
/etc/init.d/zabbix-server start
```

33.2.2 Percona XtraBackup

Für produktive Umgebungen ist das Open-Source-Programm XtraBackup eine bessere Alternative zu MySQL-Dump. Die Vorteile von XtraBackup sind u.a.:

- Die Datenbank wird während des Backups nicht für Schreibzugriff gesperrt.
- XtraBackup verbraucht wenig Ressourcen und beeinträchtigt die Performance der Datenbank nur sehr gering.
- Funktionen wie Kompression und Versionierung der Backups sowie inkrementelle Backups sind in XtraBackup enthalten.

Im Gegensatz zu MySQL-Dump produziert XtraBackup keine Datenbankexporte in Form einer SQL-Datei. Das Backup wird in Form von binären Tabellendateien erstellt. XtraBackup legt eine komplette Kopie das MySQL-Datenverzeichnisses an. Damit ist auch schon erklärt, warum es kein Werkzeug zum Zurückspielen der Backups gibt. Man braucht keines. Das Backup kann mit gestopptem MySQL-Server per symbolischen Link oder durch Kopieren nach `/var/lib/mysql` verschoben werden, und schon kann MySQL mit diesen Tabellendaten starten.

Nutzer von Debian und Ubuntu installieren XtraBackup ganz einfach über den Paketmanager per `apt-get install percona-xtrabackup`. Benutzer von Red Hat und CentOS finden auf der Percona-Webseite[1] ein Repository und eine Anleitung, wie dieses in den Paketmanager eingebunden wird.

Ein einfacher Aufruf des Kommandos `innobackupex /var/backups` würde ausreichen, und Sie erhalten eine konsistente Kopie des MySQL-Datenverzeichnisses. Dieses Backup ist aber noch nicht »lauffähig«, und MySQL könnte nicht mit diesen Daten starten. Der Grund dafür ist, dass einige Transaktionen nur im Transaktionslog `ib_log` gespeichert sind und noch nicht in die Tabellendateien geschrieben wurden. Mit dem Kommando `innobackupex --apply-log` finalisieren Sie das Backup. Alle Transaktionen werden in die Tabellendateien geschrieben. Nun ist es möglich, den MySQL-Server mit den Backup-Dateien zu starten.

1. *http://www.percona.com/doc/percona-xtrabackup/2.1/installation/yum_repo.html*

XtraBackup verfügt über die Möglichkeit, das Backup On-the-fly zu komprimieren. Dabei wird QuickLZ[2] als Kompression verwendet. Diese eingebaute Kompression hat den Nachteil, dass das zuvor beschriebene »Einspielen« der Transaktionslogs in die Tabellendateien nicht durchgeführt werden kann. Verzichten Sie lieber auf die On-the-fly-Variante und komprimieren Sie das Backup, nachdem das Transaktionslog angewendet wurde.

Sie können jedes Komprimierungsprogramm wie Gzip oder Zip verwenden. QuickLZ bietet gegenüber den beiden letztgenannten folgende Vorteile:

- Es ist ressourcenschonender.
- Dateien in Ordnern können ohne Zuhilfenahme von Tar rekursiv gepackt werden.
- Beim rekursiven Packen liegt jede einzelne Datei in einer komprimierten Version vor. Es entsteht nicht eine große Datei wie bei Tar-Gz oder Zip. Dies erleichtert das partielle Entpacken.

Auf der Webseite von von QuickLZ können Sie fertige Binärpakete oder den Quellcode des Kommandozeilentools `qpress` herunterladen.

Das Skript percona-backup-wrapper.sh[3] kann Ihnen als Beispiel dienen, XtraBackup regelmäßig auszuführen und Erfolg und Fehler zu protokollieren.

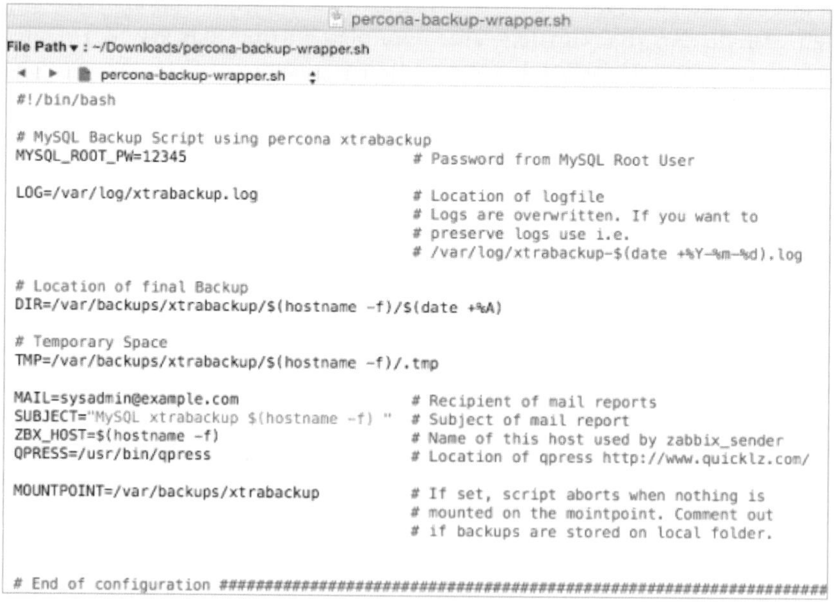

percona-backup-wrapper.sh
File Path ▾ : ~/Downloads/percona-backup-wrapper.sh
percona-backup-wrapper.sh

```
#!/bin/bash

# MySQL Backup Script using percona xtrabackup
MYSQL_ROOT_PW=12345                          # Password from MySQL Root User

LOG=/var/log/xtrabackup.log                  # Location of logfile
                                             # Logs are overwritten. If you want to
                                             # preserve logs use i.e.
                                             # /var/log/xtrabackup-$(date +%Y-%m-%d).log

# Location of final Backup
DIR=/var/backups/xtrabackup/$(hostname -f)/$(date +%A)

# Temporary Space
TMP=/var/backups/xtrabackup/$(hostname -f)/.tmp

MAIL=sysadmin@example.com                    # Recipient of mail reports
SUBJECT="MySQL xtrabackup $(hostname -f) "   # Subject of mail report
ZBX_HOST=$(hostname -f)                      # Name of this host used by zabbix_sender
QPRESS=/usr/bin/qpress                       # Location of qpress http://www.quicklz.com/

MOUNTPOINT=/var/backups/xtrabackup           # If set, script aborts when nothing is
                                             # mounted on the mointpoint. Comment out
                                             # if backups are stored on local folder.


# End of configuration ##########################################################################
```

Abb. 33–2 *Konfiguration des Wrapper-Skriptes für Percona XtraBackup. Möglicherweise wird XtraBackup mit folgendem Fehler abbrechen:*

2. *http://www.quicklz.com/*
3. *http://lab4.org/files/percona-backup-wrapper.sh*

```
InnoDB: Error: log file ./ib_logfile0 is of different size 5242880 bytes
InnoDB: than specified in the .cnf file 50331648 bytes!
innobackupex: Error: The xtrabackup child process has died at /usr/bin/
  innobackupex line 2672.
```

In diesem Fall müssen Sie in der Datei `/etc/my.cnf` bzw. `/etc/mysql/my.cnf` den Wert `innodb_log_file_size = 5242880` eintragen und MySQL bzw. MariaDB neu starten.

33.3 Backup regelmäßig ausführen

Speichern Sie die einzelnen Schritte des Backups in eine Datei, zum Beispiel `/root/backup.sh`, oder `/root/percona-backup-wrapper.sh`. Machen Sie diese mit

```
chmod +x /root/<BACKUP-SCRIPT>
```

ausführbar und richten Sie zum Beispiel in der Datei `/etc/cron.d/backup` einen Cronjob ein, der das Backup täglich ausführt.

```
# Daily Backup
0 2 * * *  root  /root/<BACKUP-SCRIPT>
```

Nun wird das Backup täglich um 2.00 Uhr ausgeführt.

33.4 Weiterführende Hinweise

Wenn Ihre Zabbix-Datenbank sehr groß ist und Sie den Zabbix-Server während des Backups nicht ausschalten wollen, dann sollten Sie über eine der folgenden Backup-Methoden nachdenken:

- Master-Slave-Replikation der Datenbank und dann einen Dump über den Slave erstellen
- Backup per Filesystem-Snapshot, zum Beispiel mit LVM
- inkrementelles Backup über Binary-Logs der Datenbank

34 Zabbix als virtuelle Appliance installieren

34.1 Einen passenden Virtualisierer auswählen

Zabbix stellt neben dem Quellcode auch eine sogenannte Virtual Appliance zum kostenlosen Download zur Verfügung. Diese Virtual Appliance besteht aus einem fertig eingerichteten Zabbix-Server, den Sie mit zahlreichen Virtualisierern benutzen können. Es stehen fertige Images für VMware, Virtual Box, Xen und Microsoft VHD zum Download bereit. Die Appliance basiert auf Open-SUSE Linux und verwendet MySQL als Datenbank. Sobald die virtuelle Maschine gestartet wurde, können Sie über das Webfrontend mit der Einrichtung des Monitorings beginnen.

Wann ist der Einsatz der Virtual Appliance vorteilhaft?

- wenn Sie Zabbix ausprobieren möchten
- wenn Sie nur geringe Linux-Kenntnisse haben und sich die Installation ersparen wollen

Besonders für Windows-Administratoren ist die Zabbix-Appliance eine attraktive Alternative zu oft teuren Monitoring-Produkten aus der Windows-Welt. Da der Zabbix-Agent als natives Windows-Programm zur Verfügung steht, macht Zabbix auch bei der Überwachung von Windows-Servern eine sehr gute Figur. Der Zabbix-Server kann auch als virtuelle Maschine skalieren. Bei der Überwachung von mehreren Hundert Hosts muss die Datenbank die meisten Ressourcen zur Verfügung stellen. Sollten Sie beim Einsatz der virtuellen Appliance an die Grenzen der Datenbank stoßen, können Sie diese auch aus der virtuellen Umgebung »herauslösen«. Es ist problemlos möglich, unter Windows einen nativen MySQL-Datenbankserver zu installieren. Die virtuelle Maschine nutzt dann diese nicht virtualisierte Datenbank.

Wenn Sie noch keine Erfahrungen mit Virtualisierung haben, müssen Sie sich entscheiden, ob Sie Oracle Virtual Box oder VMware verwenden. Beide Produkte eignen sich gleich gut. VMware ist der Marktführer für Virtualisierung und hat regelmäßig in Benchmarktests die Nase vorn. Die Produkte funktionieren seit

Jahren stabil. Es ist problemlos möglich, eine virtuelle Maschine, die Sie mit VMware-Player oder Workstation erstellt haben, später mit den Produkten VMware ESX und ESXi zu betreiben.

> **Hinweis**
>
> Das für die Appliance verwendete Betriebssystem OpenSUSE hat eine Produktlebensdauer von nur 18 Monaten. Nach dieser Zeit erhalten Sie keine Sicherheitsupdates und Bugfixes. Für den produktiven Einsatz sollten Sie ein Betriebssystem mit mindestens fünf Jahren Update-Garantie wählen. Mehr Informationen finden Sie auf der SUSE-Webseite[1].

34.2 Zabbix-Appliance mit Virtual Box

So importieren Sie die virtuelle Applicance:

- Laden Sie die aktuelle Version der Zabbix-Appliance für das Open Virtualization Format (.ovf) von der Zabbix-Webseite[2] herunter.
- Entpacken Sie den Download zum Beispiel mit 7zip oder Winrar.
- Starten Sie Virtual Box und verwenden Sie *Datei|Appliance Importieren.*
- Wählen Sie die Datei `Zabbix_<VERSION>.ovf` zum Importieren aus und klicken Sie auf *weiter.*
- Es öffnet sich ein Fenster, in dem Sie die Einstellungen vor dem Import ändern können. Ändern Sie den Namen der neuen virtuellen Maschine in Zabbix.
- Entfernen Sie die Haken bei »Diskettenlaufwerk« und »USB-Controller«. Beides wird für Zabbix nicht benötigt. Für die ersten Tests können Sie die VM problemlos mit 512 MB RAM betreiben. Den Arbeitsspeicher der VM können Sie erhöhen, sobald Sie feststellen, dass der Zabbix-Server oder die Datenbank mehr Speicher benötigen.
- Beenden Sie den Import der Appliance mit einem Klick auf *Importieren* und starten Sie die virtuelle Maschine.

---

1. *http://de.opensuse.org/Produktlebensdauer*
2. *http://www.zabbix.com/download.php*

Beschreibung	Konfiguration
Virtuelles System 1	
Name	Zabbix
Gast-Betriebssystem	openSUSE (64 bit)
CPU	1
RAM	512 MB
Diskettenlaufwerk	☐
DVD-Laufwerk	☐
USB-Controller	☐
Netzwerkadapter	☑ Intel PRO/1000 MT Server (82545EM)
Festplatten-Controller IDE	PIIX4
Festplatten-Controller SCSI	LsiLogic
Virtuelles Plattenabbild	C:\Users\Administrator\VirtualBox VMs\Zabbix\Zab...

Abb. 34–1 *Importieren der Appliance*

Appliance Headless verwenden:

Wenn Sie die Appliance automatisch so starten wollen, dass diese ohne offene Fenster komplett im Hintergrund läuft, können Sie den Befehl VboxHeadless dafür verwenden. Um die VM anschließend per Remote Desktop fernsteuern zu können, müssen Sie noch das »Oracle VM VirtualBox Extension Pack« downloaden und installieren. Starten Sie die VM dann wie folgt:

```
cd "C:\Program Files\Oracle\VirtualBox"
VBoxHeadless.exe --startvm Zabbix -vrde on -e TCP/Ports=9999
```

Die virtuelle Grafikkarte der VM leitet alle Ausgaben in eine Remote-Desktop-Session um. Mit dem Remote-Desktop-Client können Sie sich nun auf 127.0.0.1:9999 mit der VM verbinden.

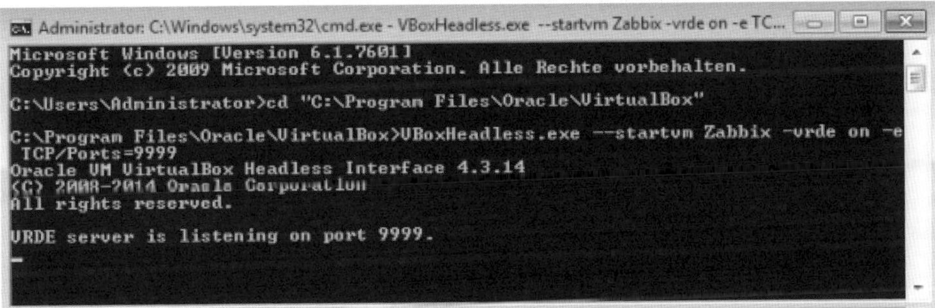

Abb. 34–2 *Die virtuelle Maschine startet im Hintergrund »Headless«.*

Mit den Programmen CHP.exe[3] oder Bat2Exe[4] können Sie die VM auch im Hintergrund starten, so dass keine Eingabeaufforderung offen sein muss.

```
chp C:\Program Files\Oracle\VirtualBox\VBoxHeadless.exe\
 --startvm Zabbix -vrde on -e TCP/Ports=9999 -e TCP/Address=0.0.0.0
```

34.3 Zabbix-Appliance mit VMware installieren

Installieren Sie eine aktuelle Version von VMware-Player oder VMware Workstation. Wenn Sie planen, die Zabbix-Appliance als einzige virtuelle Maschine dauerhaft auf einem Server zu betreiben, ist der kostenlose VMware-Player völlig ausreichend und bietet keinen nennenswerten Vorteil gegenüber der kostenpflichtigen Variante VMware Workstation. Achten Sie ggf. auf die Lizenzbedingungen und den Unterschied zwischen VMware-Player und VMware-Player Plus.

Laden Sie die virtuelle Appliance im Format OVF von der Zabbix-Webseite herunter und entpacken Sie diese. Über das Menü *File|Open* öffnen Sie die Datei `Zabbix_<VERSION>.ofv`. Geben Sie der neuen VM den Namen Zabbix und wählen Sie einen Speicherort aus.

Mit Hilfe der kostenlosen VMware VIX API können Sie VMware-Player und Workstation in einer Art Servermodus betreiben.

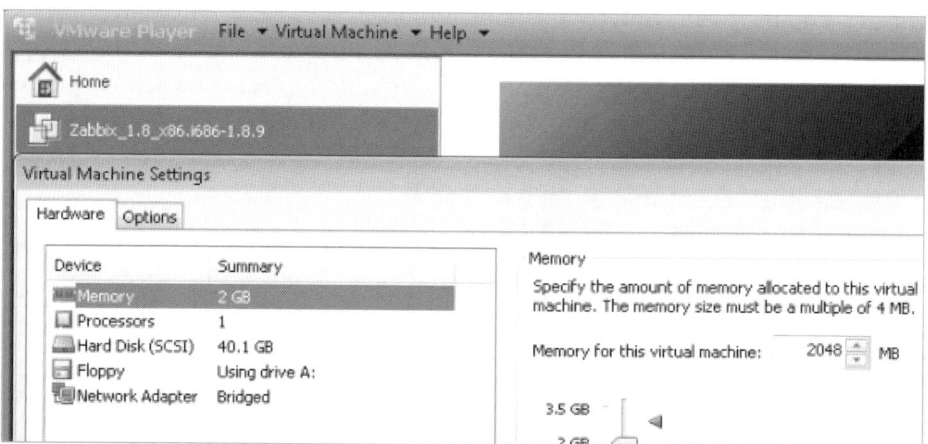

Abb. 34–3 *Einstellungen des VMware-Player für die Zabbix-Appliance*

3. *http://www.commandline.co.uk/chp/*
4. *http://www.f2ko.de/programs.php?lang=de&pid=b2e*

34.3.1 Appliance Headless starten

Damit Sie eine virtuelle Maschine über die Windows-Kommandozeile starten können, brauchen Sie die sogenannte VMware VIX Api, welche im Download des VMware-Players oder der Workstation nicht enthalten ist.

Laden Sie die aktuelle Version von VMware-VIX-1.X (VIX SDK for Windows) von der VMware-Webseite herunter und installieren Sie das Programm. Nach der Installation sollte sich das Programm `C:\Program Files (x86)\VMware\VMware VIX\vmrun.exe` auf Ihrem System befinden.

Prüfen Sie, ob die Version des VMware-Players in der aktuellen Version der VIX API bereits eingetragen ist. Dies ist in der Regel nicht der Fall.

Öffnen Sie die Datei `C:\Program Files (x86)\VMware\VMware VIX\vixwrapper-config.txt` mit einem Editor. Suchen Sie nach dem Block Workstation 9.0.0 und tragen Sie Ihre Version des VMware-Players ein.

```
# Workstation 9.0.0
ws         15  vmdb  9.0.0 Workstation-9.0.0-and-vSphere-5.1.0
player     15  vmdb  5.0.0 Workstation-9.0.0-and-vSphere-5.1.0
player     15  vmdb  6.0.3 Workstation-9.0.0-and-vSphere-5.1.0
ws-shared 15  none  9.0.0 Workstation-9.0.0-and-vSphere-5.1.0
```

Testen Sie nun, ob Sie den VMware-Players über die Kommandozeile steuern können.

```
cd C:\Program Files (x86)\VMware\VMware VIX
C:\Program Files (x86)\VMware\VMware VIX>vmrun.exe -T\
 player start E:\VMWARE\Zabbix\Zabbix.vmx
```

Der VMware-Player sollte sich öffnen und die Appliance starten.

Der VMware-Player kann im Hintergrund laufen, und Sie verwenden VNC, um laufende virtuelle Maschinen zu steuern. In der Regel greifen Sie per SSH auf die Zabbix-Appliance zu. Sollte die Maschine aber einmal nicht booten oder das Netzwerk nicht starten, können Sie diese Probleme per VNC lösen.

Öffnen Sie die Konfigurationsdatei der Zabbix-Appliance mit einem Texteditor. Fügen Sie am Ende der Datei folgende Zeilen ein:

```
RemoteDisplay.vnc.enabled = "TRUE"
RemoteDisplay.vnc.password = "geheim"
RemoteDisplay.vnc.port = "5900"
pref.vmplayer.exit.vmAction = "disconnect"
```

Nun können Sie die Appliance im Hintergrund starten. Es öffnet sich kein Fenster des VMware-Players.

```
c:\>"c:\Program Files (x86)\VMware\VMware VIX\vmrun.exe" -T\
 player start "E:\VMWARE\Zabbix\Zabbix.vmx" nogui
```

Dieses Kommando müssen Sie ohne Zeilenumbrüche in einer Eingabeaufforderung eingeben. Mit Programmen wie TighVNC können Sie sich nun auf den Port 5900 verbinden und sich mit der virtuellen Maschine verbinden.

34.3.2 Appliance automatisch starten

VMware-Player oder Workstation können nicht als Windows-Dienst laufen. Über den Aufgabenplaner können Sie aber einrichten, dass die VM immer zusammen mit Windows startet, auch dann, wenn sich kein User anmeldet:

- Öffnen Sie die Aufgabenplanung und legen Sie mit der Funktion »Aufgabe erstellen« eine neue Aufgabe an.
- In den allgemeinen Einstellungen aktivieren Sie die Option »Unabhängig von der Benutzeranmeldung ausführen« aus.
- Als Trigger wählen Sie »Beim Systemstart« aus.
- Als Aktion wählen Sie »Programm starten« aus.
- Als Programm geben Sie `"C:\Program Files (x86)\VMware\VMware VIX\vmrun.exe"` ein.
- Im Feld »Argumente hinzufügen (optional)« tragen Sie dann `-T player start "E:\VMWARE\Zabbix\Zabbix.vmx" nogui` ein.

Jetzt startet die VM, sobald Windows startet.

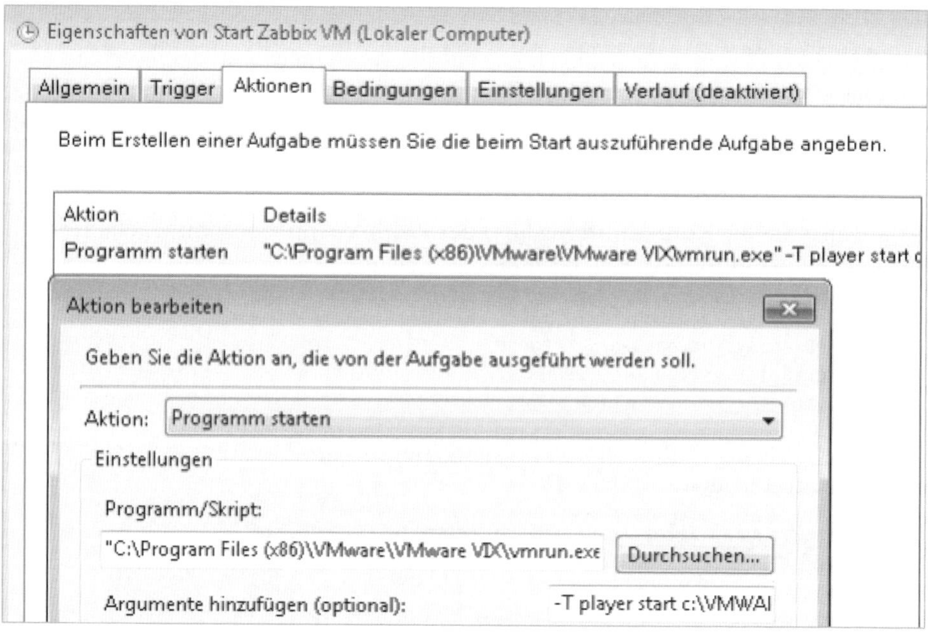

Abb. 34–4 *Mit Hilfe des Aufgabenplaners startet Zabbix automatisch mit Windows.*

34.4 Die Appliance benutzen und konfigurieren

34.4.1 An der Applicance anmelden

Sobald die Appliance den Bootvorgang beendet hat, können Sie sich mit dem Benutzer `root` und dem Passwort `zabbix` anmelden.

> **Hinweis**
>
> Die Appliance wurde mit einem englischen Tastaturlayout erstellt. Wenn Sie eine deutsche Tastatur verwenden, geben Sie also `yabbix` als Passwort ein. Sobald Sie eingeloggt sind, geben Sie den Befehl `loadkeys de` ein, damit die VM auf das deutsche Tastaturlayout umschaltet.

Sie sollten die VM immer »sauber« herunterfahren. Mit VMware gelingt dies ganz einfach mit der Funktion »Shut Down Guest«. Alternativ können Sie sich an der VM per Konsole oder SSH-Client anmelden und den Befehl `poweroff` eingeben.

```
Welcome to openSUSE 12.3 "Dartmouth" - Kernel 3.7.10-1.28-default (tty1).

linux-h15b login: root
Password:
Last login: Fri Aug 29 11:18:09 on tty1

This is the Zabbix applian[...]ix 2.2.2.
To access the frontend, op[...] URL in your browser:
http://192.168.152.121/zabbix
Note that firewall ports for Zabbix server and agent are closed by default.
Open them manually to connect with remote processes.

Access to frontend currently is allowed from:
127.0.0.1
172.16.0.0/12
192.168.0.0/16
10.0.0.0/8
::1
fe80::/10

Have a lot of fun...
linux-h15b:~ # loadkeys de
Loading /usr/share/kbd/keymaps/i386/qwertz/de.map.gz
linux-h15b:~ #
```

URL Webfrontend
und IP für SSH

Abb. 34-5 *Nach dem Login gibt die Appliance ihre IP-Adresse preis.*

34.4.2 Hilfsprogramme

Die Appliance ist besonders für Windows-Administratoren interessant, die über kein fundiertes Linux-Wissen verfügen. Mit dem Kompilieren des Quellcodes und dem Einrichten von Datenbank und Webserver muss man sich nicht beschäftigen. Zabbix läuft als Appliance sprichwörtlich »out of the box«.

Doch ganz können Sie sich nicht vor einem Login auf dem virtuellen Linux-System drücken. Einige Einstellungen müssen an der Konfigurationsdatei des Zabbix-Servers und des Betriebssystems vorgenommen werden. Für alle Änderungen, die Sie nicht über die Weboberfläche vornehmen können, sollten Sie einen SSH-Client verwenden. Putty ist eine gute Wahl. Zusätzlich sollten Sie noch WinSCP verwenden. Diese bieten die Möglichkeit, auf das Dateisystem der virtuellen Maschine zuzugreifen und Änderungen an Dateien über einen grafischen Editor vorzunehmen. Sie müssen sich also nicht mit Konsoleneditoren wie vi, nano oder emacs beschäftigen.

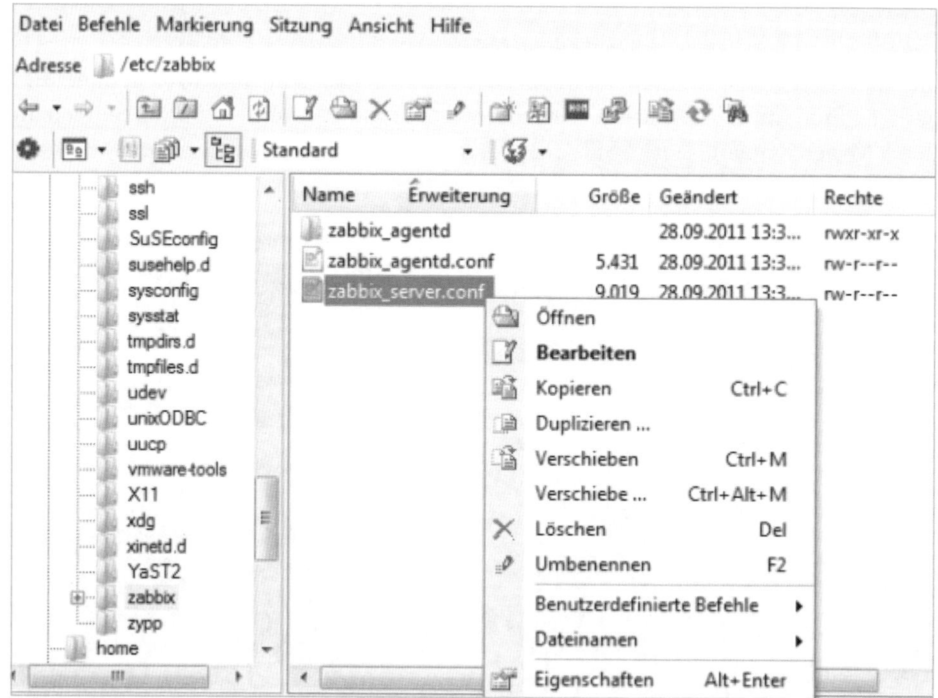

Abb. 34–6 *Bearbeiten von Dateien in der VM mit lokalem Editor*

34.4.3 Eine feste IP-Adresse für die VM einrichten

Wenn Sie die virtuelle Appliance nicht nur zu Testzwecken installiert haben, sollten Sie dem virtuellen Zabbix-Server dringend eine feste IP-Adresse geben. Nur so können Sie die Zabbix-Agenten einrichten, die die IP-Adresse des Servers kennen müssen.

Loggen Sie sich über die Konsole von Virtualbox oder VMware oder mit einem SSH-Client als Benutzer »root« ein. Geben Sie in der Eingabeaufforderung das Kommando `yast2` ein. Navigieren Sie mit den Pfeiltasten ins Menü Network Devices|Network Setting. Sie gelangen zum Reiter Overview. Springen Sie mit der Tabulatortaste in die Liste der Netzwerkkarten. Der Eintrag »Ethernet Network Card« sollte nun grün hinterlegt sein. Bearbeiten Sie diesen Eintrag mit Tastenkombination `Alt-i`. Markieren Sie den Eintrag »Statically assigned IP-Address« und geben Sie die gewünschte IP-Adresse und eine Netzmaske an. Speichern Sie die Änderungen mit »Next« (`Alt-N` oder F10).

Wählen Sie nun den Reiter Hostname/DNS an. Tragen Sie nun mindestens einen Nameserver ein.

Als letzten Schritt tragen Sie im Reiter Routing ein Standardgateway ein.

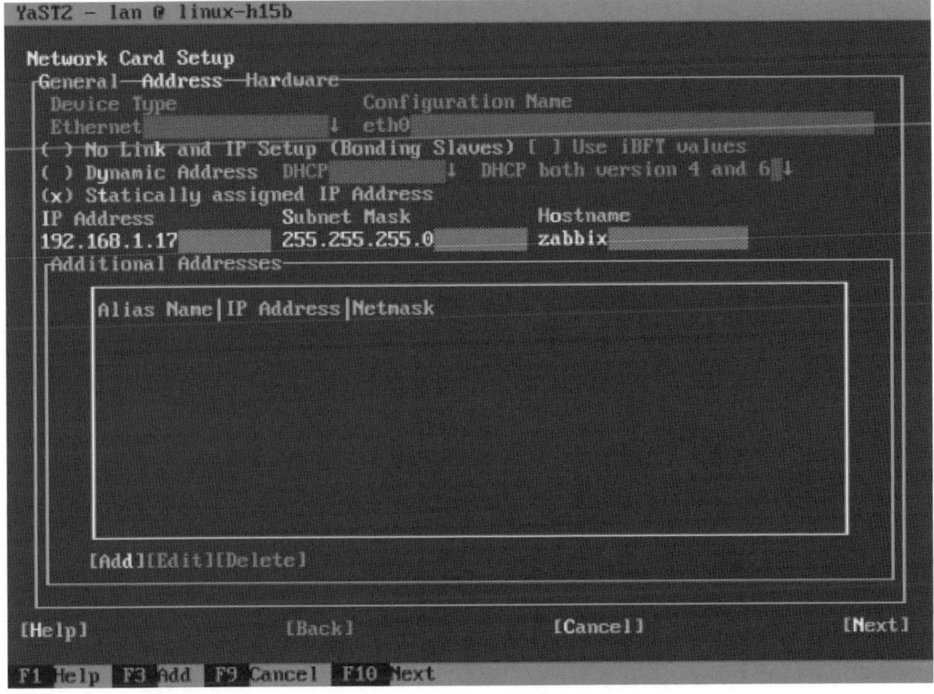

Abb. 34–7 *Konfiguration der IP-Adresse mit dem Kommando yast*

Index

9 783864 903359

Thorsten Kramm

Monitoring mit Zabbix: Das Praxishandbuch

Die Anzahl der IT-Systeme wächst stetig. Täglich kommen neue Server und Geräte in unseren Netzwerken zum Einsatz. Doch die Anzahl der Personen, die diese Netzwerke betreuen, nimmt nicht im gleichen Maße zu. Damit Systeme und Netzwerke dennoch stabil bleiben, wird effektives und effizientes Monitoring zu einem entscheidenden Faktor. Eine Monitoring-Lösung, die sich für komplexere Aufgaben in Unternehmen bewährt hat, bietet seit mehr als 10 Jahren das Open-Source-Monitoring-System Zabbix.

In diesem Buch erfahren Sie alles über das Monitoring mit Zabbix. Neben den Grundlagen werden auch Spezialthemen wie Skalierung, Tuning und Erweiterung eines Zabbix-Servers erläutert. Mit zahlreichen konkreten Beispielen aus seiner beruflichen Praxis veranschaulicht der Autor die Arbeit mit Zabbix und bezieht dabei auch die wesentlichen Neuerungen der Version 3 ein.

Der Inhalt richtet sich gleichermaßen an Anfänger und Profis. Wenn Sie noch nicht mit Zabbix überwachen, lernen Sie Schritt für Schritt die Einrichtung eines professionellen IT-Monitorings. Wenn Sie Zabbix bereits nutzen, gibt Ihnen das Buch viele Tipps aus der Praxis und sofort nutzbare Beispiele, wie Sie konkrete Anforderungen umsetzen.

Thema
- **Administration**
- **Netzwerke**

Leser
- **IT-Experten**
- **Administratoren**

€ 38,90 (D)
€ 40,00 (A)

ISBN 978-3-86490-335-9